ABBERGER

Bürgermeister – Was tun gegen die Bewerberflaute?

Bürgermeister –
Was tun gegen die Bewerberflaute?

Wahlkampftipps – Interviews –
Kurioses aus 100 Kampagnen

Klaus Abberger

Bibliografische Information der Deutschen Nationalbibliothek | Die Deutsche Nationalbibliothek verzeichnet diese Publikation in der Deutschen Nationalbibliografie; detaillierte bibliografische Daten sind im Internet über www.dnb.de abrufbar.

ISBN 978-3-415-04917-8

© 2013 Richard Boorberg Verlag

Das Werk einschließlich aller seiner Teile ist urheberrechtlich geschützt. Jede Verwertung, die nicht ausdrücklich vom Urheberrechtsgesetz zugelassen ist, bedarf der vorherigen Zustimmung des Verlages. Dies gilt insbesondere für Vervielfältigungen, Bearbeitungen, Übersetzungen, Mikroverfilmungen und die Einspeicherung und Verarbeitung in elektronischen Systemen.

Satz: Dörr + Schiller GmbH, Curiestraße 4, 70563 Stuttgart | Druck und Bindung: Kessler Druck + Medien, Michael-Schäffer-Straße 1, 86399 Bobingen

Richard Boorberg Verlag GmbH & Co KG | Scharrstraße 2 | 70563 Stuttgart
Stuttgart | München | Hannover | Berlin | Weimar | Dresden
www.boorberg.de

Dank des Autors

All meinen Interviewpartnern mangelt es vornehmlich an einem: an Zeit. Umso dankbarer bin ich ihnen für unsere ausführlichen Gespräche. Zu gerne hätte ich mich auch mit Manfred Rommel unterhalten, aber seine fortgeschrittene Erkrankung ließ es nicht zu. Besonders danken möchte ich Ivo Gönner: Ohne es zu ahnen, lieferte er den entscheidenden Impuls, dass dieses Buch überhaupt zustande kam. Innig danke ich meiner Sweety, die für die Abschrift sämtlicher Interviews buchstäblich millionenmal in die Tasten haute.

Vorwort

Baden-Württembergs Bürgermeister sind die starken Schultern des Südwestens, seine Kommunen das Rückgrat. Zusammen vermögen sie immense Aufgaben zu schultern. Doch Vorsicht: Auch das breiteste Kreuz könnte unter zu viel Last irgendwann zusammenbrechen. Dass unsere Städte und Gemeinden stöhnen, ihnen (und damit ihren Oberhäuptern) werde immer mehr aufgebürdet, hat handfeste Ursachen. Wenn unsere Bürgermeister die starken Schultern des Südwestens sind, dann sollte das Musterländle diese seine starken Schultern niemals hängen lassen!

Bürgermeisterwahlen sind eine großartige Chance – für Städte oder Gemeinden, wenn sie sich ein souveränes, cleveres Oberhaupt „angeln", und für Bewerber, so sie tatsächlich auserkoren werden. Umgekehrt stellen Wahlen ein enormes Risiko dar – für Kommunen, die sich verwählen, und erst recht für Kandidaten, die leer ausgehen und erkennen müssen: Eine Bürgermeisterwahl ist nicht Olympia, dabei zu sein ist hier nicht alles, sondern gar nichts. Freilich beziehen Rathauschefs erst aus der gewonnenen Urwahl die Legitimation zu jener außerordentlichen Machtfülle, die ihnen die Süddeutsche Ratsverfassung zugesteht – was sich so sehr bewährte, dass sich inzwischen etliche Bundesländer daran anlehnten.

Baden-Württemberg wählt seine Rathauschefs auf acht Jahre. Alle meine Gesprächspartner zeigten sich mit dieser Amtsdauer rundweg einverstanden. Bestimmt hält die Natur befristeter Wahlämter – erst einmal gewählt werden zu müssen und dann eben nur auf Zeit – risikoscheue Aspiranten, obschon hoch qualifiziert, davon ab, das Wagnis Wahl überhaupt einzugehen. Kürzere Amtsperioden würden gewiss noch mehr potenzielle Bewerber abschrecken. Nordrhein-Westfalen, wo das Duisburg eines Adolf Sauerland liegt, will die Dienstzeiten von Stadtoberhäuptern auf fünf Jahre beschneiden, um über enttäuschende Bürgermeister schneller neu abstimmen zu können. Dagegen tastet die Stuttgarter Landesregierung die 8-Jahres-Frist nicht an. Damit handelt sie richtig.

Um zu vermeiden, dass ungeeignete Würdenträger zu viel Schaden anrichten können, empfiehlt sich ein anderer Weg: Machen wir Bürgermeisterämter denkbar attraktiv! Erleichtern wir potenziellen Bewerbern die Teilnahme an Wahlen! Ermöglichen wir aussagekräftige Wahlkampagnen, auf dass Wähler etwaige Mogelpackungen zu entlarven vermögen und zielsicher zwischen Spreu und Weizen unterscheiden können! Je mehr gute Bewerber um den Chefsessel eines Rathauses konkurrieren, desto geringer ist die Wahrscheinlichkeit, dass sich eine Stadt das grundfalsche Oberhaupt einfängt. Wenn man bedenkt, wie viel Gutes gute Bürgermeister bewirken können (und ungute unterlassen oder verhindern), lohnt es allemal, diese Rechnung aufzumachen.

Wie gewinnt man Bürgermeisterwahlen? Was hält Bewerber fern? Woher rührt die immer offenkundigere Bewerberflaute? Was trübt oder beschwert das Dasein von Rathauschefs? Und was könnte den alles andere als alltäglichen Beruf des Bürgermeisters entlasten, erleichtern, wieder erstrebenswerter machen? Darüber sprach ich mit Wahlsiegern und mit Verlierern, mit Journalisten und mit Wissenschaftlern, mit Neulingen und mit Routiniers im kommunalpolitischen Geschäft. Hinzu kommen eigene Erfahrungen und Erkenntnisse, die ich in mehr als 100 Kampagnen zwischen Heidelberg und Isny seit den 1990er Jahren sammeln und gewinnen durfte, um einige davon nun in Buchform weiterzugeben.

Mit Thilo Michler, Thomas Sprißler und Matthias Burth erklommen mindestens drei meiner 23 Interviewpartner den legendären Kilimandscharo in Tansania. Da ich nicht jeden danach fragte, können sich unter den anderen noch weitere Gipfelstürmer finden. Dies lässt erahnen, wie verbreitet und ausgeprägt Ehrgeiz, Leistungsbereitschaft, Durchhaltevermögen und ähnliche löbliche Tugenden mehr in der Zunft der Bürgermeister doch sind.

Oh ja, es ist eine ganz besondere Sorte Mensch, die ins Schultesamt strebt und dieser hohen, ihr übertragenen Verantwortung gerecht zu werden sich bemüht! Hochmotivierte und äußerst engagierte Zeitgenossen, die sich nicht selten Woche um Woche 70 Stunden, 80 Stunden und länger ins Zeug legen, um ihren Flecken voranzubringen oder aber vor drohendem Unheil zu bewahren. Überdies sind es meist umsichtige, aufmerksame, anständige und manierliche Damen und Herren von sympathischer Ausstrahlung und gewinnendem Wesen. (Würde man sie sonst auswählen?) Eine ziemlich erlesene Spezies eben. Wer immer in eine Ansammlung von Rathauschefs gerät, darf sich in aller Regel auf eine angenehme, anregende Gesellschaft freuen.

Seit 15 Jahren bin ich im politischen Marketing als Wahlkampfberater tätig, und das mit großer Leidenschaft. Wer kann das schon von seiner Arbeit behaupten? Wie viele großartige Menschen und beeindruckende Persönlichkeiten durfte ich schon begleiten und hautnah erleben während entscheidender Phasen ihres beruflichen Lebens! Dabei muss man dann einander

Vorwort

vertrauen, muss sich öffnen und kommt sich nahe. Wertvolle Freundschaften sind hieraus schon entstanden – sogar dann, wenn wir unsere Wahl verloren.

Es sind intensive, anstrengende Wochen, die man in Wahlkämpfen miteinander durchlebt. Es kann unsäglich bitter enden – auch nach 100 Kampagnen leide ich jedes Mal mit, wenn „mein" Kandidat unterliegt. Ist unsere Arbeit dagegen von Erfolg gekrönt, beschert sie unvergleichliche Glücksmomente, nicht nur den Bewerbern und ihren Familien, sondern auch mir.

Mit diesem Buch möchte ich meinen Kunden danken, mich vor ihnen verneigen. Die allermeisten von ihnen treten ja nicht als Bürgermeister an, weil sie nach dem triumphalen Erlebnis einer gewonnenen Wahl gieren. (Obwohl es schon süchtig machen kann, so wie ein Bühnenkünstler den Applaus seines Publikums braucht wie jeder Mensch die Luft zum Atmen.) Wahlen bleiben für sie eine vornehmlich notwendige Prozedur, um in eines der spannendsten Ämter zu gelangen, das unsere Gesellschaft zu vergeben hat.

Der Anteil, den die Bürgermeister beziehungsweise die Bereitschaft der Richtigen, sich zur Wahl zu stellen, für unser aller Wohlfahrt haben, ist gehörig. Weshalb dieses Buch mithelfen will, dass die Richtigen sich zu bewerben wagen. Dass sie damit Erfolg haben. Dass sie im Amt ihre Freude daran nicht verlieren, weil die Umstände einigermaßen günstig bleiben:

- Die Rahmenbedingungen für Städte und Gemeinden müssen so sein, dass deren Oberhäuptern noch Gestaltungsspielräume verbleiben.
- Bürgermeisterkandidaten, die im ersten Anlauf scheitern, sollten sich auch noch einen zweiten Wahlkampf leisten können.
- Bürgerbeteiligung ist wünschenswert und legitim, aber sie darf nicht überborden, sondern muss im Regelfall verhältnismäßig, berechenbar und konsensfähig bleiben, sonst droht kommunaler Entwicklungsstillstand. Hier bedarf es probater, wirklich zielführender Beteiligungsverfahren.

Es ist kein Zufall, dass die allenthalben beklagte Politikverdrossenheit bei Wählern mehr eine Parteienverdrossenheit darstellt und vor Bürgermeister(wahle)n einigermaßen halt macht: Nach wie vor gilt die Mehrheit der Rathauschefs in Baden-Württemberg als parteipolitisch und auch sonst vergleichsweise unabhängig. Weil nicht wenige von ihnen zudem als menschliche Vorbilder taugen, dürfen wir einiges dafür tun, dass es dabei bleibt!

Rottenburg, im Januar 2013

Klaus Abberger

P.S.: Wenn ich lediglich von *Bürgermeistern* schreibe, obwohl zugleich *Oberbürgermeister* gemeint sind, so dient dies einzig einer flüssigeren Sprache. Auch wenn ich bei *Bewerbern, Kandidaten, Wählern, Bürgern* auf die weibliche Form – *Bewerberinnen, Kandidatinnen, Wählerinnen, Bürgerinnen* – verzichte, so will ich damit mitnichten das schöne Geschlecht vernachlässigen. Im Gegenteil. Mehr Bewerberinnen und Amtsträgerinnen wären nur wünschenswert und täten der Szene richtig gut.

Inhaltsverzeichnis

Interview mit Prof. Dr. Rainer Prewo
„Für dieses Amt braucht es Leidenschaft" 13

Interview mit Marc Oliver Kersting und Michael Schrenk
„Nein, Herr Landrat, wir geben keine Ruhe" 31

Tipps, Tricks und Trends aus der Wahlkampfpraxis – Teil I
Bis zur Wahl regiert das Prinzip Hoffnung 45

Interview mit Dr. Ulrich Fiedler
„Im Wahlkampf sind Netzwerke wichtig" 63

Interview mit Thomas Maertens, Thilo Michler und Heiko Lebherz
„Schreibtisch-voll-Typ oder Schreibtisch-leer-Typ" 73

Interview mit Ivo Gönner
„Wir sind die effektivste Verwaltungsebene" 97

Tipps, Tricks und Trends aus der Wahlkampfpraxis – Teil II
Twittern oder Hausbesuche? 109

Interview mit Klaus Tappeser
„Nach 16 Amtsjahren sollte Schluss sein" 125

Interview mit Barbara Bosch
„Erfolg hat nicht, wer am lautesten schreit" 137

Kurioses aus 100 Kampagnen
Mal tragikomisch, mal kriminell 151

Interview mit Prof. Dr. Hans-Georg Wehling
„Die Wiederwahlen werden weniger" 173

Interview mit Roland Bürkle, Rolf Müller und Hans Jürgen Pütsch
„Das war mein wichtigster Wahlsieg" 191

Interview mit Boris Palmer
„Kein Låle und kein autoritärer Patriarch" 217

Parteien und Bürgermeisterwahlen
Dankbare Potenziale liegen brach 231

Elf Fragen an vier Landesparteichefs 239

Interview mit Markus Ewald und Matthias Burth
„Am 1.4.2013 wird der große Zahltag sein" 251

Interview mit Michael Theurer
„Europa beneidet die deutschen Kommunen" 271

Interview mit Holger Knöferl und Frank Krause
„Mogelpackungen sind zu entlarven" 283

Wahlkampfkostenerstattung auch für Bürgermeisterkandidaten?
18 Cent gegen den Bewerberschwund 305

Interview mit Dr. Wolfgang G. Müller und Thomas Sprißler
„Du musst raus auf den Marktplatz" 321

Interview mit Hans Zellner
„Laufen und schwimmen machen den Kopf frei" 339

Der Autor 357

Prof. Dr. Rainer Prewo, geboren 1945 in Stuttgart-Zuffenhausen, ist evangelisch. Der verheiratete Vater zweier Kinder studierte Wirtschafts- und Sozialwissenschaften an den Universitäten von Erlangen und Frankfurt am Main. Ehe er 1978 über Max Weber promovierte, arbeitete er als Diplom-Soziologe wissenschaftlich an der Uni Frankfurt und am Hessischen Institut für Bildungsplanung. Elf Jahre war er Ortsbeirat und ehrenamtlicher Ortsvorsteher im Frankfurter Stadtteil Nordend. Von 1982 bis 1992 besaß Prewo einen Lehrstuhl an der Fachhochschule für Öffentliche Verwaltung Wiesbaden. Im Oktober 1992 gewann der Sozialdemokrat die Nagolder OB-Wahl. 16 Jahre lang lenkte er die Geschicke der aufstrebenden Schwarzwaldstadt. 2006 zog er für eine Wahlperiode in den baden-württembergischen Landtag ein. Seit 1994 gehört Prewo dem Calwer Kreistag an, seit 1998 als Vorsitzender der SPD-Fraktion. Seit 1994 ist er Mitglied im Regionalverband Nordschwarzwald.

Interview mit Prof. Dr. Rainer Prewo

„Für dieses Amt braucht es Leidenschaft"

Nur wenige Sozialdemokraten stimmten im Landtag wie er gegen die Verbannung der Bürgermeister aus dem Parlament. Nachdem Nagold sich unter seiner Führung merklich mauserte, rät er Rathauschefs, ihre Städte ein bisschen wie mittelständische Betriebe zu führen. Anstatt Anhörungsrechte auf höherer Ebene einzufordern, sollen Kommunen ihre Selbstverwaltung vor Zugriffen schützen.

Was ändert sich für die Kommunen, wenn im Ländle erstmals nach 58 Jahren nicht mehr die schiere Staatspartei regiert?
Prof. Dr. Rainer Prewo: Staatspartei, auch schiere Staatspartei, wäre ein Befund, der von sich aus nach Veränderung ruft. Staatsparteien schwächen den politischen Wettbewerb. Tatsächlich sind die letzten 15 Jahre in Baden-Württemberg nicht allzu erfolgreich gewesen. Wir haben in der Wirtschaftskraft unsere frühere Spitzenstellung an andere Bundesländer verloren. Unsystematische Kürzungen, Aufgabenverschiebungen und Eingriffe in die kommunalen Finanzen, von der Schulsozialarbeit über den öffentlichen Nahverkehr, Kleinkindbetreuung, Krankenhäuser bis zur Vernachlässigung des Straßenerhalts sind nicht zu übersehen. Dahinter steckt auch unzulängliche Regierungsleistung. Von der neuen Regierung erwarte ich eine kommunalfreundlichere Grundhaltung. Die Finanzprobleme wird auch sie nicht rasch verändern können. Sie muss einen harten Sparkurs fahren und gleichzeitig versuchen, die kommunale Finanzmasse zu schonen, weil von ihr der Großteil der öffentlichen Investitionen im Land abhängt.

Das Land muss strikt sparen. Wie groß ist die Gefahr, dass dieser Sparkurs auf dem Rücken der Kommunen ausgetragen wird?
Prewo: Die Gefahr ist da, weil die Kommunen kaum Möglichkeiten haben, Stacheln auszufahren. Die Gesetze werden von Stuttgart gemacht, die Kommunen haben kein Vetorecht, auch nicht, wenn es um ihr Geld geht. Nach den Zusicherungen gehe ich davon aus, dass die neue Regierung sich um die Kommunen als Verbündete bemühen wird.

*Sie führten 16 Jahre lang das Nagolder Rathaus, agierten mit
rotem Parteibuch mitten im Schwarz-Wald. Hat das Ihre
Arbeit erschwert oder erleichtert?*

Prewo: Da es in der Kommunalpolitik um das Wohl der Stadt geht, tritt die Parteizugehörigkeit des Oberbürgermeisters oft in den Hintergrund. Paradoxerweise ist es manchmal sogar von Vorteil, wenn er nicht das Parteibuch der strukturellen Mehrheit hat. Dann ist er nicht versucht, über eine Hausmacht zu regieren, sondern gezwungen, mit allen politischen Kräften zusammenzuarbeiten. Das war vom ersten Tag an meine Geschäftsgrundlage, mit allen Fraktionen und Gemeinderäten gleiche gedeihliche Zusammenarbeit zu suchen. Das kann misslingen, ist aber bei uns gelungen.

*Es gibt Städte, da stellt eine Partei die absolute Mehrheit am
Ratstisch und den Oberbürgermeister. Die übrigen Gemeinderäte – immerhin gewählte Bürgervertreter – verkommen zur
reinen Staffage.*

Prewo: Das ist keine gute Situation und nicht selten Ausgangslage dafür, dass die Bürger sie bei der nächsten Wahl ändern. Wird ein OB durch absolute Mehrheit seiner eigenen Partei sozusagen zu einer einseitigen Zusammenarbeit gezwungen, ist der kommunalpolitische Tunnelblick vorprogrammiert.

*Die Entscheidungen werden dann nicht mehr am Ratstisch gefällt,
sondern im Kaminzimmer vom Fraktionsvorsitzenden.*

Prewo: Ja, diese Gefahr besteht. Daher ist es befreiender, auch für den Amtsinhaber, sich immer wieder breite und durchaus auch wechselnde Mehrheiten zu sichern. Das geht in der Gemeinde eher als im Staat.

*Sie sind im Jahr 2006 als amtierender Bürgermeister für die SPD
in den baden-württembergischen Landtag eingezogen.
Welche Vorteile oder Nachteile brachte dies der Stadt Nagold?*

Prewo: Ein Parlamentsmandat des Bürgermeisters darf weder zu Vorteilen noch zu Nachteilen für die eigene Gemeinde führen. Sonst hätten wir eine Bananenrepublik in Baden-Württemberg. Es kann nicht Bürgermeister erster und zweiter Klasse geben. Natürlich bedeutet die Einbindung in die Landespolitik, dass man direkter am Informationsfluss dran ist. Auf der anderen Seite muss man in der eigenen Gemeinde zwangsläufig mehr delegieren. Man steckt dann nicht immer in der gleichen Intensität in den Details drin. Wenn man eine gute Verwaltung hinter sich hat, ist das akzeptabel.

Mit den heutigen Kommunikationsmitteln ist man fast in Echtzeit mit dem eigenen Rathaus verbunden, auch wenn man gerade im Plenarsaal des Landtags sitzt. Doch es ist nicht gleichwertig mit Anwesenheit.

Kann man beiden Ämtern hinreichend gerecht werden?

Prewo: Das zeigt ja die Erfahrung. Ich brauche nur Namen wie Erwin Teufel, Vetter, Stratthaus nennen. Das sind leistungsfähige Bürgermeister geblieben, auch als sie Abgeordnete waren. Die Praxis hat also bewiesen, dass der Spagat machbar ist.

Trotzdem gehören dem Stuttgarter Landtag ab 2016 keine Rathauschefs und Landräte mehr an.

Prewo: Ich habe im Landtag diesem Unvereinbarkeitsgesetz nicht zugestimmt, gegen die Regierungsvorlage und auch gegen die Mehrheit meiner eigenen Fraktion. Ich glaube, dass die kommunale Sichtweise der Landespolitik insgesamt guttut. Ich glaube, die Veränderung führt vor allem dazu, die Dominanz von Karriereabgeordneten zu verstärken. Von Abgeordneten, die sich in jungen Jahren über Jugendorganisationen aufstellen lassen und dabei meist noch über ein Amt im öffentlichen Dienst abgesichert sind. Der Landtag von Baden-Württemberg ist bereits weithin ein Parlament beurlaubter Beamter. Mehr als in anderen Bundesländern. Die alte Regierungspartei CDU bestand zu rund zwei Dritteln aus Leuten aus dem öffentlichen Dienst. In einer solchen Konstellation bilden Bürgermeister sogar ein gewisses Korrektiv und beinahe eine Art unabhängiges Element, weil sie näher an der Bürgerbasis sind.

Sie fürchten, dass die kommunale Sicht der Dinge dadurch noch mehr ins Hintertreffen geraten könnte oder geraten wird?

Prewo: Die kommunale Sicht und auch ein etwas weiterer Blick auf die Belange des ganzen Landes.

Trotzdem kandidierten Sie im Herbst 2008 nicht mehr für eine dritte Amtszeit als Nagolder OB.

Prewo: Meine zweite achtjährige Amtszeit war regulär zu Ende, ich hätte dann im Alter von 63 noch für eine Teilamtszeit bis zur Altersgrenze kandidieren können.

Für immerhin fünf Jahre.

Prewo: Ich habe versucht, es verantwortlich abzuwägen, auch mit der Doppelbelastung. In 16 Jahren hatten wir große Aufgaben der Nagolder Kommunalpolitik im Wesentlichen erledigen können.

Die wichtigen Nagolder Weichen waren gestellt.

Prewo: Die ganze Innenstadtumfahrung. Die Erweiterung der Industriegebiete, mit Steigerung der Arbeitsplätze – inzwischen hat Nagold mehr Einpendler als Auspendler. Dann der Innenstadtumbau, mit neuen Handelsansiedlungen. Die Militärkonversion nach Abzug der Bundeswehr. Der Autobahnzubringer zur A 81. Die Bürgerdienste, kaufmännisch ausgerichteter Haushalt, Reduzierung der Schulden, Zertifizierung als mittelstandsfreundliche Stadt. Schließlich haben wir dann auch noch den Landesgartenschau-Wettbewerb gewonnen, die Planung für die Gartenschau mit dem neuen Konzept der grünen Urbanität aufgestellt und die nötigen Grundstücke aufgekauft. Das schien mir kein schlechter Zeitpunkt für eine Übergabe zu sein.

Wenn es am schönsten ist, soll man aufhören. Ohne Zweifel kam Nagold in diesen 16 Jahren weit überdurchschnittlich voran. Warum, Herr Prewo, war Nagold mit Ihnen so erfolgreich?

Prewo: Man braucht im Gemeinderat eine gute Zusammenarbeit über Fraktionsgrenzen hinaus. Das darf nicht nur heißen, man tut niemandem weh – das liefe eher auf Beharrung und Stillstand hinaus. Gerade eine innovative Kommunalpolitik, ein erkennbarer Aufbruch kann Kräfte bündeln und Zustimmung erhalten, wenn die Ziele klar sind. Nagold kam zugute, dass der Gewerbeverein und weitere gesellschaftliche Gruppen die städtischen Herausforderungen ähnlich definierten. Ich erinnere mich etwa, als ich 1993 einen Vorschlag für aktives Stadtmarketing vorlegte, sagte der Gewerbevereinsvorsitzende: „Sie sind uns mit Ihrem Vorschlag zuvorgekommen."

Hatten Sie schlicht Talent im Einrennen offener Türen?

Prewo: Ich glaube, die Türen, die ich vollends eingerannt oder aufgestoßen habe, waren gar nicht mehr so fest verschlossen.

Wer waren die Leistungsträger des Nagolder Erfolgsmodells?
Der Oberbürgermeister? Die Stadtverwaltung insgesamt?
Die Kommunalpolitiker? Die Bürgerschaft? Die Unternehmerschaft?

Prewo: Die Antwort kann ja nur heißen, es waren alle miteinander. Wir haben zum Beispiel gleich 1993, in den ersten drei Monaten meiner Amtszeit, das Nagolder Wirtschaftsgespräch eingeführt. Das fand seither jedes Frühjahr in wechselnden Nagolder Unternehmen statt. Das Unternehmen lädt ein. Da sind die Gemeinderäte dabei, die Amtsleiter und die Öffentlichkeit – die Presse natürlich auch. Unternehmer schätzen es sehr, wenn sie über die Entwicklungen der Stadt hautnah informiert werden. Seitdem bringen sie sich auch als Bürger teils mäzenatisch, teils verstärkt ehrenamtlich in der Stadt ein. Die Ratsfraktionen haben zu einer guten Zusammenarbeit gefunden.

Dass in Nagold Aufbruchsstimmung herrschte, konnte man förmlich spüren.

Prewo: Etwa Anfang der 1990er Jahre erkannten viele Städte, dass in vielen Bereichen andere Ziele als in der Vergangenheit wichtig werden. Am meisten greifbar war das bei den Finanzen und beim Thema Stadt und Verkehr. Man kann zum Beispiel die Innenstädte nicht mehr autogerecht machen, sondern muss sich auf alte urbane Qualitäten zurückbesinnen – Schönheit, Geschäfte, Aufenthalt.

Der Vorstadtplatz von 1995 hat mit dem Vorstadtplatz von 2010 nicht mehr viel gemeinsam.

Prewo: Das ist eines der Beispiele. Die starken Städte hatten früher immer zentrale Plätze, die ihr Bild prägten. Das ist die Innenstadt, die Straßen und Gassen, Geschäfte und Schaufenster, Plätze, historische Gebäude. Die Stadt darf nicht vom Verkehrsdurchfluss dominiert werden, sondern muss als städtebauliches Individuum erlebt werden, in ihrer gewachsenen Eigenart. Als Heimat, in der gleichsam auch die Geschichte spricht. Damit identifizieren sich die Bürger (und Besucher). In Städten, die seit 1970 viele Dörfer eingemeindet haben, ist das besonders wichtig, weil die Dörfer natürlich weiter ihr Eigenleben führen. Daher braucht es eine gemeinsame Mitte. Das haben wir konsequent verfolgt. Und Gewerbe angesiedelt. Da gibt's natürlich im Einzelnen auch Widerstände, die intensive Kommunikation erfordern.

Sollten Rathauschefs weiterhin in Kreistage gewählt werden dürfen?

Prewo: Ich meine schon. Ein Landkreis ist ja keine ganz eigenständige Körperschaft, eher ein künstliches, hybrides Verwaltungsgebilde, das sich überwiegend aus den Umlagen der Gemeinden finanziert. Die Bürgermeister bilden in den Kreistagen zunächst einmal ein professionelles Element und eine Art informeller Finanzaufsicht, weil sie letzten Endes die Zahlmeister sind. Sie können eine Kreisverwaltung mit ihren vielfältigen bürokratischen Zuständigkeiten am ehesten einigermaßen kontrollieren. Sicherlich mag durch Bürgermeister, die sich als Vertreter ihrer Gemeinden sehen, auch etwas Kirchturmpolitik in den Kreistag einziehen. Unterm Strich wäre ein Ausschluss von Bürgermeistern aus dem Kreistag nachteilig und würde die Loyalität der Gemeinden mit dem größeren Raum schwächen.

Wenn aber die Bürgermeister als Kreisräte mit dem Landrat ihren eigenen Dienstherrn wählen?

Prewo: Ich sehe diesen Interessenkonflikt nicht. Der Landrat ist nicht Dienstherr der Bürgermeister. Er wird auch von der Mehrheit gewählt, die Bürgermeister sind immer nur eine Minderheit im Kreistag. Wenn der Landrat gewählt ist, ist er ziemlich unabhängig. Ich habe nie die Erfahrung gemacht, dass etwa die Kommunalaufsicht durch die Anwesenheit von Bürgermeistern im Kreistag geschwächt wäre. Wenn sie in einer Gemeinde eingreifen muss, kann der Bürgermeister kaum auf Solidarität seiner Kollegen zählen.

Sie bejahen es, dass die Bürgermeister und Oberbürgermeister in die Kreistage gewählt werden dürfen. Was würden Sie denn davon halten, wenn die Landräte nicht länger vom Kreisrat, sondern von der Bevölkerung gewählt werden würden?

Prewo: Da spricht durchaus einiges dafür. Man sollte die Frage indes nicht überhöhen. In Bundesländern, die die Direktwahl der Landräte eingeführt haben, ist zum Beispiel die Wahlbeteiligung bei Landratswahlen noch deutlich schwächer als bei Kommunal- und Bürgermeisterwahlen. Oft nur rund 20 Prozent. Das zeigt, dass die Wählerinnen und Wähler keinen starken Bezug zum Kreis haben und dass die Funktion des Landrats für sie kein klares Profil hat. Trotzdem gibt es gute Gründe, die Wahl des Landrats auf eine breitere demokratische Basis zu stellen.

Spätestens dann müsste über Wahlkampfkostenerstattung auch für Personen nachgedacht werden. Wenn schon Bürgermeisterkampagnen immer kostspieliger werden – wie teuer würden da erst Landratswahlkämpfe in der Fläche der jeweiligen Landkreise geraten?

Prewo: Staatliche Wahlkampfkostenerstattung für Bürgermeister und Landräte? Das hielte ich für sehr bedenklich. Ich finde übrigens auch, dass die Parteienfinanzierung auf Landes- und Bundesebene bei uns in Deutschland sehr weit geht. Das würde ich nicht noch ausdehnen wollen auf die kommunale Ebene. Ich glaube, dass der Politikverdruss, den wir bei uns sehen, zum Teil mit der Parteienfinanzierung durch den Staat zusammenhängt. Diese Parteienfinanzierung aus Steuergeldern sollten wir nicht auch noch auf der kommunalen und der Kreisebene einführen.

Nehmen wir eine Oberbürgermeisterwahl in Nagold. Da sind Sie mit 30.000 Euro dabei. Kann man das einem einzelnen Kandidaten zumuten, der am Ende vielleicht nur auf Platz zwei oder drei landet?

Prewo: Staatliche Finanzierungen würden diese Entwicklung eher noch inflationieren. Zumindest auf kommunaler Ebene sollten Parteien und Wählergruppen, mit ihren Kandidaten, den örtlichen Wahlkampf aus eigener Kraft bestreiten.

Wie man hört, werden die guten Bürgermeisterkandidaten seltener. Mag das auch daran liegen, dass mancher sich das schlicht nicht mehr leisten kann oder will?

Prewo: Die Gründe sind vielfältig. Früher konnte ein Bürgermeister, der sein Verwaltungsgeschäft einigermaßen beherrschte und keine silbernen Löffel stahl, normalerweise fest mit seiner Wiederwahl rechnen. Heute ist das anders, die Zahl der Abwahlen nimmt zu. Die Bürger werden kritischer. Die Messlatte für die Amtsführung ist höher gelegt. Der Wettbewerb der Kommunen um Wirtschaftskraft, um Kaufkraft, um Einwohner nimmt zu und der demografische Wandel verschärft ihn weiter. Ordentlich verwalten reicht nicht mehr aus, man muss die Gemeinde strategischer und auf sichtbaren Erfolg hin führen. Dadurch gibt es mehr Konflikte und Fehlerquellen, das Risiko wird größer. (Auch wenn es geringer ist als bei Fußballtrainern.) Hinzu kommt die doch beachtliche Arbeitsbelastung mit 70 bis 80 Stunden in der Woche, bei kaum einem freien Wochenende.

Prof. Dr. Rainer Prewo

Das Bürgermeistern ist schwieriger und riskanter geworden?

Prewo: Früher konnte ein geeigneter Bewerber im Familienrat überlegen, ob er eine Kandidatur wagen will. Heute haben die Partner/-innen eigene Berufsperspektiven, die muss der gemeinsame Lebensentwurf integrieren. Wer gewählt wird, muss normalerweise umziehen, die Partnerin muss ich davon überzeugen. Sie muss das Amt ein großes Stück weit mittragen; ihren Arbeitsort eventuell wechseln, ihre beruflichen Pläne vielleicht zurückstecken. Kinder müssen die Schule wechseln. Auch steht man beinahe jeden Tag in der Zeitung, nicht immer positiv, das ist belastend. Wie erwähnt muss man erst einen teuren Wahlkampf machen. Der Beruf ist dann ein Mandat auf Zeit. Sie wissen nicht, ob Sie wiedergewählt werden. Wer sich mit der Verwaltung auskennt, qualifiziert ist und Freude an Verantwortung und Führung hat, kann auch als Schulleiter, Richter oder Regierungsbeamter weit aufsteigen. Er hat nach wenigen Jahren eine Lebenszeitstellung. Gewiss könnte man etwa die Besoldung von Bürgermeistern verbessern. Doch kann es auch ein Fehlanreiz sein, wenn es das wichtigste Motiv einer Bewerbung ist. Es braucht für dieses Amt eine Leidenschaft, die nicht vom Gehalt bestimmt ist.

Die Berufenheit.

Prewo: Eine Art Berufung, ja. Einen Überschuss an Motivation, der einem hilft, Gegner zu überzeugen und Ziele auch bei größeren Konflikten festzuhalten. Den Weg des geringsten Widerstandes nicht, normalerweise, für das Beste zu halten. Verantwortung für Fehler zu übernehmen. Auch die Kuttel, unberechtigte Kritik und persönliche Angriffe wegzustecken. Und mit allem, was man macht, im Schaufenster der Gemeinde ausgestellt zu sein – unter den heutigen medialen Randbedingungen ist das nicht einfach. Ich will nicht um Mitleid werben, habe das in meiner Amtszeit auch nie gemacht. Doch jetzt, im unbefangenen Ruhestand, darf ich es vielleicht ansprechen.

Sehen Sie die Gefahr, dass die Auswahl an geeigneten Kandidaten irgendwann nicht mehr ausreichen könnte, um die ausgeschriebenen Stellen zu besetzen?

Prewo: Ich will's nicht so dunkel malen, aber eine Gefahr besteht, glaube ich, schon.

*Gäbe es Wege, das Bürgermeisterdasein attraktiver, angenehmer
zu gestalten?*
Prewo: Das Bürgermeisteramt *ist* ein attraktives Amt. Vor allem, weil es ein Amt ist, in dem man gestalten kann. Die Lasten, von denen ich gesprochen habe, wird man nicht verändern können. Und wenn die Bürger heute kritischer sind als vor 30, 40 Jahren, ist das ja gut.

*Sind die baden-württembergischen Bürgermeister von heute
ihrer Aufgabe gewachsen?*
Prewo: Ja.

*Frage an den Professor, der 12 Jahre lang an der Verwaltungs-
fachhochschule Hessen lehrte: Bewähren sich die baden-
württembergische Gemeindeordnung und die Süddeutsche
Ratsverfassung?*
Prewo: Auch das kann man klar bejahen. Als ich dort lehrte (bis 1992), gab es in den meisten Bundesländern noch die teilweise von den Besatzungsmächten erlassenen Kommunalverfassungen, ohne direkte Bürgermeisterwahlen. Inzwischen hat sich der ganze Geleitzug an die Süddeutsche Ratsverfassung angenähert, wenn auch zum Teil nur halbherzig, was die Entscheidungskompetenz der Bürgermeister betrifft.

Wo raten Sie zu Veränderungen?
Prewo: Früher sprachen manche Leute von einer „gottähnlichen Stellung des baden-württembergischen Bürgermeisters". Ich glaube: Gerade die Verantwortung lässt die Machtblüten nicht in den Himmel wachsen. Ein kluger Bürgermeister wird sich immer selbst reflektieren, sich auch in Bescheidenheit gegenüber Bürgern und Gemeinderat üben. Dies vorausgesetzt ist es richtig, dass er nicht nur Vorsitzender eines Gremiums ist, sondern vieles tatsächlich entscheiden kann (und: muss). Das Amt lässt viel Spielraum, sagen wir, für Selbstinterpretation. Wenn einer vor allem Selbstdarstellung liebt, wird das vielleicht eine Zeit lang gehen. Auch das bloße Verwalten von Beständen mag eine Weile reichen.

Praktisch jeder zwischen 25 und 65 kann in Baden-Württemberg zum Bürgermeister gewählt werden, unabhängig davon, ob er jemals ein Rathaus von innen gesehen hat. Sehen Sie darin Gefahren?

Prewo: Nicht wirklich. Das ist ja eigentlich das Spannende und der demokratische Charme – die Bürger entscheiden. Punkt. Ohne Vorauswahl und Empfehlung von Besserwissern. Die Bürger können meistens gut beurteilen, ob einer, der kein Rathaus von innen gesehen hat, dafür taugt, ihr Bürgermeister zu sein. Dass es, in seltenen Fällen, zu Fehlbesetzungen kommt – das gibt es auch bei Geschäftsführern in Unternehmen, Ministern oder Fußballtrainern.

Ein glückloser Fußballtrainer lässt sich leichter feuern.

Prewo: Das ist wahr, aber beim Nachfolger haben Sie das gleiche Risiko wieder. Da würde ich glatt behaupten, dass die Fehlwahlen im kommunalen Bereich eher selten sind. Man sollte auch die Gegenfrage stellen: Wer könnte denn anstelle der Bürger eine garantiert bessere Entscheidung treffen? Der Gemeinderat? Oder ein Beamter im Regierungspräsidium? Oder ein Minister mit einem bestimmten Parteibuch? Oder soll man per Gesetz die Qualifikation regeln? Müssen Bewerber dann Abitur haben oder Juristen sein? Welche Ausnahmen darf es geben und so weiter. Das wäre doch schon eine halbe Entmündigung der Bürger. Die Demokratie hat vielleicht Risiken, die halte ich bei Bürgermeistern aber für kleiner als bei allen anderen Auswahlverfahren.

Aber wenn nun ein so genannter Quereinsteiger ins Amt gelangt – wo bekommt er Nachhilfe?

Prewo: Als Bürgermeister ist fast jeder ein bisschen Quereinsteiger. Auch ein erfahrener Verwaltungsbeamter betritt hier Neuland. Ich war zwar an der Hochschule für Verwaltung tätig, aber ins Rathaus bin ich auch, sozusagen, quer eingestiegen. Nachhilfe braucht in diesem Amt jeder – wie in anderen leitenden Berufen. Es gibt sie in vielen Formen. Man kann sich heute sogar, wie ich gehört habe, professionell beraten lassen. Natürlich sollte, wer nicht grundlegend weiß, worum es in einer Gemeinde geht, sich dreimal überlegen, ob er sich ausgerechnet dafür aufstellen will. Dann kommt es zur scharfen Auslese: Alle bis auf einen werden von den Wählern ausgesondert.

Bieten die Fachhochschulen Crashkurse für über Nacht Gewählte an?

Prewo: Sicher nicht, so wenig wie für Minister oder Bischöfe. Erfahrungsaustausch und Coaching bieten die Hochschulen teilweise an. Für das laufende Training würde ich den eigenen Gemeinderat empfehlen.

Wüsste jeder wirklich, was auf ihn zukommt ...

Prewo: ... dann wäre die Auswahl vielleicht noch geringer – aber auch manches Talent ginge womöglich verloren.

An wen können sich Bürgermeister mit privaten oder beruflichen Problemen wenden?

Prewo: In manchen Phasen des Nachdenkens oder der Unsicherheit habe ich mich mit Kollegen ausgetauscht, zu denen ich ein besonderes Vertrauensverhältnis hatte. Da gab es zwei, drei, vier Kollegen im Land, mit denen sich das mit der Zeit ergeben hat. Dabei ging es indes um kommunalpolitische Sachfragen. Bei persönlicheren Problemen sucht man im eigenen Umfeld. Das kollegiale Verhältnis unter den Oberbürgermeistern ist im Allgemeinen wirklich gut, sie sehen sich normalerweise nicht als Konkurrenten. Trotzdem trifft die Frage ein Problem. Es bleiben viele Entscheidungen, zu denen man Meinungen hören, aber den entscheidenden Rat nicht von außen bekommen kann.

Können Sie sich eine institutionalisierte Form von Beichtvater für Rathauschefs vorstellen?

Prewo: Ich kann mir vieles vorstellen, einen Bedarf dafür gibt es bestimmt, es wird sich aber nicht so leicht institutionalisieren lassen. Die frühere Regierungspräsidentin Hämmerle in Karlsruhe pflegte zu reimen: „Treibt dich mal was Schweres um, dann geh' halt ins Präsidium." Das habe ich nie gemacht. Bei Rechtsfragen hat man vielleicht gelegentlich nachgefragt. Bei größeren kommunalen Konfliktlagen wiederum haben wir einfach Bürgerversammlungen gemacht. Hier gibt es für schwierige Fälle heute auch das Instrument der Mediation.

Die Alphastellung macht einen ja auch einsam. Da ist dann keiner mehr, der sich vor einen stellt.

Prewo: O ja. Und gäbe es auch einen: In einer so öffentlichen Rolle darf man auch nicht abhängig werden, von wem auch immer. Manches kann nur ein liebender Partner, eine liebende Partnerin.

Déformation professionelle – welchen negativen Veränderungen unterliegen viele im Bürgermeisteramt?

Prewo: Es gibt die unterschiedlichsten Arten von *déformation professionelle*. Es gibt den Typus, der einen gewissen Zynismus entwickelt. Den gibt's aber in vielen Berufen. Ich frage nicht, wie viele Zyniker sich unter Lehrern gegenüber Schülern finden. *Déformation professionelle* ist es auch, wenn man nur auf seine bisherige Routine vertraut und sich so für Neues verschließt. Auch nach langer Amtszeit lohnt es sich oft, die Dinge neu anzusehen. Und es gibt die häufige *déformation professionelle*, dass man sich zu eng an bestimmte Kreise oder Personen anlehnt und dadurch den Blick auf die ganze Gemeinde verengt. Vielleicht die schlechteste, doch keineswegs seltene *déformation professionelle* ist es, zu glauben, man selber habe in seinem Berufsleben so viele Erfahrungen und Professionalität aufgesaugt, dass man alles beurteilen und beherrschen kann. Dagegen gibt es freilich in diesem Beruf Korrektive. Die Bürger lassen es schnell spüren. (Solange man noch etwas spürt.)

Die Abwahl ist auch so ein Korrektiv.

Prewo: Die ultimative Botschaft der Bürger, doch sie kommt zu spät. Wer die Sinne offenhält, bekommt indes ständig Feedback. Ein Bürgermeister kandidiert meistens nicht nur alle acht Jahre, sondern stellt sich, wenn er in den Kreistag strebt, alle fünf Jahre den Wählern. Da kann er ablesen, wie man ihn beurteilt. Dann gibt es zwischendurch die Gemeinderatswahlen. Da stellt er sich zwar selber nicht zur Wahl, aber ...

... wenn seine Opposition zulegt, dann ist es vielleicht auch sein Verdienst ...

Prewo: ... und er wird es zu deuten wissen. Es gibt also verschiedene Feedbacks und Gradmesser, die er lesen kann.

Viele Amtsinhaber entwickeln mit den Jahren ein dickes Fell. Zwangsläufig. Schon aus Gründen des Selbstschutzes. Aber ruckzuck heißt es dann: Jetzt wird er abgehoben, arrogant.

Prewo: Das passiert sehr leicht, manchmal zu leicht. Manchmal gilt ein Bürgermeister schon als arrogant, wenn er nur fest bei seiner Linie bleibt. Die Grenze ist sehr fein und verschiebt sich leicht. Man trifft sie nicht immer. Man muss sich justieren können, ohne zum Halm im Wind zu werden. Das gehört zur Amtsmoral (wie ich es nennen möchte). Wie das *memento mori* für die römischen Feldherren. Hat man Glück, wird man durch professionelle Personen oder Personen im Umfeld darauf hingewiesen. Mir schwebte als Bürgermeister oft das Bild aus den alten Don-Camillo-Filmen vor Augen.

Peppone war der Bürgermeister.

Prewo: Stimmt, aber der Pfarrer macht ihm vieles vor. Er tritt immer wieder vor den Altar, wo ihm der Gekreuzigte ins Gewissen redet: „So nicht, Don Camillo!" Der Geistliche braucht diese starke Rückmeldung. Der Gekreuzigte spricht ja nicht wirklich, Don Camillo hört seine eigene innere Stimme. Diese Führungsmoral, die muss man immer wieder schärfen und beherzigen.

Das ist gewiss nicht einfach.

Prewo: Abgehobenheit oder Arroganz, mangelnde Bürgernähe und Unnahbarkeit sind die häufigsten Begründungen für Bürgermeister-Abwahlen. Das ist eigentlich Mahnung genug. Die größte Gefahr und Untugend eines Bürgermeisters ist letztlich, sich selber zu wichtig zu nehmen.

Wie lässt es sich vermeiden?

Prewo: Ich antworte mit zwei Arten, in den Spiegel zu schauen. Es gibt auch hier den kleinen Unterschied der Geschlechter. Die Frauen gucken anders in den Spiegel als die Männer.

Die Frauen suchen nach den Problemzonen.

Prewo: So ist es. Die Männer, das ist empirisch erforscht, stellen sich meistens mit etwas Abstand vor den Spiegel, gucken sich im Ganzen an und finden sich ganz passabel. Frauen gehen viel näher heran und benutzen den Spiegel, um auch Fehler zu entdecken. Man kann jetzt leicht erraten, wer gepflegter ist …

Prof. Dr. Rainer Prewo

Wer sind die Fürsprecher der Kommunen? Wer hilft ihnen?

Prewo: Das ist eine interessante Frage. Gemeinden sind viel zu selbstverständlich, als dass sie von außen Unterstützung zu brauchen scheinen. Auch hier gilt: Die Bürger sind die besten Advokaten ihrer Gemeinde. Gegenüber dem Staat gibt es natürlich die Kommunalverbände – Städtetag und Gemeindetag. Sie haben aber keine formale Einwirkungsmöglichkeit auf die Politik. Anders als die Länder, die beim Bund über den Bundesrat rechtlich einwirken können, gibt es Entsprechendes für die Gemeinden nicht. Die Verbände können nur durch die Autorität ihrer Organe, vor allem der Präsidenten, die ja auch Bürgermeister sind, ein gewisses Gewicht erreichen.

Lobbyismus betreiben.

Prewo: Der ist notwendig, aber schwer fassbar in der Wirkung. Selbst Manfred Rommel, langjähriger Präsident des Städtetags, bekannte oft seine Ohnmacht. Das zeigt auch, und ich habe es selbst oft erlebt: Die vielberufene „persönliche Vernetzung" ist viel unbedeutender als gemeinhin angenommen. Verlangt werden daher formellere Mitwirkungsrechte, etwa wie die der Länder beim Bund. Das wäre vielleicht gut, aber formale Mitwirkungsmöglichkeiten auf allen drei gesetzgebenden Ebenen – EU, Bund, Land – sind kaum unvorstellbar. Das würde unsere komplizierte politische Architektur noch mehr komplizieren.

Was schlagen Sie stattdessen vor?

Prewo: Viel wichtiger für Gemeinden ist, dass ihre Selbstverwaltung geschützt bleibt, der Einfluss der Politik auf sie selber – also so herum – *begrenzt* wird. Stärke und Position einer Gemeinde sind nicht daran zu messen, wie wirksam sie „oben" Einfluss nehmen können, sondern daran, wie sehr es ihnen kraft der kommunalen Selbstverwaltung gelingt, mit dem Pfund ihrer geborenen und garantierten Kompetenzen selbst zu wuchern. Deswegen ist in meinen Augen die Verteidigung der kommunalen Selbstverwaltung das A und O für die Stärke der Gemeinden. Auch ein Unternehmer mag über die Politik, Vorschriftenlast und vieles andere klagen – entscheidend für ihn bleibt doch, den Markterfolg durch seine eigenen Ideen, Talente und die seiner Mitarbeiter zu suchen. Statt vermeintlichen „Einfluss" auf höhere Instanzen zu suchen, die ihm hilfreich sein sollen. In dieser Hinsicht können sich auch Gemeinden an dem mittelständischen Unternehmer ein Beispiel nehmen. Die wichtigste Aufgabe der kommunalen Verbände ist deshalb zu verhindern, dass die kommunale Selbstverwaltung erodiert. Die eigenen Kompetenzen ausschöpfen, das macht Gemeinden erfolgreich. Ein interessantes Paradox ist übrigens, dass genau solche autostrategischen Gemeinden mehr Zuschüsse bekommen als die, die sich katzbuckelnd danach krümmen! Denn auch die Politik möchte auf der Seite der Erfolgreichen sein.

Kommunale Selbstverwaltung bedingt kommunal erhobene Gewerbesteuern.

Prewo: Zur Selbstverwaltung gehört ein klarer finanzieller Ordnungsrahmen. Die Gewerbesteuer ist hier der wesentliche Faktor. Der Bund wollte an ihrer Stelle einen Zusatz auf die Einkommen- und Körperschaftsteuer. Für die Unternehmen wäre also nichts gewonnen. Die Gemeinden würden abhängiger vom Staat – und unabhängiger von den örtlichen Unternehmen. Denn die – eigene – Gewerbesteuer verbindet sie wie eine Nabelschnur mit dem örtlichen Gewerbe. Viele Gemeinden beklagen ja, dass die Gewerbesteuer stark schwankt. Ich sage: Gerade diese Volatilität, gerade diese Schwankungen machen ein Rathaus sensibel für das Wohl und Wehe der örtlichen Wirtschaft.

Es ist ja auch ein sehr individueller Verdienst der einen oder anderen Stadt, dass sich ein Unternehmen dort ansiedelt und wohlfühlt.

Prewo: Ja genau. Warum soll man gerade diesen Anreiz wegnehmen? Mit der Gewerbesteuer wird nicht nur Geld, es werden auch die Kräfte der Marktwirtschaft in die Rathäuser geschickt.

Mal angenommen, der Bund beschließt angesichts des demografischen Wandels: Ab übermorgen hat jeder Mensch ab 65 Jahren Anspruch auf eine seniorenbetreute Wohnung, bereitzustellen und zu finanzieren von seinem Wohnort. Wie könnte sich kommunale Selbstverwaltung dagegen wehren?

Prewo: Es ist gottlob 2007 gelungen, das Konnexitätsprinzip in der Landesverfassung zu verstärken: Wenn der Staat beschließt, was die Gemeinden machen sollen, dann muss der Staat dafür zahlen. Leider hat das noch nie in Reinkultur geklappt. In dem genannten Fall, der die Gemeinden auch in ihrer Freiheit beschneiden würde, hätten die kommunalen Verbände, die die Interessen der Gemeinden lobbyistisch vertreten, eine starke rechtliche Waffe. Die braucht man auch. Es käme dann wahrscheinlich heraus, dass für die Gemeinden ein auf den ersten Blick attraktiver „Fördertopf" zur

Erfüllung dieser Pflicht bereitgestellt wird. Wenn ich aber als Praktiker gefragt werde: Was empfehlen Sie einem Bürgermeister, damit er sich in diesem Haifischteich einer Zuschusskonkurrenz behaupten kann? Dann würde ich ihm das Rezept des mittelständischen Unternehmers als Beispiel nennen: Selbst etwas für die Senioren am Ort zu entwickeln, das sich möglichst wirtschaftlich trägt. Das schützt vor Bevormundung und ist obendrein ein Magnet für Zuschüsse.

Sehen Sie, Stand heute, die Interessen der baden-württembergischen Kommunen hinreichend gewahrt?

Prewo: Wir haben in den letzten zehn, fünfzehn Jahren mehrere, fast möchte ich sagen: Raubzüge in die Kommunalfinanzen durch die Landesregierung erlebt. Noch heftigere Vokabeln sind übrigens von den Vertretern aller Parteien im Städtetag verwendet worden. Dadurch ist vor allem die Investitionskraft der Gemeinden geschwächt worden. Die Gemeinden sind ja im Staatsgefüge diejenigen Körperschaften, die am meisten investieren, von den Krankenhäusern bis zu den Schulgebäuden, zu den Gemeindestraßen, den Kultureinrichtungen. Gemeindeinvestitionen zusammen genommen machen mehr als die Hälfte der öffentlichen Investitionen in Deutschland aus. Jede Schwächung wirkt sich deshalb stark auch auf die Wirtschaft aus. Diese „Zugriffe nach Kassenlage" sind, so scheint es, durch die neuen Vereinbarungen erst einmal gestoppt.

Aber es gab ja Konjunkturpakete, die von Kommunen in Anspruch genommen wurden.

Prewo: Ja, 2008 und 2009 im Absturz der Wirtschaftskrise. Dadurch sind die Investitionen der Gemeinden wieder kurzzeitig gestiegen. Das war zur direkten Krisenbekämpfung gedacht und auch wirksam. Wenn Sie aber die Kurve der öffentlichen Investitionen nehmen in den letzten 30 Jahren, die geht ständig nach unten. Die Kurve der kommunalen Investitionen sogar noch etwas stärker. Die Gemeinden müssen wieder mehr investieren können, in Schulen, Kinderbetreuung, Stadtsanierung, Verkehrswege, Energieversorgung.

Sie sprechen von Raubzügen – konnten, wollten oder durften sich die Kommunen nicht wehren?

Prewo: Es gab keine rechtliche Handhabe. Dahinter steckt eben die Finanznot der Länder und des Bundes, die dann zu einem großen Teil abgewälzt wird auf Städte und Gemeinden. Erwin Teufel hat das mehrfach offen gesagt: Jetzt müssen wir wieder 400 oder 500 Millionen Euro aus der kommunalen Finanzmasse nehmen, um die Schulden des Landes nicht ins Uferlose wachsen zu lassen. Das Land, das gesetzgeberisch für die Kommunen zuständig ist, hat formal das Recht, einseitig die kommunale Finanzausstattung zu gestalten. Wenn das Land gesetzlich die Terms ändert, können die Kommunen ja nicht streiken oder Leistungen verweigern. Man klagt halt öffentlich, man prangert an; die Bürgermeister wirken über ihre Parteien ein, soweit sie können. Im Grunde genommen, ich war selber lang genug im Vorstand des baden-württembergischen Städtetags, können Kommunen nur auf dem weichen Weg der Diplomatie Druck ausüben.

Sind die Spitzenverbände dann eine allzu stumpfe Waffe?

Prewo: Sie haben nur das Argument als Waffe. Inzwischen weiß die staatliche Seite, dass Wohlstand und Zustand des Landes weithin von der Kraft der Gemeinden abhängen.

Wenn die Kommunen das Gefühl haben, von der Politik geplündert zu werden – wäre es dann eine Option, eine eigene Kommunalpartei zu gründen und selber in die Parlamente zu streben?

Prewo: Das wäre kaum erfolgreich, und es scheint mir auch nicht wünschenswert. Vor einer Kommunalpartei würden wir eine Bauernpartei, Beamtenpartei, Rentnerpartei und so weiter sehen. Das wäre keine gute Entwicklung.

Marc Oliver Kersting (CDU) wurde 1969 in Horb am Neckar geboren. Nach seinem Studium der Politikwissenschaft und Geographie (M. A.) arbeitete der verheiratete Vater einer Tochter zunächst wissenschaftlich, verlegerisch sowie als Regional- und Kommunalberater. Von 2005 bis zu seiner Wahl zum Süßener Bürgermeister im Sommer 2010 war Kersting in Calw städtischer Wirtschaftsförderer und persönlicher Referent von Oberbürgermeister Manfred Dunst. In Rottenburg führte der Katholik von 1990 bis 2001 die Junge Union sowie von 2003 bis 2005 den CDU-Ortsverband.

Interview mit Marc Oliver Kersting und Michael Schrenk

„Nein, Herr Landrat, wir geben keine Ruhe"

Während Süßens CDU-Bürgermeister auf sein schwarzes Netzwerk vertraut, schwört der parteilose Schultes in Herbertingen auf ein buntes. Obwohl sie dem allerschwärzesten Wahlkreis angehörten, bekamen die Herbertinger von einem roten Verkehrsminister grünes Licht für ihre Ortsumfahrung. Dafür waren sie samt Bürgermeister auf die Barrikaden gegangen. Ob er das auch mit dem dort üblichen Parteibuch gewagt hätte?

Herr Kersting, acht Monate ist es nun her, dass Sie gewählt worden sind – freuen Sie sich noch immer über die Wahl zum Bürgermeister von Süßen?
Marc Oliver Kersting: Immer noch genauso wie am ersten Tag.

Warum?
Marc Oliver Kersting: Weil es unheimlich Spaß macht. Ich habe es nicht falsch eingeschätzt. Es ist genau so wie erwartet. Es sind Herausforderungen jeden Tag aufs Neue, und die Stadt ist so interessant, wie wir es auch im Wahlkampf erwartet haben.

Davor waren Sie Referent des Calwer Oberbürgermeisters Manfred Dunst. Gibt's wesentliche Unterschiede zwischen dem Dasein eines Oberbürgermeisters einer Großen Kreisstadt und dem eines Bürgermeisters in einer halb so großen Stadt ohne Ortsteile?
Kersting: Unterschiede gibt's sicher, wenn ich an die Calwer Zeit zurückdenke. Ich glaube, ein Oberbürgermeister wird in der Öffentlichkeit nochmal ein Stück anders wahrgenommen. Bei übergeordneten Behörden – Regierungspräsidien, Landratsämtern – hat ein Oberbürgermeister etwas mehr Gewicht als ein Bürgermeister.

Michael Schrenk, geboren 1970, parteilos, katholisch, verheiratet, zwei Adoptivkinder. Nach seiner Ausbildung und dem Studium zum Diplom-Verwaltungswirt an der Fachhochschule für öffentliche Verwaltung in Kehl absolvierte der gebürtige Königsheimer eine Ausbildung zum Versicherungsfachmann. Bis zu seiner Wahl zum Herbertinger Bürgermeister im Juli 2000 leitete Schrenk fünf Jahre lang das Hauptamt des Donaustädtchens Mühlheim im Kreis Tuttlingen. Als Rathauschef der Gemeinde Herbertingen (Kreis Sigmaringen) im Amt bestätigt, kandidierte er im Juli 2011 als Oberbürgermeister in Schramberg (Kreis Rottweil), zog aber seine Bewerbung wenige Tage vor der Wahl trotz Aussicht auf Erfolg zurück.

Ein OB wird ernster genommen?

Kersting: Er wird ernster genommen, ja.

Und wie wehrt man sich dagegen?

Kersting: Man versucht, wie immer, kräftig zu trommeln und sich Gehör zu verschaffen.

Was macht einen Bürgermeister aus?

Michael Schrenk: Das Reizvolle ist die enorme Bandbreite. Das macht es spannend, aber manchmal auch anstrengend.

Was sind die spannenden Sachen und was sind die weniger spannenden?

Schrenk: Gestern Abend, im paritätischen Kindergartenausschuss, ging es um den Verdacht von Eltern, in einem unserer Kindergärten könnte es schimmeln. Aber schon morgen beschäftige ich mich mit Gewerbeansiedlung, mit Wirtschaftsförderung, vielleicht mit der Herbertinger Umgehungsstraße, die eine Flurbereinigung erfordert.

Was überwiegt im Alltag? Ist es die Tagesarbeit, die einen ertränkt, oder sind es die dicken Bretter, die man über Jahre oder Jahrzehnte bohren muss?

Schrenk: Am Anfang war es viel Klein-Klein. Bis man den Überblick kriegt. Nach wie vor gibt es Tage, da bleibt meine Tür offen, da darf jeder zu mir reinkommen. Aber wenigstens jeden Donnerstagnachmittag arbeite ich konzeptionell. Aktuell brüte ich über der Vision eines Familienzentrums. Da brauchst du dann einfach ein paar Stunden Ruhe.

Braucht es seine Zeit, bis man eingearbeitet ist, bis man organisiert ist und zu delegieren lernt?

Schrenk: Ich bin jetzt gut zehn Jahre in Herbertingen in der Verantwortung. Die Projekte der ersten drei Jahre waren vom Vorgänger und dem Gemeinderat bereits vorgegeben. Das war die Lernphase. Danach beginnt man, eigene Spuren zu markieren. Die Wiederwahl nach acht Jahren ist natürlich ein absoluter Meilenstein. Ist man erst im Amt bestätigt, kann man manches offensiver angehen, kann man sich ganz anders Gehör verschaffen.

Nun ist man abgesichert.

Schrenk: Bürgermeister sind halt Wahlbeamte auf Zeit. Wer nicht schon zuvor verbeamtet war, hängt versorgungsmäßig in der Luft.

Am ersten Arbeitstag starren alle auf einen und sagen:
So, jetzt mach mal.

Kersting: Genau so sieht es aus. Alle starren auf einen. Und dann fällt man ins kalte Wasser und legt los.

Werden einem Anfängerfehler verziehen?

Kersting: Das wird nicht verziehen.

Schrenk: Das wird aufgerechnet.

Kersting: Die Bürger und die Mitarbeiter merken ganz schnell: Versteht er was von der Materie? Man muss schon vom ersten Tag an sagen: Ich möchte das so und so machen. In die und die Richtung möchte ich gehen. Vorgänger hin, Vorgänger her. Jetzt bin ich da. So und so soll es laufen.

Gibt's denn keine Schonfrist? Wetzen die Unterstützer der unterlegenen Mitbewerber die Messer und lauern von Anfang an
auf Fehler?

Kersting: Wenn es ein ordentlicher, fairer Wahlkampf war, braucht niemand Messer zu wetzen. Am Anfang wird erst mal abgewartet: Was packt er an? Was läuft gut? Was läuft weniger gut? Es gibt eine Schonfrist, aber diese berühmten hundert Tage lang ist sie sicher nicht. Also bei mir war die wesentlich kürzer. Die war nach der ersten Gemeinderatssitzung eigentlich vorbei.

Sie hatten Ihre Wahl im Sommer 2010 mit rund 65 Prozent
gewonnen. Das heißt, ein Drittel der Wähler hat nicht
gewonnen. Waren da schlechte Verlierer drunter?

Kersting: Bisher kenne ich keinen. Das liegt zum großen Teil am fair verlaufenen Wahlkampf. Und nach der Wahl bin ich vorbehaltlos auf alle zugegangen, auch auf die, von denen ich wusste, dass sie einen Gegenkandidaten unterstützten. Die Wahl ist vorbei. Man muss nach vorne schauen. Die Anhänger oder Wähler der Gegenkandidaten verhielten sich genauso. Die sagten: Okay, jetzt haben wir den Kersting. Jetzt probieren wir es mit dem, jetzt gucken wir mal, wie der sich macht.

War nach der Wahl erwartet worden, dass Sie auf die Gegenseite zugehen?

Kersting: Teilweise wurde es als normal genommen, teilweise war man angenehm überrascht und hat mir das auch gesagt.

Tatsächlich verlief der Süßener Wahlkampf im Sommer 2010 sehr moderat und sehr fair. Ihre Wiederwahl in Herbertingen, Herr Schrenk, verlief im Sommer 2008 weniger harmonisch. Sie hatten eine erbitterte Opposition, die – aus heutiger Sicht – zum letzten Gefecht blies.

Schrenk: Ja, da war richtig was los. Die Geister, die mich anno 2000 gerufen hatten, wurden mich so leicht nicht wieder los. Da war ich als dreißigjähriges Bürschchen dahergekommen, man dachte: Der ist jung, den können wir uns zurechtbiegen. Dabei machte ich schon vor meiner Wahl deutlich: Denkt nicht, ihr könnt den jungen Schrenk umpolen – das wird euch nicht gelingen. Und als ich mich dann tatsächlich widersetzte, hat man versucht, an meinem Stuhl zu sägen. Dieses Strickmuster erlebt man nicht nur in Herbertingen, sondern auch andernorts.

Trifft einen das persönlich?

Im Jahr 2000 war ich jung, ledig und ungebunden. Mittlerweile habe ich geheiratet und mit meiner Frau zwei Kinder adoptiert. Alleine steckt man das vielleicht weg, zumal wenn man weiß, wie's halt in der Kommunalpolitik läuft. Aber seiner Familie will man das nicht zumuten. Meine Frau litt sehr unter den persönlichen Angriffen gegen mich, die auch unter die Gürtellinie gingen, auch unsere Kinder hatten daran zu knabbern.

Unterm Strich?

Schrenk: Unterm Strich bleibt es dabei, dass ich diesen Job unheimlich gerne mache, mit allen Höhen und Tiefen. Die Bilanz ist durchaus positiv.

Kommen wir zurück zu diesen selbst ernannten Königsmachern. Wie verbreitet ist es denn, dass Menschen einem vor einer Wahl helfen und nach der Wahl Gegenleistungen einfordern?

Schrenk: Ich sage nicht, es ist üblich, aber es kommt öfter vor, als man denkt. Zumindest in unserer Raumschaft rund um Herbertingen während der letzten zehn Jahre. Wobei es nicht immer konkrete Gegenleistungen sein müssen, sondern einfach eine gewisse Einflussnahme. Der Wunsch, frühzeitig vom Bürgermeister gefragt zu werden, bevor Entscheidungen angebahnt werden, beispielsweise, ob wir das nächste Gewerbegebiet hier oder aber dort ansiedeln.

Man ist scharf auf das gute Gefühl: Der Bürgermeister hört auf mich und richtet sich nach mir.

Schrenk: Ja. So würde ich es stehen lassen.

Sie, Herr Kersting, sind Mitglied der CDU und wurden in Süßen von CDU, Freien Wählern und FDP unterstützt. Müssen Sie denen jetzt liefern?

Kersting: Das kann ich wirklich verneinen. Die Unterstützung fiel ja auch eher verhalten aus, nach dem Motto: Der Kersting gefällt uns, mit dem können wir hier leben. Aber ich kenne es von Kollegen, die sich nach der Wahl übersteigerter Erwartungen erwehren mussten.

Wie schützt man sich vor unerfüllbaren Wünschen?

Kersting: Man muss authentisch und sich selber treu bleiben. Ich weiß, was ich im Wahlkampf erzählen darf und was nicht.

Schadet es oder nützt es Bürgermeistern, wenn sie Mitglied einer Partei sind?

Kersting: Ich würde klar sagen, es nützt. Weil ich der Meinung bin, als Mitglied einer Partei, egal welcher, habe ich ein sehr enges Netzwerk zu Abgeordneten, und das muss sich eigentlich auch für die Gemeinde positiv auswirken. Ich nutze mein Netzwerk in die CDU hinein, um anders mit Abgeordneten reden zu können als ein parteiloser Bürgermeister.

Sie, Herr Schrenk, sind Mitglied keiner Partei. Sind Sie dann ohne Netzwerke?

Schrenk: Herr Kersting hat ein schwarzes Netzwerk und ich habe ein buntes Netzwerk. Ganz anders als der Kollege sage ich: In meinem zehnjährigen Kampf um eine Ortsumgehung für Herbertingen (Bundesstraße 32/311) war es für mich mehr als richtig und wichtig, parteilos zu sein. Unser Wahlkreis ist der schwärzeste in ganz Baden-Württemberg. Natürlich kamen CDU-Spitzenpolitiker zu uns, aber eben auch eine Ute Vogt (SPD) und Oswald Metzger von den Grünen, beide damals exponierte Bundespolitiker. Und am Schluss war es die SPD, die uns Ende 2008 zum Erfolg verholfen hat, als sie in Berlin den Bundesverkehrsminister stellte. Meinem werten Vorgänger, Christdemokrat durch und durch, blieb der Durchbruch versagt. Ich werde nie vergessen, wie mir der zuständige Referatsleiter, damals noch in Bonn, geraten hatte, ich solle Farbe in die Akte bringen.

Kersting: Wobei ich mir diese Freiheit genauso nehme. Auch meine Anfragen gehen immer an alle Abgeordneten, egal welcher Partei. Wenn es um unsere Umgehungsstraßen oder Ähnliches geht, sollen auch alle Vertreter ackern, denn genau dazu sind sie da. Was mir allerdings jetzt hilft, sind die Netzwerke, die ich früher in der JU gesponnen habe. Weil man sich persönlich kennt, hat man einen anderen Zugang.

Schrenk: Jetzt ist es natürlich so: Wir haben nur zwei Abgeordnete, einen im Landtag, einen im Bundestag, und beide von der CDU. Uns fehlt manchmal die Konkurrenz, die das Geschäft beleben könnte. Da sind andere besser dran.

Je mehr Parlamentarier, desto schneller kommt eine Umgehungsstraße?

Schrenk: Die Gleichung lautet jetzt recht einfach. Ich will trotzdem ja sagen. Der SWR verglich uns im Jahr 2008 mit Neuhausen ob Eck im Landkreis Tuttlingen. Unsere Umgehungsstraße war fast neun Jahre lang planfestgestellt, der Beschluss wäre fast verfallen. Neuhausen ob Eck musste dagegen nur zwei oder drei Jahre warten. Tuttlingen verfügte über mehrere einflussreiche Abgeordnete, allen voran Volker Kauder, wir lediglich über den parlamentarischen Neuling Thomas Bareiß.

Viele sagen, in Herbertingen ging es erst voran, nachdem der Bürgermeister allfreitäglich zur Demonstration aufgerufen hat. Die Bundesstraße wurde blockiert, um der Forderung nach einer Umfahrung Nachdruck zu verleihen.

Schrenk: Wenn ich CDU-Mitglied gewesen wäre, wäre es sicherlich nicht so weit gekommen. Wir hatten mit zehn Leuten angefangen, und nach drei Wochen waren wir 500. Wir luden dann Politprominenz dazu ein: Verkehrsministerin Tanja Gönner, die ja zwei Ortschaften weiter wohnt, unsere Abgeordneten, den Landrat. Dieser Landrat (CDU) nahm mich dann weit im Vorfeld zur Seite und mahnte mich: „Herr Schrenk, wir sind uns einig. Wenn MdL Behringer und ich dann bei Ihnen waren, war das die letzte Aktion." Ich antwortete: „Herr Gaerte, wir sind uns *nicht* einig. Es geht um Herbertingen. Es geht um meine Bürgerinnen und Bürger. Ich kann den 500 Menschen, die bei Wind und Wetter an der Kreuzung stehen, nicht vermitteln, dass wir einfach von heute auf morgen wieder aufhören, ohne verbindliche Zusage." Wäre auch ich CDU-Mitglied gewesen, hätte ich wahrscheinlich ernsthaftere Probleme bekommen.

Herr Kersting, würden Sie notfalls auf die Barrikaden gehen?

Kersting: Durchaus. Wenn nichts anderes mehr hilft, muss man das machen. Und ich würde mich da nicht von der Partei zurückrufen lassen. Die Partei kann viel sagen, aber wenn ich der Meinung bin, für Süßen ist es anders besser, dann ist mir das eigentlich egal, was die Partei sagt.

Was könnte Ihnen schon passieren?

Kersting: Das würde ich mich auch fragen. Und zur Partei sagen: Wenn ihr mir droht, dann trete ich aus. Das steht dann anderntags in der Zeitung und wäre ein Eigentor, das sich gewaschen hat.

Finden die Rathäuser in der großen Politik, in den Parteien
für ihre Sorgen und Nöte genügend Gehör?

Kersting: Manchmal habe ich das Gefühl, das Gehör ist oberflächlich. Die Abgeordneten kommen zwar gerne vorbei und suchen das Gespräch, aber deswegen bewegt sich noch lange nichts. Wobei das für einen Abgeordneten, der ja einen ganzen Wahlkreis, das ganze Land vertritt, auch nicht immer einfach ist, weil natürlich alle Bürgermeister mit ihren Problemen und Wünschen zu ihm kommen.

Werden Probleme vom Bund über die Länder auf die Kommunen
abgewälzt?

Kersting: Uneingeschränkt ja. Siehe Kinderbetreuung / Kindergärten. Siehe Schulsozialarbeit. Wir haben ja das unglückliche System, dass Schulträger die jeweilige Gemeinde ist, aber das Land in der Schule eigentlich das Sagen hat. Entweder müsste ich als Gemeinde die Lehrer und die Finanzmittel für die Lehrer bekommen oder das Land müsste von mir das Schulgebäude bekommen. Diese Zweiteilung ist unglücklich.

Warum wehren sich die Kommunen nicht dagegen?

Schrenk: Tja, wenn wir uns wehren könnten oder es ein Allheilmittel gäbe, würden wir es wahrscheinlich tun. Ja, ich muss sagen, als Kommune fühle ich mich wirklich nicht ernst genug genommen. Meines Erachtens müsste sich unser Spitzenverband, der Gemeindetag, gesammelt dagegen wehren.

Was kostet die Mitgliedschaft im Gemeinde- oder Städtetag?

Kersting: Der Gemeindetag kostet gerade, meine ich, 46 Cent pro Einwohner und Jahr Umlage. Viele Städte sind bei beiden Mitglied. Nicht alle Städte sind beim Städtetag. Wir sind immer beim Gemeindetag geblieben.

Was bekommen Sie für diese 46 Cent pro Einwohner?

Kersting: Beratung und Unterstützung in vielen Bereichen, wenn es um ganz konkrete Fragen von Satzungen und vielem geht. Die bieten schon ein breites Leistungsspektrum, auch Fortbildungen für Mitarbeiter in der Verwaltungsschule des Gemeindetags zum Beispiel. Ganz konkrete Leistungen, die im Alltag wichtig sind.

Aber die politische Interessenvertretung hinkt?

Kersting: Die könnte stärker sein.

Machen die Spitzenvertreter zu wenig Druck?

Kersting: Welches ist die richtige Dosis? Wenn Gemeinde- oder Städtetag mit Klage drohen, müssen sie wissen: Wenn das schiefgeht, lacht das Land sie aus.

Wie ist es um das Anspruchsdenken der Bürger bestellt?

Kersting: Das wird größer. Deutlich größer.

Schrenk: Ich würde es differenzieren wollen: Diejenigen, die wirklich daran interessiert sind, was der Gemeinderat, der Bürgermeister, die Verwaltung machen, die sind anspruchsvoller geworden.

Erschwert das Ihre Arbeit?

Schrenk: Ich finde es gut, wenn Leute zu mir kommen und fragen: Können Sie mir mal das und das erklären? Da nehme ich mir gerne fünf oder zehn Minuten Zeit, weil es Multiplikatoren sind, die das dann weitertragen. Aber die Zahl der anderen, die sich gar nicht interessieren, denen alles egal ist, die steigt. Nur wenn dann etwas schlecht läuft, dann sind sie alle da.

Wissen die Leute dann bei der nächsten Wahl noch, wie sich ihr Schultes in dieser oder jener Sache verhielt?

Kersting: Da entscheiden dann wieder die Visionen für die kommenden acht Jahre. Ich glaube, das Erinnerungsvermögen des Bürgers reicht nicht so weit zurück, wie man sich das vielleicht vorstellt.

Schrenk: Das wage ich zu bezweifeln. Ich habe es gerade anders herum erlebt. Als bei mir anno 2008 die Wiederwahl anstand, war ich perplex, wie viele Leute noch meine Wahlrede von vor acht Jahren im O-Ton präsent hatten. Es muss ja nicht wahlentscheidend sein, aber die Leute erinnern sich an viele Fakten.

Dem Wähler bleibt bewusst, ob sein Stadtoberhaupt Wasser trank, nachdem er Wein gepredigt hatte?

Kersting: Da bin ich mir sicher. Und da sind wir uns, glaube ich, beide einig.

Ist es dann leichter, mit weißer Weste erstmals in einer Kommune anzutreten, oder fällt die Wiederwahl dank Amtsbonus leichter?

Schrenk: Unbelastet in eine Erstwahl zu gehen, ist wohl einfacher. Die erste Wiederwahl geht auch noch, aber danach wird es wahrscheinlich immer schwieriger.

Warum?

Schrenk: Weil wir im Bürgermeisteramt immer wieder Wünsche ausschlagen müssen. Wir müssen Entscheidungen fällen, Kompromisse schließen, die nicht jedem schmecken.

Da kommt in 16 Jahren ordentlich was zusammen ...

Kersting: Es gibt ja Wahlen, wo man dem Amtsinhaber einen Denkzettel verpassen will. Man will ihn zwar behalten, aber er soll keine 98 Prozent bekommen, sondern nur 70. Doch plötzlich werden aus diesen 70 Prozent nur 40 oder 30. Das passiert leider immer mal wieder. Aber mit diesem Risiko, Wahlen zu verlieren, müssen wir Bürgermeister einfach leben.

Schrenk: Friedrichshafen war so ein Fall, wo im Frühjahr 2001 viele zu Hause geblieben waren, weil sie dachten, der Wiedmann wird's ja sowieso wieder. Und dann war Büchelmaier gewählt.

Ist das Wesen eines Wahlamtes, seine Befristetheit, gerecht oder grausam?

Kersting: Es ist der Sache dienlich. Ich weiß ja vorher, auf was ich mich einlasse. Jeder von uns weiß das. Nach acht Jahren stehe ich zur Disposition, und wenn einer kommt, der sich besser verkauft, dann bin ich draußen. Was wäre denn die Alternative? Die Alternative wäre ein Bürgermeister auf Lebenszeit. Das würde eine Stadt oder eine Gemeinde nicht voranbringen. Wenn ich wüsste, ich hocke hier noch viele, viele Jahre bis zur Rente, dann wäre irgendwann die Luft raus. Dass wir uns anstrengen müssen, ist der Sache sehr dienlich.

Sind acht Jahre je Amtsperiode richtig bemessen?

Kersting: Ja. Man braucht eine gewisse Zeit, um Ideen zu entwickeln, um Ratsmehrheiten dafür zu organisieren und um die Ideen schließlich umzusetzen.

Handeln Bürgermeister anders, wenn der Wahltermin näher rückt?

Kersting: Wenn man ständig drauf schielt, macht man keine gute Arbeit. Ich darf nicht acht Jahre lang permanent denken: Oje, ich muss mit jedem gut auskommen! Jede Entscheidung bringt den einen was und tut anderen vielleicht weh. Ich muss schauen, was für die Stadt insgesamt gut ist.

Schrenk: Wenn ich eine unpopuläre Entscheidung treffe, verliere ich vielleicht heute eine Stimme. Aber dafür, dass ich Standfestigkeit bewiesen habe, gewinne ich morgen zwei andere Stimmen hinzu.

Werden Bürgermeister angemessen honoriert?

Kersting: Die einen sagen nein, die anderen sagen naja, man kann davon leben. Im Vergleich zu meiner letzten Tätigkeit als Persönlicher Referent des Calwer Oberbürgermeisters ist mein Arbeitspensum nicht sehr viel größer geworden, aber ich verdiene jetzt ordentliches Geld dafür. Insofern bin ich zufrieden.

Schrenk: Wer sich fürs Bürgermeistern entscheidet, weiß, was man da verdient. Fragen wir andersrum: Ist das Gehalt des Bürgermeisters so angemessen, dass sich genügend Kandidaten finden? Ist unsere Besoldung Anreiz genug, um junge Leute für dieses Amt zu gewinnen?

Zumal die Bewerbung erst mal richtig Geld kostet und sich immer nur für einen der Kandidaten auszahlt. Sollten Bürgermeisterbewerber, ähnlich den Parteien, Wahlkampfkosten erstattet bekommen?

Schrenk: Gerecht ist es sicherlich nicht. Wenn's bei den einen geht, müsste es bei den anderen auch gehen. Das ist eine Frage der Gesetzgebung, wie man damit umgeht. Herbertingen hat knapp 5.000 Einwohner. Würde ich jetzt in einer 9.000-Einwohner-Stadt antreten, würde ich gerade mal von A 16 zu B 2 aufsteigen. Das steht in keinem Verhältnis zu dem, was mich der Wahlkampf kosten würde.

Kersting: Die meisten Bürger überschätzen unser Einkommen maßlos. Selbst das Gehalt von normalen Beamten, die in A 10 sitzen, wird maßlos überschätzt.

Schrenk: Geld ist das eine. Das andere ist: Man muss bereit sein, sein ganzes Leben auf den Kopf zu stellen. Wenn man Familie hat, muss die Familie einen Ortswechsel mittragen. Umzug, Kinder müssen die Schule wechseln, die Frau ihren Arbeitsplatz kündigen. Wir haben in unseren Rathäusern in der zweiten Reihe, Ebene Amtsleiter, unheimlich fähige Leute, die bestimmt das Zeug zum Bürgermeister hätten. Die es dennoch lieber lassen, und nicht des Geldes wegen.

Als Sie, Herr Schrenk, in Herbertingen antraten, versprach man Ihnen, sollten Sie gewählt werden, eine Wohnung und auch eine Freundin. Haben Sie's in Anspruch genommen?

Schrenk: Die Wohnung ja. Die Freundin nicht.

Sie haben dann anderweitig zu Ihrer Herz-Dame gefunden. Wusste Ihre Frau, auf was sie sich einlässt, wenn sie einen Bürgermeister heiratet?

Schrenk: Sie hat rasch feststellen müssen, wie wenig Freizeit einem verbleibt. Und dass nicht nur der Bürgermeister den ganzen Tag unter Beobachtung steht, sondern die Frau oder die Kinder mit dazu. Am Anfang hat ihr das schon Probleme bereitet. Ich kenne ein paar Kollegen, deren Ehe nach wenigen Jahre in die Brüche ging, weil man kaum noch Zeit gemeinsam verbringt, aneinander vorbeilebt. Bei uns ist es etwas anders: Meine Frau begleitet mich bei manchem öffentlichen Auftritt. Aber nur, wenn sie will. Das muss auch die Bevölkerung respektieren.

Kersting: Das ist wichtig, dass man seinem Partner sagt: Du kannst mitkommen, du musst aber nicht.

Wenn Wähler schon intakte Bürgermeisterfamilien wünschen, müssen sie diesen Familien auch Freiräume und gemeinsame Zeit zugestehen.

Kersting: Die zeitliche Belastung von Bürgermeistern wird von der Bevölkerung so nicht wahrgenommen. Man bekommt es ja nicht mit, wie viel Routinearbeit wir im Büro erledigen.

Und wenn Sie auf Vereinsfesten verweilen, wird das nicht als Arbeitszeit gesehen.

Kersting: Das kommt hinzu. Das ist für mich Arbeit, weil ich dort ja nicht als Bürger, sondern als Repräsentant der Gemeinde auftrete.

Gefällt Ihnen der Beruf?

Kersting: Ja.

Schrenk: Auch mir gefällt es nach wie vor. Ein Stück weit ist es bestimmt auch Berufung. Gibt es eine vielfältigere, interessantere und abwechslungsreichere Tätigkeit? Ganz ehrlich: Nach meiner Ausbildung zum Diplom-Verwaltungswirt hätte ich mir niemals vorstellen können, im Landratsamt Sachbearbeiter für die Buchstaben A bis K oder so etwas zu werden.

Was müsste passieren, dass Sie nicht mehr bürgermeistern wollen?

Schrenk: Da müsste schon gesundheitlich was Gravierendes dazwischenkommen. Die Arbeit hört ja auch nicht auf. Jeden Tag warten neue Herausforderungen.

Kersting: Da geht es mir genauso. Ernste gesundheitliche Probleme wären einer der wenigen Beweggründe aufzuhören. Weil es viel zu spannend ist. Wenn einem Kommunalpolitik Spaß macht, dann macht sie einen auch ein Stück weit süchtig.

Tipps, Tricks und Trends aus der Wahlkampfpraxis – Teil I

Bis zur Wahl regiert das Prinzip Hoffnung

Die elementarste Frage für werden wollende Bürgermeister lautet: Wo trete ich an? Außerdem: Was es mit den Siegwählern auf sich hat. Warum sich erfolgreiche Kampagnen nicht übertragen lassen. Weshalb Gemeinderäte bei der Kandidatensuche zunehmend in der Pflicht stehen. Wie spät man als Bewerber seinen Hut in den Ring werfen sollte.

Bürgermeisterwahlen werden häufig durch Fehler im laufenden Wahlkampf entschieden. Das können Fehler sein, die man selbst begeht oder aber zu denen man Mitbewerber verleitet, indem man allerlei Fallen stellt, in welche die Konkurrenz dann hoffentlich tappt, entweder ahnungslos oder aber zielstrebig.

Der erste Fehler kann darin bestehen, überhaupt anzutreten.

Wie oft ist der erste Fehler der, überhaupt anzutreten! Natürlich wird – von seltsamen Szenarien, siehe Nürtingen im Dezember 2011, einmal abgesehen – nur Bürgermeister, wer sich aktiv darum bemüht. Häufig genug werfen Aspiranten unter vergleichsweise undankbaren, wenn nicht nahezu aussichtslosen Bedingungen ihren Hut in den Ring. Mühen sich von vornherein auf praktisch verlorenem Posten. „Ich war der falsche Mann / die falsche Frau am falschen Ort", stellt sich soundsooft als bittere (und kostspielige) Erkenntnis heraus. Aber leider zu spät.

Derzeit stehe ich mit gut 50 Damen und Herren in Kontakt, die alle irgendwo und irgendwann Bürgermeister werden wollen. Es wäre ein Leichtes, diese stattliche Zahl zu verdoppeln oder zu verdreifachen: Ich müsste mir nur die jeweiligen zweiten „Sieger" (= Verlierer) der jüngeren Wahlen näher anschauen. Vermag jemand wenigstens ein Viertel aller Stimmen auf sich zu vereinen, heißt das doch, er ist prinzipiell wählbar. Ich muss dann nur noch schauen, welche Fehler dem Betreffenden und/oder seinen Helfern während des Wahlkampfes unterliefen. Würden wir diese Fehler dann bei einem weiteren Anlauf miteinander vermeiden, wäre die nächste Wahl vermutlich gewonnen.

Es gibt natürlich auch Wahlen, die derart knapp ausgehen, dass rückblickend jeder Wimpernschlag als wahlentscheidend herhalten kann. Fehlen am Ende nicht einmal 10 Stimmen zum Sieg – bei Stimmengleichheit würde übrigens das Los entscheiden! –, kann rein rechnerisch tatsächlich jede Kleinigkeit den Ausschlag gegeben haben. Allermeist liegen jedoch Fehler, die gemacht wurden, weithin sichtbar auf der Hand, zumindest für geübte Beobachter. Und häufig entpuppt es sich dann als verhängnisvoll, am fraglichen Ort überhaupt angetreten zu sein. Womöglich wider besseres Wissen?

Passt's wirklich zusammen?

Die einen haben von Anfang an eine bestimmte Kommune im Auge, die sie erobern wollen. Wegen der Nähe zu Frankreich oder weil sie dort bereits wohnen oder weil sie dort ein Bauplätzchen erben oder weil die Donau nirgends lieblicher plätschert oder warum auch immer. Jeder Kandidat in spe hat eben so seine Präferenzen und darf sie auch haben. Nur: Die Bewohner jener Gemeinde oder Stadt, in der er sich bewerben will, haben ihrerseits Präferenzen. Man tut daher gut daran, beizeiten zu prüfen, ob sich die Vorstellungen der Bürger einer Kommune hinreichend mit demjenigen decken, der sie zu erobern trachtet. Falls nein: Finger weg! Falls ja, zumindest einigermaßen, gehen wir's an, robben wir uns ran, knüpfen wir erste Kontakte zu politischen oder anderweitigen Unterstützern. Aber Vorsicht: Wenn ich früh anklopfe und mit offenen Armen empfangen werde, mag dieser Zuspruch zwar aufrichtig sein – aber vorübergehend. Bis sich weitere Aspiranten finden, die *noch* besser dem örtlichen Wunschbild entsprechen. Und schon beginnt die anfängliche Zuneigung zu bröckeln, das spontane Strohfeuer zu verglimmen. Der Kandidat selbst ist freilich inzwischen so infiziert von der Idee „ich werde hier Bürgermeister", entwickelt einen gefährlichen Tunnelblick, geht mit seiner avisierten Traumrolle schwanger, hat erste Freunde gewonnen, wild entschlossene Kampfgefährten, dass ihm darüber zunehmend entgeht, wie andere Ortsansässige vermehrt mit gegnerischen Kandidaten zu flirten beginnen ...

Abziehbild oder Gegenentwurf gefällig?

Nicht jede Kommune weiß, was sie will. Oder genauer: *Wen* sie will. Vereinzelt kann man ihr dann einreden, wen oder was sie in ihrer Situation braucht. Für gewöhnlich lässt sich aus den anstehenden Aufgaben ablesen, welche Art Stadtoberhaupt nun prädestiniert wäre.

Gerne hilft der scheidende (oder scheiden sollende) seitherige Rathauschef, diese Kardinalsfrage zu beantworten. Ist der Amtsinhaber „unten durch", haben personelle Gegenentwürfe naturgemäß die besten Karten. War der Platzhirsch dagegen überaus beliebt und erfolgreich, wäre die Wählerschaft einem Abziehbild, einer Reinkarnation sozusagen, nicht abgeneigt. Es sei denn, der Noch-Schultes amtierte über Jahrzehnte – dann sehnt man sich einfach nach was grundlegend Neuem, Anderem, nach dem vielzitierten „frischen Wind".

Ganz oder gar nicht

Angenommen, ein Bürgermeister hört auf und ich bewerbe mich um seine Nachfolge. Vieles passt. Ich entspreche dem dortigen Anforderungsprofil, decke mich mit Wählers Wunschbild in ausreichendem Maße. Aber ein, zwei andere Bewerber tun dies eben auch. Alle drei legen wir eine makellose Kampagne hin. Wir sind uns praktisch ebenbürtig, unterscheiden uns allenfalls in Nuancen. Ist deshalb mit einem ganz knappen Ergebnis zu rechnen? Mitnichten! Bei vermutlich jeder zweiten Bürgermeisterwahl rechnen lokale Zeitungskommentatoren und andere mit einem „spannenden Kopf-an-Kopf-Rennen". Wenngleich es sich nur in den seltensten Fällen bewahrheitet. Was mich nicht wirklich wundert.

Ein Grund, warum nahezu gleichwertige Kandidaten nur selten dicht beieinander landen, klingt zwar banal, ist aber weitreichend: Kein Wähler kann seine Stimme splitten. Das bedeutet: Auch wenn er sich kaum zwischen zwei Bewerbern entscheiden kann, die ihm eigentlich gleich lieb wären, schenkt dieser Wähler am Ende einem Bewerber seine ganze, eine Stimme. Der andere Bewerber geht komplett leer aus. Wenn nun Tausende Wähler angesichts zweier fast gleichwertiger Kandidaten im selben Dilemma stecken, geht es selten 52:48 aus, sondern meist 60:40 oder noch deutlicher. Warum? Zwar unterscheiden sich die Kandidaten kaum, am Ende kann aber ein winziger Aspekt der Auslöser dafür sein, dass eine überdeutliche Mehrheit der Wähler – unabgesprochen, jeder für sich – ihre Stimme dem einen Bewerber schenkt. Nur, weil dieser vielleicht die hübscheren Krawatten trägt. Dem spannenderen Hobby frönt. Schiere Belanglosigkeiten lassen da plötzlich das Pendel in die eine oder andere Richtung ausschlagen!

Die Sache mit den Siegwählern

Hinzu kommt: Wählertrends nähren sich an sich selbst. Wenn kurz vor der Wahl die Buschtrommeln, etwa beim Dorfbäcker, immer häufiger einen bestimmten Kandidaten favorisieren, dann orientiert sich eine stattliche Zahl Bürger durchaus daran. Ich nenne sie Siegwähler, ihr Potenzial ist nicht zu unterschätzen: Lange Zeit ohne feste eigene Meinung, welcher der Bewerber denn nun zu wählen ist, setzen sie ihr Kreuz am Ende hinter jenen Namen, den sie zuletzt immer häufiger hörten. Siegwähler wählen den Bewerber, von dem sie glauben, dass er gewinnt – um sich selber nach der Wahl zu den Siegern zählen zu dürfen! Ich schätze, dass diese Siegwähler je nach Gemeindestruktur und Wahlkampfverlauf gut und gerne fünf Prozent ausmachen. Wenn zum Beispiel ein Bewerber mit unerwartet klarem Vorsprung in eine zweite Wahlrunde startet, mag dies etliche Siegwähler beeindrucken. (Was dann allerdings mit dem gegenläufigen Reflex konkurrieren würde, wonach die Etappensieger einer Erstwahl in Runde zwei für gewöhnlich zu Gejagten werden.)

Man sollte sich die (mögliche) Konkurrenz wirklich ganz genau anschauen, ehe man entscheidet, wo man kandidiert. Gegen weit überlegene Konkurrenz anzutreten, als Außenseiter darauf hoffen zu müssen, dass Favoriten über sich selbst stolpern, ist keine solide Basis, die Wahlerfolg verspricht. Und weil Bürgermeisterwahlen nicht Olympia sind, ist bloßes Dabeisein auch nicht alles, sondern eher nichts. Hier gewinnt immer nur einer ein Amt, alle anderen gewinnen vielleicht an Erfahrung, was sie allerdings richtig viel Zeit und Geld kostet. Nicht jeder kann, will oder darf sich danach andernorts eine erneute Kandidatur erlauben.

Lauern undankbare Gegner?

Je länger ich Kandidaten ins Bürgermeisteramt verhelfe, inzwischen sind das über 15 Jahre, desto gründlicher und frühzeitiger spähe ich nach womöglicher Konkurrenz. Und sollten wir bereits gestartet sein, ehe uns überraschende übermächtige Konkurrenz kalt erwischt, hätte ich keinerlei Skrupel, die Bewerbung nach wenigen Tagen wieder zurückzuziehen, sobald eine Kandidatur aussichtslos erscheint. Was spricht dagegen? Welcher Bewerber ist klüger – der beizeiten die Unausweichlichkeit seiner Niederlage einsieht und sich geordnet zurückzieht oder aber jener, der sehenden

Auges gegen die Wand rennt, als sei er ganz scharf darauf, haushoch zu unterliegen?

Vielleicht geht die Zahl der Faktoren, die eine Wahl beeinflussen, ins Unendliche. Und niemals werden alle Rahmenbedingungen hundertprozentig stimmen. Zumindest die wesentlichen Voraussetzungen sollten jedoch einigermaßen erfüllt sein, ehe man als Bürgermeister kandidiert. In der Stadt, die einen lockt, genauso wie bei einem selber. Kein Sprinterkönig wäre so vermessen, bei einem 100-Meter-Lauf zu starten, so lange sein Bein im Gips steckt. Niemand sollte Bürgermeister werden wollen, wenn er vorübergehend gehandikapt ist. Anders ausgedrückt: Nicht nur auf den richtigen Ort kommt es an, sondern auch auf den rechten Zeitpunkt.

Wie alt sollte man sein? Alt genug, um eine gewisse Reife erlangt zu haben, beruflich wie menschlich. Sonst wird man kaum gewählt, oder wenn doch, ist die Gefahr größer, dass man im Amt scheitert. Man *muss* führen können – eine manchmal zähe Verwaltung, einen vielleicht widerborstigen Gemeinderat, eine ganze Stadt. Führen zu können, ist nicht nur, aber meist *auch* eine Frage des Alters.

Einer meiner Kollegen geht gerne mit blutjungen Burschen ins Rennen, die sich dann willfährig an die ganz kurze Leine nehmen lassen, weil sie der Wahlkampf rasch spüren lässt, wie viel ihnen noch fehlt. Ich lehne solche Mandate ab, rate offenkundig zu früh Berufenen, lieber noch zwei, drei, vier Jahre zu warten. Gewiss, jeder wächst im Amt, wenn er es denn erklimmt. Aber was, wenn er nicht schnell genug daran wächst, sondern sich verhebt?

Je kleiner der Ort, desto jünger die Kandidaten

Zu alt sollte man natürlich auch nicht sein. Wer älter als 45 ist, ehe er ein Bürgermeisteramt anstrebt, hat nur noch bedingt Chancen. Für OB-Debütanten wird die Luft ab 53 arg dünn – sie würden keine zwei Amtsperioden mehr vollenden können. Die alte Faustregel „je kleiner eine Gemeinde, desto jünger die Kandidaten" galt schon mal stärker, behält aber eine gewisse Berechtigung. Es sei denn, einzelne Städte oder Gemeinden fielen damit zuletzt auf die Nase, dann wählen sie wahrscheinlich vorerst anders.

Wenn Rüdiger Widmann aus Waiblingen, einer unserer Dauerkandidaten jüngerer Zeit, zeitgleich an mehreren Orten antritt, steigert das seine Erfolgschancen kaum. Aussichtsreichere Bewerber, die bereits irgendwo unterlegen sind, sollten vielleicht ein, zwei Jahre warten, bis sie andernorts antreten. In dieser Zeit können ihre Wunden heilen oder vernarben. Niederlagen können Wahlverlierer traumatisieren, ohne dass dies den Betroffenen bewusst wäre – wenn sie dann aber erneut kandidieren und erste Déjà-vus erleben (müssen), zeigen manche Veteranen doch auffallend schnell Nerven, ihr Selbstvertrauen und ihre Siegeszuversicht schwinden zusehends.

Markus Hugger: „Jetzt erst recht!"

Umgekehrt: Unterliegt jemand nur ganz knapp, kann ihn das auch bestätigen in der Überzeugung: „Ich kann's!" Als Herdwangen-Schonach (im Kreis Sigmaringen) am 20. Dezember 2009 den Nachfolger für Bürgermeister Lothar Riebsamen bestimmte, der in den Bundestag eingezogen war, gewann „mein" Bewerber Ralph Gerster gegen Markus Hugger nur um Haaresbreite. Gerade mal 25 Stimmen lagen zwischen den beiden! Und wie ging Hugger damit um? Er rief mich postwendend an und sagte: „Jetzt erst recht." Wir mussten nicht lange suchen, schon drei Monate später und nicht weit von Herdwangen-Schonach weg bewarb sich der damals 39-jährige Christdemokrat in Immendingen (Kreis Tuttlingen) als Bürgermeister. Dem Donaustädtchen war nicht verborgen geblieben, wie weit Hugger in Herdwangen-Schonach gekommen war. Man nahm ihn mit Kusshand!

Allgäuer Klatsche für den Mann mit der Fliege

Der Wähler, das unbekannte Wesen? Mitnichten. Er wird zwar immer für Überraschungen gut bleiben, was letztlich die Faszination von Wahlen ausmacht. Mit der Zeit lernt man „den" Wähler aber ziemlich genau kennen. Auch ohne empirische Wählerbefragungen in 5.000-Seelen-Gemeinden – ländlich geprägte Bevölkerungen würde dies eher verstören und damit der aktuellen Wahlkampagne schaden – lässt sich herausfinden, wie Wähler ticken. Im Allgemeinen wie im Besonderen. Dörfler menscheln in mancher, aber nicht in jeder Hinsicht anders als Städter. Was Kurpfälzer im Sturm erobert, muss unter gestandenen Oberschwaben noch lange keine Wirkung zeigen.

Wenn die CDU im Sommer 2004 ausgerechnet *den* schwäbischen Vorzeigekommunalen Manfred Rommel auf die Konstanzer OB-Wahl-Bühne schickte, tat sie damit ihrem Wolfgang Vockel, der Horst Frank (Grüne) ablösen sollte, keinen Gefallen. Als zwei Jahre zuvor ein anderer Stuttgarter mit falschen Rezepten und ungewohnter Garderobe ausgesandt wurde, das Allgäustädtchen Leutkirch einzunehmen, da machte ganz rasch das Wort vom „Mann mit der Fliege" die verächtliche Runde und die Stadt ihre

Schotten dicht. Weil Dr. Tobias Bringmann das (damals) dunkelschwarze Leutkirch falsch las und ansprach, ließ es den massiv von Presse und Parteiprominenz Protegierten mit kläglichen 14 Prozent abblitzen und schickte ihn schnurstracks in die Landeshauptstadt zurück.

Wer sind meine Wählerinnen und Wähler beziehungsweise wer soll es werden? Kandidaten müssen wissen, wen sie ansprechen können, wie und womit. Ich kann einen Menschen nur auf jener Gesprächsebene oder Kommunikationsebene gewinnen, auf der dieser Mensch mir folgen kann, die er versteht. Drei von vier Bürgermeisterkandidaten mögen Diplom-Verwaltungswirte sein – ihre Wähler sind es garantiert nicht! Weshalb der Versuch, Lieschen Müller den Unterschied zwischen Vermögens- und Verwaltungshaushalt zu verklickern, nur schiefgehen kann. So mancher Bewerber „vom Fach" meint, möglichst vielen Wählern möglichst viel von ihrem fremdwortschwangeren Fachwissen vermitteln zu müssen. Fataler Irrtum! Sie hinterlassen stets ein tief verunsichertes Lieschen Müller, von der bösen Ahnung befallen, keine Ahnung zu haben, weshalb es dann lieber gar nicht wählen geht, unser Lieschen Müller, weil es ja nichts falsch machen will.

Bloß nicht den Falschen wählen!

Ein ganz typisches Wählerverhalten ist es, bloß nicht den Falschen zu wählen. Deshalb darf auf der Stirn eines Bürgermeisterkandidaten spätestens am Wahltag kein Fragezeichen mehr prangen. Nichts von Belang darf mehr im Unklaren liegen, etwaige Missverständnisse sollten ausgeräumt, Gerüchte sollten entkräftet oder widerlegt sein. Gesteigerter Mut gehört nicht zu den Tugenden der Wähler von Stadtoberhäuptern. Sie scheuen das Risiko, sich total zu vergreifen. Bei Landtags- oder Bundestagswahlen verhält es sich etwas anders – die da gewählt werden, sind dann ja auch weiter weg, sitzen in ihren Parlamenten in Stuttgart oder Berlin. Dieser Konformismus bei BM-Wahlen führt leider dazu, dass im Zweifel der blasse Langweiler gewählt wird, der zwar durch nichts hervorsticht, der selten konkret wird, der aber auch nichts Falsches sagt oder tut. Wer nichts macht, macht wenigstens nichts falsch?

Ich rate dennoch dazu, sich als Kandidat aktiv zu profilieren, durch markante Gesten und markige Äußerungen, die eben triftig und möglichst unangreifbar sein müssen. Denn auch einen Wettbewerb zwischen vier artigen, stromlinienförmigen unauffälligen Bewerbern ohne Ecken und Kanten würde ja nur einer gewinnen können. Außerdem würde dann auch die

Wahlbeteiligung bei Bürgermeisterwahlen in den Keller rauschen, wenn sich selbst auf dieser Bühne bloß mehr beliebige, austauschbare, konturlose Anpassernaturen tummeln würden. Hier braucht es einfach Charakterköpfe! Heißt es doch immer, Bürgermeisterwahlen seien Persönlichkeitswahlen.

Die Zahl der Abwahlen nimmt zu. Dr. Timm Kern hat es gründlich untersucht.* Keine Frage – die Zeiten, da es als schiere Majestätsbeleidigung galt, einen amtierenden Schultes herauszufordern, sind gottlob vorbei. Kein selbstherrlicher Dorffürst, der über Stränge schlägt, darf sich mehr sicher sein, dass seine Machtspiele, häufig auf Abhängigkeiten fundamentiert, die nächste Wahl überdauern. Das ist sehr gut so und der demokratischen Sache dienlich. Weniger sachdienlich ist es, wenn die Abwahl von Rathauschefs in manchen Landstrichen zum regelrechten Volkssport ausartet.

Dieses Phänomen ist immer wieder zu beobachten. Es nährt sich von einer generell wachsenden Politikverdrossenheit, die eigentlich Parteipolitikverdrossenheit heißen müsste, die sich aber in ihrer generellen Stoßrichtung gegen „die da oben" auch schon mal den greifbarsten unter den Politikern, nämlich den örtlichen Bürgermeister, vorknöpft, ob er es nun verdient hat oder auch nicht. Das lässt sich allenfalls dadurch verhindern, dass Rathauschefs kontinuierlich gute Arbeit leisten und dies dann auch kontinuierlich kommunizieren, um jegliche aufkeimende Opposition frühzeitig zu entwurzeln.

Vorübergehendes Abwahlfieber

Spätestens nach drei, vier Jahren und einer Handvoll vollzogener Revolten sinkt das Abwahlfieber in der betreffenden Region dann wieder, weil sich Ernüchterung breitmacht, dass längst nicht immer jemand Besseres nachkommt. So mancher Flecken geriet da schon vom Regen in die Traufe und wünschte sich hernach seinen verstoßenen Altbürgermeister zurück! Wenn sich dann erst mehrere Kommunen hintereinander solchermaßen vergriffen haben, verkehrt sich der Hang einer ganzen Region zur Abwahl ihrer Bürgermeister – aber auch wieder nur für eine Weile – gerne ins Gegenteil.

Abwahlen *sind* eine vergleichsweise einfache Übung. Das ist nicht fair den jeweils Amtierenden gegenüber, aber es ist so. Im vollen Bewusstsein, dass es sich um Menschen, um menschliche Schicksale handelt, dass Abwahlen

---

* *Timm Kern*, Warum werden Bürgermeister abgewählt?, 2. Auflage 2008.

Lebensentwürfe zerstören, die Lebensläufe ganzer Familien katastrophal verändern können, lasse ich mich nur darauf ein, wenn sich Bürgermeister ihre Nachfolger redlich verdient haben respektive deren Kommunen einen besseren Rathauschef wirklich nötig haben.

Wenn Unternehmer mit dem Scheckheft wedeln

Unzufriedene Bürger kontaktieren mich mit der Absicht, ihr Stadtoberhaupt bei der nächsten Wahl loszuwerden. Auch Ratsfraktionen melden sich in dieser Form. Erst frage ich sie nach den Gründen, weshalb sie auf Abwahl sinnen. Lässt der Amtsinhaber echte Defizite erkennen, hat er sich handfeste Fehler oder Versäumnisse zum Nachteil der Stadt geleistet? Ohne solch gravierende Mängel werde ich nicht tätig. Manchmal ist es auch nur die Nase des CDU-Bürgermeisters, die einer SPD-Fraktion nicht passt oder umgekehrt. Oder die Stadtverwaltung verweigerte einem ansässigen Unternehmer (aus guten Gründen?) ein Grundstücksgeschäft, worauf dieser nun mit dem Scheckheft wedelt, um sich zu rächen und es diesem Bürgermeister mal so richtig zu zeigen.

In solchen Fällen ist es ratsam, den Vorwürfen zunächst nachzugehen und sie auf ihren Wahrheitsgehalt hin abzuklopfen – schon im Interesse eines späteren Herausforderers, der natürlich nicht auf Kosten persönlicher Animositäten oder privater Rachefeldzüge verheizt werden und auf der Strecke bleiben möchte, sondern bitteschön dort antritt, wo sein Vorgänger in spe tatsächlich genug Munition liefert, um eine Abwahl zu bewerkstelligen.

Gemeinderäte müssen Klartext reden

Das Volk liebt den Verrat, aber nicht den Verräter. Nicht der Herausforderer sollte die herrschenden untragbaren Zustände geißeln, sondern „seine" Leute vom Ort. Wie soll er, von außen kommend, beurteilen können, was sich vor Ort in den letzten Jahren zugetragen hat? Nein, darüber sollten jene richten, die es doch am besten wissen müssen – die Damen und Herren Gemeinderäte. Wenn sie den bisherigen Bürgermeister nicht kritisieren, wird er seine Sache schon recht machen. Der Bürger orientiert sich an seinen gewählten Bürgervertretern. Das darf er auch, schließlich hatte er sie bei der letzten Gemeinderatswahl damit beauftragt, die Verwaltung zu kontrollieren.

Die kommunalpolitischen Akteure können sich kaum vorstellen, wie wenig Ahnung die überwältigende Mehrheit der Bürger von den Zuständen hat, die im Rathaus herrschen. Wie denn auch! Nicht mal jeder zweite Haushalt abonniert heute noch eine Tageszeitung, und wenn, dann mehr des Sportteils wegen und weniger aufgrund der häufig schwerfälligen Gemeinderatsberichte. Ohnehin gibt die Lokalpresse, die sich leider vielerorts für Centbeträge aus überforderten Hobbyautoren rekrutiert, den Sitzungsverlauf längst nicht immer angemessen wieder. So mancher Schultes zitiert den (freien?) Mitarbeiter, der niemandem weh tun möchte, schon gar nicht dem Herrn Bürgermeister, den er duzen darf, am Morgen nach der Sitzung zu sich ins Rathaus und diktiert ihm den gewünschten Hofbericht in dessen Notizblock! Würden Bürger dermaßen dürftig informiert zur Bürgermeisterwahl schreiten, hätte der Amtsinhaber nichts zu befürchten. Nein, der Bevölkerung muss beizeiten bewusst gemacht werden, warum ihr Schultes keine weitere Amtsperiode verdient. Aber eben durch die örtlichen Handelnden, nicht durch den von außen kommenden Herausforderer.

Im Bürgermeisteramt muss man laufend Entscheidungen fällen oder vertreten, die niemals allen gefallen, sondern die halbe, wenn nicht die ganze Stadt gegen einen aufbringen können. Wie viel Ärger, Enttäuschtheiten und Wut kommen da mit den Jahren zwangsläufig zusammen, um sich womöglich am Wahltag zu entladen? Je länger sie amtieren, desto schwerer tragen Bürgermeister an dieser automatisch sich aufhäufenden Hypothek.

Wählers Prinzip Hoffnung

Wer einen altgedienten Rathauschef attackiert, ist in der Regel völlig frei von solchem Ballast. Auch braucht vor der Wahl niemand zu beweisen, ob er tatsächlich der Bessere wäre. Der stärkste Vorzug auswärtiger Herausforderer, die man kaum kennt, ist ihre weiße Weste. Eine ideale Projektionsfläche für jedwede Wählerwünsche! Vielleicht zeitigt der Gegenkandidat später genau die gleichen Fehler und Marotten wie der Amtsinhaber oder noch schlimmere, nur: Die Wähler wissen es noch nicht! Munter, mitunter übermütig dichten Abwähler die tollsten Tugenden und Talente jenen an, die sich ihnen als Erlöser aus ihrer so empfundenen Misere preisen und allein schon deshalb lieber im Vagen, Ungefähren verharren, damit diverse Seifenblasen nicht schon vor dem Urnengang platzen.

Als im Februar 2011 dem Bad Mergentheimer Oberbürgermeister Dr. Lothar Barth just jene das Fell über die Ohren zogen, die ihn acht Jahre zuvor gegen Uwe Hülsmann („Drecksau-Affäre") ins Amt geboxt hatten, reizte sein Kontrahent Udo Glatthaar genau diesen Effekt aus. „Wenn Sie angegriffen werden von Menschen, ist es schwer, wieder zum Konsens zu finden", verkündete Glatthaar vom Podium herab ins andächtige Publikum, „deswegen stehe ich einfach da und biete Ihnen diese Alternative an. Ich weiß nicht, ob ich's besser kann, aber wenn Sie mich nicht wählen, werden wir's nie erfahren."

Ob amtierende Stadtoberhäupter wieder antreten oder nicht – die Zahl wirklich qualifizierter Kandidaten schrumpft landesweit. Und soweit diese Hochkaräter um ihre Qualitäten wissen, können sie sich den Ort aussuchen, in dem sie bürgermeistern wollen. Warum sollte sich ein Topkandidat in einer Stadt gegen zwei weitere Topleute eine blutige Nase holen oder nur mit knapper Not gegen die halbe Bevölkerung gewinnen, wenn er andernorts nahezu konkurrenzlos auf dankbaren Händen ins Amt getragen wird? Es gibt zwar eine wachsende Zahl Kommunen, deren Bürgermeister nach einer Periode regelmäßig fortgejagt werden – aber zieht es einen dorthin, wo man zwar mühelos ins Amt gelangt, nach acht Jahren aber auch genauso leicht wieder heraus?

Aktive Kandidatensuche

Die Ratsfraktionen oder politischen Ortsvereine einer Stadt oder Gemeinde sind in meinen Augen dafür zuständig, nach geeigneten Kandidaten Ausschau zu halten. Je früher, desto besser. Immer mehr Kommunen, darunter durchaus hübsche Bräute, stehen kurz vor Ablauf der Bewerberfrist immer noch ohne überzeugende Aspiranten da. Mehr als ein scheidender Rathauschef hat bei mir schon heimlich seinen eigenen Thronfolger bestellt – getrieben von nackter Angst, sein Lebenswerk könnte binnen kurzem ruiniert werden, wenn die immer näher rückende Wahl mangels „gescheiter" Bewerber auf einen unwürdigen Dilettanten fällt ...

Ich rate den jeweiligen Partei(ung)en vor Ort, sich rechtzeitig umzuschauen. Am besten ein Jahr vorab. Wird eine Stelle erst im Staatsanzeiger ausgeschrieben, ist es jedenfalls zu spät. Viele Gruppierungen denken da bereits um oder haben in letzter Zeit dazugelernt. Haben dazulernen *müssen*. Ist eine Fraktion dann fündig geworden, zumindest einigermaßen, dann sollte ihr bewusst sein, dass Erste-Klasse-Kandidaten sich nicht bis zuletzt hinhalten lassen wollen, sondern rasch eine verbindliche Zusage beanspruchen, dass man sie im Wahlkampf exklusiv unterstützt. Hochkarätige Bewerber haben üblicherweise etwas zu verlieren! Also suchen sie, ihr Risiko zu minimieren.

Nehmen wir den Dorfschultes, vor kurzem im Amt bestätigt, jetzt schielt er auf einen frei werdenden OB-Posten im Nachbarlandkreis. Bis zur Wahl ist es noch sechs Monate hin. Aber sobald sein Name gehandelt wird, weil einer der Eingeweihten geplaudert hat und die Zeitungen ihn darauf ansprechen, muss er sich erklären! Wenn ihm nun niemand Unterstützung in einem Umfang zusichert, wie er sie zu benötigen glaubt, wird er gezwungen sein, seine OB-Ambitionen öffentlich zu dementieren, und ist verbrannt.

Keine Taube auf dem Rathausdach

Immer wieder muss ich mitansehen, wie sich förmlich konstituierte Kandidatenfindungskommissionen verzocken. Weil sie zu lange hinwarten. Da landet ein Spatz nach dem anderen in ihren Händen, aber anstatt zuzugreifen, schielen sie weiter nach der Taube auf dem Rathausdach, die dort noch gar nicht sitzt und vielleicht auch nie sitzen wird. Bis sich die Königsmacher dies eingestehen, sind auch die Spatzen verflogen. Man steht mit leeren Händen da. Warum kommt es dazu? Weil eine Partei oder Fraktion natürlich hofft, mit „ihrem" Kandidaten die Bürgermeisterwahl zu gewinnen und sich deshalb nicht zu früh auf den Falschen festlegen möchte. Aber wäre es denn so tragisch, wenn man einen guten Kandidaten ins Rennen führt, der unterliegt, weil später ein noch besserer einreicht und ihn überrundet? Dienen Bürgermeisterwahlen dazu, dass Parteien *noch* einen Posten vergeben dürfen, oder dass eine Stadt zu ihrem optimalen Oberhaupt findet? „Suchet der Stadt Besten" – nur dafür sind Bürgermeisterwahlen da. Behaupten immer alle Parteien.

Je kürzer eine Wahlkampagne dauert, desto besser. Wahlkampf bedeutet offenes Feld, raus aus der Deckung. Sobald ich meine Kandidatur erkläre, werde ich zum Freiwild, das die interessierte Gegenseite zu erlegen trachtet, um meine Wahl zu verhindern. Besser, ich bleibe möglichst lange in Deckung, im Trockenen. Wer schwimmt, verliert den festen Boden unter den Füßen. Fehler passieren, vielleicht sogar von anderen gezielt provoziert.

Spätestmöglich starten

Der spätestmögliche Termin, zu dem ein Kandidat starten muss, um am Wahltag mit der nötigen Mehrheit ins Rathaus einzuziehen, lässt sich errechnen. Dazu muss man ganz genau durchplanen, wie viel Zeit man braucht, um „rumzukommen". Viele Faktoren spielen dabei eine Rolle. Die Gemeindestruktur – wie viele Ortsteile gibt es, die alle auf eine eigene Abendveranstaltung pochen? Welche Medien verfügen über welche Reichweiten, um meine Botschaften an eine Wählermehrheit zu übermitteln? Muss ich mir eigene Kommunikationswege aufbauen – zum Beispiel eigene Verteilerkolonnen, um Drucksachen in alle Haushalte zu streuen? Welche Unterstützer stehen sozusagen als Türen öffnende Brandbeschleuniger bereit, um das Feuer meiner Wählbarkeit zu entfachen?

Je kürzer der Wahlkampf, desto perfekter, präziser und zuverlässiger muss das Timing ausfallen. Unbekannte Größen und Unwägbarkeiten sind – Kunststück! – nach Möglichkeit auszuschließen. Sonst fehlen am Ende womöglich ein, zwei Prozent zur Punktlandung.

Muss ich in eine zweite Runde?

Zum richtigen Timing gehört auch: Muss ich mit einer zweiten Runde rechnen? Um beizeiten Brücken zu Wechselwählern zu schlagen, von denen ich glaube, dass deren Wunschkandidat nach der Erstwahl aufgeben wird? Oder lege ich es auf einen Start-Ziel-Sieg gleich im ersten Anlauf an?

Wenn sich in Kommunen unter 20.000 Einwohnern keinerlei denkbare Schneise für eine absolute Mehrheit bereits im ersten Wahlgang abzeichnet, rate ich Bewerbern, nochmal grundsätzlich zu überdenken, ob sie den richtigen Ort im Auge haben. Bei Oberbürgermeisterwahlen herrschen andere Gesetzmäßigkeiten. Viele Große Kreisstädte verfügen über zwei oder mehr veritable und derart gefestigte politische Blöcke, von denen jeder einen ordentlichen Kandidaten aufbietet, der die jeweils eigene Klientel voraussichtlich zu überzeugen vermag. Da fällt es OB-Kandidaten dann schwer, bereits in der ersten Runde im gegnerischen Lager zu wildern. Man muss abwarten (und voraussehen), welche Mitbewerber wohl auf der Strecke bleiben werden, um sich vorsorglich für deren dann frei werdende Erstwähler zu empfehlen.

Thomas Sprißler hatte sich bei der Herrenberger OB-Wahl vom November/Dezember 2007 mustergültig an diese Taktik gehalten. Vier Bewerber traten an – alle vier sehr wählbar. Während Dr. Anja Dietze zusammen mit Jürgen Rohleder in etwa das rot-grüne Milieu repräsentierte, buhlten Sprißler (Freie Wähler) und Dr. Harald Bauer (CDU) um bürgerliche Stimmen. Früh erkannte Thomas Sprißler, bis dato Bürgermeister im Nachbardorf Mötzingen, in Dr. Dietze die Hauptgegnerin. Eine absolute Mehrheit für Sprißler war nicht drin, so lange Bauer zu viele bürgerliche Stimmen band. Was tun? Sprißler konzentrierte sich in Runde eins ganz darauf, Herrenbergs Stadtteile zu gewinnen, die traditionellen Hochburgen der CDU – ohne freilich Dr. Bauer direkt zu attackieren, im Gegenteil, Sprißler lobte ihn öffentlich und überließ ihm vorerst den Hauptort. So erschlich sich Sprißler auf leisen Sohlen die Gunst der Dörfer, ohne dass Bauer dessen gewahr wurde, derweil dieser, ohne es zu ahnen, die bürgerlichen Stimmen in der Kernstadt binden sollte.

Cleverer Dörferbürgermeister

Die Rechnung ging auf: In Runde eins holte Sprißler 43 Prozent der Stimmen, Dr. Dietze 29 Prozent. Bauer landete mit 14 Prozent derart abgeschlagen, dass er ausstieg, worauf seine kernstädtisch-bürgerlichen Stimmen vorbehaltlos zu Sprißler fanden, nachdem dieser nun ein umfassendes Entwicklungskonzept für die City vorlegte. Auch Jürgen Rohleder (13 Prozent) gab nach der Erstwahl auf. Und Dr. Anja Dietze? Trug ihren Teil dazu bei, dass Thomas Sprißler am Ende 65 Prozent erntete – hatte sie doch irgendwann begonnen, über den Dörferbürgermeister Sprißler zu witzeln, was diesem die Stadtteile vollends in die Arme trieb.

Mancher starke Oberbürgermeister, redegewandt und in seiner Macht gefestigt, kann frühestens in Runde zwei aus dem Sattel gehoben werden. Unter Umständen muss er im ersten Wahlgang von mehreren Bewerbern attackiert und in einen Vielfrontenkampf gezerrt werden. Gelingt es dadurch, wenigstens die absolute Mehrheit des Amtsinhabers zu brechen, ist er fortan ausdrücklich angezählt und geht umso angeschlagener in die Verlängerung, je lauter er eingangs schutzbehauptet hatte, auf Anhieb die 50 Prozent zu verteidigen.

Der Sturz des „Sonnenkönigs"

Siehe Rastatt. Wie sicher gab sich im September 2007 der für manche zunehmend „wie ein Sonnenkönig" regiert habende Klaus-Eckhard Walker am Ende seiner zweiten Amtsperiode, dass er mühelos eine dritte Amtsperiode übertragen bekomme! Trotz dreier Gegenkandidaten. Geradezu verächtlich äußerte sich das nicht nur rhetorisch ausgebuffte politische Schwergewicht über seine Konkurrenz. „Es gibt keinen zweiten Wahlgang", beschwor Walker wieder und wieder, von weit oben herab, ganz auf seine Suggestivität vertrauend. Als der Rathausherr dann doch mit 46,05 Prozent in die Verlängerung musste, hatten seine Glaubwürdigkeit und Überzeugungskraft bereits kräftig Federn gelassen. Der Koloss wankte, die Seinen begannen mit hilflosen Verzweiflungsaktionen Nerven zu zeigen, die Überraschung, dass Walker nun doch in eine zweite Runde gezwungen worden war, konnte entscheidenden Schub entfalten. Am Ende stürzte Hans Jürgen Pütsch, bis zuletzt von Walker bloß belächelt, mit 51 zu 48 Prozent den Regenten vom Rastatter Thron.

Werden Amtsinhaber attackiert, sollten sie sich gut überlegen, was sie antworten, wenn man sie fragt, ob sie glauben, dass es in eine zweite Runde geht. Antworten sie gar kleinlaut, wirken sie führungsschwach. Antworten sie allzu selbstsicher und werden danach von der Wirklichkeit widerlegt, enttäuschen sie Erwartungen, die sie selber erst schürten, was sich dann prompt rächt.

Was Erwartungen bewirken

Erwartungen, die erfüllt, übertroffen oder eben enttäuscht werden, spielen im Wahlkampf eine erhebliche Rolle. Eingedenk allgemeiner Politikverdrossenheit und eines ausgeprägten Misstrauens gegenüber „denen da oben" wird es unter Bürgermeisterbewerbern immer beliebter zu sagen: „Ich verspreche Ihnen nichts." Oder zumindest „nichts, was ich dann hinterher nicht halten kann". Muss dann aber mit einem knappen Wahlausgang gerechnet werden, schießen am Ende die Wahlversprechen (die sich später als Versprecher entpuppen) doch noch ins Kraut.

Als Helmut Kohl im Bundestagswahlkampf 1990 wider besseres Wissen vorgab, die fünf neuen Bundesländer ohne Steuererhöhungen in blühende Landschaften zu verwandeln, und Oskar Lafontaine widersprach, behielt der Saarländer Obergenosse Recht, wurde aber vom Wähler dafür abgestraft. Sind die Wähler denn blöd und wollen belogen werden? Ja. Auch auf kommunaler Ebene? Ein bisschen. Bürgermeisterwähler sind näher dran am Thema, weshalb sie Schaumschläger und Lügenbolde leichter entlarven. Aber ein bisschen träumen können von besseren Zeiten und ein bisschen hoffen dürfen auf kleine Wunder wollen sie dann doch. Ich rate jedem werden wollenden Rathauschef: Lüge nie! Halte Maß beim Optimismus, den du verbreitest! Wecke bei den Wählern genügend Erwartungen für den Fall deiner Wahl, ja, aber keine überzogenen, die dir *vor* der Wahl die Glaubwürdigkeit rauben und *nach* deiner Wahl allzu heftige Ernüchterung garantieren. Einem Amtsantritt sollte Katerstimmung nicht gleich auf dem Fuße folgen.

Was eine Stadt *nach* der Wahl erwartet, ist das eine. Das andere sind Erwartungen, die man *bis* zur Wahl schüren sollte. Weil sie sehr häufig Wahlen entscheiden! Von Siegwählern hatten wir es schon – wenn sie, oder noch besser die ganze Stadt, auf dem Weg ins Wahllokal mich vorne sehen, habe ich es richtig gemacht. Aber Vorsicht: Gelte ich zu früh als Wahlgewinner, kann ich ganz schnell wieder zurückfallen. Es sei denn, alle meine Mitstreiter resignieren irgendwann, weil sie mich bereits für uneinholbar halten. Das kommt aber selten vor, weil die wenigsten Bewerber unterwegs zuverlässig taxieren können, wo sie selber in der Wählergunst gerade rangieren.

Die Bürde des Favoriten

Wer bereits als Favorit in eine Kandidatenvorstellung reingeht, ist dazu verdammt, die beste Rede des Abends zu halten. Auf ihm lasten die größten Erwartungen. Reden der bisherige Favorit und irgendein vermeintlicher Außenseiter gleich gut, bestaunen und bewundern anschließend alle den bisherigen Außenseiter („wer hätte das von ihm gedacht!"), aber niemand mehr den anfänglichen Favoriten, dessen Stern urplötzlich zu sinken beginnt, und das wenige Tage vor der Entscheidung. Massenpsychologisch hochproblematisch! Also noch ein – rein rechnerisches – Argument, die Kandidatur als Bürgermeister eher kurz zu halten: Je später ich starte, desto weniger früh kann ich zum Favoriten werden.

Vereinzelt ist auch zu beobachten, dass Langeweile aufkeimt, wenn Wahlen allzu vorentschieden scheinen. In Neubulach im Kreis Calw ging das für jemanden gehörig ins Auge. Die Nordschwarzwälder sollten im November 2006 den Nachfolger für ihr scheidendes, jahrzehntelanges Stadtoberhaupt Siegfried Luz bestimmen. Nachdem dessen Wunscherbe – Diplom-Verwaltungswirt, Anfang 40, erfahrener Hauptamtsleiter, sympathische Frau, sehr süße Kinder – sich seit dem Sommer auf sämtlichen Festen tummelte und niemand etwas an ihm auszusetzen hatte, stand er praktisch schon vor Ablauf der Bewerberfrist als Sieger fest. Auf seinen Prospekten nannte sich Hans-Peter Burckhardt schon nicht mehr Kandidat, sondern gleich „Ihr neuer Bürgermeister für Neubulach".

Sensation in Neubulach

Unmittelbar vor Bewerberschluss reichte ein weiterer Bewerber ein. Um vier Tage später, bei der Kandidatenvorstellung in der Neubulacher Sporthalle, das Wahlvolk aus der Reserve zu locken: „*Noch* ist die Wahl nicht gelaufen. Oder warum sonst wären wir heute hier? Gerne wäre *ich* schuld daran, dass es spannend bleibt bis zum Schluss." Und siehe da – mit seinen kühnen Thesen, augenzwinkernd gestreut, gelang es dem Spätzünder tatsächlich, die Neubulacher Verhältnisse auf den Kopf zu stellen. Zumindest vorübergehend, zumindest bis zur Wahl, die Walter Beuerle mit 53 Prozent gewann.

Wie üblich waren mehrere Faktoren zusammenkommen. Während etwa Hobby-Langstreckenläufer Hans-Peter Burckhardt das vom Marathon her gewohnte gleichmäßige, gemächliche Tempo auf seine mehrmonatige Bewerbung übertrug, bewies Walter Beuerle Sprinterqualitäten und hängte Burckhardt, ehe dieser sichs versah, auf der Zielgeraden ab. Bis zur Wahl hatte Beuerle in der Calwer DRK-Leitstelle gearbeitet, wo es in Notfällen auf Schnelligkeit ankommt. Nun war Neubulachs Noch-Bürgermeister Luz ein äußerst ehrgeiziger Macher gewesen, der (zu) vieles an sich riss, was eigentlich Aufgabe seiner Amtsleiter gewesen wäre, weshalb diese als Müßiggänger galten und nicht gerade vor Tatkraft sprühten. Dies ließ etliche Beuerle-Wähler befürchten, dass sich mit einer Schlaftablette als neuem Chef verheerender Stillstand in ihrer Gemeindeverwaltung einnisten könnte. Als dann am Abend des 5. November nicht Burckhardt, sondern Beuerle zum neuen Bürgermeister ausgerufen werden musste, hörte sich die Blaskapelle fast ein bisschen an, als spielte sie einen Trauermarsch. Wer hätte auch mit *sowas* rechnen wollen!

Dr. Ulrich Fiedler wurde 1972 im bayerischen Illertissen geboren. Der verheiratete Vater dreier Kinder studierte in Augsburg Rechtswissenschaften und promovierte über Straßenplanung und Umweltvorsorge. Von 2000 bis 2003 Abteilungsleiter im Straßenbauamt Kempten, leitete Fiedler von 2003 bis 2005 den Geschäftsbereich „Zentrale Steuerung und Service" im Landratsamt Günzburg. Von 2005 bis 2009 war er Kanzler der Staatlichen Hochschule Neu-Ulm. Nachdem er im März 2008 bei der Landratswahl im Kreis Lindau scheiterte, gewann Fiedler im Januar 2009 souverän die Metzinger OB-Wahl (Kreis Reutlingen).

Interview mit Dr. Ulrich Fiedler

„Im Wahlkampf sind Netzwerke wichtig"

Er verlor eine Landratsdirektwahl – und lehnt sie dennoch nicht gänzlich ab. Mit einer Verfassungsänderung zugunsten direkter Finanzbeziehungen zum Bund will der promovierte Jurist Kommunen ein besseres Standing verschaffen. Der Boss der Boss-Stadt Metzingen ist überrascht, wie viel positives Echo er aus der Bevölkerung erfährt. Sollte es trotzdem einmal heikel werden, weiß er genau, wem er sich anvertrauen kann.

Herr Dr. Fiedler, binnen Jahresfrist traten Sie bei zwei Wahlen an. Im März 2008 als Landratskandidat im Kreis Lindau (80.000 Einwohner) und Anfang 2009 als OB von Metzingen (22.000 Einwohner). Was hat das gekostet und wie konnten Sie sich das leisten?

Dr. Ulrich Fiedler: In Metzingen haben wir keine 10.000 Euro investiert. In Lindau war es deutlich teurer. Den überwiegenden Teil dieser Kosten musste ich trotz jeweiliger Unterstützung vor Ort selbst finanzieren. Man muss dann eben an das Ersparte gehen.

Mit weniger als 10.000 Euro sind Sie in Metzingen vergleichsweise billig davongekommen.

Fiedler: Wir haben ganz bewusst einen kostenschonenden Wahlkampf gemacht, haben ganz bewusst weniger plakatiert als andere, haben ganz bewusst weniger Anzeigen geschaltet als andere.

Wollten Sie mit Sparsamkeit beim Wähler punkten?

Fiedler: Ja. Zumindest einer der Konkurrenten machte einen deutlich teureren Wahlkampf, und mir kam zu Ohren, dass das nicht positiv aufgenommen wurde.

Parteien bekommen nach Landtags- und Bundestagswahlen Wahlkampfkosten erstattet. Bürgermeisterkandidaten nicht. Finden Sie das richtig?

Fiedler: Im Grunde ja. Aber vor dem Hintergrund, dass es Kommunen immer schwerer fällt – so jedenfalls empfinden wir das –, geeignete Kandidaten zu finden, müsste man sich schon überlegen, wie man Kandidaten im Wahlkampf unterstützen kann.

In Bayern werden Landräte direkt vom Volk gewählt. Viele wünschen sich das auch für Baden-Württemberg. Was halten Sie, der Sie selber in einer solchen Landratsdirektwahl unterlagen, davon?

Fiedler: Dass in Bayern die Bürgerinnen und Bürger den Landrat wählen, halte ich grundsätzlich schon für eine gute Lösung. Man hat dann eine höhere demokratische Legitimation für sein Handeln. Bisher wählen ja viele Bürgermeister als Mitglieder des Kreistages sozusagen den Chef ihrer Aufsichtsbehörde. Es gibt aber auch viele Argumente, die für die jetzige Lösung in Baden-Württemberg sprechen.

In Bayern amtieren Bürgermeister 6 Jahre lang, in Baden-Württemberg sind es 8 Jahre. Was ist der Sache dienlicher?

Fiedler: Acht Jahre sind der Sache und der politischen Arbeit dienlicher und kommen den betreffenden Personen entgegen. Ich bin ein relativ junger Oberbürgermeister und mit der Familie von Günzburg hierher gezogen. Wenn man sich mitsamt der Familie räumlich verändert, tun zwei weitere Jahre Planungssicherheit einfach gut.

Wären dann zehn oder zwölf Jahre nicht noch sinnvoller?

Fiedler: Das glaube ich nicht. Aus Kandidatensicht wären natürlich zehn oder zwölf Jahre besser, aber wahrscheinlich nicht aus Sicht der Bürgerschaft. Denn wenn sich ein Rathauschef als Enttäuschung herausstellt, würde es schon sehr lange dauern, bis man den wieder loswird. Acht Jahre sind vernünftig. In acht Jahren kann man Dinge bewegen. In acht Jahren kann sich auch jeder Bürger ein Urteil erlauben: Was leistet der für unsere Stadt? Was leistet er nicht?

Wie und warum konnten Sie im Januar 2009 das Rennen machen gegen die Kandidaten Lauxmann (CDU) und Salzer (Grüne)? Sie ernteten auf Anhieb 48 Prozent, worauf die anderen beiden aufgaben.

Fiedler: Ich glaube, die Konstellation war ausschlaggebend. Zwei der damals fünf Gemeinderatsfraktionen, SPD und Freie Wähler, unterstützten mich. Eine etwas außergewöhnliche Konstellation. Mit den Freien Wählern hatte ich die damals zweitstärkste Fraktion hinter mir, die hier in Metzingen sehr, sehr gut vernetzt ist. Ich glaube, diese Netzwerke spielen in einem Wahlkampf eine unglaublich große Rolle: Dass man Fürsprecher findet, die einem die richtigen Türen öffnen, die einem die Möglichkeit bieten, sich an den richtigen Stellen vorzustellen, die sozusagen das Feld bereiten für den Kandidaten. Dazu die ebenso wichtige Unterstützung der SPD – damit war ich in sehr vielen Netzwerken präsent.

Ihr Vorgänger Hauswirth (CDU) hatte von sich aus sein Amt niedergelegt, nachdem ein Bürgerentscheid den geplanten Bau eines Distributionszentrums der ansässigen Hugo Boss AG ablehnte. Waren Sie der Profiteur der persönlichen Niederlage Hauswirths?

Fiedler: So habe ich es nie verstanden. Dieses Thema hat im Wahlkampf keine Rolle gespielt.

Mit welchen Inhalten traten Sie an?

Fiedler: Ich stand für eine gerechte Familienpolitik. Für die Vereinbarkeit von Familie und Beruf. Als junger Familienvater war und bin ich da glaubwürdig. Ich stehe für eine vernünftige Wirtschaftspolitik. Im Grunde stand ich dafür, die Arbeit meines Amtsvorgängers fortzuführen. Metzingen ist gut entwickelt, ist eine gesunde Stadt. Ich habe versucht, die Felder zu besetzen, die heute jeder zu besetzen hat – Wirtschaftspolitik, Familienpolitik, Sozialpolitik.

Keine polarisierenden Themen?

Fiedler: Uns Kandidaten wurde vorgeworfen, dass wir alle das Gleiche erzählen, dass wir uns inhaltlich nicht unterscheiden.

Dr. Ulrich Fiedler

*In Metzingen sind Sie parteilos angetreten, ein Jahr zuvor,
in Lindau, waren Sie noch der Kandidat der SPD. Wahltaktik?*

Fiedler: Es ist Jahre her, dass ich aus der SPD austrat. In Baden-Württemberg bewirbt man sich als Person, als Mensch um ein solches Amt und hofft dann auf Unterstützer. In Bayern ist es anders. In Bayern nominieren die Parteien *ihre* Kandidaten. In Lindau war ich der Kandidat der SPD. Hier in Metzingen wurde ich von der SPD unterstützt *und* von den Freien Wählern.

*Was ändert sich für Baden-Württembergs Kommunen,
nachdem erstmals nach bald sechzig Jahren nicht mehr
die schiere Staatspartei CDU das Ländle regiert?*

Fiedler: Darauf sind wir sehr gespannt. Ich weiß es nicht. Ich kann nur hoffen, dass die grün-rote Regierung Wort hält in der Hinsicht, dass sie sich für die Kommunen einsetzen wird, was sowohl die Finanzausstattung als auch einzelne Themen anbelangt. Im Wahlkampf hatten SPD und Grüne immer proklamiert, dass sie sich anders verhalten werden als die bisherige Regierung.

*Kümmert sich die große Politik um die Nöte der Kommunen oder
werden finanzielle und andere Lasten schlicht von oben nach
unten abgewälzt?*

Fiedler: Eher Letzteres. Aufgrund des föderalen Systems gibt es keine direkten Finanzbeziehungen zwischen Bund und Kommunen. Unser Problem ist, dass wir in Berlin nicht existieren, dass wir dort nicht präsent sein können. Wir müssen in Berlin zu einem anderen Standing kommen. Wer uns Aufgaben zuweist, sollte sie auch bezahlen.

Wie finden die Kommunen beim Bund mehr Gehör?

Fiedler: Letztlich brauchen wir eine Verfassungsänderung, auf dass beispielsweise auch Finanzbeziehungen zwischen Bund und Kommunen zulässig sind. Nehmen Sie die Bildungsgutscheine der Frau von der Leyen: Eine bundespolitische Entscheidung – umzusetzen von den Kommunen. Es wäre besser, wenn unsere Interessenvertreter, unsere Verbände an mancher Stelle mit dem Bund verhandeln könnten statt mit dem Land.

*Müssen Städtetag und Gemeindetag lauter schreien,
auf dass man es auch noch in Berlin hört?*

Fiedler: Wahrscheinlich ja. Es ist natürlich schwierig. Ich beneide da die Vertreter von Städtetag und Gemeindetag nicht. Die müssen mit dem Land verhandeln, das einerseits unser „Gegner" ist und andererseits unser Partner. Wir haben so viele Berührungspunkte, da kann man natürlich nicht auf schiere Konfrontation gehen. Das wird nicht funktionieren. Wir brauchen das Land, das Land braucht uns. Und auf dem Weg zur Partnerschaft braucht's immer wieder Kompromisse. So funktioniert Politik. Ich will unseren Vertretern da keine Vorwürfe machen.

*Wenn sich plötzlich eine Partei der Bürgermeister oder eine
Partei der Kommunen gründen würde – hätte so eine Partei
Chancen, in Parlamente gewählt zu werden?*

Fiedler: Ich glaube ja. Da wir Kommunalpolitiker laut Umfragen offenbar die glaubwürdigeren Politiker sind, halte ich es durchaus für möglich, dass die Menschen ihrem Bürgermeister vor Ort mehr Vertrauen schenken würden als den Vertretern der Landesregierung. Deshalb kann ich mir durchaus vorstellen, dass so eine Partei Erfolg haben könnte bei einer Wahl. Wir sind wohl näher dran an den Menschen. Wir sind auch greifbar. Wenn hier einer unzufrieden ist mit dem, was ich tue, kann er sich direkt an mich wenden und findet in der Regel auch Gehör. Versuchen Sie dagegen mal, an den Ministerpräsidenten ranzukommen.

*Der Bürger darf sich aber auch melden, wenn ihm was gefällt.
Loben die Metzinger ihren Oberbürgermeister?*

Fiedler: Ja, das geschieht in der Tat.

Wie sehen Erfolge für Sie aus?

Fiedler: Wenn es mir gelingt, Menschen von meinen Ideen zu überzeugen, wenn es mir gelingt, Menschen mit auf meinen politischen Weg zu nehmen, dann ist das ein Erfolg. Ein Erfolg oder auch Anerkennung ist für mich, wenn die Mitarbeiter gut und gerne mit mir zusammenarbeiten. Auch aus der Bevölkerung erfahre ich Anerkennung. Auch das ist für mich ein Erfolg.

Wenn einer nichts von Ihnen will und trotzdem freundlich kommt, dann kann man davon ausgehen, dass er es ehrlich meint.

Fiedler: Ja, genau. Es ist wirklich so. Ich bin überrascht. Ich hätte nicht gedacht, dass man so viele Rückmeldungen aus der Bevölkerung bekommt. Das zeigt einem, dass man in die richtige Richtung agiert, auch politisch.

Und was werten Sie als Niederlage?

Fiedler: Als Niederlage empfinde ich natürlich, wenn es mir *nicht* gelingt, Menschen von meinen Ideen, von meiner Politik zu überzeugen. Wenn es mir nicht gelingt, Mehrheiten zu bekommen für das, was ich vorhabe. Oder auch im Kleinen, wenn man versucht, einen Nachbarschaftsstreit aufzulösen, zu schlichten, Kompromisse zu schmieden, und das gelingt dann nicht.

Unterm Strich – gefällt Ihnen Ihr Amt?

Fiedler: Ja, sehr.

Was nervt? Was würden Sie gerne ändern?

Fiedler: Ich habe sehr, sehr wenig Freizeit. Das zu ändern, fällt aber sehr, sehr schwer.

Wie viele Stunden hat Ihre Woche?

Fiedler: Das ist unterschiedlich. In ganz guten Wochen 50. In ganz schlechten 80 und mehr. Fast immer bringe ich morgens noch unsere Kinder in den Kindergarten und bin dann um Viertel nach acht hier im Büro. In der Mittagspause schaffe ich es mal nach Hause, mal nicht. Manchmal schaffe ich es, zwischen 18 und 20 Uhr noch eine Stunde zu Hause zu sein. An ganz, ganz vielen Abenden bin ich unterwegs und komme erst spät nach Hause.

Ihre Frau erwartet dieser Tage ein Baby. Kann es passieren, dass Ihr Amt Sie daran hindert, bei der Geburt dabei zu sein?

Fiedler: Nein. Das halte ich für ausgeschlossen.

Was müsste passieren, dass Sie wie Ihr Vorgänger an einen Punkt gelangen, wo Sie sagen: Jetzt mag ich nicht mehr Oberbürgermeister sein.

Fiedler: Das ist im Moment nicht vorstellbar für mich. Auch mir passiert das natürlich, dass ich harsche Kritik zu hören bekomme, auch persönliche Kritik. Dass Menschen mir unanständig begegnen. Ich denke, das gehört zu dem Beruf dazu. So was muss man ein Stück weit aushalten können. Allerdings passiert das bisher ganz, ganz, ganz selten. Die Menschen begegnen mir fast ausnahmslos mit Respekt, fast ausnahmslos freundlich.

Machen Ihnen die Medien das Leben oder das Arbeiten schwer?

Fiedler: Die machen mir hier die Arbeit weder schwer noch leicht. Ihre Aufgabe ist es, für die Menschen zu berichten oder auch zu kommentieren. Ich habe ein sehr gutes Verhältnis zu den Redakteuren und ich habe auch in den Medien noch zu keiner Zeit echt böse Worte vernommen. Im Gegenteil. Wenn Kommentare bisher meine Person betrafen, dann waren sie mir ausnahmslos wohl gesonnen.

Wenn Sie ein echtes Problem hätten – wem würden Sie sich anvertrauen?

Fiedler: Das kommt aufs Thema an. In ganz vielen Dingen vertraue ich mich natürlich meiner Frau an. Sie ist ein ganz wichtiger Ratgeber. Aber auch hier im Rathaus gibt es Kolleginnen und Kollegen, denen ich mich anvertraue, auch in politischen Themen. Das war einer der Punkte, die mich maßlos überrascht haben – diese bedingungslose Loyalität, der bedingungslose Vertrauensvorschuss, der mir hier erst mal entgegengebracht wurde. In meinem Vorzimmer ist gleichzeitig auch das Sekretariat des Hauptamtes. Meine Sekretärin, die Hauptamtssekretärin und der Hauptamtsleiter, das sind drei Leute, die mich von morgens bis abends auch davor bewahren, in Fettnäpfchen zu treten. Die haben ein gutes Gespür dafür, was richtig oder falsch ist. Und dann bin ich im Jahr 2005 erstmals gecoacht worden, in einem Veränderungsprozess am Landratsamt Günzburg. Zu dem damaligen Coach habe ich bis heute Kontakt. Er coacht mich nach wie vor, allerdings in sehr losen und mittlerweile auch weiten Abständen. Das ist jemand, der mir ein sehr wertvoller Ratgeber ist.

Dr. Ulrich Fiedler

Wäre ein institutioneller Beichtvater oder eine institutionelle Beichtmutter für Rathauschefs vorstellbar?

Fiedler: Ich glaube, das kann es nicht geben. Da muss sich jeder ein privates Netzwerk aufbauen, ein Netzwerk der Supervision, wo man einfach jemanden findet, der einem in der jeweiligen Angelegenheit ein Stück weiterhelfen kann. Wenn es politische Dinge sind, hole ich manchmal bei politischen Weggefährten einen Rat. Ganz vieles bespreche ich mit meiner Frau. Auch von Freunden, teils aus Grundschulzeiten, hole ich mir immer mal wieder Ratschläge ein. Das sind Menschen, denen ich einfach vertraue, bei denen ich auch einfach weiß, dass mir da niemals ein Strick daraus gedreht wird.

Vertrauen Amtskollegen einander? Sehen Sie sich als Kollegen oder mehr als Kontrahenten?

Fiedler: Es gibt solche und solche, aber eindeutig mehr Kollegen. Es gibt Menschen, die einem mehr liegen, und Menschen, die einem weniger liegen. Die einen Kollegen stehen einem näher, die anderen weniger. Das hat überhaupt nichts mit politischer Couleur zu tun. Unter meinen Bürgermeisterkollegen gibt es welche, die ich mittlerweile als Freunde bezeichnen würde. Zu anderen ist das Verhältnis reservierter.

Haben Sie Vorbilder?

Fiedler: Ja. Zwei. Manfred Rommel ist ein großartiger, humorvoller Mensch, den ich auch immer wieder sehr gern zitiere. Unter den amtierenden Oberbürgermeistern ist mir Ivo Gönner ein Vorbild. Er ist ein sehr, sehr guter Oberbürgermeister.

Thilo Michler wurde 1972 in Heilbronn geboren. Der verheiratete Vater dreier Kinder ist evangelisch und parteilos. Die Rathauskarriere des Diplom-Verwaltungswirts (FH) begann 1996 im Brackenheimer Stadtbauamt. Berufsbegleitend absolvierte er das Studium zum Wirtschaftsförderer (VWA). Im Januar 2000 wählte ihn die Gemeinde Zaberfeld (Kreis Heilbronn) zu ihrem Bürgermeister und bestätigte ihn nach acht Jahren im Amt. Im Juni 2009 bewarb sich Michler erfolgreich als Oberbürgermeister im hohenlohischen Öhringen.

Interview mit Thomas Maertens, Thilo Michler
und Heiko Lebherz

„Schreibtisch-voll-Typ oder Schreibtisch-leer-Typ"

Gleich am ersten Arbeitstag rettete der Ratshausener Dorfschultes einer Bürgerin das Leben. Als Ministerpräsident würde Öhringens OB aus 16 Hohenlohe-Gemeinden drei Städte machen. Das Stadtoberhaupt von Lauda-Königshofen beneidet ihn darum, dass Öhringer Gemeinderäte ohne Ausschüsse auskommen. Dafür haben im Taubertal viele Bürgermeister einen persönlichen Beichtvater.

Die Herren Michler und Lebherz wurden mit 27 Bürgermeister – Herr Maertens mit 46. Welches ist das richtige Einstiegsalter?

Thilo Michler: Die Gemeindeordnung sieht vor: Von 25 bis 64 darf man kandidieren. Ich glaube, jeder Kandidat muss für sich entscheiden, wann die Zeit reif ist.

Sie selbst konnten es ja kaum erwarten, bis Sie Bürgermeister werden durften.

Michler: Ich bin mit 17 Jahren erleuchtet worden. Beamter wollte ich eigentlich nie werden. Die Verwaltungslaufbahn schlug ich wirklich nur mit dem einen Ziel ein: Bürgermeister zu werden. Ich wollte einen vielseitigen Beruf ergreifen und war eigentlich schon immer der Managertyp. Schon mit achtzehn verfolgte ich die ganzen Wahlkämpfe, besuchte Bürgermeisterseminare. Ich war heiß! Nach meiner Ausbildung musste ich zur Bundeswehr, danach arbeitete ich drei Jahre als stellvertretender Bauamtsleiter in Brackenheim. Dann habe ich mir Remshalden, Gärtringen und Zaberfeld angeschaut. Zaberfeld hat gepasst. Obwohl ich verhältnismäßig jung war. Der klassische, perfekte Kandidat in einer kleinen Gemeinde ist für mich 32 bis 35 Jahre alt, verheiratet, ein kleines Kind. Aber wenn der nicht gut rüberkommt, kann auch ein ganz Junger gewinnen.

Thomas Maertens wurde 1958 in Frankfurt am Main geboren. Nach Abitur und Ausbildung zum Verlagskaufmann bei der Frankfurter Allgemeinen Zeitung studierte er Landespflege (heute: Landschaftsarchitektur und Umweltschutz) an der Uni Hannover. 1989 arbeitete der Diplom-Ingenieur für ein Forschungsprojekt der Bundesregierung, danach zehn Jahre lang als Angestellter der Stadt Frankfurt am Rückbau der Bundesgartenschau und leitete verschiedene städtische Erschließungsprojekte. Von 1999 bis 2004 war der verheiratete Vater dreier Kinder Abteilungsleiter des Umlandverbandes Frankfurt/RheinMain und Geschäftsführer der Regionalpark RheinMain Kronberg/Schwalbach GmbH. Im März 2004 zum Bürgermeister von Lauda-Königshofen gewählt, wurde er im März 2012 in diesem Amt bestätigt. Christdemokrat Maertens gehört seit 2009 der CDU-Fraktion im Kreistag des Main-Tauber-Kreises an, er ist Mitglied der CDA.

Thomas Maertens: Man sollte schon Führungserfahrung in der Verwaltung gesammelt haben, denn die Zeit, Erfahrung zu sammeln, bleibt einem Bürgermeister nicht mehr. Man muss schon eine gewisse Vorstellung davon haben: Wie gehe ich mit den Leuten um? Wie redet man miteinander?

Michler: Das kann man auch mit 25 schaffen.

Maertens: Wenn man vorher entsprechende Berufserfahrung gesammelt hat.

Bleiben im Bürgermeisteramt nicht acht Jahre Zeit, um zu lernen, wie der Hase läuft?

Maertens: Sie können nicht vier Jahre experimentieren. Schon gar nicht in kommunalpolitisch schwierigen Kommunen, wie das jetzt bei mir der Fall war. Gerade diese typischen baden-württembergischen Bindestrich-Städte – Lauda-Königshofen, Villingen-Schwenningen und andere – fordern Sie von Anfang an.

Keinerlei Schonfrist?

Maertens: Diese berühmten 100 Tage, ja. Aber dann kommt der erste Journalist und will wissen: Was tut sich?

Meine Faustformel lautet: Je kleiner eine Kommune, desto jünger dürfen die Aspiranten sein. Bei Ihnen, Herr Lebherz, war es so: Das 800-Seelen-Dorf Ratshausen wählte Sie 27-jährig zum hauptamtlichen Schultes.

Heiko Lebherz: Ich sage heute, das war genau das richtige Alter. Ratshausen im Zollernalbkreis gefiel mir. Und nicht nur mir. Ich hatte drei starke Gegenkandidaten. Alle vom Fach. Mir hat die Erfahrung, die ich in der Reutlinger Stadtverwaltung, in der Stabsstelle des Sozialamtsleiters sammeln konnte, weitergeholfen.

Geht Bürgermeister so, wie man sich's vorher ausmalt?

Lebherz: Es kommt immer anders, als man sich's vorgestellt hat.

Maertens: Da stimme ich zu.

Lebherz: Gerade in so einer kleinen Gemeinde, deren Verwaltung nur aus dem Bürgermeister und einer Kraft für Vorzimmer – Sekretariat – Sachbearbeitung besteht, werden Sie absoluter Allrounder, vom Standesamt bis zur Ausgabe des gelben Sacks müssen wir alles machen. Das „müssen"

Heiko Lebherz wurde 1983 in Tübingen geboren. Nach dem Abitur am Ernährungswissenschaftlichen Gymnasium ließ er sich vom DRK Zollernalb zum Rettungsassistenten ausbilden und absolvierte dann das Studium zum Diplom-Sozialwirt (BA) bei der Stadt Reutlingen in Kooperation mit der Dualen Hochschule Villingen-Schwenningen. Von 2007 bis Sommer 2010 arbeitete Lebherz im Sozialamt der Stadt Reutlingen, zuletzt in der Stabsstelle des Amtsleiters. Im Juli 2010 wählte ihn die kleine Zollernalbgemeinde Ratshausen 27-jährig zum Bürgermeister, im November wurde er zusätzlich ehrenamtlicher Schultes der Nachbargemeinde Hausen am Tann. Im Balinger Stadtteil Weilstetten saß der Junggeselle sechs Jahre lang im Ortschaftsrat, die letzten Monate als stellvertretender Ortsvorsteher. Im Ehrenamt agiert der Christdemokrat als stellvertretender Kreisbereitschaftsleiter des DRK Zollernalb.

meine ich gar nicht negativ, sondern genau das ist es, was mich momentan reizt!

Das war in Reutlingen sicher anders.

Lebherz: Die Stadt Reutlingen hat doppelt so viele Mitarbeiter wie Ratshausen Einwohner! Von denen ich schon jetzt, nach sechs Wochen Wahlkampf und 6 Monaten im Amt, die meisten persönlich kenne. Und umgekehrt. Der Kontrast zu Reutlingen könnte nicht größer sein. Aber es macht Spaß!

Herr Maertens, was hätten Sie in Lauda-Königshofen anders erwartet?

Maertens: Mich hat das Ausmaß an Arbeit überrascht. Die Unmenge an Terminen. Das hat mich dann an gesundheitliche Grenzen geführt. Da musste ich nach drei Jahren die Reißleine ziehen. Anders wäre das nicht gut gegangen.

Fehlte es an Helfern oder konnten Sie nicht delegieren?

Maertens: Ich delegiere gerne – wenn ich auf entsprechendes Fachpersonal zurückgreifen kann. Wir hatten personelle Engpässe. Leitende Angestellte, die gesundheitlich angeschlagen waren, zum Beispiel nach einem schweren Unfall. Manche Führungsposition war schlecht besetzt. Man muss da behutsam vorgehen. Sie können einen verdienten Mitarbeiter nicht einfach gegen seinen Widerstand aufs Altenteil abschieben.

Dieses Problem oder diese Aufgabe teilen Sie mit vermutlich jedem Rathauschef.

Maertens: In der Tat! Bürgermeister haben einen der interessantesten, aber auch einen der schwierigsten Berufe überhaupt. Es sind schon Bürgerinnen und Bürger zu mir gekommen und sagten: Herr Bürgermeister, mal ganz ehrlich, ich möchte Ihren Job nicht haben.

Einen Ausweg aus dem Dasein des Bürgermeisters gibt es: Man wird Oberbürgermeister. Herr Michler, was hat sich für Sie geändert?

Michler: Der große Unterschied ist, dass man die Sachbearbeitung fast komplett abgibt. Früher machte das 70 Prozent aus, heute sind es vielleicht noch 10 Prozent. Dafür trifft man gewichtigere Entscheidungen. Der Zaberfelder Jahresetat betrug 7,5 Millionen Euro – hier in Öhringen sind's 89 Millionen. Ich delegiere und repräsentiere nun deutlich mehr.

Dieser Unterschied war Ihnen immer bewusst?

Michler: Ja. In einer kleinen Gemeinde ist man halt irgendwann durch. Man kennt irgendwann jeden Kanaldeckel, jeden Wasserschacht. Irgendwann war Zaberfeld für mich nur noch ein Halbtagsjob. Wenn dann eine gewisse Langeweile auftaucht, musst du weiterziehen.

Und wie lange wird es gehen, bis es Ihnen in Öhringen langweilig wird?

Maertens: Das muss jetzt politisch korrekt beantwortet werden.

Michler: Im Jahr 2016 richtet Öhringen die Landesgartenschau aus und erwartet Millionen Besucher. Bis dahin wird's mir bestimmt nicht langweilig. 2017 ist dann wieder OB-Wahl. Man muss zunächst einmal wiedergewählt werden.

Wenn Sie sagen, kleine Gemeinden kann man halbtags regieren – sind Bürgermeister dann überbezahlt?

Michler: Überbezahlt würde ich jetzt nicht sagen. Wäre ich Ministerpräsident, würde ich allerdings darauf abzielen, dass Kommunen zu größeren Einheiten fusionieren. Ich weiß, es würde einen Riesenaufschrei geben, da geht's uns allen viel zu gut – aber ich würde aus den 16 Gemeinden des Hohenlohekreises drei Städte machen und aus 46 Gemeinden im Kreis Heilbronn sieben. Die perfekte Stadtgröße sehe ich zwischen 20.000 und 50.000 Einwohnern. Dann bist du effektiv, schlagkräftig, kannst wirklich schnell entscheiden.

Und was machen Sie dann mit den ganzen überflüssigen Bürgermeistern?

Michler: Die werden vorerst als Beigeordnete angestellt und gehen irgendwann in Pension. Schauen Sie – wir haben eine Partnerstadt in Sachsen. Den Sachsen geht's wesentlich schlechter als uns, die Einwohnerzahlen sinken. Weshalb das Land Anreize für Zusammenschlüsse gibt. Erst war da die Große Kreisstadt Großenhain, dann gingen 1994 die beiden Landkreise Riesa und Großenhain zusammen, um 14 Jahre später, im Jahr 2008, im Landkreis Meißen aufzugehen. Die machen da kontinuierlich weiter. Bei uns ist die Zeit noch nicht reif. Uns geht's einfach noch zu gut.

Maertens: Ich würde da widersprechen. Wenn wir über Kommunalreformen nachdenken, muss man bedenken, was wir damit auslösen. Unsere Stadt Lauda-Königshofen hat ja nach 30, 40 Jahren die Kommunalreform von damals noch nicht richtig verwunden. Ich kann nur davor warnen, im Augenblick eine Diskussion über eine neue Kommunalreform anzuwerfen. Die organisatorischen Probleme in den kleinen Kommunen sehe ich auch, insbesondere auch zukünftige wirtschaftliche Probleme. Aber hier reagieren die Bürger empfindlich.

Michler: Da ist eben die Zeit noch nicht reif.

Maertens: Die Zeit ist nicht reif und das Thema ist absolut tot im Augenblick! Da geht keiner dran. Zusammenschlüsse auf freiwilliger Basis, wie sie in anderen Bundesländern möglich sind – da sollte man vielleicht mal drüber nachdenken, ob man das in Baden-Württemberg ein bisschen einfacher gestaltet. Aber keinesfalls kann das von oben verordnet werden!

Wie viele Einwohner hat Zaberfeld?

Michler: Viertausend.

Was sagt dazu der Häuptling von Ratshausen, dessen 800 Einwohner sich einen hauptamtlichen Bürgermeister leisten?

Lebherz: Ich sehe es nochmal anders als Sie beide! Eine so kleine Gemeinde kann sehr wohl funktionieren. Wir haben uns mit acht Nachbarn zum Gemeindeverwaltungsverband Oberes Schlichemtal zusammengetan. Drei davon, kleiner noch als Ratshausen, haben ehrenamtliche Bürgermeister. Die ganzen Kassengeschäfte – das Kämmereiwesen – erledigt der Gemeindeverwaltungsverband. Aber die Macher vor Ort, das sind die Bürgermeister. Die können sich dann viel intensiver in Projekte reinknien. Ein Beispiel: Da bei uns jede Gemeinde selbstständig ist, kann auch jede einen Antrag auf Mittel aus dem Ausgleichstock stellen. Ratshausen ist übrigens schuldenfrei, steht top da und verfügt über 500.000 Euro an Rücklagen.

Michler: In Zaberfeld hatte ich auch das Paradies auf Erden. Als ich ging, hatten wir trotz erledigter Hausaufgaben Millionen Euro Rücklagen. Warum? Weil die kleinen Gemeinden manch kostspielige Infrastruktur nicht selber schaffen, sondern in den Mittelzentren oder Oberzentren, die sich dafür verschulden müssen, mitnutzen. Öhringens Bücherei – 500.000 Zuschuss pro Jahr. Das Hallenbad – 700.000 Euro Zuschuss. Und so weiter und so fort. Weil Güglingen und Brackenheim schon tolle Bibliotheken unterhielten, brauchten wir in Zaberfeld nicht noch eine.

Es gibt in der Tat kleine und Kleinstkommunen, die stehen finanziell beneidenswert gut da. Und andere eben nicht. Wenn dort irgendwann das Kindergartendach undicht wird, können sie die Reparatur nicht mehr stemmen und sehen sich zur Eingemeindung gezwungen – siehe Betzweiler-Wälde im Kreis Freudenstadt als eines der ersten Beispiele. Die gehören jetzt zu Loßburg.

Maertens: Wirtschaftliche Not ist die eine Seite. Auf der anderen Seite muss man sagen: Vor dem Hintergrund unserer Einigungsbemühungen in der Europäischen Union bekommt die eigene Stadt, die eigene Gemeinde nochmal eine ganz neue Bedeutung! Wir haben ja jetzt eine gemeinsame Währung, wir haben offene Grenzen, wir haben eine Entgrenzung in politischer, aber auch in administrativer Hinsicht. Vor diesem Hintergrund kann ich nur sagen: Die Menschen leben nicht in Europa, sie leben auch nicht in Baden-Württemberg, sie leben letztendlich in *ihrer* Stadt oder Gemeinde! Und wenn nun die eigene Gemeinde einer anderen Stadt zugeschlagen wird, dann hat das was mit Heimatverlust für die Menschen zu tun! Die empfinden das auch so und sagen eindeutig: Das ist nicht mehr meine Stadt! Ich will *meinen* Gemeinderat haben! Wir erleiden allerorten im Land Funktionsverlust. Bedenken wir bitte mal, dass wir überall in unseren kleinen Kommunen während der letzten 50, 60 Jahre den landwirtschaftlichen Funktionsverlust erlebt haben – es gibt ja kaum noch Landwirte! Damit ist das ganze die Landwirtschaft begleitende Handwerk verschwunden. Was bleibt denn auf dem Dorf noch? Wenn jetzt noch der letzte Ortsvorsteher und der letzte Bürgermeister aus den kleinen Kommunen abziehen, dann haben wir nur noch Schlafstädte. Mit dem Thema muss man meines Erachtens sehr sensibel umgehen. Wir im Taubertal sind der am dünnsten besiedelte Landkreis in ganz Baden-Württemberg. Was ging da in so kleinen Ortsteilen wie in unserem Heckfeld oder Messelhausen nicht alles verloren! Erst die Bürgermeister, die Verwaltung, dann der Kindergarten, die Grundschule, die Hauptschule – alles weg! Dann schließt auch noch der letzte Lebensmittelladen, die Bevölkerung schrumpft. Da wäre es aus ökonomischer Sicht nur konsequent zu fragen: Konzentrieren wir uns auf die Kernstadt und machen den einen oder anderen kleinen Ortsteil einfach zu? Aber ich kann es nicht unterstützen.

Lebherz: In Ratshausen war ich keine 14 Tage im Amt, da kam die Telekom und wollte auch noch die letzte öffentliche Telefonzelle abbauen. Bald darauf reduzierte die Volksbank ihre Öffnungszeit auf einmal pro Woche. Dennoch leben unsere Bürger gerne und bewusst in ihrem Ratshausen, wo sie zumindest über ein eigenes Rathaus verfügen und wo sich ein ausgeprägter Gemeinsinn in Gestalt etlicher rühriger Vereine äußert.

Es gab ja das Schlagwort vom Europa der Regionen als Gegenbewegung zum wuchernden europäischen Zentralismus.

Maertens: Man wollte Europa den Regionen gewissermaßen schmackhaft machen. Das ist auch zum Teil gelungen. Aber was ist überhaupt eine Region? Eine Region ist nicht demokratisch verfasst, sie ist ein unbestimmter Zusammenhang. Das kann landsmannschaftlich sein, das kann mit dem Dialekt zusammenhängen, das können wirtschaftliche Verpflichtungen sein, zum Beispiel. Aber zunächst mal ist Region nichts, wo der Bürger in irgendeiner Weise einen vernünftigen Einfluss ausüben könnte. Der Bürger bestimmt den Bürgermeister oder bestimmt den Gemeinderat und die Politik vor Ort und nicht umgekehrt, ja. Das ist seine Einflussmöglichkeit, und das dürfen wir ihm auf gar keinen Fall nehmen. Auf gar keinen Fall!

Die Wahlbeteiligung bei Bürgermeisterwahlen ist deutlich höher als die Beteiligung bei Wahlen zum Europäischen Parlament.

Maertens: Weil die Identifikation mit Europa fehlt. Und weil man Europa durchaus auch demokratische Defizite vorwerfen kann. Ich habe mittlerweile eine sehr distanzierte Haltung zu Europa. Wenn aber Bürgermeister oder Gemeinderäte gewählt werden, wissen die Bürger sehr genau, worum es geht! Da kennen sie auch ihre Verantwortung sehr genau. Bei meiner eigenen Wahl anno 2004 war ich schon überrascht, wie genau die Menschen ihre Bürgermeisterkandidaten beobachten und wie intensiv sie sich darüber austauschen. Man wird ja nicht nur Chef einer hoffentlich funktionierenden Verwaltung, sondern man wird mit klappernden Kanaldeckeln persönlich konfrontiert und ist manchmal auch eine Art Seelsorger in zwischenmenschlichen Konflikten. Letztendlich ist das ja auch das Schöne an unserem Beruf.

Man ist greifbar und hat den eigenen Kopf hinzuhalten. Während im Raumschiff Berlin die Damen und Herren Entscheider relativ weit weg sind.

Maertens: Gestern besuchte Wolfgang Bosbach den Main-Tauber-Kreis und sagte wörtlich: Die Welt sieht hinter den getönten Scheiben eines großen Dienstwagens anders aus. Das dürfen wir nie vergessen! Ich glaube, es wäre gut, wenn Menschen, die irgendwann hohe, übergeordnete Verantwortung übernehmen, zunächst durch die Schule eines Bürgermeisteramtes gehen.

Das hat ja letztendlich zum großen Erfolg des Landes Baden-Württemberg beigetragen! Als aus Frankfurt Zugezogener darf ich das so feststellen.

Weil mehrere Ministerpräsidenten zuvor Bürgermeister waren?

Maertens: Weil sie zuvor Bürgermeister waren, ja. Erwin Teufel in Spaichingen und ...

Michler: ... Lothar Späth in Bietigheim-Bissingen.

Maertens: Es ist wirklich eine Lebensschule und auch eine berufliche Schule, wenn man ein Bürgermeisteramt ausgeübt hat und dann zu höheren politischen Weihen gelangt.

Um die Bodenhaftung nicht zu verlieren?

Maertens: Um die Bodenhaftung nicht zu verlieren. Um mitzubekommen, wie der Bürger wirklich tickt. Eine bloße Parteikarriere reicht meines Erachtens dafür definitiv nicht. Man muss politische Verantwortung in einer Kommune getragen haben, dann kann man Verantwortung auch auf Landesebene besser tragen.

Herr Michler, warum sind Sie parteilos?

Michler: Ich bin Kommunalpolitiker mit Leib und Seele. Keine Partei hat mich so überzeugt, dass ich sagen könnte: Hiermit identifiziere ich mich voll, hier möchte ich Mitglied werden.

Wie groß darf eine Stadt sein, um dort noch ohne Parteibuch gewählt werden zu können?

Michler: Da gibt's für mich eigentlich keine Obergrenze.

Auch der Stuttgarter Oberbürgermeister bräuchte kein Parteibuch?

Michler: Ich würde sagen ja.

Maertens: Das sieht man in Heilbronn.

Michler: Das Problem ist eigentlich nur: Wenn du OB in Stuttgart werden willst, brauchst du so viel Geld, dass es ohne finanzielle Unterstützung nicht mehr funktioniert.

Die Parteien sammeln die Wahlkampfgelder ein.
Michler: Das ist das Problem. Da stößt man in Stuttgart ohne Parteiunterstützung an Grenzen. In Stuttgart werden die Grünen jemanden bringen und die Bürgerlichen werden auch jemanden bringen. Da geht's dann um Größenordnungen von mindestens 200.000 Euro, 250.000 Euro pro Person. Tendenz steigend. Ohne Parteien geht das dann nicht.

Eine Kampagne in Stuttgart kostet eine halbe Million.
Michler: Genau. Der Euro pro Einwohner ist realistisch.

Parteikandidaten hört man in Wahlkämpfen sagen: „Dank meiner Parteikontakte kann ich für diese Stadt viel bewirken."
Michler: Das kann ich gar nicht bestätigen. Man muss eben gute Kontakte pflegen. Das ist das A und O. Im Landratsamt und im Regierungspräsidium spielt eine Parteienzugehörigkeit keine Rolle. Man muss einfach mit allen auskommen, muss offen sein, muss klare Konzepte vorlegen.

Sie, Herr Lebherz, waren während Ihres Wahlkampfes in Ratshausen von der Jungen Union in die CDU übergewechselt. War das ein Wahlmanöver?
Lebherz: Nein. Ich bin in der Jungen Union groß geworden, war bereits Ortschaftsrat und stellvertretender Ortsvorsteher. Es war einfach an der Zeit, in die Mutterorganisation CDU zu wechseln. Der Einstieg ist mir natürlich leichter gefallen, weil ich viele politische Akteure im Zollernalbkreis bereits kannte. Aber wenn man ein guter Netzwerker ist, funktioniert es auch ohne Parteibuch.
Michler: Ich glaube, eine Parteizugehörigkeit kann einem helfen, wenn die Abwahl droht. Da hält die Parteifamilie dann schon zusammen.

Wie man's nimmt. Der CDU-Stadtverband Meßkirch im Kreis Sigmaringen beschloss im Jahr 2002 mit 90-prozentiger Mehrheit, Parteifreund Robert Rauser möge tunlichst nicht mehr antreten. Oder denken wir an Rolf Müller in Langenargen.
Michler: Ja, es gibt solche und solche Fälle.

Herr Maertens kam Ende 2003 aus dem Hessischen daher und wollte in Lauda-Königshofen kandidieren. Am Anfang ließ sich das auch recht vielversprechend an – bis ein CDU-Stadtrat seinen eigenen Schwiegersohn aus dem Hut zauberte und der CDU-Stadtverband sich plötzlich ziemlich rüde gegen den Parteifreund aus Frankfurt stellte.

Maertens: Tja. Es kandidierte sogar noch ein drittes Mitglied der CDU. Ich selber hatte mich allen Fraktionen vorgestellt und nach Kooperationspartnern gesucht. Die fand ich dann in der örtlichen SPD, die von vornherein gesagt hatte: „Auch wenn Sie CDU-Mitglied sind, verzichten wir auf einen eigenen Kandidaten und werden Sie unterstützen."

Unterstützten die Sozialdemokraten Sie dann umso lieber, nachdem die CDU Sie verstoßen hatte?

Maertens: Nein, keinesfalls. Die SPD hat mich so unterstützt, wie sie das auch getan hätte, wenn die CDU hinter mir gestanden wäre. Natürlich war es dann eine, sagen wir mal: verzwickte Situation. Wir sagten dann damals: Das ist unsere Art der großen Koalition. Und heute führe ich mein Amt so, dass die Kanäle und Gespräche mit allen Fraktionen ständig offenbleiben. Das hat sich bewährt.

Wie hat die SPD reagiert, als Sie fünf Jahre später auf der CDU-Liste in den Kreistag einzogen?

Maertens: Ich verdanke der SPD Lauda-Königshofen ungeheuer viel. Als dann die Kreistagswahl näher rückte, haben wir das besprochen. Ich denke, wir führen unsere gute Zusammenarbeit auch im Kreistag fort. Sagen wir mal so: Es mag für die SPD durchaus reizvoll sein, wenn sie in mir einen vertrauenswürdigen Gesprächspartner auf der anderen Seite hat, mit dem man das eine oder andere auch offen diskutieren kann.

Die SPD fühlt sich nicht von Ihnen verraten?

Maertens: Nein! Nach meiner Meinung hat sich im Gemeinderat die Zusammenarbeit über die Fraktionsgrenzen hinweg deutlich verbessert. Man kann nun auch im Gemeinderat von Lauda-Königshofen wieder herzlich lachen, über die jeweils andere Seite und über sich selbst.

Wenn Sie Hessen und Baden-Württemberg vergleichen – erkennen Sie wesentliche Unterschiede?

Maertens: Die Süddeutsche Ratsverfassung billigt dem Bürgermeister in Baden-Württemberg, aber auch in Bayern eine relativ starke Position zu. Eine starke Gemeindeordnung. Das ist in anderen Bundesländern über die Jahrzehnte hinweg anders gewesen.

Wobei manche unser Modell übernommen haben.

Maertens: Richtig. Nach 1990, nach der Wende, haben sich neue Bundesländer – etwa Sachsen, Thüringen – angelehnt und gesagt: „Dieser Verfassung vertrauen wir. Wir sehen, diese Länder sind im bundesrepublikanischen Konzert erfolgreich. Deren Vorteile und diese Verfassung wollen wir auch haben." Nordrhein-Westfalen, Niedersachsen und Hessen haben ihrerseits die Süddeutsche Ratsverfassung in weiten Teilen übernommen. Roland Koch hat das in Hessen gemacht, nachdem er die Landtagswahl gewonnen hatte. Er ist aber mit der Reform auf halbem Wege stehen geblieben: Zwar werden Bürgermeister in Hessen nun auch direkt gewählt – aber man hat in den Gemeinderäten den so genannten Stadtverordnetenvorsteher nicht abgeschafft. Man muss sich das so vorstellen: Der Bürgermeister ist zwar direkt gewählt, aber er ist nicht der automatische Vorsitzende des Gemeinderates, sondern da gibt es einen Stadtverordnetenvorsteher, der aus dem Gemeinderat heraus gewählt wird und der die Tagesordnung festlegt. Und es gibt auch noch eine Gruppe von Dezernenten und Gemeinde- oder Stadträten, die sich dann Magistrat nennen. Menschen mit politischer Verantwortung, auch im Tagesgeschäft. Was zu Konflikten beim Erstellen der Tagesordnung führt. Was soll beraten werden? In Baden-Württemberg ist das sehr viel einfacher strukturiert: Der Bürgermeister ist Vorsitzender des Gemeinderates und er vertritt die Stadt als Einziger nach außen. Er beraumt Sitzungen an. Da gibt es nichts zu rütteln. Das ist eine, sagen wir mal: sehr energiesparende Art und Weise, Kommunalpolitik zu organisieren, zu Entscheidungen zu gelangen. Wer das 40, 50, 60 Jahre lang so praktiziert hat, der kommt einfach schneller voran. Deshalb dürfen sich die südlichen Bundesländer im Augenblick durchaus als die Gewinner betrachten.

Den südlichen Bundesländern geht es wirtschaftlich gut, weil deren Kommunen effizienter organisiert sind?

Maertens: Ja, das ist definitiv darauf zurückzuführen! Der große Standortvorteil von Baden-Württemberg und Bayern ist, dass es hier sehr klare kommunalpolitische Strukturen gibt.

Sind Sie deshalb nach Baden-Württemberg gewechselt?

Maertens: Sicherlich macht der Bürgermeisterberuf in Baden-Württemberg und auch in Bayern wesentlich mehr Spaß als in anderen Bundesländern.

In Bayern werden Bürgermeister auf sechs Jahre gewählt – in Baden-Württemberg auf acht.

Maertens: Acht Jahre sind ein sehr angemessener Zeitraum, wenn man in einer Stadt gewählt wird, die echte Baustellen hat. In Lauda-Königshofen hatten wir das Problem mit der Konversion. Eine Kaserne wird geschlossen, es gehen 900 Stellen verloren, ein Bahnhof geht verloren, eine Postniederlassung geht verloren und und und. Wir haben richtige Strukturprobleme. Da brauchen Sie dann Zeit. Nach acht Jahren zeigt sich, was man kann und ob man was bewegt.

Lebherz: Ich sehe es ebenso. Es kommen ja auch unbequeme Entscheidungen auf einen Bürgermeister zu, die man dann am Anfang oder später im Laufe einer Amtsperiode treffen kann im Bewusstsein: Es kommen auch wieder populäre Entscheidungen.

Kümmert sich die große Politik hinreichend um die Kommunen?

Maertens: Wir haben im Augenblick alle Schwierigkeiten. Bund, Länder und Gemeinden sitzen nicht immer in einem Boot, aber zumindest müssen wir in eine Richtung rudern ...

Die Frage ist: Wer rudert?

Maertens: Die Frage ist, wer rudert. Man kann den Kommunen nicht einfach alles so draufpacken. Das geht nicht. Wir sind finanziell an der Grenze unserer Leistungsfähigkeit!

Lebherz: Meine ersten Erfahrungen mit dem Land machte ich bei der Genehmigung von Neubaugebieten. Ratshausen ist beliebt – junge Familien wollen herziehen, wollen bauen. Hatte mein Vorgänger das geplante Neubaugebiet schon von 30 Bauplätzen auf 15 Bauplätze reduzieren müssen, brauchte es bei meinem Antrittsgespräch im Regierungspräsidium alles, um auch nur zehn Bauplätze genehmigt zu bekommen. Dabei konnten wir faktisch acht Vorreservierungen für junge Familien vorweisen! Man machte mir deutlich: Große Baugebiete werden nur noch in Ballungsräumen genehmigt. Ständig wird Landflucht beklagt – das aber ist für mich *organisierte* Landflucht!

An wen wenden Sie sich dann in solcher Not?

Lebherz: Ich bin dann auf unseren Landrat zugegangen und habe ihn gebeten, dass er da interveniert. Er hat sich sehr bemüht, und wir haben ein gutes Ergebnis erzielt, wenn auch nicht ganz das, was ich mir für Ratshausen gewünscht habe.

Wer sind die Fürsprecher der Kommunen?

Michler: Es sind verschiedene. Gemeindetag, Städtetag – da kann man unterm Strich sicherlich zufrieden sein. Landräte, Landtagsabgeordnete – wenn man was will, kann man alle mit einbinden und kriegt dann wirklich gemeinsam Lösungen hin. Auch mit dem Regierungspräsidium habe ich nur sehr gute Erfahrungen gemacht. Mit Ministerien größtenteils. Also wenn man miteinander spricht, offen die Dinge angeht, dann kommt man meistens zu guten Ergebnissen. Und wenn nicht, dann gibt's Begründungen dafür. Die muss man dann akzeptieren. Und wenn man ein paar Nächte darüber geschlafen hat, kann man es auch einigermaßen nachvollziehen.

Maertens: Das Land hat schon auch die Aufgabe vorzudenken und auch die eine oder andere unpopuläre Entscheidung zum Nutzen des Großen und Ganzen zu treffen. Da geht mir die Landesplanung in Baden-Württemberg manchmal nicht weit genug. Was zum Beispiel im Bereich der Schulen so alles läuft – da hielt sich das Land aus dieser ganzen Standortdiskussion der Grund- und Hauptschulen doch sehr fein raus. Da wäre es schon gut, wenn das Land auch mal sagen würde: In dieser oder jener Region gibt es in Zukunft nur noch soundsoviele Schulen, wir müssen zusammenlegen. Wir als Bürgermeister stehen draußen und müssen den Bürgern sagen, warum der demografische Wandel die Schließung einzelner Kindergärten oder Schulen bedingt. Da würde ich mir auch ein bisschen Entlastung durch das Land wünschen. Da darf sich eine Landesverwaltung straff organisieren und auch mal schlichtweg was von oben nach unten durchsetzen.

Was macht einen Bürgermeister aus?

Michler: Wichtig ist, dass er die Chancen für die Weiterentwicklung einer Stadt erkennt, kurzfristig wie langfristig. Man muss einerseits ein, zwei, drei Jahre weit denken, aber auch mal wirklich zwanzig, dreißig Jahre. Und dann sollte man in gewisser Weise bescheiden bleiben und immer den Kontakt zu den Bürgern halten. Ich gehe beispielsweise stets zu Fuß zur Arbeit ins Rathaus. An sich dauert das sieben Minuten, oft aber auch eine Viertelstunde, weil ich oft – und gerne – spontan Gespräche mit Bürgern führe. Stichwort Bürgernähe.

Wenn Sie sich im Kollegenkreis umschauen – wie viele sind und bleiben wirklich nah an ihren Bürgern?

Michler: Ich kann da nur für zwei Landkreise sprechen. Hier sieht es gut bis sehr gut aus. Im Kreis Heilbronn mit seinen 46 Gemeinden finden sich vielleicht zwei, drei schwarze Schafe. Und im Hohenlohekreis wüsste ich keinen einzigen Kollegen, der da sehr angreifbar wäre.

Mit anderen Worten: In den nächsten fünf Jahren wird es im Hohenlohekreis zu keiner Abwahl kommen?

Michler: Kann ich mir gerade nicht vorstellen. Zumal es ja auch allen recht gut geht. Bei einer Arbeitslosigkeit von drei Prozent!

Lebherz: Für 95 Prozent der Kollegen, die ich bis jetzt kennenlernte, ist Bürgermeister nicht irgendein Job, sondern die machen das aus Leidenschaft. Mit Herzblut. Dabei sind für mich zwei Eigenschaften wichtig: Offenheit und Ehrlichkeit. Man muss auf die Bürger zugehen, ihnen zuhören – dann erfährt man, was der Ort braucht.

Maertens: Man muss auf jeden Fall immer glaubwürdig bleiben. Man muss auch nach Jahren noch vor die Leute treten und sagen können: Da habe ich die Wahrheit gesagt. Man darf nie anfangen zu tricksen. Kurzfristige Erfolge mit Hilfe von Halbwahrheiten zu erzielen, wäre der vollkommen falsche Weg. Man wird dann nicht mehr ernst genommen. Auch die Politikverdrossenheit, die wir in Deutschland haben, fußt zu einem Großteil auf verlorener Glaubwürdigkeit. Ich halte den Bürgermeistern zugute, dass sie diesem Trend so nicht unterliegen. Bürgermeister genießen ein besseres Ansehen als Personen in anderen Wahlämtern.

Aber was, wenn ein paar kategorische Opponenten am Ratstisch sitzen, hartnäckige Gegenspieler, die partout behaupten: Der Bürgermeister Maertens macht schlimme Dinge und lügt. Sie behaupten das Gegenteil, und doch steht am Ende für den Bürger nur Aussage gegen Aussage. Wie ist gewährleistet, dass der Bürger erkennt, wer Recht hat?

Maertens: Sehr schwierig. Sehr schwierig. Wer besucht schon eine Gemeinderatssitzung? Eigentlich fast niemand. Wir haben in Lauda-Königshofen zwei Damen, die sind regelmäßig Gast unserer Gemeinderatssitzung. Ansonsten vielleicht noch ein, zwei weitere Zuhörer. Die Bürgerschaft kommt nur, wenn es zum Beispiel um die Zukunft der Wasserversorgung oder um das Schließen eines Kindergartens geht. Dann wird es voll. Aber ansonsten kann der Gemeinderat binnen 15 Minuten drei Millionen Euro ausgeben, und es ist keiner da, der zuhört.

Wie ökonomisch verlaufen Ihre Ratssitzungen?

Maertens: Sitzungsökonomie muss erst hart erarbeitet werden. Unbedingte Voraussetzung ist dabei, dass Gemeinderat, Verwaltung und Bürgermeister sich aufeinander verlassen können. Wenn ein Bürgermeister nicht glaubwürdig ist oder der Gemeinderat feststellt, da und da wurde getrickst, dann ist die Sitzungsökonomie hinüber. Sie können nur ökonomisch arbeiten, wenn Ihre Gemeinderäte Ihnen abnehmen, dass Ihre Sitzungsvorlagen wirklich stimmig sind. Diese Glaubwürdigkeit müssen Sie sich verdienen. Falls nicht, dauern Diskussionen sehr, sehr lange, weil Sie dann viel, viel Überzeugungsarbeit leisten müssen.

Lebherz: Ich mache eher die Erfahrung: Auch wenn die Bürgerinnen und Bürger eine Gemeinderatssitzung nicht besuchen, nehmen sie über die Medien vieles wahr und vertrauen dieser Presse aber blind. Die Zeitungsredaktionen werden ausgedünnt, oft berichten freie Mitarbeiter, denen die großen Zusammenhänge nicht immer klar sind. Steht es dann falsch oder verzerrt im Blatt, wird das für bare Münze genommen und so geglaubt.

Maertens: Nichts dementieren!

Lebherz: Ich versuche vorzubauen und informiere offensiv, gehe zeitig auf die Redaktionen zu, liefere Pressemitteilungen oder lade die Medienvertreter zu einem Gespräch ein.

Maertens: Genau. Wenn eine schwierige Materie bevorsteht, mache ich zunächst mal ein Hintergrundgespräch. Wir trinken ein Tässchen Kaffee und reden vorab darüber. Dann gehen die mit einem ganz anderen Grundwissen in die Ratssitzung. Wir müssen damit rechnen, dass anwesende Journalisten manches einfach nicht richtig verstehen, inhaltlich oder akustisch. Unsere Journalisten unterhalten sich während einer Sitzung auch gerne untereinander. Da geht dann schnell was unter.

Lebherz: Nach jeder Sitzung stelle ich mich für Fragen zur Verfügung. Je schlechter die Redaktionen personell besetzt sind und keine Berichterstatter schicken, desto stärker sind wir in der Bringschuld.

Es gibt Kommunen, da schreibt der Hauptamtsleiter oder der Bürgermeister den Pressebericht über die Gemeinderatssitzung selber, und die „Redaktion" veröffentlicht ihn im Wortlaut.

Maertens: Dann ist der Redaktionsleiter kein Redaktionsleiter mehr, sondern Schriftleiter.

Traurig, aber wahr!

Michler: Bei uns hat die Hohenloher Zeitung das Monopol und nur 35 Prozent aller Haushalte abonnieren noch die Zeitung.

Während wir das Gespräch hier führen, wird in Bad Mergentheim der Oberbürgermeister gewählt. Meines Erachtens schreibt eine der beiden Lokalzeitungen massiv gegen Amtsinhaber Lothar Barth an. Kann sich ein Stadtoberhaupt auf Dauer mit der örtlichen Presse anlegen?

Michler: Die Macht der Medien ist mittlerweile enorm. Ich habe miterlebt, wie ein großes Zeitungsforum eine Wahl kippen kann. Es geschieht selten, aber eben doch.

Umgekehrt habe ich schon beobachtet, wie eine Zeitung einen Kandidaten derart offensichtlich niederschrieb, dass es sich ins Gegenteil verkehrte.

Maertens: Das kippt dann!

OB-Wahl 2001 in Wangen im Allgäu: Nachdem sich immer mehr Leser über die allzu einseitige Berichterstattung der Schwäbischen Zeitung zugunsten eines Bewerbers beschwerten, maßregelte der Chefredakteur die Leserschaft, sie sollen das Zeitungmachen bitteschön der Zeitung überlassen und sich raushalten. Worauf die Leser den benachteiligten Kandidaten zu ihrem Oberbürgermeister wählten.

Maertens: Wenn man acht Jahre für eine Stadt arbeitet, die Presse aber ständig gegen einen schreibt, geht das nicht. Das sind dann unzumutbare Arbeitsbedingungen. Ich kann jeden verstehen, der sagt: Das tue ich mir doch nicht an!

Was müsste passieren, Herr Michler, dass Sie nicht mehr wollen?

Michler: Gesundheitliche Probleme oder persönliche Probleme mit der Familie.

Maertens: Auf der Mettnau habe ich mal einen schönen Spruch gehört: „Bürgermeister denken an alles, nur nicht an sich selbst." Das ist das Schicksal unseres Berufes. Darin liegt eine Gefahr, bis hin zu familiären Konsequenzen. Guck doch mal, wie viele Scheidungen es in unserem Berufsfeld gibt! Meine jüngste Tochter ist jetzt 16, mein Sohn 20. Ich habe meine Kinder in den letzten sieben Jahren viel zu wenig gesehen! Als ich mein Amt antrat, sagte mir ein guter Kollege, Kollege Kuhn aus Külsheim, der drei Amtsperioden gemacht hat: „Einer meiner entscheidenden Fehler war, dass ich meine Kinder zu wenig gesehen habe. Mache diesen Fehler nicht." Aber es gibt gar keine andere Chance! Du musst deine Familie vernachlässigen, sonst kannst du dieses Amt nicht ausüben!

Michler: Man muss halt versuchen, die Familie einzubinden. Ich nehme sie mit auf Feste.

Maertens: Ich will Ihnen jetzt nicht die Euphorie nehmen. Aber meine Lebenserfahrung ist ganz, ganz anders. Wer glaubt, das auf eine Reihe zu bringen, der erliegt einem Irrtum. Öhringen, Ratshausen und meine Stadt sind vielleicht von den Strukturen und Problemen her nicht vergleichbar. Die eine Stadt braucht sehr viel Aufmerksamkeit, eine andere läuft in einem sehr ruhigen Fahrwasser. Bei mir waren es jedenfalls lange Zeit 80 Stunden, die ich pro Woche unterwegs war. Und das ist auf Dauer zu viel. Da leidet die Familie drunter.

Wie verläuft eine Bürgermeisterwoche?

Maertens: Montags zum Beispiel bin ich um 9 Uhr im Büro, dann gehe ich um 12.45 Uhr nach Hause, esse zu Mittag, lege mich 20 Minuten oder ein halbes Stündchen hin. Um Punkt 14 Uhr bin ich wieder auf Achse und dann geht das eigentlich Schlag auf Schlag bis 22.30 Uhr. Der Bürger ist sich darüber nicht im Klaren, welche Anforderungen er an den Bürgermeister stellt.

Er nimmt's nur sehr partiell wahr.

Maertens: Er hat eine selektive Wahrnehmung, je nachdem, wo er wohnt. Und wer im Ortsteil A wohnt, sieht nicht, was für die Ortsteile B bis F gemacht wurde. Das ist normal, das ist nicht zu vermeiden.

Und wenn Sie im Rathaus am Schreibtisch sitzen, nimmt es überhaupt niemand wahr.

Maertens: Jede Veranstaltung, die nicht in der Zeitung steht, hat nicht stattgefunden. Ich dachte immer, das stimmt nicht. Es ist aber so! Ich kann nur jedem Kollegen dringend raten: Was immer du machst, wo immer du hingehst – sorge dafür, dass ein Journalist dazukommt. Mache eine Pressemitteilung, ein Foto. Bringe es in die Zeitung.

Michler: Ein gutes Zeitmanagement ist eigentlich das A und O, um Familie, persönliche Interessen und das Bürgermeisteramt, das einen schon mehr fordert als ein normaler Beruf, miteinander vereinbaren zu können.

Wo lernt man das?

Michler: Ich habe mal so ein Seminar besucht, aber im Prinzip kann man es oder man kann es nicht. Wenn man ein Schreibtisch-voll-Typ ist, wird man immer Probleme haben. Ich bin ein gnadenloser Schreibtisch-leer-Typ. Was auf den Tisch kommt, wird, wenn irgendwie möglich, gleich erledigt. Beziehungsweise es kommt in die Ablage oder wird zurückgelegt, bis es dann reif ist.

Auf Ihrem Schreibtisch sehe ich hauptsächlich Blumen.

Michler: Genau. Und was auf meinen Tisch kommt, wird gleich entschieden. In Zaberfeld hatten wir neun bis zehn Gemeinderatssitzungen pro Jahr, keine Ausschüsse. Auch hier in Öhringen, da muss ich meinen Vorgänger loben, gab es keine Ausschüsse. Wir machen elf Gemeinderatssitzungen im Jahr, und die flutschen.

Maertens: Geht das?

Michler: Das reicht locker!

Maertens: Elf Gemeinderatssitzungen und keine Ausschüsse? Keine Vorbereitungen?

Michler: Nichts.

Maertens: Das ist natürlich schon eine besondere Kultur.

Michler: Das ist ein unheimlicher Zeitgewinn. Als mein Vorgänger, Jochen K. Kübler, in den Landtag einzog, sagte er den Fraktionen, man müsse jetzt neu organisieren, weil er jetzt einen Doppeljob habe. Und das hat hervorragend geklappt. Öhringen hat sich weiterentwickelt. Ich habe da gar nichts verändert, weil du es besser nicht machen kannst. Es gibt elf Gemeinderatssitzungen mit 25 bis 30 Tagesordnungspunkten. Dafür brauchen wir im Regelfall zwei Stunden, wenn es hoch kommt, mal drei Stunden. Wichtig ist nur, die Fraktionen einzubinden. Morgen zum Beispiel kommen die fünf Fraktionsvorsitzenden in der Mittagspause zu mir. Da bekommen sie dann ihre Unterlagen, und wir besprechen, was wichtig ist. Andernfalls würden sich die Gemeinderäte mit Recht übergangen fühlen. Da musst du immer aufpassen. Außerdem müssen Vertrauen und Glaubwürdigkeit gegeben sein.

Herr Lebherz, Sie haben meines Wissens noch keine Kinder ...

Lebherz: Meines Wissens auch nicht.

... die Sie zu selten sehen könnten. Was müsste passieren, dass Sie sagen, es reicht?

Lebherz: Einerseits gesundheitliche Probleme – da stimme ich zu. Und andererseits, so fair muss man zu sich selber sein, wenn man den Job nicht mehr gern macht, wenn man morgens nicht mehr gerne aufsteht, dann ist man fehl am Platz. Mir ist es wichtig, dass ich mich morgens auf den Arbeitstag freue. Von wenigen Ausnahmen abgesehen. Abendtermine sind unvermeidbar, schließlich arbeiten wir mit vielen Ehrenamtlichen zusammen. Dafür fange ich morgens erst um halb neun an und genieße es davor, daheim sitzen zu bleiben, Kaffee zu trinken und mich mit meiner Partnerin auszutauschen. Unabhängig davon gönne ich mir als persönlichen Ausgleich ein Hobby beim DRK, das ich nicht aufgeben möchte.

Hobby? Sie sind als stellvertretender Kreisbereitschaftsleiter Tag und Nacht auf Einsätzen unterwegs!

Lebherz: Ja, wie die Feuerwehr auch. Ich habe einen Piepser, und wenn eben was ist, dann fahre ich mit Blaulicht raus. Da bin ich dann nicht der Herr Bürgermeister, sondern der Heiko. Da bin ich ein ganz anderer Mensch und kann abschalten.

Als Bürgermeister hatten Sie einen Einstand nach Maß. Gleich an Ihrem ersten Arbeitstag retteten Sie im örtlichen Pflegeheim jemandem das Leben.

Lebherz: Ja. Da ich die Ausbildung zum Rettungsassistenten absolvierte, habe ich die DRK-Leitstelle angewiesen, auch mich direkt zu alarmieren, wenn es in meinem Dorf einen Notfall gibt. Während der Rettungswagen von der Kreisstadt Balingen bis nach Ratshausen zwölf, dreizehn Minuten braucht, bin ich bereits vor Ort und versorge zusammen mit den örtlichen DRKlern meine eigenen Bürger, bis der Rettungsdienst oder der Notarzt eintrifft.

Wer hilft weiter, wenn ein Bürgermeister Probleme hat?

Lebherz: Von Anfang an habe ich den Austausch unter den Kollegen im Zollernalbkreis genossen. Den gibt es in diesem Ausmaß selten in einer Berufsgruppe. Da kann man Tag und Nacht anrufen oder man besucht einander. Wir würden viel füreinander geben!

Michler: Die Familie ist wichtig. In jungen Jahren waren's bei mir die Eltern. Ich war ja noch Single, als ich das erste Mal gewählt worden bin. Heute vertraue ich mich meiner Frau an, sie war selber Gemeinderätin in Brackenheim. Auch unter Kollegen tauscht man sich aus, das kann ich bestätigen. Im Kollegenkreis habe ich wirkliche Freunde. Und auf der Mettnau bin auch ich seit Jahren Dauergast.

_____ „Schreibtisch-voll-Typ oder Schreibtisch-leer-Typ"

Braucht jeder Bürgermeister seinen Beichtvater?

Maertens: Ich bin zutiefst davon überzeugt, dass alle erfolgreichen Bürgermeister irgendwo eine Rückfallposition haben, für schwierige Lagen auch in menschlicher Hinsicht. Den habe ich auch. Das haben auch andere Kollegen bei mir im Main-Tauber-Kreis. Ich kenne auch deren Beichtväter.

Die muss man erst suchen und finden?

Maertens: Die wachsen einem im Lauf des Lebens zu.

Ivo Gönner, 1952 in Laupheim geboren, katholisch, verheirateter Vater zweier Kinder, studierte Jura an der Uni Heidelberg und arbeitete von 1978 bis zu seiner Wahl zum Oberbürgermeister Ende 1990 als selbständiger Rechtsanwalt in Ulm. 1980 zog Gönner für die SPD in den dortigen Stadtrat ein und führte die Fraktion ab 1985. Von 2001 bis 2005 war er Vorsitzender der Sozialdemokratischen Gemeinschaft für Kommunalpolitik in Baden-Württemberg. Als Präsident stand Gönner von 2005 bis 2010 an der Spitze des Städtetages Baden-Württemberg. Im Dezember 2007 erfolgte die Wiederwahl zum Oberbürgermeister und im Oktober 2012 wurde er zum Präsidenten des Verbandes Kommunaler Unternehmen (VKU) gewählt.

Interview mit Ivo Gönner
„Wir sind die effektivste Verwaltungsebene"

Ivo Gönner will keine dritte Kammer und schwört auf verbriefte Traditionen. Baden-Württembergs renommiertester Oberbürgermeister erläutert die Ulmer Konsensmasche und bilanziert seine Städtetags-Präsidentschaft. Bürgermeisterkandidaten gönnt er keine Wahlkampfkostenerstattung. Das sozialdemokratische Urgestein sieht Citymanagernaturen auf dem Vormarsch und hofft, dass Kommunalpolitik nicht in eine Cyberwelt abdriftet.

Herr Gönner, von 2005 bis Ende 2010 waren Sie Präsident des Städtetages Baden-Württemberg. Was haben Sie bewirken können?

Ivo Gönner: In der Zeit 2005 bis 2011 stand das Thema Bildung – Kinderbetreuung im Mittelpunkt. Ausgelöst durch die Politik des damaligen Ministerpräsidenten Oettinger, der ja das Stichwort vom Kinderland Baden-Württemberg geprägt hat. Bis dato waren Kindergärten, Kindertagesstätten kommunale Angelegenheit und Schule Landesangelegenheit, mit Ausnahme Schulsekretariate oder Schulgebäude oder Hausmeisterdienste. In dieser Zeit wurde unter Federführung von Prof. Spitzer hier aus Ulm das Konzept des Bildungshauses entwickelt, wo wir gesagt haben, gemeinsames Lernen reicht vom Kindergarten bis in den schulischen Bereich hinein. Wir müssen uns also auch um Bildungsinhalte kümmern. Um Ganztagesbetreuung. So lockerte sich diese starre Trennung zwischen vorschulischer und schulischer Betreuung immer mehr.

Der zweite wichtige Punkt war das Thema Vereinbarkeit von Familie und Beruf. Mit dem Rechtsanspruch auf Betreuung für Kinder unter 3 Jahren wurde der Ausbau der Betreuungseinrichtungen nötig. Betreuung – Frühpädagogik – mehr gemeinsames Lernen. Es ging um die Auslastung von Einrichtungen in Zeiten stagnierender Kinderzahlen, um die Sicherung der Grundschulstandorte durch stärkere Zusammenarbeit mit den Kindergärten. Wir haben Vereinbarungen getroffen, weil es immer auch um die Finanzierung geht. Die Konnexitätsfrage lautete: Wer löst einen Bedarf aus und wer zahlt dafür? Während meiner Präsidentschaft haben wir eine schärfere Formulierung des so genannten Konnexitätsprinzips in der Landesverfassung gefunden. Aber zwischen Wortlaut und Praxis ist dann oft immer noch ein großer Unterschied.

Das dritte große Thema war die Ganztagesschule. Nach dem Schulgesetz war sie immer noch die Ausnahme, sie hatte mehr Modellcharakter. Es hieß: Es gibt einen Unterrichtskern, den trägt das Land, und alles Ergänzende – Mittagspause, Mittagessen, Hausaufgabenbetreuung, Vertiefungsunterricht, Sportmöglichkeiten – haben die Kommunen nach der Jugendhilfe zu bezahlen. Das haben wir versucht umzudrehen und sagten: Das sind ergänzende Angebote, die aber unterm Strich eine Ganztagesschule ergeben.

Viertens: die Rolle und Bedeutung der Stadtwerke. Soweit Kommunen ihre Stadtwerke behalten hatten. Woher kriegen wir unsere Energie? Produzieren wir verstärkt selber? Gewinnen wir dezentral Energie durch Wärme-Kraft-Kopplung mit eigenen Mitteln? Verbünden sich Stadtwerke und beteiligen sich an Kraftwerken? Unter dem Stichwort kommunale Daseinsvorsorge gewann das an Bedeutung. Selbiges galt für den kommunalen Wohnungsbau.

Fünftes Thema: der zunehmende Einfluss der europäischen Politik auf die Kommunalpolitik. Die EU ist eben nicht nur eine Wirtschaftsgemeinschaft oder jetzt eine Währungsgemeinschaft, sondern auch eine gesellschaftliche, kommunalpolitische Gemeinschaft, wo oben etwas vorgegeben und unten organisiert wird. Ich habe immer die These vertreten: Je europäisierter das Umfeld wird, desto wichtiger ist die kommunale Ebene. Während meiner Amtszeit wurde die kommunale Selbstverwaltung in den Lissabon-Vertrag geschrieben und vieles mehr.

Der ewige Kampf ums Geld. Sind die Kommunen in diesem Verteilungskampf mit dem Land vorangekommen?

Gönner: Es ist ein Verteilungskampf bezüglich der Mitfinanzierung eigener Vorstellungen oder Wünsche. Wir haben gesagt: Wenn das Land oder der Bund etwas auslösen, müssen sie sich mindestens ausreichend beteiligen.

Wer bestellt, bezahlt.

Gönner: Ja. Das ist die Kurzformel. Und da wurde dann immer darüber gestritten, ob man bestellt hat. Bei der Kinderbetreuung hat das Land immer gesagt: „Wir haben es gar nicht bestellt. Das hat der Bund bestellt."

Aber Stuttgart hat doch das Kinderland ausgerufen!

Gönner: Das haben wir denen auch immer vorgehalten und zumindest einen satten Anteil vom Land verlangt. Da machten wir mal Gewinne und mal Verluste. Nehmen Sie die Schulsozialarbeit: Da war am Anfang klar, es ist eine mit der Schule verbundene Aktivität, das Land akzeptierte eine Mitfinanzierung. Doch dann hat das Land die Mitfinanzierung gestrichen mit der Begründung, es sei Aufgabe der Kommunen, weil es nämlich Teil der Jugendhilfe sei. Nun war nicht mehr von Schulsozialarbeit, sondern von Jugendsozialarbeit die Rede. Also, es gab da Fortschritte und Rückschläge.

Sitzen die besseren Bildungs- und Familienpolitiker in den Rathäusern oder in den Stuttgarter Ministerien?

Gönner: Auch in Stuttgart sitzen gescheite Leute. Und die haben ja sozusagen den Landesüberblick. Man kann eben Bildung, Betreuung und Erziehung nicht mehr auseinanderdividieren in Landeszuständigkeit oder kommunale Zuständigkeit, zumindest für die Zeit vor und während der Grundschule. Deswegen haben wir gesagt, dieser Bildungszeitraum für drei- bis zehnjährige Kinder gehört eigentlich zusammen. Deswegen sprechen wir jetzt von diesen Bildungskooperationen in den Kommunen. Wir in den Kommunen sind nicht die *besseren* Bildungspolitiker, aber ich glaube, wir haben für Entwicklungen vor Ort die schärferen Antennen.

Sie sind näher dran.

Gönner: Wir sind einfach näher dran und können auch sehen, dass es möglich sein muss, die Schulen als Räume zu öffnen für den normalen Unterricht, für Ergänzungsunterricht, Betreuungsangebote. Der Schulhof ist ein Spielplatz auch außerhalb der Schulzeit. Es sind dort auch Kooperationen möglich, und das wird verstärkt genutzt. Die kommunale Bildungslandschaft ist im Fluss. Und das ist gut so.

Wie würden Sie das Verhältnis Kommunen – Land beschreiben?

Gönner: Also in den letzten Jahren, soweit ich das selbst erlebt habe, sind wir immer mehr aus der Bittsteller-Rolle herausgewachsen. Wir sind Partner des Landes, noch nicht auf Augenhöhe, aber auf dem Weg dahin.

Erhoffen Sie sich von der jetzigen Landesregierung mehr Partnerschaftlichkeit als von der alten?

Gönner: Ich erhoffe es. Ich habe früher immer gesagt: Die kommunalfreundlichsten Parteien sind immer die, die in der Opposition sind. Und wenn sie dann Regierungsparteien sind, dann ändert sich das. Ich hoffe, dass ich da jetzt Lügen gestraft werde und dass es sich das erste Mal andersherum entwickelt. Ich bin da verhalten optimistisch.

Wie lange wird es gehen, bis das Land das Konnexitätsprinzip so gut versteht, wie es die Kommunen heute schon verstehen?

Gönner: Mindestens noch ein Jahrhundert. Konnexität ist ein interpretierbarer Begriff. Ich habe auch immer gesagt: Wenn die uns Geld geben nach der Konnexität, nehmen sie es uns mit der anderen Hand, über den Finanzausgleich. Das Korrektiv für die Konnexität ist immer der Finanzausgleich. Schauen Sie: Von zehn Euro Gewerbesteuer, die wir einnehmen, verbleiben real nur drei bei uns. Die anderen zwei Drittel gehen zunächst einmal ans Land in den Finanzausgleich und werden uns dann mit heroischer Hand wieder zurückgegeben.

Vermissen Sie eine echte institutionelle Möglichkeit zur Einflussnahme auf die Gesetzgebung in Berlin?

Gönner: Ja. Aber das ist die alte Diskussion – die berühmte dritte Kammer, die ich persönlich für nicht so gut halte. Ich bin der Meinung, wir brauchen neben den Gesetzgebungsorganen Bundestag und Bundesrat nicht noch eine dritte kommunale Kammer, sondern wir brauchen ein eigenes Stellungnahmerecht für das Beschließen von Gesetzen, die sich auf der kommunalen Ebene auswirken. Bisher geschieht das ja immer treuhänderisch über die Länder. So ist die Verfassung aufgebaut. Die Länder sind treuhänderische Interessensverwalter und Vertreter der Kommunen. Und da haben wir eben festgestellt, dass das immer durch den Filter der Landesinteressen geht und nicht mehr unmittelbar. Ich plädiere deswegen immer dafür, dass wir bei allen Gesetzgebungen, wo wir direkt oder indirekt betroffen sind, über den Städtetag oder den deutschen Gemeindeverbund oder Landkreistag ein eigenes Votum abgeben können, das dann dem Parlament als ungefilterte, unmittelbare Stellungnahme des jeweiligen Kommunalverbandes vorgelegt wird. Das würde ich für ausreichend halten. Der Bundestag oder der Bundesrat kann dann immer noch gegen diese Stellungnahme votieren. Das ist deren gutes Recht. Aber dann wird offensichtlich, wo die Prioritäten oder Schwerpunkte liegen.

Für Berlin wünschen Sie sich das genauso wie für Brüssel?

Gönner: Ja. Das wäre auch eine Konsequenz der Vereinbarung von Lissabon, wonach die kommunale Selbstverwaltung ein europäisches Gut ist.

*Und das wird wieder hundert Jahre dauern,
bis dieses Brett gebohrt ist?*

Gönner: Vermutlich.

Welche Rolle spielen Parteien in der Kommunalpolitik?

Gönner: Es wird ja immer wieder gesagt, in der Kommunalpolitik spielt Parteipolitik keine Rolle. Das ist nicht richtig. Der Gemeinderat nennt sich Kommunalparlament, aber nach unserer Gemeindeordnung ist der Gemeinderat ein Organ. Ich finde es wichtig, dass Parteien dort ihre Vorstellungen formulieren. Nach unserer Kommunalverfassung agiert der Gemeinderat neben einer sehr starken Verwaltung als Kontroll- und Leitorgan. Da geht es nicht um Regierung und Oppositionen. Das wird oft fälschlicherweise als eine so genannte Entpolitisierung betrachtet. Ich persönlich halte es eher für eine Bereicherung, dass über ein Leitbild einer Stadt eine große Diskussion stattfindet, aber dann geht es an die Umsetzung. Deswegen spielen bei Licht gesehen Parteien in der Kommunalpolitik eine große Rolle.

*Wie tief sind die Gräben zwischen den Fraktionen
im Ulmer Gemeinderat?*

Gönner: Nicht sehr tief. Vor zehn Jahren haben wir eine so genannte Bildungsoffensive Ulm beschlossen, weil wir über alle Fraktionen hinweg sagten: In der Kommunalpolitik ist neben den laufenden Geschäften für uns das Thema Bildung, Bildungseinrichtungen ein wichtiges Thema im Standortwettbewerb mit anderen Regionen und Städten. Wir sagten dann: Wir nehmen uns mal für zehn Jahre vor, der Bildungspolitik Priorität einzuräumen. Das haben wir auch eingehalten, über alle Fraktionen hinweg. Zehn Jahre lang wurde nicht gezerft. Wir kamen richtig voran. Jetzt haben wir eine Bildungsoffensive 2 ausgerufen, für die nächsten zehn Jahre. Tiefer waren die Gräben beim Thema Nahverkehrsausbau: Schiene oder Bus? Bei der Frage, ob wir ein großes Straßenbahnsystem entwickeln sollten, war der Gemeinderat in sich verkeilt. Da schlug ich vor: „Lasst uns die

Frage dem Volk vorlegen." Der Gemeinderat kann ja auch von sich aus einen Bürgerentscheid anstrengen. Wir machten ihn im Jahr 1999 mit dem Ergebnis: 49 Prozent waren für die Straßenbahn und 51 Prozent dagegen.

Woher rührt die gesteigerte Konsensfähigkeit des Ulmer Gemeinderates? Sind die Vorschläge aus der Verwaltung einfach so unwiderstehlich, oder ist mit den Jahren, nicht zuletzt dank des Vorsitzenden, ein wechselseitiges Verständnis und Vertrauen gewachsen?

Gönner: Es ist eine Mischung aus dem, was Sie beschreiben. Eine Grundvoraussetzung ist, dass ein Gemeinderat nicht nur das Gefühl, sondern auch sozusagen die Bestätigung hat, dass die Verwaltung solide, kreativ ihre Arbeit macht. Das halte ich für die absolute Basis. Und zweitens, dass ich persönlich, aber auch die anderen Bürgermeister, die Fraktionen sehr früh in Überlegungen einbeziehe. Auch in kitzlige Sachen, wo man auf Schwäbisch sagt: Das verträgt das Schnaufen nicht.

Da müssen sich die Fraktionen aber auch als hinreichend vertrauenswürdig erweisen.

Gönner: Ja, es ist ein Wechselspiel. Ich glaube, so was kann man nicht verordnen. So was entsteht durch Vorleben, durch Praktizieren, auch durch Aufarbeitung von gelegentlichen Missgriffen. Dadurch kann natürlich der öffentliche Eindruck von Kumpanei entstehen, nach dem Motto: Der Oberbürgermeister, die Verwaltung, sein Gemeinderat – das ist ein verschworener Haufen. Da gibt's gar keinen Widerspruch, keine Auseinandersetzung, keine Kritik.

Sie haben das Ulmer Rathaus kräftig umorganisiert.

Gönner: Als die Kommunen vor 15 Jahren in großen Schwierigkeiten waren, wandelten wir die Stadtverwaltung in Fachbereiche um, mit eigenen Budgets, eigenen Verantwortlichkeiten. Die so genannten Zentralen wandelten wir um in zentrale Beratung und zentrale Steuerung. Wir haben den ganzen Laden umorganisiert, nicht revolutioniert, sondern sehr organisch. Jedem Bereich wurde ein Budget zur Verfügung gestellt, innerhalb dessen die Fachbereiche Personal einstellen konnten, Schwerpunkte setzen sollten. Sie durften nur ihr Budget nicht überschreiten. Das war ein wichtiger Schritt, aber er beinhaltete eine Gefahr, was damals auch vielfältig propagiert wurde: Dass sich der Gemeinderat zu einer Art Aufsichtsrat entwickelt, wie bei einem Unternehmen. Ich habe mich immer dagegen gewehrt, dass eine Aufsichtsratsmentalität entsteht. Der Gemeinderat verantwortet das Budget und den Fachbereich, aber gleichzeitig repräsentiert und vertritt er die Bürgerschaft.

Ulm und Biberach sind nicht eben rote Nester auf der baden-württembergischen Landkarte. Warum konnten/können sich ein Thomas Fettback und ein Ivo Gönner dennoch so lange und so sicher im OB-Sattel halten?

Gönner: Das Geheimnis habe ich selber noch nicht gelüftet. Ich habe sozialdemokratisch immer aufgelöst in sozial und demokratisch, aber nie verschwiegen, wo ich parteipolitisch geortet, geerdet, verwurzelt bin. Die Aufgabe eines Oberbürgermeisters ist, gewisse Werte zu verkörpern, nicht aus- oder abzugrenzen, sondern für die ganze Stadt da zu sein. Natürlich hilft bei uns in Ulm die Tradition. Das hängt auch mit unserer Stadtverfassung zusammen. Nach unserem großen Schwörbrief von 1397 – und das ist jetzt nicht nur verstaubte Antike – müssen wir jeden Tag Reichen und Armen, also den unterschiedlichen sozialen Schichten und Gegebenheiten, gleichermaßen gerecht werden. Das ist im Kern ein urdemokratisches und ein ursoziales Thema, das eine kommunale Wahl beeinflusst. Dasselbe gilt für den Kollegen Fettback in Biberach, der zudem gar kein Landsmann aus Schwaben ist, sondern ein Hanseat. Da sieht man, dass die Menschen auf eines achten: Ob die Personen, die zur Wahl stehen, authentisch sind. Das sieht man auch beim Kollegen Salomon in Freiburg. Da ist die parteipolitische Verwurzelung ein Signal, aber gleichzeitig sind wir durch unsere kommunalpolitische Aufgabe geerdet. Ab einer gewissen Stadtgröße ist nicht entscheidend, wo jemand parteipolitisch steht. Hauptsache, er oder sie gibt ein rundes Bild ab. Deswegen wehre ich mich auch dagegen, aus kommunalpolitischen Erfolgen einzelner Sozialdemokraten, einzelner Christdemokraten oder einzelner Grüner immer eine Stimmung für das ganze Land zu machen.

Die Gemeindeordnung Baden-Württemberg und die Süddeutsche Ratsverfassung – bewähren sie sich?

Gönner: Ja, sehr. Die Süddeutsche Kommunalverwaltung ist ein wirkliches Erfolgsmodell, weil es auf eine interessante Weise eine Ausbalancierung der verschiedenen Machtmöglichkeiten darstellt. Erstens wird der Oberbürgermeister direkt vom Volk gewählt. Zweitens werden die Bürgermeister vom Gemeinderat gewählt. Drittens ist der Gemeinderat ein Organ und eben nicht nur ein Parlament. Und viertens wird eine Verwaltung über den

Bürgermeister als Chef der Verwaltung repräsentiert, der in Personalunion auch Vorsitzender des Gemeinderates ist. Er ist sozusagen die garantierte Schnittstelle. Diese Elemente in dieser Abstufung haben sich ausgesprochen bewährt. Die anderen Verfassungen, die wir nach dem Krieg hatten, zum Beispiel eben in der englischen oder amerikanischen Besatzungszone, mit den Stadtdirektoren und dem ehrenamtlichen Oberbürgermeister, die haben sich auf Dauer nicht bewährt.

Die Süddeutsche Ratsverfassung wird andernorts übernommen.

Gönner: Ja. Zum Teil in Hessen und Nordrhein-Westfalen, aber aus meiner Sicht mit zu kurzen Amtsperioden. Ich habe denen immer gesagt: Übernehmt mindestens die bayerische Regelung, nämlich sechs Jahre. Damit man die Wahlperioden auch von der Kommunalwahl abkoppeln kann. Interessant auch: Waren Oberbürgermeisterwahlen dort immer stark parteipolitisch geprägt, entwickeln sie sich nun immer mehr zu Persönlichkeitswahlen. Diese Süddeutsche Ratsverfassung ist wirklich ein Erfolgsmodell!

Würden Sie dennoch irgendwo Veränderungen, Reformen vorschlagen?

Gönner: Nein, eher ändert sich die Arbeit des Kommunalparlamentes. Das Kommunalparlament – nicht als Organ, sondern als Parlament – ist heute mit vielfältigen Dingen konfrontiert. Als ich 1980 als Stadtrat angefangen habe, war der Aufwand überschaubar. Heute werden Räte viel stärker beansprucht. Ich will kein Berufskommunalparlament. Aber wenn die Aufgabenfülle für Kommunalparlamente, Fraktionsgeschäftsführungen und so weiter zunimmt, sollte man Fraktionen oder Fraktionsgemeinschaften auch mit den entsprechenden organisatorischen, personellen oder anderen Mitteln ausstatten. Deswegen auch diese spannende Frage: Sollen eigentlich Kommunalpolitiker im Landtag sein?

Ab 2016 werden Oberbürgermeister aus dem Landtag verbannt.

Ich glaube, da wurde das Kind ein bisschen mit dem Bade ausgeschüttet. Ich finde es schon wichtig, dass Kommunalpolitiker auch im Landtag vertreten sind.

Wird sich diese Einsicht durchsetzen?

Gönner: Ich hoffe es. Kommunalpolitiker haben die Landtagsfraktionen durchaus für die Bedürfnisse von Städten und Gemeinden sensibilisiert. Davon entfernt sich der Landtag nun leider wieder.

Sollen Rathauschefs im Kreistag sitzen dürfen?

Gönner: Ich habe da gar nichts dagegen. Die Landkreise finanzieren sich ja sehr stark durch die Umlagen. Die Umlage hat immer etwas auch zu tun mit Gerechtigkeit innerhalb eines Landkreises. Das ist die eine Seite. Die andere Seite, die eingewendet wird, ist, dass die Bürgermeister sozusagen über sich selber ständig ihre Budgets beschließen. Verantwortungsvoll ist ein Mittelweg. Ich persönlich bin der Meinung, Bürgermeister sollten auch im Kreistag sein. Es gibt allerdings Kreistage, die bestehen zum großen Teil nur aus Bürgermeistern. Da hilft aber eins – die Direktwahl des Landrates, anstatt ihn vom Kreistag zu bestimmen.

So wie der Gemeinderat nicht den Oberbürgermeister wählt.

Gönner: So ist es. Die Bayern hatten ja die Direktwahl und Urwahl des Landrates immer in ihrer Kommunalverfassung und machen damit ganz gute Erfahrungen. Wenn ich mit Landräten rede, hat die überwiegende Mehrzahl überhaupt kein Problem mit einer Direktwahl.

Aber wer finanziert dann einen solchen Direktwahlkampf auf Landkreisebene?

Gönner: Das müssen die Kandidaten selber machen.

Einen Wahlkampf in einem Landkreis mit 100.000 Einwohnern oder mehr und vielen Quadratkilometern Fläche sollen die Damen und Herren Kandidaten bitteschön selber finanzieren?

Gönner: Ja.

Aha.

Gönner: Um aus dieser Zwickmühle rauszukommen – Bürgermeister dürfen nicht in einen Kreistag, um dieses Abhängigkeitsverhältnis zwischen dem Landrat und seinen Kreisräten zu nivellieren –, würde ich eher sagen, dass die Bürgermeister im Kreistag verbleiben, aber die Landräte direkt vom Volk gewählt werden.

Parteien bekommen Wahlkampfkosten erstattet, Bürgermeister nicht. Das finden Sie richtig und gerecht?

Gönner: Da bin ich vielleicht etwas altmodisch. Ich habe damit nie ein Problem gehabt und meine Wahlkämpfe mit Spenden – kleinen und großen – finanziert. Das habe ich dann auch veröffentlicht.

Sie sehen da keinen Veränderungsbedarf.

Gönner: Nein. Parteien haben ja auch den Verfassungsauftrag, an der Willensbildung des Volkes mitzuwirken – Bürgermeister nicht.

Praktisch jeder zwischen 25 und 65 kann zum Chef einer Stadtverwaltung gewählt werden, unabhängig davon, ob er jemals ein Rathaus von innen gesehen hat. Ist das gefährlich?

Gönner: Nein. Es gibt Beispiele, wo es zu einer schwierigen Situation, manchmal auch zu einer katastrophalen Situation kam, aber das System ist in sich so gefestigt, dass man Selbstreinigungskräfte hat.

Wenn nun einer zum Bürgermeister gewählt wird, der so gar nicht weiß, wie er seine Verwaltung zu führen hat – wo bekommt er schnelle Nachhilfe?

Gönner: Wenn er nicht ganz beratungsresistent ist, von den erfahrenen Kräften aus der Verwaltung oder aus dem Kollegenkreis.

Bieten Fachhochschulen Crashkurse für über Nacht Gewählte?

Gönner: Nein. Nicht nötig.

Sind die Rathauschefs im Musterländle ihrer Aufgabe gewachsen?

Gönner: Ja. Viele wachsen im Amt. Manche scheitern auch. Aber da hat die Bevölkerung ein ziemlich untrügliches Gefühl dafür, ob's passt.

Es soll ja immer schwerer fallen, gute Bürgermeisterkandidaten zu gewinnen. Sie koordinieren das innerhalb der SPD. Können Sie die Bewerberflaute bestätigen?

Gönner: Ja. Ich glaube, es kommt jetzt auch eine neue Generation von Interessenten. Es gibt jetzt Bürgermeister, die verstehen sich als Citymanager, als Stadtmanager.

Das berufene Stadtoberhaupt wandelt sich zum Geschäftsführer?

Gönner: Ja, und ich halte es für falsch. Eine Zeitlang hatte es geheißen: Wer einen großen Konzern oder ein großes Unternehmen geleitet hat, der ist auch geeignet, ein Stadtgefüge zu leiten, weil eine Stadt ist eine Organisation. Aber eine Stadt ist auch eine Gesellschaft! Deswegen ist der Rückschluss falsch. Andererseits muss man sagen: Es gibt auch Leute, die haben keine Vorstellung von der Vielfältigkeit des Jobs. Ein Oberbürgermeister ist der oberste Repräsentant – die Bundesrepublik Deutschland hat dafür einen Bundespräsidenten. Dann ist der OB eine Art Regierungschef – dafür hat die Bundesrepublik einen Kanzler. Und dann gibt es im Bund noch einen Parlamentsvorsitzenden. All das macht in der Kommune ein Einziger – insofern sind wir die schlankeste Ebene. Natürlich schafft man es nur mit einem Team von Bürgermeistern und mit einer im Kern hochqualifizierten Kommunalverwaltung. Ich glaube daher, die Kommunalverwaltung ist die profundeste und effektivste Verwaltungsebene überhaupt.

Ist das Bürgermeistern schwieriger geworden?
Gönner: Es ist objektiv schwieriger geworden.

Wer macht den Bürgermeistern das Leben schwer?
Gönner: Alle.

Die Presse?
Gönner: Die am wenigsten. Die Bedeutung der Presse nimmt mit der Größe einer Stadt zu. In kleineren Städten hat der Bürgermeister den Vorteil, direkt und unmittelbar mit den Leuten zu kommunizieren.

Das ist aber mühselig.
Gönner: Das ist wahnsinnig aufwändig! Das wollen oder können auch nicht alle Kollegen.

Hätten Sie dann Vorschläge, wie man das Bürgermeisterdasein attraktiver gestalten könnte, oder gleicht sich das irgendwann wieder von selber aus?
Gönner: Das gleicht sich aus.

Je weniger Mitbewerber, desto eher werde ich gewählt?
Gönner: Auch. Vor kurzem habe ich an der Hochschule für öffentliche Verwaltung in Kehl einen Vortrag gehalten. Da gewann ich den Eindruck, dass das Bürgermeisteramt wieder reizvoll wird, in einem sich verändernden Umfeld. Ich kann noch nicht einschätzen, welche Rolle da die neuen Medien spielen werden. Es gibt ja jetzt Communities, auch wir hier arbeiten am Projekt Ulm 2.0, mit iPad und allem, was dazu gehört. Ich gebe meinem Ersten Bürgermeister, Herrn Czisch, alle Möglichkeiten, alles auszutesten. Auch wir suchen neue Kommunikationsformen. Ich glaube allerdings, die

neuen Kommunikationswege und Einflussmöglichkeiten haben einen großen Nachteil: Sie entfernen sich von dieser Unmittelbarkeit. Ich sitze zu Hause und führe Community-Gespräche ...

Sie chatten mit jemandem, der sich verkleidet.

Gönner: Ja, der sich nicht mehr die Mühe macht, in eine Bürgerversammlung zu gehen, neben anderen zu sitzen, die Unmittelbarkeit von Reaktionen zu erleben, wenn er selber was vorträgt.

Die Zahl der Heckenschützen nimmt zu.

Gönner: Ja, das ist eher eine Gefahr. Damit müssen sich die Verwaltung und der Oberbürgermeister beschäftigen. Und aufpassen, dass die Kommunalpolitik nicht in eine Cyberwelt abrutscht. Deswegen könnte ich mir vorstellen, dass es für junge Menschen mit einer bestimmten beruflichen Ausbildung, die mit diesen Medien vernünftig und verantwortlich umgehen lernen, wieder zunehmend interessant wird, diesen Spagat hinzubekommen.

Tipps, Tricks und Trends aus der Wahlkampfpraxis – Teil II

Twittern oder Hausbesuche?

Wie viel Online-Medien zum Wahlerfolg beitragen. Womit man Wähler mobilisiert. Wie man sich Mehrheiten bastelt. Warum politische Kandidaten skrupellos sein sollten. Wann sich Vorteile in Nachteile verwandeln können. Was man im Umgang mit Journalisten beachten muss.

Kandidat und Kampagne müssen zueinander passen. Ein in sich schlüssiger Auftritt – Authentizität! – ist extrem wichtig. Das beginnt schon bei der Abwägung, ob man Plakatfotos aufhübscht oder nicht. Ich scheue mich vor solchen Manipulationen, wenn sie über das Retuschieren von kleinen „Schönheitsfehlern" hinausgehen. Wer Ministerpräsident werden möchte oder ins Kanzleramt strebt, darf schon eher im Photoshop kosmetisch nachgebessert werden. Wer dagegen in einer Kleinstadt „bürgermeistern" möchte, mit dem geht das Volk auf unmittelbare Tuchfühlung. Prangen dann plötzlich allzu gelackte Konterfeis in den Straßen, kann das irritieren. Die Leute haben ein feines Gespür dafür, wenn der schöne Schein nicht mit der Wirklichkeit übereinstimmt. Das kostet Glaubwürdigkeit.

Es gibt kein Erfolgsschema F

Weil Kandidat und Kampagne zueinander *und* in die jeweilige Stadt passen müssen, warne ich davor, erfolgreiche Auftritte anderer Bewerber aus anderen Wahlen 1:1 abzukupfern. Abgesehen davon, dass es mich ärgert, wenn ich mitansehen muss, wie jemand meine vielleicht mühsam (und kostspielig) erarbeiteten Claims abstaubt, drei Städte weiter für sich selber in Anspruch nimmt und dann auch noch dreist behauptet, die Ideen stammten allesamt von ihm, geht solches Recycling gerne gründlich schief. Kein Bewerber gleicht komplett einem anderen, und jeden Ort gibt es nur einmal in Baden-Württemberg. Vielleicht 70 Prozent der Themen mögen von Wahl zu Wahl übertragbar sein. Selbstverständlich beschäftigt gegenwärtig jede Kommunen der Ausbau ihrer Bildungs- und Betreuungsstätten.

Aber die anderen 30 Prozent Themen sind eben ortsspezifisch – und damit wahlentscheidend! Wenn es nicht sogar ganz überwiegend auf die Wesenszüge der Bewerber ankommt und nur nebenbei auf deren Sachvorträge. Wehe, wenn die Kampagne dann nicht passgenau auf den Bewerber zugeschnitten ist!

Ein, zugegeben, überzeichnetes fiktives Beispiel mag das verdeutlichen: Dank seines Slogans „Das Ohr am Bürger", der an jedem zweiten Laternenmasten klebte, wird Kandidat A in A-Stadt dermaßen eindeutig zum Bürgermeister gewählt, dass sein Kommilitone mit genau diesem Wahlspruch auch in B-Stadt kandidiert. Dumm nur, wenn sich dann dort herumspricht, dass dieser Kommilitone wegen chronischen Tinnitus beidseits Hörgeräte trägt ...

Den Wahlkampf richtig dosieren

Wahlkämpfe wollen wohldosiert sein. Ihre Dramaturgie sollte die „Bühnen"präsenz des Bewerbers immer weiter steigern, je näher der Wahltag rückt. Die Munition sollte nicht gleich am Anfang verschossen werden! Es ist ratsam, genügend Pulver zurückzuhalten, z.B. unerwartet plakative Aussagen, um damit Konkurrenten und Wähler abschließend positiv zu überraschen! Die schärfsten Argumente sollten, je nachdem, wie schnell sie „verstanden" werden und damit die erhoffte Wirkung entfalten können, unter Umständen erst dann zum Einsatz kommen, wenn der Gegenseite keine Zeit mehr bleibt, diese zu widerlegen, zu kontern oder zu entkräften.

Richtig dosieren heißt: weder zu viel machen noch zu wenig. Dazu müssen Bewerber laufend wissen, wo sie im Moment in der Gunst der Wähler rangieren. Kein Kandidat kann selbst abschätzen, wo er gerade steht. Bei 30 Prozent? Bei 45 Prozent? Oder schon bei 55? Allzu viele Wähler, ob aufrichtige Anhänger oder Opportunisten, klopfen einem jeden Kandidaten zuversichtlich auf die Schulter und versprechen ihm ihre Stimme. Warum sollten sie sich auch bei einem womöglichen Wahlsieger unbeliebt machen, indem sie ihm ehrlich ins Gesicht sagen: „Du wirst es nicht, und schon gar nicht mit meiner Hilfe." Amtierenden Bürgermeistern, Jahr um Jahr von immer mehr Höflingen und Günstlingen umringt, fällt es naturgemäß am allerschwersten, die eigenen Wahlchancen realistisch einzuschätzen.

"Wo stehe ich gerade?"

Um zuverlässig deuten oder ausrechnen zu können, wer wann wo liegt, braucht es Abstand und Erfahrung. Und Bauchgefühl. Dann wiederum ist es immer wieder erschreckend, wie präzise sich aus dem komplexen Zusammenspiel unzähliger Faktoren und Vektoren die aktuellen Zwischenstände jeglicher Bewerber vermuten und das finale Abschneiden jedes Einzelnen prognostizieren lassen.

Wenn wir fünf Tage vor der Wahl nicht zuverlässig wissen, dass wir um fünf Prozent zurückhängen, würden wir es glatt versäumen, im Endspurt eine letzte Schippe draufzulegen, und unser Ziel bitterknapp verfehlen! Wenn wir umgekehrt nicht realisieren, dass wir längst vorne liegen und deshalb weiter anfeuern, heißt es irgendwann: „Der übertreibt's." Die Kampagne schießt übers Ziel hinaus, droht zur Unzeit zu überhitzen.

Das Hohelied auf Hausbesuche

Beim Thema Hausbesuche scheiden sich die Geister. Ich bin und bleibe ihr glühender Verfechter. Ein einziger unter „meinen" Bürgermeisterkandidaten verweigerte sich bisher – weil er partout das Gefühl nicht loswurde, er ziehe als Hausierer von Tür zu Tür. Da ließen wir es dann besser sein – man sollte sich stets wohl fühlen in seiner Haut, was man auch macht, sonst geht's garantiert schief.

Richtig gehandhabt sind Hausbesuche das Gegenteil von Verkaufsgesprächen auf fremder Leute Fußabstreifern. In den ersten beiden Wochen geht man schlicht den Stallgeruch noch unbekannter Ortschaften wittern, was einem vielerlei Vorteile und Sicherheit verschafft für die folgenden Saalveranstaltungen. In den letzten beiden Wochen fischt man an Haustüren Komplimente. Beide Übungen stärken oder streicheln das eigene Ego, was eher entspannt als anstrengt. Zumal man, in Vorgärten oder Treppenhäusern stehend, keine politischen Programme paukt, sondern sich mit den Wählern über die alltäglichen Dinge des Lebens unterhalten kann.

Im Sommer hausbesucht es sich einfacher. Nicht nur, weil man dann viele Hausbewohner bereits im Freien antrifft. Im Winter beginnt es bereits früh zu dämmern, ehe die Hausbewohner von der Arbeit heimkehren, und nach Einbruch der Dunkelheit sollte man nicht mehr an der Haustür klingeln.

Eignen sich Hausbesuche nur für Erstkandidaten oder können amtierende Bürgermeister auch noch nach acht oder 16 Jahren davon profitieren? Jeder kann sich Hausbesuche zunutze machen! Selbst nach 24 Jahren wird es

kein Stadtoberhaupt geschafft haben, jeden Haushalt persönlich aufzusuchen. Zumal kontinuierlich neue Bürger herziehen.
Hausbesuche geht man punktuell an. Für flächendeckende Aktionen wären Wahlkämpfe viel zu kurz. Wenn sich pro Stunde zehn Haustüren öffnen, ist es viel. Leben 10.000 Menschen in einer Stadt, müsste ich dort ein geschlagenes Jahr lang Klingeln putzen gehen, um 4.000 Haushalten meine persönliche Aufwartung zu machen!

Ein einziges Mal, im April 2001, im kleinen Birenbach im Kreis Göppingen, gab „mein" Kandidat als Wahlziel aus: „Bis zur Wahl besuche ich jeden Haushalt persönlich." Birenbach zählte knapp 2.000 Einwohner. Obwohl er ein eingefleischter Wandersfreund war, hörte ich ihn irgendwann stöhnen! Woche für Woche annoncierten wir im Birenbacher Amtsblatt, durch welche Straßen er nächstens zu stapfen gedenke. Vielfach wurde er regelrecht erwartet! Bis zum Wahltag hatte unser Sportsmann dann sein Versprechen tatsächlich eingelöst – und ging trotzdem leer aus, obschon aus anderen Gründen.

Sei dir deiner Sache sicher!

Politiker dürfen keine Skrupel zeigen – Skrupel im Sinne von Selbstzweifeln. Kandidaten müssen zwar wirken, als seien sie stets nach allen Seiten offen und für gute Vorschläge zu haben. Tatsächlich aber hat Erfolg, wer von sich und seiner Sicht der Dinge so überzeugt scheint, dass es ansteckt und sich auf Mehrheiten überträgt. Spitz formuliert: Politiker müssen nicht immer recht haben. Sie sollten nur unbeirrbar ihren Weg als den gangbarsten vermitteln, damit sich wenigstens jeder zweite Wähler guter Dinge mit auf ebendiesen Weg begibt.

Je mehr selbst ernannte Helfer und Berater sich auf einen Bewerber stürzen und mit wohlmeinenden Tipps zu versorgen suchen, desto schwerer fällt es ihm, die einmal vereinbarte Linie beizubehalten. Drei „Berater" ziehen oder schubsen den Kandidaten in fünf verschiedene Richtungen, denen er unmöglich allen folgen kann. Deshalb ist es ratsam, Wahlkampfteams in klare Kommandostrukturen einzuordnen, strikte Befehlsketten („wer darf wem was sagen?") zu vereinbaren, sonst machen sich spätestens dann, wenn eine Kampagne ins Stocken gerät und immer mehr Beteiligte zu flattern beginnen, hektische Kopflosigkeit und blinder Aktionismus breit. Dabei käme es gerade dann darauf an, besonnen zu bleiben und einen kühlen Kopf zu bewahren.

Nur zu gerne verstecken sich Bewerber, denen allmählich von immer mehr Seiten Unterstützung droht, hinter mir und meiner Erfahrung („*der* weiß es am besten, *der* soll entscheiden"). Man kann nachfühlen, wie schwer sich ein Kandidat zehn Tage vor der Wahl tut, hochverdiente Helfer zurückzuweisen, wenn er es doch ihnen und niemand anderem zu verdanken hat, überhaupt so weit gekommen zu sein! Gestelzte Eitelkeiten, derer sich viele in den vorderen kommunalpolitischen Rängen finden, reagieren da ganz schnell tief gekränkt und beleidigt wie ein kleines Kind – lieber schlagen sie dann ihr Spielzeug kaputt, als es über die Ziellinie zu retten, nachdem es sich ihnen – ihnen! – gegenüber derart undankbar erweist!

Wenn Heckenschützen anonyme Bärendienste leisten

Kurz vor der Loßburger Bürgermeisterwahl im November 1999, Kandidat Thilo Schreiber befand sich bereits auf der Siegerstraße, klingelte frühmorgens sein Handy. Stolz eröffnete ihm ein Fan, dass er letzte Nacht die Schaufenster sämtlicher Loßburger Ladengeschäfte mit selbstgebastelten Wahlaufrufen pro Schreiber beklebt habe. Ehe er nach einer langen, anstrengenden Nacht in sein Bett fallen würde, freute sich dieser Anrufer nun auf ein Riesenlob vom werdenden Bürgermeister – und verstand wahrscheinlich die Welt nicht mehr, als ihn ein hell entsetzter Thilo Schreiber mit Nachdruck dazu verdonnerte, sämtliche Flugblätter umgehend wieder zu entfernen. Ob der nachtaktive Nordschwarzwälder Guerillero seine Stimme weiterhin dem Rosenfelder Hauptamtsleiter zu schenken gedachte, weiß niemand. Ganz sicher aber wären viele andere Loßburger Wähler von Schreiber abgefallen, hätte dessen Bärendiener seine fragwürdige Nacht- und-Nebel-Aktion nicht postwendend ungeschehen gemacht!

Wer betroffen ist, wählt mit

Die Wahlbeteiligungen sinken allenthalben. Traurig, aber wahr: Unsere Demokratie wird müde. Zwar rauscht die Quote bei Europawahlen noch viel weiter runter als bei Bürgermeisterwahlen, aber niemand bleibt von dieser Erosion verschont. Je niedriger die Wahlbeteiligung, desto mehr Gewicht gewinnt jede einzelne abgegebene Stimme. Auch deshalb wird die Mobilisierung der eigenen Wähler für Bürgermeisterkandidaten immer wichtiger. Üblicherweise mobilisieren negative Intentionen – eine angestrebte Abwahl etwa oder Wählers Absicht, andere Kandidaten zu verhindern – am stärksten. Oft motivieren Rachegelüste oder die Aussicht auf Schadenfreude (darüber, es jemandem gezeigt zu haben) dazu, jemanden (nicht) zu wählen. Geht eine Stadt am Stock, steigt der Leidensdruck und treibt immer mehr Leidtragende an die Wahlurnen. Läuft es dagegen gut in einer Kommune, halten es viel zu viele Nutznießer dennoch nicht für nötig, dem für ihre Wohlfahrt Hauptverantwortlichen wenigstens alle acht Jahre mit einem Kreuzchen, das sie keinen Cent kostet, auf einem Stück Papier zu danken.

Wähler mobilisiert man, indem man sie betroffen macht. Wie oft hört man Sätze wie „Was geht mich Europa an?" oder „Was soll meine Stimme schon ausrichten – die da oben machen doch sowieso, was sie wollen". Aber wenn solche Ausreden schon auf europäischer Ebene nicht gelten, dann noch viel weniger im Kommunalen. Bürgermeister bleibt oder wird, wer den meisten Wählern ihre persönliche Betroffenheit bewusst macht – und klar macht, dass er es sein wird, der ihnen wie kein Zweiter ihre Ängste nimmt und Wünsche wahr werden lässt.

Je kürzer, desto würzer

Vergleicht man die heutigen „Flyer" mit Wahlprospekten aus den 1990er Jahren, fällt auf: Texte werden immer kürzer, Bilder immer bunter und größer. Tatsächlich wollen die Leute, was nicht nur ein Boris Palmer bedauert, immer weniger lesen. Darf, wer wirklich was zu sagen hat, es weiterhin wagen, auch mal auszuholen, in die Tiefe zu gehen, dem bedenklichen Trend zur Oberflächlichkeit trotzen? Oder werden bald nur noch Bürgermeister gewählt, die sich auf immer simplere Parolen und radikal verkürzte Minimalbotschaften reduzieren lassen?

Der Trend wird sich vorerst weder stoppen noch umkehren lassen. Eine Norm, wie weit sich der goldene Schnitt zwischen Text und Bild mittlerweile verschoben hat, lässt sich nicht pauschalisieren. Es gibt Städte und Themen, die wollen eben erläutert werden, die lassen sich nicht mit drei Phrasen abtun. Auf der anderen Seite war längst nicht jede Bleiwüste der jüngeren Vergangenheit immer das Papier wert, auf dem man sie druckte und die Wählerschaft damit plagte.

Nehmen wir doch die Herausforderung an und machen das Beste aus der unstrittigen Erkenntnis: „In der Kürze liegt die Würze." Die Menschen sind wie sie sind. Kein Bürgermeisterkandidat wird sie in den wenigen Wochen vor einer Wahl umerziehen können. Lassen wir über alles mit uns reden – aber niemals über zwei Stunden. Äußern wir uns auf Papier kurz und bündig. Dafür hat sich für Kandidaten, die sich ausführlich und grundlegend mitteilen wollen, sowie für Wähler, die sich gar nicht genug informieren können, eine neue großartige, kostengünstige, parallele Kommunikationsebene aufgetan: das Internet.

Die neuen Medien sind aus keinem Wahlkampf mehr wegzudenken. Jeder Bewerber muss über E-Mails kommunizieren können. Eine eigene Homepage ist ratsam. Gleichwohl bleibt sie in Kommunen unterhalb, sagen wir, 6.000 Einwohnern ein nice-to-have, wenn der verfügbare Wahlkampfetat schon nicht ausreicht, um die klassischen Kommunikationswege zu beschreiten. Wenn mein knappes Budget mich zwingt, zwischen einem Internetauftritt und drei großflächigen Anzeigen im Amtsblatt zu entscheiden, dann schalte ich besser die Anzeigen.

Eine Homepage ist kein bloßer Onlineprospekt

Wenn schon Webpräsenz, dann richtig. Die Homepage sollte ansprechend und informativ daherkommen, sie sollte gehaltvoll sein und doch übersichtlich bleiben. Kandidaten können im Internet spontan (re)agieren und ihr Wahlprogramm vertiefen. Vor allem braucht eine Homepage interaktive Elemente, die schneller sind als das Print. Welchen Sinn macht es dagegen, wenn ein Bewerber Prospekte streut, auf denen er einlädt: „Besuchen Sie mich im Internet!" – wo man dann genau die gleichen Texte und Bilder wiederfindet, dazu die Aufforderung: „Bestellen Sie hier meinen Prospekt!"?

Niedrige Klickraten

Wohldosierte Online-Aktivitäten können eine Offline-Kampagne sinnvoll bereichern, ergänzen und unterstützen. Dass Bürgermeisterwahlen bereits vorwiegend im Netz entschieden werden, wie manche Agenturen inzwischen behaupten, weise ich zurück. Hierfür genügt ein Blick auf die weiterhin ernüchternd niedrigen Klickraten, deren gründliche Analyse gleichwohl vielerlei hilfreiche Erkenntnisse beschert.

Wenn von den 25.000 Einwohnern einer kleinen Großen Kreisstadt pro Wahlkampftag 50 verschiedene Bürger auf die Homepage eines OB-Kandidaten surfen, ist das schon viel! Wie viel oder wenig Aufmerksamkeit Internetauftritte ernten, führte die Mössinger Oberbürgermeisterwahl im Kreis Tübingen im Juli 2010 vor Augen: Obwohl der eine Bewerber, Thomas Hölsch, wochenlang genau dafür kritisiert wurde, dass er das Netz ignorierte, erfuhr die Homepage des anderen Bewerbers und späteren Wahlsiegers Michael Bulander dennoch keine signifikante Beachtung. Die Homepage als Muss, die vom Wähler mehr erwartet als tatsächlich genutzt wird?

Um Bürgermeister in Mötzingen im Kreis Böblingen (3.600 Einwohner) zu werden, eröffnete Magnus Geibel eigens ein „Bistro M." am Ort. Dort bot er, als der Wahltermin 28. März 2008 näher rückte, eine Veranstaltungsreihe mit Fachvorträgen zu wechselnden Themen an. Lediglich über seine Homepage *www.alles-gute-fuer-moetzingen.de* lud Geibel dazu ein. Um die Vortragsabende im „Bistro M." dann mehr oder weniger alleine zu verbringen.

Twitter, Facebook & Co.

Für einen meiner Webmaster „gehört Internet heute zu einem guten Kandidatenauftritt einfach dazu". Er sieht die Homepage als ganz selbstverständliches Marketing-Werkzeug an. Soziale Medien à la Twitter, Google+ und Facebook allerdings, da sind wir uns einig, sind in Bürgermeisterwahlen mit großer Vorsicht zu genießen.

„Wer bis zu seinem Wahlkampf mit *social media* nicht viel zu tun hatte, lässt als Kandidat besser die Finger davon", warnt Thomas Richers: „Die Community ist bestimmt nicht sauer, wenn ein Bewerber keinen Facebook-Account hat." Während zwitschernde Landes-, Bundes- oder Europapolitiker zur Regel werden, begegne man Bürgermeisterkandidaten in Städten bis zu 50.000 Einwohnern immer noch am liebsten *face to face*.

„Ein bisschen bei Twitter und Facebook reingehen geht nicht, man muss dann komplett rein", weiß der Rastatter, „und kann sich als Anfänger ganz schnell lächerlich machen". Man müsse sich wirklich in den sozialen Netzwerken zu bewegen wissen, sonst nehmen Kandidaten rasch Schaden. „Auch bei den Piraten (denen, was Wunder, Richers angehört) kann das nicht jeder." Typischer Politikersprech werde knallhart abgestraft – und „Politiker, die schreiben lassen".

Die Tücken sozialer Netzwerke

Soziale Netzwerke kosten Zeit, die kein Kandidat übrig hat. Erst recht, wenn er in endlose Pseudo-Diskussionen verwickelt wird, um ihn aufs Glatteis zu führen oder von den wichtigeren Übungen einer Wahlkampagne abzuhalten. Man kann im Internet unliebsame Geister rufen und wird sie dann nicht mehr los. Wie soll ein Bewerber mit suspekten Anhängern umgehen, die auf Facebook seine „Freunde" sein wollen? Lehnt er sie ab, sind sie verärgert – lässt er sie aber zu, kann das viele andere Wähler verstören.

Wer in einer Kleinstadt antritt, sollte sich, Stand heute, viel auf der Straße tummeln und weniger im Netz. Das mag sich in ein paar Jahren ändern, wenn etwa Smartphones oder deren Nachfolger in Wählerhänden gang und gäbe sein werden. Ganz bestimmt gewinnt die digitale Kommunikation weiter an Bedeutung. Spätestens wenn Flashmobs auch in 3.000-Seelen-Gemeinden zu funktionieren beginnen, müssen Bürgermeisterkandidaten ihre Online/Offline-Gewichtung neu überdenken.

„Der Schultes gehört an den Ort"

Aus den virtuellen Welten zurück in den analogen Alltag. Auch in Zeiten eines World Wide Web gilt eine althergebrachte Maxime weiter: „Der Schultes gehört an den Ort." Dass die 800 Seelen von Ratshausen auf der Schwäbischen Alb qua Umfrage gegen einen Zuzug ihres frisch gekrönten Dorfoberhauptes votierten, werte ich als sonderbare Ausnahme, welche die Regel bestätigt. (Eine Erklärung könnte sein, dass es Ratshausen massiv an Bauplätzen mangelt.) Als unser bereits erwähnter Wandersfreund in Birenbach die Frage verneinte, ob er im Falle seiner Wahl auch am Ort wohnen wolle, nahm man ihm das gründlich übel. Dabei konnte er wirklich triftige Hinderungsgründe vorweisen: „Ich wohne direkt nebenan, in Rechberghausen, eben erst haben wir unser neues Heim in einem Baugebiet bezogen, das näher am Birenbacher Rathaus liegt als viele Häuser auf Birenbacher Gemarkung. Mit dem Rad sind es vier Minuten von mir daheim bis zu Ihrer Gemeindeverwaltung."

Die Präsenzpflicht für Bürgermeister gilt nach wie vor als schieres Muss. Zumindest *vor* Wahlen. Natürlich hat eine Gemeinde im Zweifel eher mehr von ihrem Oberhaupt, wenn es rund um die Uhr greifbar ist, zumindest theoretisch. Eigennützige Gegenargumente von einem, der erst einmal gewählt werden will, hört man gar nicht gerne. Fest steht: Weil es genügend tadellose Bürgermeister, die außerhalb wohnen bleiben, genauso gibt wie ortsansässige Versager, die man deshalb dorthin wünscht, wo der Pfeffer wächst, wird die Wohnortfrage vom Wähler objektiv überwertet.

Es *gibt* in Einzelfällen gute Gründe, außerhalb der Kommune wohnen zu bleiben. Den Betreffenden, die dies beabsichtigen, rate ich dann, die Residenz-Frage in einer Weise zu beantworten, dass genug Interpretationsspielraum bleibt. Nicht lügen! Nicht das glatte Gegenteil dessen versichern, was dann tatsächlich eintritt! Das würde die Leute verärgern und kann sich spätestens in acht Jahren rächen. Wer dann im Amt vier Jahre lang sein Können unter Beweis stellt, dem gesteht man gerne zu, dass er pendelt.

Läuft es dagegen weniger gut, kann ein Umzug spätestens zur Halbzeit mithelfen, dass man doch noch ankommt.

Im Übrigen passiert es, dass Rathauschefs ihr tägliches Hin und Her früher oder später doch satt haben und die Vorzüge des Wohnens nah an ihrer Arbeitsstätte zu schätzen lernen. Als Elmar Buemann im Dezember 2002 Bürgermeister Edgar Schaz in Baindt beerbte, hatte er eigentlich nicht vor, dafür sein Eigenheim in Vogt zu räumen (und dies vor der Wahl auch nie behauptet). Fünfeinhalb Jahre später war es dann doch so weit, im Sommer 2007 bezog Familie Buemann ihre vier Wände in Baindt. Seitdem sieht der Familienvater seine vier Kinder wesentlich öfter. (Dafür hat es Ehefrau Gerlinde jetzt in *ihr* Rathaus weiter – sie leitet das Hauptamt in Amtzell.)

Die mehrheitsfähige Mitte

Die Hauptübung für jeden Bürgermeisterbewerber lautet schlicht: Wie bastle ich mir meine Mehrheit? Geht es in eine zweite Runde, genügt in Baden-Württemberg die einfache Mehrheit, man könnte also – sehr theoretisch – mit gerade mal fünf Prozent der Stimmen ins Amt gelangen, wenn nur genügend Wettbewerber im Rennen verblieben wären und jeder für sich noch weniger vom Kuchen abbekommt. Die meisten Wahlen werden indes auf Anhieb entschieden, indem ein Kandidat mehr als jede zweite Stimme auf sich vereint.

Wie ich mir diese Mehrheit verschaffe? Indem ich mich in der Mitte breitmache. Indem ich jeden Mitbewerber in dessen jeweilige Ecke, ob nun zugegeben oder zugewiesen, dränge und verbanne, so weit und so konsequent, dass mir die frei und immer breiter werdende Mitte zur erforderlichen Mehrheit gereicht. Ist zunächst nicht ersichtlich, in welche Ecke jemand passt, so weise ich ihm flugs eine zu. Den konservativen Kontrahenten mache ich *noch* konservativer, die relativ sozialdemokratische Gesinnung eines weiteren Gegenkandidaten schildere ich nachgerade dunkelrot, den dritten Mitbewerber schließlich, keine drei Jahre jünger als ich, stelle ich als untragbar blutjung hin.

Niemals überreizen

Überdehnen darf man derlei Suggestionen natürlich nicht, sonst reißt das Band der eigenen Glaubwürdigkeit und schnellt zurück. In vielerlei Hinsicht gilt: bloß nicht übertreiben! Man darf kein Thema, kein Argument, keine Haltung und keinen Umstand überreizen, sonst verkehrt es sich ab einem bestimmten Punkt schlagartig ins Gegenteil. Nicht einmal offenkundige Neigungen oder Präferenzen, zu denen sich eine Bürgerschaft eigentlich eindeutig bekennt, sollte man überstrapazieren, sonst geht selbst dieser Schuss irgendwann nach hinten los.

Blicken wir nach Winterlingen, im südlichen Zollernalbkreis gelegen. Dort warf mit Klaus Weihing im Frühsommer 2002 ein offenbar souverän im Sattel sitzender Rathauschef das Handtuch – genervt von Gemeinderäten, die sich viel lieber gegenseitig blockierten, anstatt miteinander die 6.700 Einwohner zählende Gemeinde voranzubringen. Kaum war die Stelle, die der 53-jährige Weihing herschenkte, im Staatsanzeiger ausgeschrieben, da reichten mit Günter Hahn von der Bürgerliste und Emil Oswald (CDU) auch schon zwei ausgewiesene Gegenspieler ihre Bewerbungen ein. Der leidige Hickhack drohte geradewegs in die nächste Runde zu gehen.

Um die verhärteten Fronten am Winterlinger Ratstisch aufzubrechen und zu überwinden, hätte es in dieser Situation einer gestandenen, trittsicheren Persönlichkeit bedurft, neutral und unbelastet von außen kommend. Wer sonst würde in der Lage sein, die verfeindeten Kampfhähne zur Räson zu zwingen? Vier weitere Kandidaten waren angetreten, und tatsächlich wurde mit Gabriele Schlee jemand von auswärts gewählt. Allerdings nicht, weil sie das dringend benötigte Durchsetzungsvermögen aufblitzen ließ, sondern mutmaßlich aus irrationalen Gründen. Mit fatalen Folgen.

Was war passiert? Frau Schlees Auftritt während der Kandidatenvorstellung am 15. Mai in der Winterlinger Festhalle war mehr als dürftig. Ihre Ortskenntnis war schütter, auf Nachfragen aus dem Publikum musste sie passen. Es gefalle ihr in Winterlingen, auch wenn sie noch nicht recht wisse, worauf es ankommt, aber die Menschen seien alle so nett – sehr viel mehr kam von der damals 50-jährigen Gemeindeverwaltungsangestellten aus dem bayerischen Vöhringen eigentlich nicht. Mit ihren Berufsabschlüssen sei das so eine Sache – waren Prüfungen angestanden, hatten familiäre Verpflichtungen sie stets an der Teilnahme gehindert. Mit anderen Worten: Gabriele Schlee empfahl sich keineswegs als kommende Bürgermeisterin. Auch mit dem Hinweis aus hinteren Reihen, ob ihr denn bewusst sei, dass sie nicht in einer Stadt antrete, sondern auf dem sehr flachen Land, wusste sie nicht umzugehen. Der Hinweis war als Vorwurf gedacht: Frau Schlee war geschieden. Eine Weile stand sie betreten auf der Bühne und errötete. Bis es in der proppenvollen Festhalle plötzlich immer lauter buhte. Der Absender einer solch unziemlichen Frage solle sich was schämen!

Wählte Winterlingen aus Trotz?

Ich behaupte, Gabriele Schlee wurde hauptsächlich deshalb gewählt, weil der Alb-Flecken keinesfalls auf sich sitzen lassen wollte, man sei nicht modern und tolerant genug, um auch eine „Geschiedene" zur ersten Bürgerin zu küren. Genau genommen fand sich unter sechs Bewerbern kein Einziger, der den damaligen Winterlinger Anforderungen genügt hätte. Dass man aber ausgerechnet Frau Schlee auf den Schild hob, die dann im Amt grandios scheiterte, kann ich mir nur als Trotzreaktion erklären, als kollektiven Reflex zur Rettung der dörflichen Ehre.

Ob Dr. Anja Dietze während der Herrenberger OB-Wahl auf den gleichen Effekt spekulierte? Wäre damals, im November 2007, öffentlich angezweifelt worden, ob die verheiratete Mutter zweier kleiner Kinder das OB-Amt mit ihren familiären Pflichten auch wirklich vereinbaren kann, hätte sie herrlich kontern können: „Jetzt wollen wir doch mal sehen, wie modern oder zurückgeblieben diese Stadt ist ..."!

Was man in Loßburg nicht mehr hören konnte

Wie heftig sich ein eigentlicher Vorteil ins Gegenteil verkehren kann, wenn man damit zu dick aufträgt, bekam Ulrich Bischoff im November 1999 in Loßburg im Nordschwarzwald zu spüren. Als der damalige Leiter des Freudenstädter Kommunalamtes vernahm, dass sein Konkurrent um das Bürgermeisteramt stets solo unterwegs war, hob Bischoff immer forscher darauf ab, dass doch das Allerallerwichtigste für einen jeden Bürgermeister dessen Ehefrau sei – als Rückhalt, als Ratgeberin, als Stütze. Ohne eine solche gehe es einfach nicht. Fortan wurde Frau Bischoff bei jeder sich bietenden Gelegenheit in den Vordergrund geschoben.

Spätestens beim Rededuell in der Festhalle, als Bischoff einmal mehr seine Frau in schillernden Tönen pries und dazu vor versammeltem Saal aufstehen ließ, wurde es den Leuten dann zu viel. Und der andere Bewerber, Thilo Schreiber? Der trat nach Bischoff in die Bütt und eroberte die Halle mit ein paar trefflichen Vorworten im Sturm: „Verehrte Bürgerinnen und Bürger, heute in elf Tagen wählen Sie Ihren neuen Bürgermeister. Wohlgemerkt: den Bürgermeister. Und nicht seine Frau."

Die liebe Presse

Die liebe Presse. Es gibt sie noch, die aufrechten, eifrigen, fleißigen, ernsthaften und verantwortungsbewussten Journalisten in den Lokal- und Bezirksredaktionen eines weiterhin vergleichsweise vielfältigen Blätterwaldes von Baden-Württemberg. Aber sie werden bedauerlicherweise immer seltener. Zeitungsredakteuren, die einer Bürgermeisterwahl wohltuende Professionalität und unüberlesbare chronistische Sorgfalt und Gründlichkeit widmen, begegnete ich zum Beispiel beim Badischen Tagblatt in Rastatt, bei der Neckar-Chronik in Horb und gottlob auch vor meiner eigenen Haustür, beim Schwäbischen Tagblatt in Tübingen und Rottenburg. Positiv überrascht und voller Wonne las ich zuletzt im Oktober 2010 in der Badischen Zeitung über die Bürgermeisterwahl von Bad Säckingen, auf der Baden-Württemberg-Karte ganz unten links gelegen.

In meinen eigenen Adern pulsiert bis heute Journalistenblut – weshalb es doppelt schmerzt, mitansehen zu müssen, wie Anspruch und Wirklichkeit gerade in der lokalen Berichterstattung immer öfter immer weiter auseinanderklaffen. In den späten 1980er Jahren hatte ich beim Schwarzwälder Boten volontiert, anschließend war ich gerne sechs Jahre Lokalredakteur in Nagold. Damals wie heute fand ich: Wir machten gar keine schlechte Zeitung. Heute würde das erheblich schwerer fallen, zu vieles hat sich in der Verlagswelt verändert. Und erst der Perspektivenwechsel, seit ich von der anderen Seite her auf den Zaun blicke, machte mir bewusst, wie meilenweit ich oft mit meinen Recherchen daneben liegen konnte, ohne es zu ahnen und ohne dass mich hinterher irgendwer darauf hingewiesen hätte. Auch und gerade beim Recherchieren hinter dem Vorhang von Bürgermeisterwahlen.

Der journalistische Einfluss ist enorm

Ob es das jeweilige Blatt nun verdient oder nicht – der Einfluss der Lokalpresse auf den Ausgang von Bürgermeisterwahlen ist enorm. Deshalb sollte man alles daransetzen, die örtlichen Journalisten bedarfsgerecht zu informieren. Bewerber müssen nicht alles widerspruchslos mitmachen oder brav erdulden, was die Damen und Herren Reporter von ihnen verlangen! Insbesondere, wenn die Medien eine Wahl lieber selber mitveranstalten wollen, als nur darüber zu berichten. Umgekehrt sind Zeitungsleute nicht zu beneiden, wenn im Verlauf einer Wahl immer aufgeregtere kleinliche Erbsenzähler erscheinungstäglich die Redaktionsstube stürmen und vorrechnen, um wie viele Buchstaben die politische Konkurrenz wieder besser weggekommen sei.

Vor Wahlen will jedes Wort gewählt sein

„Verlag kommt von Verlegenheit" – wie oft hatten mein einstiger Redaktionsleiter Roland Buckenmaier und ich darüber gewitzelt! Die Arbeitsbedingungen für meine ehemaligen Kollegen von der schreibenden Zunft wurden seither nicht besser. Ihnen und mir wünsche ich, dass sie wirklich wissen, was sie tun, was sie anrichten können, wenn sie gar vorschnell oder leichtfertig Bürgermeisterkandidaten hoch- oder niederschreiben. Dass ihnen Zeile für Zeile bewusst bleibt, welche Wirkung schon ein einziges, zu wenig gewähltes Wort auszulösen vermag in einer immer sensibler, ja, hysterisch werdenden Leserschaft respektive Wählerschaft, je näher der Urnengang rückt.

Klaus Tappeser, geboren 1957 in Geldern (Niederrhein), studierte von 1978 bis 1981 an der Universität der Bundeswehr in München Berufs- und Wirtschaftspädagogik, Psychologie, Soziologie, Staatsrecht und Theologie. Von 1981 bis 1992 fand er verschiedene Verwendungen als Soldat. Von 1992 bis 1995 leitete er das Sozialdezernat im Ravensburger Landratsamt. Von 1995 bis 2008 lenkte er als Oberbürgermeister die Geschicke der Domstadt Rottenburg am Neckar (Kreis Tübingen). Knapp zwei Jahre gehörte er dem baden-württembergischen Landtag an, ehe ihn 2008 der damalige Ministerpräsident Günther Oettinger zum Amtschef und ständigen Vertreter von Minister Peter Frankenberg im baden-württembergischen Ministerium für Wissenschaft, Forschung und Kunst berief. Seit 2001 führt der verheiratete Vater zweier Kinder als Präsident im Ehrenamt den Württembergischen Landessportbund. Seit 1999 gehört er der CDU-Fraktion im Tübinger Kreistag an, ist Mitglied im Verwaltungsrat und im Kreditausschuss der Kreissparkasse Tübingen. Der Diplom-Pädagoge führt seit 1997 die CDU im Kreis Tübingen. Nach dem Machtwechsel in Stuttgart als Ministerialdirektor im Frühjahr 2011 einstweilen beurlaubt, firmiert er seit Juni 2011 als selbständiger Berater für Politik und Wirtschaft (Tappeser GmbH). Im Februar 2012 bewarb er sich für die Schwesterpartei CSU in der bayerischen Bodenseestadt Lindau als Oberbürgermeister. Der Comeback-Versuch schlug fehl, Tappeser unterlag in der Stichwahl mit 40:60 gegen Dr. Gerhard Ecker (SPD/FW).

Interview mit Klaus Tappeser

„Nach 16 Amtsjahren sollte Schluss sein"

Weil seine bisherige politische Karriere seiner Begabung auffallend hinterherhinkt, darf er als tragisches Talent gelten. Warum der Christdemokrat Bürgermeistern maximal zwei Dienstperioden zugesteht. Weshalb er Städte und Gemeinden mit üppig sprudelnden Steuerquellen ausstatten will. Welche Kritik Klaus Tappeser an den kommunalen Spitzenverbänden übt.

Hören Landes-, Bundes- und Europapolitiker auf die Kommunen oder werden Probleme und Lasten von oben nach unten abgewälzt?

Klaus Tappeser: Probleme und Lasten werden auf den ersten Blick von oben nach unten abgewälzt. Beispiele gibt es zuhauf, nehmen wir die Kinderbetreuung oder die Eingliederungshilfe. Der Bund formuliert das Bundessozialhilfegesetz – die Ausführenden, aber auch die Bezahler sind in erster Linie die Kommunen. Was es an Ausgleichsystemen gibt, funktioniert nicht. Unsere Kommunen sind die größten Sozialämter geworden, die Landratsämter lassen sich mehr oder weniger darauf reduzieren. Dass sie noch ein bisschen Autokennzeichen verteilen, ist eigentlich marginal. Das ist der erste Blick und da sind Kommunen zu schlecht vertreten. Da sind die Spitzenverbände der Kommunen nicht durchsetzungsfähig genug.

Und auf den zweiten Blick?

Tappeser: Wir haben einen Paradigmenwechsel in der Republik, in Europa, den eigentlich niemand so richtig mitbekommen hat. Wir haben zwei Ebenen. Das eine ist die europäische Ebene. Der alte Satz „Bundesrecht bricht Landesrecht" gilt natürlich nach wie vor, aber er ist erweitert worden: Europarecht bricht alle anderen nachgeordneten Rechte. Das heißt, wir haben ein Europa, das immer stärker wird, das wir ja auch brauchen und wollen, und wir haben als zweite zentrale Ebene die Kommunen. Kommunen mit ihrem – auch rechtlichen – Anspruch, den die Bürger an die Kommunen stellen (Versorgungsnotwendigkeit, Allzuständigkeit), fangen das andere auf. Die in der Mitte des Sandwiches – Bund und Land – sind teilweise Durchlauferhitzer. Schauen Sie sich mal an, was ein Landesparlament noch entscheidet! Wenig! Ein bisschen Schule – sehr in der Kritik. Ein bisschen Wissenschaft und Forschung – sehr in der Kritik, weil ein Bundesland Wissenschaft und Forschung gar nicht mehr schultern kann, da hat es gar nicht genug Geld dazu. Ein bisschen Polizei – auch die Polizeigesetze sind bundesvereinheitlicht. Und dann Auftragsverwaltung. Aber das war es dann schon! Das heißt also, wir müssen grundsätzlich umdenken: Ist unser Verwaltungsaufbau, ist unser Staatsaufbau so noch gerechtfertigt? Oder müssen wir nicht ehrlich sagen: Die nationalstaatliche Ebene hat, burschikos gesagt, ausgedient! Machen wir ein starkes Europa mit starken Selbstbestimmungselementen, mit einem starken Subsidiaritätssystem, und überlassen die lokalen Aufgaben wirklich den Kommunen ...

Allerdings ...

Tappeser: ... mit einer entsprechenden Finanzausstattung. Genau. Anders als in anderen Bundesländern leben die Kommunen in Baden-Württemberg dank eines ordentlichen Zuschusssystems relativ gut. Die Länder vertreten ja ihre Kommunen beim Bund. Wir haben eigentlich einen zweistaatlichen Aufbau – Bund und Länder – und keinen dreistaatlichen. Die Kommunen sind bei den Ländern subsumiert. Dieser Aufbau muss dringend überprüft werden.

Anderswo stehen Städte und Gemeinden schlechter da.

Tappeser: In anderen Ländern sind die Kommunen mehr oder weniger unter Staatskuratel gestellt, aber den Ländern geht es da auch nicht besser. Selbst in Bayern sind die Kommunen finanziell völlig anders ausgestattet. Deshalb ist es immer so eine Sache. Wenn ein baden-württembergischer Landespolitiker sagt, den Kommunen geht es gegenüber dem Land vergleichsweise gut, hat er Recht. Aber das ändert nichts an dem Prinzip, dass die bundes- und auch landesstaatlichen Aufgaben immer mehr auf die Kommunen übergehen.

Wie wollen Sie die Kommunen stärken?

Tappeser: Indem man Kommunen zum Beispiel eine eigene Finanzausstattung gibt. Im Moment haben die Kommunen Anteile an der Grunderwerbsteuer und an Bagatellsteuern. Natürlich kriegen sie einen gewissen Satz der Lohnsteuer, nach Steuerkraft, ein ganz kompliziertes System. Sie können bei der Grundsteuer ein bisschen rumschrauben, ja. Aber ein genuines Recht, Steuern im großen Maße zu erheben, zum Beispiel bei der Mehrwertsteuer/Umsatzsteuer, haben sie nicht. Wenn ich die Kommunen dauerhaft planbar ausstatten will, muss ich sagen: Okay, dafür, dass ihr die und die Aufgaben fest übernehmt, zum Beispiel in Sachen Jugendhilfe/Kinderbetreuung, in Sachen Schulsystem, in Sachen Sozialhilfe, statte ich euch Kommunen ordentlich aus. Dann gibt's auch keine Zänkereien. In Baden-Württemberg gibt es ja immer die KIF-Mittel. Ein Schelm, der Böses beim Kiffen denkt, aber es sind natürlich Betäubungsmittel, die da verteilt werden. Der goldene Zügel. Da wird dann ausgehandelt, da werden Millionen hin und her geschoben für diese Aufgabe, für jene Aufgabe. Und dass das Land mit seinen Riesen-Personalkosten seit Jahrzehnten die investiven Kosten vernachlässigt im Gegensatz zu den Kommunen, die nicht ganz so schlimm dran sind, das ist ja auch bekannt. Also: Damit diese Zerferei aufhört, brauchen die Kommunen für die und die Aufgaben verlässliche Steuereinnahmen. Dann kann man auch über saisonale Steuern wie zum Beispiel Gewerbesteuern – das läuft halt mal gut, mal weniger gut – reden.

Haben die Kommunen versäumt einzufordern oder haben die oben versäumt abzugeben?

Tappeser: Beides. Ich bin jetzt mal ein bisschen spitz. Wenn sich die Kommunen dann beim kommunalen Finanzausgleich nach langem Kämpfen ein gutes Stück gesichert haben, dann sind sie wie das Land erleichtert, und dann reicht's mal wieder für ein Jahr. Beispiel Föderalismusreform. Die Föderalismuskommissionen haben versucht, Aufgaben und Geldflüsse zu trennen, und stellen danach völlig erschrocken fest: Es reicht nicht hinten und nicht vorne. Es funktioniert nicht. Da muss man sich wirklich mal hinsetzen, muss das über längere Zeit durchrechnen und dranbleiben! Ich habe den Eindruck, man bewegt sich von Haushalt zu Haushalt, von Konjunkturzyklus zu Konjunkturzyklus.

Höre ich da Kritik an der Verhandlungstaktik der kommunalen Spitzenverbände heraus?

Tappeser: Ja, durchaus. Die kommunalen Spitzenverbände müssen ihre Arbeit verstetigen. Dazu gehören immer zwei. Aber sie müssen einfach Lobby-Arbeit machen. Steter Tropfen höhlt den Stein! Es ist natürlich auch schwierig, wenn man das kommunale Elend beklagt und gleichzeitig große Hallen baut und neue Baugebiete erschließt – finanziert aus Rücklagen. Da muss ich sagen, wir verlangen von jedem Hartz-IV-Empfänger, dass er zuerst an seine Rücklagen geht und dann die Aufgabenkritik macht. Also, es ist ein Stück weit Ehrlichkeit, die ich einfordere, wenn ich sage: Wir brauchen endlich einen gesicherten Anteil am Umsatzsteueraufkommen, also an dem Steueraufkommen, das am größten und am stetigsten fließt, dann können wir auch vernünftig die Aufgabenbewältigung anstreben. Die kommunalen Spitzenverbände fordern das übrigens auch.

*Den Kommunen das Sparen zu verbieten,
wäre aber der falsche Weg.*

Tappeser: Spare in der Zeit, dann hast du in der Not – das gilt natürlich auch für Kommunen. So sagt es auch die Haushaltsordnung: um die Aufgabenerfüllung zu verstetigen. Das ist Gesetz, dass man in guten Zeiten Schulden tilgt und Rücklagen anspart für schlechte Zeiten.

*Frau Bosch glaubt nicht, dass die dritte Kammer,
die Anhörung der Kommunen in Berlin, Wirklichkeit wird.*

Tappeser: Man muss schlicht und ergreifend dafür kämpfen!

*Michael Theurer sagt: Deutschland verschläft Europa.
Kennen und nutzen Baden-Württembergs Kommunen
die Chancen und Hilfen, die Europa ihnen bietet?*

Tappeser: Eindeutig zu wenig. Mein Ziel ist ein starkes Europa mit starken subsidiären Strukturen, das heißt das, was auf unterer Ebene erledigt werden kann, muss unten erledigt werden. Unten, das sind die Kommunen. Wir brauchen starke Kommunen. Es gibt da ja den Rat der Regionen. Die Kommunen müssen sich dort artikulieren! Als ich noch OB war, habe ich einen Mitarbeiter vier Semester lang nach Kehl geschickt, um ihm ein Aufbaustudium „Hege, Pflege, Aufzucht Europa" zu ermöglichen – damit der weiß, was Sache ist. Das müssen die Kommunen machen, müssen sich anders positionieren, müssen Lobby-Arbeit machen.

*Zurück ins Ländle. Wie stark beeinflusst Parteipolitik
das Wohl und Wehe von Kommunen?*

Tappeser: Ich glaube, das ist von Partei zu Partei unterschiedlich. Die Partei, der ich angehöre, die macht es weniger – Einfluss nehmen, sich gegenseitig befruchten.

Und welche macht es stärker?

Tappeser: Die SPD macht das sehr stark. Die Grünen haben ebenfalls entsprechende Einrichtungen, wo das professioneller gemacht wird. In unseren Rathäusern spielt Parteipolitik eine geringere Rolle. Ich habe meine Mehrheiten immer über die Fraktionen hinweg gesucht, weil ich Rottenburg im Gleichklang voranbringen wollte. In Kommunen, die wie Rottenburg finanziell nicht auf Rosen gebettet sind, in denen Sie in puncto Einzelhandel und Gewerbeansiedlungen unheimlich aufholen müssen, brauchen Sie diesen Konsens. Sonst geht's nicht.

Bei der ersten OB-Wahl und bei Ihrem Weg nach weiter oben in der CDU stand Ihnen die eigene Partei mächtig im Wege. Ihre Partei verdankt Ihnen viel und dankt es Ihnen nicht. Warum?

Tappeser: Ich weiß nicht, ob meine Partei mir das nicht dankt. Ich glaube, die Partei stellt sich diese Frage gar nicht. Ich habe sicherlich meine erste OB-Wahl *gegen* die Partei gewonnen, ja, aber dann ist die Frage: Wer ist Partei? Sehr viele in der CDU hatten mich 1995 unterstützt. Ich hadere mit der Partei nicht. Ich habe in der CDU für meine CDU-Sicht immer gekämpft und bin damit ganz gut gefahren. Und dass es jetzt so gekommen ist, das ist eben so. Man darf sich nicht wundern, wenn auch in einer Partei demokratische Gepflogenheiten herrschen.

Sie waren ein OB wie aus dem Bilderbuch und müssen nun mitansehen, wie Ihr Nachfolger vor Ihrer Rottenburger Haustür weniger glücklich agiert. Tut das weh?

Tappeser: Ich weiß nicht, ob er weniger glücklich agiert.

Er versinkt in den Fußstapfen seines werten Vorgängers und lässt nicht jedes Fettnäpfchen aus.

Tappeser: Ich sage mal so – wir haben uns in der Zeit danach ganz bewusst sehr zurückgehalten. Jeder versucht sein Geschäft recht zu machen. Jeder ist anders.

Jeder im Alter von 25 bis 65 Jahren kann zum Bürgermeister gewählt und damit als Chef auf eine Stadtverwaltung losgelassen werden, unabhängig von seiner Qualifikation. Kann das nicht gewaltig ins Auge gehen?

Tappeser: Ja. Das kann ins Auge gehen. Aber Verwaltungen sind häufig so gut, dass das auch mal einen schlechten Chef oder eine suboptimale Chefin überdauert.

Bewähren sich die baden-württembergische Gemeindeordnung und die Süddeutsche Ratsverfassung?

Tappeser: Eindeutig ja. Es muss jemand dafür da sein, zusammen mit dem Gemeinderat den Karren zu ziehen. Das ermöglicht die Süddeutsche Ratsverfassung. Das wurde inzwischen ja auch in anderen Ländern eingeführt: weg von der Bipolarität „hier Verwaltungschef, dort Oberbürgermeister". Das ist schon in Ordnung so.

Wo raten Sie zu punktuellen Veränderungen oder Reformen?

Tappeser: In Sachen der Finanzausstattung und kämpfen wie ein Löwe für das Subsidiaritätsprinzip! Dass die Kommunen diese Zuständigkeit behalten, die sie brauchen, und dass Aufgaben, Mittel und Kompetenzen – dieser Dreiklang – bei den Kommunen zusammenfallen. Sonst geht's schief.

Dass das Konnexitätsprinzip nicht nur lippenbekannt wird.

Tappeser: Entweder Konnexitätsprinzip oder ich sichere einen festen, beim Aufgabenzuwachs wachsenden Anteil am Steuerprogramm.

Werden Rathauschefs für das, was sie leisten, und angesichts des Abwahlrisikos angemessen honoriert?

Tappeser: Wir haben in Deutschland grundsätzlich das Problem, dass Politik schlecht bezahlt wird und dass die Durchlässigkeit des politischen und des wirtschaftlichen Systems nicht so ist wie in anderen Ländern. Das Problem werden Sie auch nicht dadurch lösen, dass es mehr Geld gibt.

Aber könnte es etwas helfen, um bessere Politiker zu bekommen?

Tappeser: Ich glaube weniger, denn die Anforderung des Politikers können Sie mit Geld nicht aufwiegen: Diese ständige Präsenz, in der Zeitung angeschossen werden, kommentiert werden bei allem, was sie tun oder nicht tun. Man muss grundsätzlich am System was ändern, denn wenn Sie die Aufwandsentschädigung hinzunehmen, werden Sie als Rathauschef so schlecht nicht bezahlt. Ich glaube, wenn jemand in die Politik geht, dann macht er es nicht primär aus finanziellen Überlegungen.

Der Oberbürgermeister einer Stadt hat eine 80-Stunden-Woche, der Geschäftsführer eines stadteigenen Betriebes hat eine 50-Stunden-Woche, verdient aber mehr als sein Oberbürgermeister.

Tappeser: Das ist wirklich schwierig. Man kann darüber nachdenken, ob zum Beispiel bei Wiederwahlen das Gehalt angehoben wird – nach bestandener Bewährungszeit.

Gute Bewerber bei Bürgermeisterwahlen werden seltener.
Tappeser: Das ist richtig, ja.

Was lässt sich dagegen unternehmen?
Tappeser: Das ist leider nicht rückdrehbar. Das, wovon das Amt – gerechtfertigt oder ungerechtfertigt, das möchte ich jetzt ausdrücklich dahingestellt lassen – früher gelebt hat, von der so genannten Amtsautorität, das kennen wir in unserer individualistischen Gesellschaft überhaupt nicht mehr. Das Verantwortlichsein für seine Äußerungen, dass jemand, bevor er was sagt, das Gehirn einschaltet, das ist leider immer weniger der Fall oder dass auch die Presse eher Leute, die gegen den Stachel löcken, mit Aufmerksamkeit bedenkt, das werden Sie nicht mehr zurückdrehen können. Und das sind die eigentlichen Probleme einer Führungsperson im öffentlichen Bereich, dass sie auch ungerecht behandelt wird.

Werden dann zwangsläufig immer noch weniger leistungsbereite Menschen in diese Wahlämter streben?
Tappeser: Ich befürchte, ja.

Das Bürgermeistern ist schwieriger geworden?
Tappeser: Jede Zeit hat eigene Schwierigkeiten. Ich glaube, alles ist schneller geworden, hektischer. Das liegt auch und gerade an den elektronischen Medien. Heute kann es sich keine Führungsperson mehr leisten, ein E-Mail nicht unmittelbar nach zwei Stunden beantwortet zu haben. Früher war das eben anders. Früher gab es erst mal einen Brief, der Petent musste sich erst mal hinsetzen und einen Brief schreiben. Das war schon mal die erste Hürde. Dann musste der Brief zur Post gebracht werden – zweite Hürde. Dann ist der Brief angekommen und ging durch eine Verwaltung, das dauerte mindestens zwei Wochen. Und dann wurde was verfügt. Bis der Brief beantwortet war, vergingen vier Wochen. Und in diesen vier Wochen hat sich viel beruhigt und ist vieles entschleunigt worden. Das ist heute nicht mehr so und auch nicht zurückdrehbar.

Parteien bekommen nach Landtags- und Bundestagswahlen Wahlkampfkosten erstattet – Bürgermeisterkandidaten nicht. Finden Sie das der Sache dienlich?
Tappeser: Ja und nein. Ja – für die Unabhängigkeit. Wir haben unsere beiden OB-Wahlkämpfe selber bezahlt. Man erlangt dadurch ein ungeheures

Maß an Unabhängigkeit. Sie müssen den Wählern für die Stimme danken, aber nicht für finanzielle Zuwendungen.

Aber gefährdet es nicht gerade ihre Unabhängigkeit, wenn Kandidaten mangels staatlicher Kostenerstattung gezwungen sind, Geld von anderen anzunehmen?

Tappeser: Ab einer gewissen Größe können Sie heutzutage nicht mehr ohne Parteien arbeiten. Rottenburg ist schon die Grenze. Bei so genannten Großstädten wird es ausgesprochen problematisch.

Ein Wahlkampf in Rottenburg verschlingt locker 40.000 Euro. Wer hat das schon übrig?

Tappeser: Bei uns war's im ersten Wahlkampf eine Erbschaft. Und im zweiten Wahlkampf war es mehr oder weniger das nicht gekaufte neue Auto. Deshalb ja und nein. Unabhängigkeit spielt schon eine Rolle. Bei einer Kostenerstattung müssten Sie dann auch wieder Grenzen einziehen. Sie können ja nicht jeden Kandidaten refinanzieren, sonst würden die Terebas und wie sie alle hießen eine Geschäftsidee draus entwickeln. Man müsste dann schon so etwas wie eine 5-Prozent-Hürde anlegen.

Wird so was kommen?

Tappeser: Nein.

Auch nicht, wenn die Qualität der Bewerber weiter nachlassen sollte?

Tappeser: Kein Bewerber, der es geschafft hat, würde je sagen, dass er es trotz mangelnder Qualität geworden ist, sondern weil er die Qualität hat.

Immer mehr Politiker im Ländle wollen Landräte direkt vom Volk wählen lassen – was halten Sie davon?

Tappeser: Ich halte das für wichtig, im Dienste von Transparenz und Demokratisierung.

Wobei sich dann wieder die Frage stellen würde, wer das bezahlen soll – den Wahlkampf in einem ganzen Landkreis.

Tappeser: Klar. Das wird dann wie in anderen Bundesländern mit Wählerinitiativen oder Parteien organisiert werden.

Aus Angst, dass eine Landratsdirektwahl kaum Wähler mobilisiert, schlägt dann mancher vor, die Landratswahlen mit den Bürgermeisterwahlen des gesamten Landkreises, wenn nicht des gesamten Bundeslandes zusammenzulegen. Was würden Sie davon halten?

Tappeser: Wenig. Denn dieser überschlagende Wechsel, den wir landauf landab haben, trägt viel zur Kontinuität bei.

Wie gewinnt man heute eine OB-Wahl?

Tappeser: Indem man den Menschen ehrlich gegenübertritt und bloß nicht irgendwas vorspielt. Indem man die generelle Grundvoraussetzung für politische Arbeit und Führung mitbringt – dass man Menschen mag. Das klingt furchtbar abgedroschen, aber es stimmt einfach. Ein guter Freund, lange Jahre Bürgermeister einer kleineren Gemeinde, gab mir bei meinem ersten Wahlkampf mit auf den Weg: Sei freundlich, verbindlich, kompetent. Dazu Offenheit und Ehrlichkeit. Ich muss nix vorspiegeln, um gewählt zu werden. Wenn Sie das beherzigen, dann gewinnen Sie eine Wahl. Und wenn Sie einen Partner haben, muss der mitziehen. Ohne diese Voraussetzung können Sie es lassen. Der muss nicht bei jeder Veranstaltung dabei sein, aber er muss gedanklich dabei sein, er muss das Verständnis aufbringen, er muss die Arbeitsteilung in Familie und Partnerschaft mitmachen. Ohne entsprechenden Partner, ohne entsprechende Partnerin – ich bin da halt gesegnet gewesen – schaffen Sie das nicht.

Wie ernte ich im Bürgermeisteramt Anerkennung?

Tappeser: Indem Sie sich selbst Anerkennungsstrukturen aufbauen. Sie müssen, auch wenn es nicht so gut läuft, ein Stück weit Selbstbewusstsein haben. Jeder hat es, wenn er einen Beruf wechselt, erst mal schwer. Wenn ich nachzudenken hatte oder ich musste mich auch selbst motivieren, dann bin ich auf den Marktplatz gegangen und habe mit den Leuten geredet. Und dann ging es mir wieder gut. Dann bin ich in mein Rathaus zurückgegangen und habe geerntet.

Wie dankbar oder undankbar sind die Menschen von heute?

Tappeser: Ach, ich glaube, das Sprichwort „Undank ist der Welten Lohn" zeigt, dass es mit der Dankbarkeit noch nie einfach war. Auch Jesus heilte in diesem Gleichnis drei Leute, aber nur einer ist zurückgekommen und hat sich bedankt.

Welche Arten von Déformation professionelle prägen sich unter Bürgermeistern aus?

Tappeser: Ich denke, es täte gut, wenn man die Amtszeit von Bürgermeistern auf zwei Perioden beschränken würde. Zweimal acht Jahre. In 16 Jahren kriegt man was hin. Jeder Beruf, der mit Menschen zu tun hat, macht übrigens auf Dauer diese Probleme. Juristen oder Lehrer gelten mit der Zeit häufig als zynisch. Und gerade in Berufen, die Menschen zugewandt sind, ist das eine Katastrophe. Für alle Führungsberufe, für alle Berufe, in denen schnell entschieden werden muss, in denen man auch häufig Kritik ausgesetzt wird, gilt: Wann ist das Fell dick genug, um das abprallen zu lassen, was abprallen *muss*? Aber wann ist es noch dünn genug, damit einen die wahren Dinge noch treffen?

Bürgermeister müssen alle acht Jahre neu gewählt werden – bewahrt das nicht davor, dass jemand zu lange im Amt verbleibt und Schaden nimmt?

Tappeser: Immer mehr Kollegen und Kolleginnen werden abgewählt. Das ist ja teilweise ein richtiger Volkssport. Deshalb würde ich sagen: Es funktioniert. Aber es gibt auch – deshalb halte ich auch eine Amtszeitbegrenzung auf zwei Perioden für durchaus überlegenswert – Gemeinden, die sich kein anderes Oberhaupt vorstellen können. Oder der Platzhirsch hat entsprechende Verbindungen und Verstrickungen, die jemand anders erst gar nicht antreten lassen. Es gibt Kollegen – ich habe jetzt einen vor Augen –, die lassen sich wiederwählen, weil sie sehr früh ins Amt gekommen sind und keine anderen beruflichen Perspektiven sehen.

Pfarrer sollen ja alle 10 Jahre die Gemeinde wechseln. Könnte man von Bürgermeistern nach zwei Wahlamtsperioden verlangen, dass sie andernorts wieder bei null anfangen?

Tappeser: Das könnte ich mir sehr wohl vorstellen. Das gibt es in anderen Ländern auch. Was ist daran schlecht? Wer in der alten Gemeinde nicht gut genug war, hätte es eben schwerer, in einer anderen Gemeinde überhaupt neu gewählt zu werden. Im Sinne einer Erneuerung, im Sinne dieser *Déformation professionelle*, die Sie angesprochen haben, halte ich das für eine gute Sache.

Viele Rathauschefs gründen ihr Machtsystem auf Abhängigkeiten – würden längstens 16 Jahre währende Amtszeiten dies erschweren?

Tappeser: Auf jeden Fall.

Welche Fehler unterlaufen Rathauschefs am häufigsten?

Tappeser: Wenn sie nicht mehr auf die Leute hören. Wenn sie sich von den Menschen abwenden. Wenn sie ganz der Vertaktung des Tages, dem Lösen der Probleme und den drei Argumenten „das war noch nie so, das haben wir schon immer so gemacht, wo kämen wir denn da hin" verfallen.

Ab 2016 dürfen Rathauschefs und Landräte nicht mehr dem Stuttgarter Landtag angehören. Was halten Sie davon?

Tappeser: Gar nichts. Ohne die Kaste der Landräte und Bürgermeister zu sehr zu loben – in der Vergangenheit sind aus ihnen ausgesprochen fachkundige Abgeordnete, auch Minister erwachsen. Diese Rekrutierungsmöglichkeit von politischen Eliten hat man sich verbaut. Natürlich auch durch das Vollzeitparlament.

Glauben Sie, dass dieses Rad wieder zurückgedreht werden wird?

Tappeser: Nein. Selbst wenn die SPD und vor allem die Grünen immer mehr Oberbürgermeister stellen sollten, wird das nicht zurückdrehbar sein.

Sollten Bürgermeister und Oberbürgermeister weiterhin in Kreistage gewählt werden dürfen?

Tappeser: Schwierig. Eine Krähe hackt der anderen kein Auge aus. Andererseits sind Oberbürgermeister und Bürgermeister in Kreistagen wie im Landtag eigentlich eine gute Garantie dafür, dass vernünftige Politik gemacht wird, weil ein Landkreis primär aus den einzelnen Gemeinden besteht.

Und wer bezahlen muss, sollte auch bestellen dürfen?

Tappeser: Zum Beispiel. Aber auch das ist ein Trend, der nicht zurückdrehbar ist. Ich glaube, neben uns gibt es höchstens noch ein Bundesland, wo Rathauschefs Kreisräte werden dürfen. Wir sind da Orchideen, und es gibt einfach gewisse Strömungen, an denen kommen Sie nicht vorbei.

Barbara Bosch wurde 1958 in Stuttgart geboren, ist verheiratet, evangelisch, parteilos. Nach dem Studium der Hauptfächer Politikwissenschaft und Kunstgeschichte (M. A.) arbeitete sie von 1978 bis 1990 verschiedentlich als Verwaltungskraft, als Honorarkraft in der Erwachsenenbildung, lehrte an der Fachhochschule für Gestaltung in Schwäbisch Gmünd, leitete die Abteilung Sozialarbeit im DRK-Kreisverband Rems-Murr, war Assistentin der Geschäftsführung im DRK-Landesverband Baden-Württemberg. Von 1990 bis 1996 leitete sie das Sozialamt der Stadt Fellbach und das Persönliche Referat des Fellbacher Oberbürgermeisters. Von 1997 bis 2003 war sie Bürgermeisterin in Fellbach. Im April 2003 wurde Barbara Bosch zur Oberbürgermeisterin von Reutlingen gewählt, 2011 im Amt bestätigt. Seit Januar 2011 führt sie als Präsidentin den Städtetag Baden-Württemberg. Frau Bosch gehört dem Kreistag Reutlingen, dem Regionalverband Region Neckar-Alb und dem Verwaltungsrat der Kreissparkasse Reutlingen an.

Interview mit Barbara Bosch

„Erfolg hat nicht, wer am lautesten schreit"

Für die Präsidentin des Städtetages Baden-Württemberg ist weiterhin kein formales Anhörungsrecht für Kommunen auf Bundesebene („dritte Kammer") in Sicht. In Stuttgart pocht die parteilose Reutlinger Oberbürgermeisterin auf die Umsetzung des kommunalfreundlichen Koalitionsvertrages. Barbara Bosch sieht weibliche Bürgermeisterkandidaten im Nachteil und lehnt Landratsdirektwahlen entschieden ab.

Frau Bosch, vor kurzem wurden Sie zur Präsidentin des Städtetages Baden-Württemberg gewählt. Welche Aufgaben wollen Sie vorrangig schultern?

Barbara Bosch: Den Interessen der Städte in Baden-Württemberg mehr Gehör verschaffen. Wir stellen ja fest, dass die Sozialausgaben rasant ansteigen, dass wir viele Aufgaben zusätzlich übertragen bekommen, aber nicht die notwendigen Finanzmittel.

Bleibt es ein Lippenbekenntnis oder will Stuttgart das Konnexitätsprinzip tatsächlich praktizieren?

Bosch: Der Koalitionsvertrag und die Regierungserklärung enthalten Angebote an die Städte, diese einzubeziehen. Ministerpräsident Kretschmann hat ganz klar zum Ausdruck gebracht, dass er die Kommunen als Partner auf Augenhöhe sieht. Da setze ich drauf und werde auch darauf pochen.

Das hat sein Vorgänger vermutlich auch so formuliert, dass er die Kommunen auf Augenhöhe sieht.

Bosch: Die Koalitionsvereinbarung mehr noch als die Regierungserklärung enthält Aussagen, die über das Bisherige hinausgehen, und enthält auch Zusagen bei den Zielsetzungen, die auch viele langjährige Forderungen des Städtetags beinhalten. Bei der Ganztagsschule, bei der Berücksichtigung des Schulmittagessens, bei der Kinderbetreuung. Wir sind natürlich sehr gespannt, ob diesen Ankündigungen dann auch das entsprechende Regierungshandeln folgen wird.

Kümmert sich die große Politik – nicht nur das Land, auch der Bund – hinreichend um die Sorgen und Nöte der Städte und Gemeinden?

Bosch: Leider nein. Das erleben wir ja zunehmend vonseiten der Kommunen, dass Leistungsgesetze entwickelt werden, großartige Programme aufgelegt werden, die Kommunen dann aber weitestgehend allein gelassen werden mit der Umsetzung. Man kündigt einen Rechtsanspruch an, aber man kümmert sich nicht darum, wie es dann umgesetzt werden soll. De facto zahlen die Kommunen ja an der Kinderbetreuung weitaus mehr als das, was einmal angekündigt worden war. Da fühlen wir uns schon alleine gelassen als die Letzten in der Reihe, die von den Hunden gebissen werden. Es ist eine stete Forderung des Städtetags, hier den Kommunen auch mehr Rechte einzuräumen und sie auch mit der notwendigen Finanzausstattung zu versehen.

War das schon immer so?

Bosch: Es hat sich verschärft. Wenn Sie sehen, dass sich die Sozialausgaben der Kommunen seit den 1970er Jahren verfünffacht haben, seit der Wiedervereinigung verdoppelt – die Einnahmeseite ist aber nicht mitgewachsen. Und dann spielen natürlich die finanziellen Rahmenbedingungen eine Rolle. In der Krise erleben wir zunehmend, dass die Dinge auf uns abgewälzt werden, dass wir viele Aufgaben zusätzlich schultern müssen. Aber es hat natürlich auch etwas damit zu tun, dass aufgrund der gesellschaftlichen Veränderungen viel mehr Leistungen auch angeboten werden (müssen), dass der Sozialetat angewachsen ist. Viele Aufgaben, die der Staat heute übernimmt, hat er bei der Gründung der Bundesrepublik noch nicht zu leisten gehabt.

Bedarf es einer Interessenvertretung der Kommunen in Berlin?

Bosch: Die haben wir! Der Deutsche Städtetag ist die Vertretung der Interessen der Städte auf Bundesebene. Der Deutsche Städtetag ist hier überaus aktiv, den Städten und deren Interessen gegenüber der Bundesregierung Gehör zu verschaffen. Der Deutsche Städtetag ist jener, der sich immer wieder auch meldet, wenn Bundesgesetze verabschiedet werden sollen oder verabschiedet sind. Der zum Beispiel beim Thema Gewerbesteuer, weil das ja kein Landesthema ist, sondern Bundesthema, sehr dafür gekämpft hat, dass diese nicht abgeschafft wird. Mit Unterstützung natürlich der einzelnen Gliederungen des Städtetags auf der Länderebene. Wir *haben* eine Stimme in Berlin.

Aber so etwas wie die dritte Kammer – wäre dafür Bedarf?

Bosch: Was uns natürlich fehlt und was der Städtetag seit langem fordert, aber keine Bundesregierung umgesetzt hat, ist ein Anhörungsrecht. Wir haben kein Recht, gehört zu werden bei Gesetzesvorhaben, bei welchen die kommunale Seite betroffen ist. Wir haben keine Möglichkeit, auf die Folgen von Gesetzesvorhaben für die kommunale Ebene, zum Beispiel die finanziellen Auswirkungen, hinzuweisen. Wir werden nicht eingebunden in solche Vorhaben – zumindest ist es formal nicht abgesichert. Das ist überaus bedauerlich und auch nicht verständlich, wenn wir als Partner ja das gemeinsame Staatsziel verfolgen: gute Verhältnisse für unsere Bürger zu schaffen. Da wäre mehr Partnerschaft wünschenswert.

Bewegt sich da was in die richtige Richtung?

Bosch: Ich kann keine Bewegung erkennen.

Kennen die Kommunen die Chancen und die Hilfen, die Europa für die Kommunen bereithält?

Bosch: Wenn ich mir anschaue, in welchem Umfang die europäischen Förderprogramme in Anspruch genommen werden, nicht nur bei uns in Reutlingen, sondern auch bei den Kolleginnen und Kollegen in den anderen Städten, dann gehe ich davon aus, dass diese Förderprogramme bekannt sind. Ich weiß auch, dass zumindest in den größeren Städten geregelt ist, wer sich darum zu kümmern hat. So ist das auch bei uns im Haus – dass man die EU-Programme im Blick hat und dann natürlich versucht, Fördermittel von der EU für geeignete Projekte zu erhalten. Ich sehe da kein Manko.

Michael Theurer sagt: Deutschland verschläft Europa.

Bosch: Dass die Kommunen die Förderprogramme kennen, heißt ja noch nicht, dass sie sie alle in Anspruch nehmen. Die Förderprogramme der EU sind zum Teil – vor allem beim Europäischen Sozialfonds – sehr aufwändig im Antragsverfahren. Viele schrecken davor zurück, diese Anträge zu stellen. Insbesondere die kleineren Kommunen, die gar nicht die Ressourcen haben, sich in ihrer Verwaltung dezidiert damit auseinanderzusetzen. Verständlich, dass da manche sagen: Bevor ich ein paar tausend Euro aus einem EU-Förderprogramm hole, mich aber monatelang mit dem Antragsverfahren beschäftigen muss, lasse ich es lieber bleiben. Die Aussage „Deutschland verschläft Europa" ist wohl allgemeinpolitischer Natur. Wir erleben ja in Deutschland, dass der Europapolitik weniger Bedeutung als in anderen europäischen Ländern zugemessen wird. Und dass wir in Deutschland in der Vergangenheit weniger darum bemüht waren, sozusagen unsere politischen Topleute nach Europa zu schicken, als dies zum Beispiel Frankreich oder andere Nachbarn um uns herum getan haben. Denken Sie nur an den Wechsel des Ministerpräsidenten Günter Oettinger nach Europa – die erste Reaktion, die bei uns sehr lange angehalten hat, war Häme . . .

Es sei eine Strafversetzung, hatte es geheißen.

Bosch: Ja, genau. Man hat mit Fingern auf ihn gezeigt, anstatt sich zu fragen, ob es nicht auch zu unser aller Vorteil sein kann, jemanden, der immerhin die Strukturen bestens kennt und der mal ein bedeutendes Bundesland geführt hat, nach Europa zu schicken.

Was dürfen die Städte und Gemeinden von ihren kommunalen Spitzenverbänden erwarten?

Bosch: Interessensvertretung gegenüber Land, Bund und übers Brüsseler Büro gegenüber der Europäischen Union. Dass wir Arbeitstreffen organisieren. Erfahrungsaustausch. Dass wir dies hier auch bündeln und dass wir Informationen sehr rasch weitertragen an unsere Mitglieder. In den letzten 20, 30 Jahren ist es dem Städtetag auf Bundes- und Landesebene stärker als früher gelungen, auch der Bevölkerung mehrheitlich deutlich zu machen, in welcher Situation sich die Kommunen befinden. Ich glaube, dass hier die politische Arbeit des Städtetags gewirkt hat.

Schreien Sie laut genug, um gehört zu werden?

Bosch: Wir schreien so laut, dass wir gehört werden, aber auch weiterhin ernst genommen werden. Das Schreien an sich reicht nicht. Man muss es ja auch kompetent tun und man muss das richtige Maß finden. Wir sind und waren immer in Verhandlungen mit dem Land. Erfolgreich ist dann nicht derjenige, der am lautesten schreit, sondern am effektivsten seine Interessen auch durchsetzt. Dabei das richtige Maß zu finden, auch in die Öffentlichkeit hinein, das ist unsere ständige Herausforderung.

Wo stoßen Sie an Grenzen?

Bosch: Auf Bundesebene stoßen wir dort an Grenzen, wo wir gar nicht das Recht haben, gehört zu werden. Wenn wir nicht gehört werden, werden wir ins Gesetzgebungsverfahren auch nicht eingebunden. Und wir stoßen an Grenzen dort, wo althergebrachte Meinungen und Überzeugungen weiterhin wie eine Monstranz vorne weg getragen werden und man nicht bereit ist, dies an der Realität zu messen. Dass es den Kommunen besser gehe als dem Land, das höre ich immer wieder von Vertretern, auch von Abgeordneten des Landes und des Bundes. Diese Aussage ist nicht nur falsch in der Herleitung, sie hilft natürlich auch nicht weiter. Ich will dies an einem Beispiel verdeutlichen. Das Land Baden-Württemberg hat seinen Kommunen sehr früh – nämlich bei der Gemeindeordnung – bereits in den 1950er Jahren eine Schuldenbremse mit auf den Weg gegeben. Wir als Kommunen haben immer schon Grenzen gesetzt bekommen, was die Verschuldung angeht. Das heißt, wir waren mehr als das Land und der Bund gezwungen, Konsolidierung zu betreiben. Das haben wir auch getan. Die Länder und der Bund haben diese Konsolidierung in diesem Maße bis vor wenigen Jahren nicht betreiben müssen, sie sind immer ungebremst in die Mehrverschuldung gegangen.

Das heißt, Bund und Länder haben die von den Kommunen bereits betriebene Konsolidierung erst noch vor sich.

Bosch: Genau – jetzt ist über die EU die Schuldenbremse gekommen. An dieser Stelle prinzipiell ja richtig, um eine gewisse Haushaltsdisziplin einzufordern. Aber Bund/Länder können ja nicht hergehen und sagen: „Wir haben all die Jahre über die Verhältnisse gelebt, haben uns dem politischen Schwarzbrot der Konsolidierung nicht ausgesetzt, haben immer wieder Wohltaten unter das Volk verteilt ...

... und andere sollen unsere Zeche zahlen.

Bosch: Zweites Argument: Wenn man die Verteilung der Steuereinnahmen auf die verschiedenen staatlichen Ebenen anschaut, das kann man statistisch alles belegen, dann fließt eben immer noch das meiste, ob pro Kopf oder auf die entsprechenden Maßeinheiten berechnet, an den Bund und die Länder und eben *nicht* an die kommunale Seite. Dies anzuerkennen, würde es natürlich erschweren, berechtigte Interessen der Kommunen abzuwehren. Langer Rede kurzer Sinn: Wir – Städtetag – stoßen dort an Grenzen, wo man sich mit der berechtigten Interessenlage nicht beschäftigen *will*, weil es politisch einfacher ist, dies nicht zu tun.

Barbara Bosch

Nach Reutlingen. Sie sind nach dem Zweiten Weltkrieg die erste parteilose Oberbürgermeisterin von Reutlingen. Lässt sich eine Stadt mit über hunderttausend Einwohnern ohne Parteibuch leichter regieren oder schwerer?

Bosch: Bürgermeisterwahlen sind Persönlichkeitswahlen. Wenn Sie sich Baden-Württemberg anschauen und Sie vergleichen die Parteizugehörigkeit der Kolleginnen und Kollegen, soweit gegeben, und die jeweiligen Mehrheiten im Gemeinderat, dann werden Sie feststellen, dass der Oberbürgermeister oder auch der Bürgermeister mit seiner Parteizugehörigkeit die jeweilige politische Mehrheit einer Kommune oft nicht widerspiegelt. Dies belegt, dass die Bürgerschaft, die Wählerinnen und Wähler ihre Wahl an der Persönlichkeit ausrichten und nicht am Parteibuch.

Oder die Wähler wollen bewusst ein politisches Gegengewicht schaffen?

Bosch: Nein. Das wiederum gibt die Statistik nicht her. Das ist eine Persönlichkeitswahl, und auch das Amt ist nach der Gemeindeordnung so ausgelegt, dass man parteiübergreifend wirkt. Die baden-württembergische Kommunalverfassung ist konsensual ausgelegt. Das hängt unter anderem auch damit zusammen, dass – anders als ein Länderparlament oder ein Bundesparlament – ein Gemeinderat eben kein Parlament ist, sondern in Teilen auch Exekutiv-Organ, Kollegial-Organ mit dem Oberbürgermeister, der Amtsinhaber/die Amtsinhaberin immer danach trachten muss, Mehrheiten im Gemeinderat zu finden, unabhängig von der eigenen parteipolitischen Couleur.

Wie stark beeinflusst Parteipolitik das Wohl und das Wehe von Kommunen?

Bosch: Auf der kommunalen Ebene am wenigsten von allen staatlichen Ebenen und von allen Gremien mit Mandatsträgern.

Was ist mit Beziehungen, die Rathauschefs gegebenenfalls in der eigenen Partei haben und pflegen und nutzen können?

Bosch: Da gibt's Unterschiede. Auch regionale Unterschiede. Ich glaube, dort, wo eine Partei traditionell und immer schon unangefochten die große Mehrheit stellt – das haben wir im Oberschwäbischen und in Teilen in anderen Gegenden – und die anderen politischen Gruppierungen im Grunde nur Minderheiten darstellen, dort kommt es sicher immer wieder zu Absprachen zwischen dem Oberbürgermeister oder Bürgermeister und der deutlichen Mehrheitsfraktion im Gemeinderat. Das ist gar nicht auszuschließen. Da wird man die Nähe suchen, vermute ich jedenfalls. Sobald aber, und das trifft ja auf die größeren Städte zu, die Mehrheitsverhältnisse nicht so sind, dass eine Fraktion das alleinige Sagen hat, wird ein Amtsinhaber immer gut beraten sein, sich da auch unabhängig vom eigenen Parteibuch aufzustellen und die Gespräche und die Zusammenarbeit zu suchen. Das tun die Kollegen auch.

Und über die Stadtgrenze hinaus? Eine Stadt erwartet etwas vom Land. Ist das Land gewillter, diese Hilfe zu gewähren, wenn dort der richtige Parteifreund sitzt?
Bosch: Das kann eine Rolle spielen. Und zwar weniger jetzt vonseiten der kommunalen Ebene aus, sondern von den Mandatsträgern auf Landes- oder Bundesebene: Dass man in einem Ministerium, das von einer Person mit einem Parteibuch geführt wird, eher geneigt ist, einem Parteifreund dann auch Gutes zu tun. Das will ich nicht ausschließen.

Glauben Sie, dass Städte schon dafür abgestraft worden sind aus Stuttgart, weil sie den falschen Oberbürgermeister gewählt haben?
Bosch: Das weiß ich nicht. Ich kann nur aus meiner eigenen Erfahrung heraus sagen, dass es, obwohl ich keinem Lager zuzuordnen bin, dennoch gelungen ist, für die Stadt Reutlingen ganz erhebliche Zuschüsse vom Land und vom Bund zu erhalten. Es ist sogar mehr Geld geflossen als zu Zeiten von Amtsvorgängern, als die parteipolitische Parität gegeben war. Sodass ich schon glaube, dass es vielmehr eine Frage auch des Netzwerkens ist, der Präsenz, des Kontaktes zu den Entscheidungsträgern auf der Landes- und auf der Bundesebene, um dort beharrlich und überzeugend für die Interessen der eigenen Stadt zu werben. Aber ich beobachte auch, dass es natürlich dann, wenn man das gleiche Parteibuch besitzt, schon leichter sein kann, den Zugang zu finden. Dass vielleicht auch die politischen Minister oder Staatssekretäre geneigt sind, die Amtsinhaber der eigenen Partei eher anzuhören als die der anderen. Dass aber alle, die das gleiche Parteibuch haben, grundsätzlich mehr Gelder rausholen können als die anderen – das würde einer Überprüfung nicht standhalten.

Bewährt sich die Süddeutsche Ratsverfassung?
Bosch: Unsere Ratsverfassung, der sich immer mehr Bundesländer anschließen, ist mit ein Grund für die Entwicklung unseres Wohlstandes. Die

Süddeutsche Ratsverfassung versetzt den Bürgermeister, wie er in der Gemeindeordnung genannt wird, in eine sehr starke Position: als politischer Repräsentant und Vorsitzender des Rats und aller seiner Ausschüsse, als Geschäftsführer des Betriebs Stadtverwaltung und als Repräsentant nach innen und außen generell. Diese überaus starke Stellung kennt keine andere Ratsverfassung in Deutschland. Dass es gelungen ist, eben nicht die Parteipolitik zum Maßstab der Entscheidungen im Gemeinderat zu machen, das liegt an der Ratsverfassung, die ja dieses Kollegialorgan von Bürgermeister und Gemeinderat vorsieht. Wir sind ein Organ auf gleicher Augenhöhe und deshalb – auch durch die Direktwahl – nicht abhängig von politischen Mehrheiten im Rat. Dies ist ein Erfolgsmodell, weshalb auch andere Bundesländer immer mehr dazu übergehen, unsere Ratsverfassung oder wesentliche Teile davon zu übernehmen.

Raten Sie dennoch punktuell zu Veränderungen, Verbesserungen, Reformen?

Bosch: Die neue Landesregierung hat sich beim Thema Bürgerbegehren und Bürgerentscheid auf ihre Fahne geschrieben, die Quoren zu senken. Darüber kann man natürlich diskutieren. Wenn wir aber unsere Gemeindeordnung so, wie sie ist, auch ernst nehmen und ihre Instrumentarien voll ausnutzen, sehe ich keinen erheblichen Reformbedarf.

Sind weibliche Kandidaten bei Bürgermeisterwahlen gehandicapt oder winkt ihnen gar ein Frauenbonus?

Bosch: Die Statistik hierzu ist eindeutig. Weibliche Kandidaten haben geringere Chancen, gewählt zu werden.

Bürgermeistern Frauen, so sie gewählt werden, anders als Männer?

Bosch: Die Frage offenbart ein eigenartiges Selbstverständnis vom Führungsverhalten von Männern. Sie geht nämlich davon aus, dass sich alle Männer gleich verhalten. Nur so würde der Vergleich funktionieren.

Gibt es geschlechtertypische Verhaltensmerkmale im Bürgermeisteramt?

Bosch: Aha. Ich halte das für eine völlige Klischee-Frage. Das Thema Frauen in Führungspositionen ist, wenn man es ernst nimmt, ein Thema für ein längeres Gespräch. Solche Fragen, die mir ja oft gestellt werden, weil ich nun mal Frau in diesem Amt bin, sind – Entschuldigung – so platt und so klischeehaft und kommen so seicht daher, dass ich eigentlich keine Lust habe, darauf zu antworten.

Werden Rathauschefs für das, was sie leisten, und angesichts des Abwahlrisikos angemessen honoriert?

Bosch: Die Bezahlung ist ja nicht alles, wie wir wissen. Die Zufriedenheit mit dem Amt, das zeigen auch Umfragen, ist sehr groß. Das hängt ganz sicher nicht mit der Bezahlung zusammen, sondern mit den Gestaltungsmöglichkeiten, die man hat. Es gibt kaum einen Beruf, der diese Bandbreite und die Möglichkeiten aufweist, wirklich Weichen zu stellen. Die Bezahlung ist natürlich, wenn Sie Vergleiche heranziehen, nicht üppig. Das gilt für die gesamte Branche. Auch eine Bundeskanzlerin wird im Vergleich zu entsprechenden Positionen in Wirtschaftsunternehmen viel zu schlecht bezahlt. Und wir haben die Situation in unseren Städten, dass die Geschäftsführer unserer Tochterunternehmen in der Regel alle mehr, je nach Größe des Unternehmens sogar deutlich mehr verdienen als der Bürgermeister oder Oberbürgermeister selbst. Das heißt, da gibt es ein Ungleichgewicht. Bei der Dienstrechtsreform in Baden-Württemberg hat man sich bereits damit beschäftigt, weil man sieht, dass immer weniger Kandidaten für ein solches Amt bereitstehen.

Sie sehen diesen Trend?

Bosch: Ja. Und dass sicherlich die Bezahlung einer der Gründe dafür sein mag. Aber nicht ausschließlich. Man hat deshalb ja mit der Dienstrechtsreform etwas getan und die Besoldungsstufe für die Bürgermeister der Gemeinden bis 30.000 Einwohner angehoben. Oberhalb 30.000 Einwohner gibt es keine Verbesserungen. Aber es gibt Überlegungen dazu.

Das Bürgermeistern ist schwieriger, anstrengender geworden?

Bosch: Ja. Letzten Endes ist die Arbeit in allen Branchen in den vergangenen Jahrzehnten schwieriger geworden. Weil die Arbeitsdichte überall zugenommen hat. Weil die Materie, mit der man sich beschäftigt, komplexer geworden ist. Weil die Verfahren wesentlich komplizierter und eben komplexer geworden sind. Wenn ich sehe, wie meine Vorgänger in den 1960er Jahren noch ganze Stadtviertel aus dem Boden stampfen und Straßen bauen konnten, ohne dass es dazu langwierige Verfahren oder – aus meiner Sicht ja auch berechtigte – Fragestellungen nach dem Umweltschutz gab. Die EU-Rechtsprechung, die mittlerweile in hohem Maße den kommunalen Alltag in den Planungen, in der Stadtentwicklung beeinflusst. Das sind ja alles Herausforderungen, die es früher nicht gab. Und dann natürlich, dass man immer noch die Öffentlichkeit mit am Tisch sitzen hat. Deren Erwartungen an die Kommunalpolitik, mitgenommen zu werden, beteiligt zu werden, Informationen verständlich vermittelt zu bekommen, steigen.

Man steht heute anders unter Beobachtung.

Bosch: Man steht völlig anders unter Beobachtung! Man muss sich ganz anders rechtfertigen. Wenn ich an die Nachkriegszeiten eines Oskar Kalbfell denke – was der noch alles tun und lassen konnte! Heute dagegen kann Ihnen die kleinste Verfehlung zum Verhängnis werden. Wenn Sie auch nur einmal im Dienstwagen zur Apotheke fahren und sich Medizin holen, weil Sie halt grad unterwegs sind, dann kann Ihnen das zum großen Vorwurf gemacht werden, weil Sie da Dienstliches und Privates nicht trennen. Die Erwartungen der Öffentlichkeit an die Amtsträger sind völlig überbordend und gehen viel weiter als das, was die Leute an Ansprüchen an sich selbst stellen. Dazu die zeitliche Belastung einer 7-Tage-Woche. Und dass Sie, sobald Sie die Nase aus Ihrer Haustür rausstrecken, halt nicht mehr als Privatmensch, sondern als Amtsinhaber unterwegs sind und auch angesprochen werden. Das sind Belastungen, weshalb sehr viele abwägen: Steht das – in der Regel wechselt man ja auch den Wohnort, verlegt seinen gesamten Lebensmittelpunkt – noch im Verhältnis zur Besoldung? Auch sind die familiären Erwartungen von Männern andere geworden: Man will in der Familie präsent sein, die eigenen Kinder aufwachsen sehen. Früher hat man das gerne und vollständig der Ehefrau überlassen und sich den Amtsgeschäften gewidmet. Heute wollen die Männer auch, und die Frauen erwarten das ja auch, dass man in der Familie auch präsent ist, dass das nicht an einem vorbeizieht. Und das ist sehr schwer in Einklang zu bringen. Das ist der Grund, weshalb die Bewerberzahl insgesamt zurückgegangen ist. Es hat aber auch noch keine Wahl mangels Kandidaten abgesagt werden müssen.

*Die Landräte direkt vom Volk wählen lassen –
was halten Sie davon?*

Bosch: Landräte lassen sich in ihrer Funktion nicht mit Bürgermeistern vergleichen. Alle Aufgaben, die das Landratsamt als Staatsbehörde wahrnimmt, entziehen sich der Beratung, der Zuständigkeit des Kreistages. Im Kreistag können wir zum Beispiel nicht über die Arbeit des Gesundheitsamtes beschließen. Die staatsbehördlichen Aufgaben haben durch die Verwaltungsreform Erwin Teufels stark zugenommen, sind ein sehr großer Teil der Arbeit der Behörde Landratsamt geworden. Das ist einer Direktwahl nicht zugängig. Der Landrat als Leiter der Behörde kann sich dabei nicht nach dem Wählerwillen ausrichten, sondern agiert als untere staatliche Behörde. Als Kreisbehörde, also kommunale Ebene, wiederum sind die Landratsämter dort, wo der Kreistag auch Zuständigkeiten hat und den Kreishaushalt aufstellt, heutzutage zu einem hohen Prozentsatz von den Sozialausgaben geprägt. Die wiederum sind durch Leistungsgesetze vorgegeben, die der Wählerwille in einem Landkreis nicht beeinflussen kann: vor allem Eingliederungshilfe, Jugendhilfe – zwei rasant steigende Ausgabenblöcke – und Grundsicherung. Die Landratsämter, auch die Kreistage, können hier keinen politischen Einfluss nehmen, weil das Leistungsgesetze sind, die umgesetzt werden müssen. Jetzt frage ich mich, wie eine Wählerschaft ihren Wählerwillen zur Kreispolitik via Direktwahl eines Landrats – nicht der Kreisräte, das ist ja etwas anderes! – noch stärker zum Ausdruck bringen können will? Zumal wir Landkreise haben, die sehr groß sind, mit 450.000 und mehr Einwohnern, und zwar auf die Fläche verteilt, nicht in einer Stadt konzentriert! Ich frage mich auch, wer denn diese Wahlkämpfe eines Landrats finanzieren will? Das sind ja erhebliche Aufwendungen! Das hätte ein Landratskandidat zu finanzieren! Wir reden da über sechsstellige Summen! Ich bin da sehr skeptisch. Ich sehe nicht, wo die Verbesserung sein soll. Ich sehe auch nicht mehr Bürgernähe oder Bürgerwillen, der zum Ausdruck gebracht werden kann, weil ein Landratsamt, weil die Aufgaben eines Landkreises eben nicht zu vergleichen sind mit der kommunalen Selbstverwaltung, die wir in unseren Städten praktizieren.

Aus Angst vor mickrigen Wahlbeteiligungen wollen manche eine Landratsdirektwahl mit den Bürgermeisterwahlen des gesamten Landkreises, wenn nicht des ganzen Landes koppeln, ähnlich wie in Bayern.

Bosch: Das ist nicht kompatibel mit unserer Gemeindeordnung und der herausragenden Stellung der kommunalen Selbstverwaltung in Baden-Württemberg. Die starke Stellung unserer Bürgermeister rührt auch daher, dass die Bürgermeisterwahl für sich steht und ausdrücklich nicht, wie in anderen Ratsverfassungen, mit der Wahl der Gemeinde- oder Kreisräte gekoppelt ist.

Barbara Bosch

Parteien bekommen öffentliches Geld für Wahlkämpfe erstattet – Bürgermeisterkandidaten nicht. Ist das gerecht?

Bosch: Na ja, das eine sind Organisationen, zur Offenlegung ihrer Finanzen verpflichtet, das andere sind Einzelpersonen. Aber gerecht ist es sicher nicht. Zumindest ist es ein Problem, das ich zunehmend auch beobachte. Wahlkämpfe sind teuer. Wenn Sie irgendwo neu antreten, müssen Sie ja mit Kosten zwischen 50 Cent und einem Euro pro Einwohner rechnen. Wenn dann noch ein zweiter Wahlgang dazukommt, liegen Sie in Richtung ein Euro. Möglicherweise übernimmt die unterstützende Partei einen Teil der Kosten, möglicherweise aber auch nicht. Bei Parteilosen eher nicht. Da müssen Sie sehr viel aus der eigenen Tasche zahlen. Das widerspricht natürlich dem Demokratieansatz, wonach jedem, der ein bestimmtes Alter hat und EU-Bürger ist, dieses passive Wahlrecht offenstehen muss – weil sich das nicht jeder leisten kann. Insofern ist durchaus darüber nachzudenken, was man tun kann, damit hier eine gewisse Unabhängigkeit gegeben ist.

Was werten Sie als beruflichen Erfolg und was ist für Sie eine Niederlage?

Bosch: Ein Erfolg ist, wenn man nach acht Jahren sieht, dass sich eine Stadt positiv entwickelt hat. Das lässt sich nicht so schnell auf einen Nenner bringen, weil das in jeder Stadt anders sein mag. Bei der einen Stadt mag es sein, dass sich die Innenstadt entwickelt, weil sie vielleicht darniederlag, und mehr Geschäfte sich angesiedelt haben. Bei der anderen Stadt mag es sein, dass das Schulwesen sich entwickelt. Bei der dritten Stadt hat sich vielleicht das Klima insgesamt verbessert.

Wie und woher bekommen Sie Anerkennung?

Bosch: Formal betrachtet – durch eine Wiederwahl. Wenn ich eine hohe Zustimmung habe in einer Wiederwahl, dann kann die Arbeit der vergangenen acht Jahre nicht so falsch gewesen sein.

Und zwischendurch?

Bosch: Dadurch, dass ich auch viel draußen unter den Leuten bin, bei einer Hockete zwischen den Leuten sitze, komme ich mit den Menschen ins Gespräch. Da höre ich sehr viel. Meine Anerkennung bekomme ich aus der Mitte der Bürgerschaft, und das ist auch immer wieder Ansporn weiterzumachen.

Sie gelten vielen Rathauschefs als leuchtendes Vorbild. Haben Sie selbst Vorbilder?

Bosch: Ach, viele. Das auf eine Person zu reduzieren, wäre mir auch zu einfach. Ich habe in meinem ganzen Berufsleben, das ja nicht nur in der öffentlichen Verwaltung stattgefunden hat, immer wieder auch Vorgesetzte gehabt, die mich beeindruckt hatten durch ihre Geradlinigkeit, durch ihre Toleranz auch gegenüber Andersdenkenden. Da habe ich viel gelernt. Das braucht man gerade in diesem Beruf. Ich habe Vorbilder gehabt, die menschlich sehr überzeugend waren. Die mir gezeigt haben, dass man Kompetenz und, ja, auch klare Linie immer auch vereinbaren kann mit Menschlichkeit. Dass es nicht Härte bedeuten muss. Da gibt's etliche, die mir viel mitgegeben haben, wovon ich heute zehre.

Kurioses aus 100 Kampagnen

Mal tragikomisch, mal kriminell

Lauda-Königshofens Stadtoberhaupt Thomas Maertens ist sich mit seinem Kißlegger Amtskollegen Dieter Krattenmacher einig: „Bürgermeisterwahlen sind die größten Abenteuerspielplätze im Land." Da könnten sie Recht haben. Die meisten Kandidatenvorstellungen wären Eintrittsgeld wert. Und danach geht die Reality-Show im Breitwandformat, auf der gesamten Gemarkung einer Stadt oder Gemeinde, weiter ...

Es menschelt in Wahlkämpfen. Und wie! In Krisensituationen, wenn sie unter Druck geraten, zeigen Menschen bekanntlich ihr wahres Gesicht. Wahlkämpfer können davon ihre Lieder singen und profitieren deshalb von psychologischer Finesse. Jeder Wettbewerb um das erste Amt einer Stadt liefert lustige Begebenheiten, skurrile Situationen, drollige Missgeschicke. Jede Bürgermeisterwahl hat ihren Unterhaltungswert, gerade die Exoten unter den Kandidaten tragen dazu bei, die meisten unfreiwillig, einige auch mit Absicht.

Leider kennen manche Menschen, wenn es eng (oder aussichtslos) zu werden droht, auch im negativen Sinne keine Grenzen. Aus dem Mut der Verzweiflung heraus oder weil sie der Auffassung sind, dass der Zweck jedes Mittel heiligt, greifen sie zu ungehörigen Methoden. Meine Erfahrung ist: Geht es unter die Gürtellinie der jeweiligen Konkurrenz, sind es weniger die Bewerber selbst, die sich da vergreifen, sondern deren Helfer und (selbsternannte) Helfershelfer hoffen, mit dem Einzug ihres Günstlings ins örtliche Rathaus selbst an lokalem Einfluss und Bedeutung zu gewinnen. Mancher Bewerber, der solch fragwürdige Heckenschützenhilfe erfährt, duldet sie stillschweigend oder distanziert sich höchstens halbherzig. Womöglich hat er die Intrige selber klammheimlich mit eingefädelt, was er freilich vor seiner Fassade geheuchelter Betroffenheit nie und nimmer zugeben würde.

In US-amerikanischen Wahlkämpfen gehört *Negative Campaigning*, das gezielte Schlechtmachen der politischen Konkurrenz, wie selbstverständlich dazu. Jenseits des Teichs werden niveaulose Fernsehspots produziert und geschaltet, um Mitbewerber anzuschwärzen. Hoffentlich bleiben wir davor verschont. Soweit die Attacken aus dem Verborgenen heraus geritten werden, bleibt allerdings alles möglich. Mancherorts (Beuron, Ammerbuch, Kappel-Grafenhausen) kam es sogar zu Morddrohungen!

Mögen derlei exzessive Auswüchse vereinzelte Extrembeispiele bleiben. Bevorzugen wir die positive Sicht der Dinge. Mehr als einen Wahlverlierer hörte ich mit einem gewissen Abstand hinterher sagen: „Mein Wahlkampf hat mich zwar mehr gekostet als mein teuerster Urlaub. Dafür war er aber auch erlebnis- und erkenntnisreicher als der spannendste Abenteuertrip. Ich möchte diese Erfahrung nicht missen."

Praktisch jede Bürgermeisterwahl liefert Geschichtchen – mal amüsant, mal empörend – frei Haus. Weil einige von ihnen strafrechtliche Relevanz bergen, soll „Die Bewerbung" – sehr lesenswert! – von Manfred Zach, dem einstigen Regierungssprecher von Lothar Späth, nicht der letzte Kriminalroman bleiben, der sich um eine Bürgermeisterwahl rankt. Auch ich bin mittlerweile drauf und dran, diverse Wahlkampfanekdoten zu einem belletristischen Stoff zu verweben, und kann mich über immer neue Inspirationen nicht beklagen.

*

Süßen, Kreis Göppingen, Oktober/November 1998. Günter Geyer hatte es gut gemeint, dennoch ging seine Verteilaktion am Ende schief. Ein Paradebeispiel dafür, dass man in Bürgermeisterwahlen alle Eventualitäten bedenken sollte. Es war Herbst, der Obstbaumgürtel rings um Süßen hing voller schmackhafter Früchte – was lag da näher, dachte sich Wahlkämpfer Geyer, als heimische Äpfel zu verteilen? Blöd nur für den damaligen Kämmerer und Wirtschaftsbeauftragten unter Geislingens Oberbürgermeister Martin Bauch (vormals selber Bürgermeister in Süßen), dass in etlichen Baumfrüchten der Wurm steckte. Was sogleich zu negativen Assoziationen mit der Person und Politik des arglosen Bewerbers führte. Mit 17,7% der Stimmen blieb der parteilose Geyer im zweiten Wahlgang vom 8. November 1998 chancenlos, während Wolfgang Lützner (CDU) mit 44,0% den amtierenden Bürgermeister Rolf Karrer (SPD) aus dem Sattel hob.

15 Jahre später leitet Karrer als Beigeordneter das Dezernat II (Amt für öffentliche Ordnung und Grundbuchangelegenheiten/Stadtbauamt) der Großen Kreisstadt Rheinfelden im Kreis Waldshut, Lützner oberbürgermeistert in Böblingen.

*

In **Krauchenwies**, Kreis Sigmaringen, wollten im Juni/Juli 1999 fünf Herren Heinz Schöllhammer nachfolgen, der in Pension ging. Drei von ihnen erschienen zunächst gut genug – aber welcher war der *aller*beste? In ihrer Not priorisierten bedenklich viele Krauchenwieser zunächst allen Ernstes die Körpermaße der Kandidaten. Einer (Jochen Spieß) maß kaum mehr als 170 cm – zu klein! Der zweite (Arne Zwick) war über zwei Meter – viel zu groß! Der dritte schließlich (Ingo Elbs) brachte es auf etwas mehr als 1,80 Meter – den könnte man wählen.

Sechs Wochen später war Jochen Spieß der Größte. Im zweiten Wahlgang vom 11. Juli 1999 machte er mit 42,9 % vor Ingo Elbs (32,9 %) und Arne Zwick (23,8 %) das Rennen. Arne Zwick, der sich als (einziger) Fachmann für Krauchenwies zu empfehlen vermochte und vor Ideen sprühte, war rasch zum Favoriten aufgestiegen, wurde aber dafür abgestraft, dass er auf einem Podium öffentlich log. Elbs blieb auf der Strecke, weil er substanziell zu wenig mitbrachte, was immer offenkundiger wurde. Spieß, der allenfalls durch eine gewisse Kaltschnäuzigkeit glänzte, gewann sozusagen notgedrungen.

Es dauerte nicht lange, da hörte man aus Krauchenwies: „Wir haben den Falschen gewählt. Wir hätten doch den Zwick nehmen sollen." Das heißt es oft. In diesem Fall aber half es Zwick, der, inzwischen gereift und geläutert – in Krauchenwies war er 27 Jahre jung und hatte an Berufspraxis nicht viel mehr zu bieten als eine Urlaubsvertretung als Kämmerer in einer kleinen Bodenseegemeinde –, ausgerechnet im benachbarten **Meßkirch** (Kreis Sigmaringen) erneut antrat, wohin ihm ein hervorragender Ruf aus Krauchenwies vorauseilte, weshalb Zwick dort in einem Rennen auf höchstem Niveau – gleich vier Topbewerber – auf Anhieb 50 Prozent holte. Jochen Spieß war einer der ersten, die Zwick am Abend des 15. September 2000 aufrichtig gratulierten. Verglichen mit Krauchenwies hatte Zwick am Ende mit Meßkirch die attraktivere Braut abbekommen ...

*

Sechzehn Jahre zuvor hatte sich in ebendiesem Meßkirch offenbart: Im Rampenlicht zu stehen, will erst einmal ausgehalten werden. Durchaus vielversprechend hatte Stefan Schuster den damaligen Bürgermeister Robert Rauser im Spätsommer 1994 herausgefordert – bis es zur förmlichen Kandidatenvorstellung in die Meßkircher Stadthalle ging. Vor vollem Haus verschlug es dem Sozialdemokraten komplett die Sprache – er brachte kein

Wort heraus, seine Rede blieb ihm im Halse stecken und Robert Rauser zwangsläufig im Amt.

*

Das Rampenlicht im wörtlichen Sinne machte Michael Schrenk in **Herbertingen** (Kreis Sigmaringen) zu schaffen. Der 23. Juni 2000 war ein sonniger Tag. Dies hatte die in die Jahre gekommene Alemannenhalle bis zum Abend bereits gewaltig aufgeheizt. Das dichtgedrängte Publikum unten im Saal musste schwitzen, die beiden Kontrahenten um die Nachfolge von Siegfried Abt beim Rededuell auf der erhöhten Bühne erst recht. Damit nicht genug, postierte der wohlmeinende Hausmeister auch noch leistungsstarke Strahler, wie man sie vom Baugewerbe kennt, vor der Bütt und richtete sie direkt auf die armen Kandidaten. Viktor Franchini durfte als Erster reden. Bis dann Michael Schrenk drankam, war der Siedepunkt erreicht. In Anzug und Krawatte gezwängt, schoss ihm das Wasser nur so von der Stirn und über die Brille, weshalb der Gebeutelte sein Manuskript höchstens schemenhaft erkennen konnte und mehr aus der Erinnerung zum Besten geben musste. Was ihm nur leidlich gelang. Dieser Abend ging eindeutig an Franchini. Schrenks Glück war, dass ihm bis zum Wahltag (9. Juli) noch 16 Tage verblieben, mehr als üblich, um das Ruder wieder herumzureißen, was ihm denn auch souverän gelang.

Viktor Franchini, als gewählter Kreisrat und Amtsleiter im Krauchenwieser Rathaus immerhin mit dem glatten kommunalpolitischen Parkett bekannt, half selbst mit, dass Michael Schrenk am Ende 71,6 % einheimsen konnte. Indem er Herbertingens Gemeinderäte, soweit diese bereits zur Jahrtausendwende mit Handy bestückt waren, mehrmals reihum mit SMSen bedachte, bewies Franchini durchaus Pioniergeist. Einerseits. Andererseits zeigten sich die Bürgervertreter von seinen Mobilfunkattacken zunehmend genervt. (*Was* sie da zu lesen bekamen, blieb mir verborgen.)

Mitten im Herbertinger Wahlkampf feierte das Altenheim Tag der offenen Tür. Hauptattraktion war eine Tombola, die mit einem schmucken Kinderfahrrad als Hauptpreis lockte. In dieses Fahrrad hatte sich die Tochter der Heimleiterin derart verkuckt, dass sie es sich schon vor der Auslosung schnappte und durchs Heim schob. Beide BM-Kandidaten besuchten die Veranstaltung und kauften, wie sich das gehört, großzügig Lose. Und wie der Zufall es wollte, zog Viktor Franchini das große Los. Alles freute sich, als er unter großem Hallo das Radl in Empfang nahm – nur das Töchterlein der Heimleitung heulte Krokodilstränen, was nicht nur deren Mutter das Herz brach, woraufhin sie den Hauptgewinner flugs bat, ihm das Rad abkaufen zu können. Dieser stimmte zu, stieß das eben erst rechtmäßig erworbene Gefährt sogleich weit unter Wert ab, im guten Gefühl, an diesem Tag gleich mehrmals Generöses geleistet zu haben. Nicht ahnend, wie teuer ihn diese paar D-Mark, lächerlich im Vergleich zum Marktwert des Fahrrads, in Wahrheit zu stehen kommen würden ...

Michael Schrenk war übrigens Single, als er in Herbertingen antrat. Einigen im Flecken fehlte die Aussicht auf eine First Lady an der Seite ihres womöglichen neuen Bürgermeisters. Deshalb boten sie Schrenk noch vor der Wahl nicht nur leer stehende Wohnhäuser zur Miete, sondern auch eine ortsansässige Junggesellin zur Partnerin feil. Das Immobilienangebot nahm Schrenk dankend an und ließ sich im Ortsteil Mieterkingen nieder. Auf Brautschau ging er lieber außerhalb von Herbertingen ...

*

Volkes Interesse an Bürgermeisterwahlen ist, soweit es echte Auswahl geboten bekommt, ungebrochen groß. Häufig platzen die Gemeindehallen während der offiziellen Kandidatenvorstellung aus allen Nähten. Wenn im Winter, da Fenster und Türen geschlossen bleiben, Rededuelle mehrere Stunden dauern, droht mancher Halle die Atemluft auszugehen, der Sauerstoffgehalt sinkt. Was in **Renchen** (Ortenaukreis) dazu führte, dass eine Zuhörerin, die am 28. November 2000 in der proppenvollen Halle nur noch einen Stehplatz ganz hinten ergattert hatte, umfiel und reglos dalag, mitten im Vortrag des Kandidaten Wolfgang Bohnert. „War's denn so schlimm, was ich sagte?", stammelte der irritierte Bewerber, ohne zu überlegen, und unterbrach seine Rede, während nach einem Arzt gerufen wurde. Bohnert konnte nicht wissen, wie ernst es um die nicht mehr ganz junge Dame stand. Er hatte Glück, sie kam bald wieder zu sich. (Neuer Bürgermeister der Grimmelshausenstadt wurde dennoch ein anderer, nachdem man Wolfgang Bohnert mit üblen Gerüchten geschadet hatte.)

Bei der **Winterlinger** Bürgermeisterwahl im Juli 2002 im Zollernalbkreis war es die Ehefrau eines Kandidaten, die das Bewusstsein verlor. Freilich nicht, während ihr Mann, Elmar Ott, redete, sondern gegen Ende der Veranstaltung, als die Anspannung nachließ. Aber auch ihr Schwächeanfall war dank rascher medizinischer Betreuung gottlob nur vorübergehend.

*

Dauerkandidaten gehören zu den Randerscheinungen von Bürgermeisterwahlen, was immer sie dazu motiviert. Streben Sie einen Eintrag ins Guinness-Buch der Rekorde an? Florian Burlafinger und Werner Tereba ließen sich in vielen hundert Kommunen als Wahlvorschläge auf den amtlichen

Stimmzetteln listen, aussichtslos, wenn sich ihr Aufwand auf den bloßen Versand einer Postkarte beschränkte, auf der sie ihre Kandidaturen annoncierten. Irgendwann rief ich Tereba in Mannheim an, um zu fragen, was er denn damit bezwecke. Er antwortete kryptisch: „Ich will die SPD ärgern."

Helmut Palmer, der auf seine alten Tage ebendieser SPD beigetreten war, trieb wesentlich mehr Aufwand. Er ging regelmäßig vor Ort, polterte auf unzähligen Kandidatenvorstellungen und stahl damit so mancher hochkarätigen Konkurrenz die Show. Einmal, bei der OB-Wahl von 1974 in **Schwäbisch Hall**, war der legendäre Remstal-Rebell mit 41 % im ersten Wahlgang seinem Ziel sogar zum Greifen nah.

Wahlkämpfe kosten Geld und Zeit! Damit der an Weihnachten 2004 verstorbene Vater des heutigen Tübinger Oberbürgermeisters Boris Palmer sich seine eigenwilligen Kampagnen auf Dauer leisten konnte, verband er seine politische Mission mit dem Kommerziellen und schlug auf den Wochenmärkten der jeweils heimgesuchten Städte seinen Verkaufsstand auf. Wenn er es auch nie ganz auf den Chefsessel eines württembergischen Rathauses schaffte, so vermochte der streitbare Obsthändler aus Geradstetten mit seinem über Jahrzehnte erworbenen politischen Kultstatus wenigstens die Markterlöse anzukurbeln.

Auch Siegfried Kappel irrlichterte jahrelang durch allerlei Bürgermeisterwahlen. Letztmals begegnete ich ihm im August 2001 im Alb-Donau-Kreis, in **Nellingen**. Der gelernte Einzelhandelskaufmann aus Stuttgart war fleißiger als andere, machte sich über die jeweiligen örtlichen Themen kundig und hängte blaue Plakate auf. Um Produktionskosten zu sparen, waren diese Poster lediglich mit seinem Namen und Konterfei bedruckt. Indem er die wechselnden Wahlorte dann nachträglich hinzufügte, konnte Kappel seine Transparente wieder und wieder verwenden. Auch in seinen Reden recycelte er liebgewonnene Textbausteine wie: „Stecken wir alle Politiker in einen Sack und hauen drauf, dann treffen wir immer den Richtigen." In Nellingen holte Siegfried Kappel damit ganze 4 von 1.057 abgegebenen Stimmen.

*

Gegen die jeweilige Lokalzeitung, womöglich die Einzige am Ort, eine Bürgermeisterwahl zu gewinnen, gelingt nur in Ausnahmefällen. Allen Bewerbern sollte bewusst sein, dass man sich vor Wahlen mit den örtlichen Journalisten tunlichst gut stellen und arrangieren sollte. Frühestens *nach* gewonnener Wahl nimmt der eine oder die andere dann ein klein wenig Rache, wenn er sich von Pressevertretern über Wochen ungerecht behandelt fühlen durfte. (Übertreiben sollte man es freilich nicht – hat man es im Amt doch unverändert mit den gleichen Schreiberlingen zu tun.) Als der parteilose Rechtsanwalt Thomas Engeser im April 2002 einigermaßen sensationell das Rathaus im bis dato politisch rabenschwarzen **Rottweil** eroberte, obgleich die Schwäbische Zeitung bis zuletzt erfolglos dagegen angeschrieben hatte, ließ er es den Redaktionsleiter der „Schwäbischen" spüren: Den halben Wahlabend lang ließ Engeser den gestandenen Journalisten wie einen Schuljungen warten, ehe das frisch gebackene Stadtoberhaupt nach allen anderen Medienvertretern auch ihm ein knappes Erfolgs-Statement ins Stenoblöckle diktierte.

*

Elmar Stegmann widerfuhr eine Begegnung der etwas anderen Art, ehe ihn **Leutkirch im Allgäu** (Kreis Ravensburg) am 3. November 2002 zum Oberbürgermeister wählte. Als der Christsoziale für Hausbesuche die verstreute Ortschaft Winterstetten abklapperte, wurde ihm auf einem Anwesen ganz schön mulmig. Es dunkelte bereits an diesem trüben, regnerischen Herbstabend, weshalb Stegmann das unmissverständliche Warnschild zu spät erkannte: „Wer dieses Grundstück unbefugt betritt, verlässt es im Sarg wieder." Das Anwesen war von einem mehr als mannshohen Holzzaun abgeschottet, mit Stacheldraht obendrauf. Und schon wankte ein alles andere als einladend anmutender Mann mit einer Kettensäge auf ihn zu …

Das Massaker blieb aus, der spätere Wahlsieger (und heutige Landrat von Lindau) kam unversehrt davon. Später geriet der wehrhafte Winterstetter wegen unerlaubten Besitzes von Schusswaffen mit dem Gesetz in Konflikt.

*

„Bin ich auch nicht zu alt?" Hier wähnte Elmar Buemann seinen wunden Punkt, als er sich im Dezember 2002 um die Bürgermeisterstelle in **Baindt** (Kreis Ravensburg) bewarb. Dabei zählte der damalige stellvertretende Kreiskämmerer gerade mal 43 Lenze. Seine Verunsicherung kam nicht von ungefähr. Ende der 1990er Jahre konnten in Oberschwaben die Kandidaten gar nicht jung genug sein. Auffallend oft wählte man unter Dreißigjährige – weil man diese dann für vier oder auch fünf Amtsperioden behalten können würde. Eine Fangfrage damals lautete: „Für wie lange wollen Sie Bürgermeister werden?" Wer darauf vorsichtig-bescheiden „für zwei Perioden?" antwortete, hatte fast schon verloren.

Buemanns Konkurrenten waren 37, 40 und Mitte 50. Tatsächlich erwies sich in Baindt der jüngste Bewerber unter vier Bewerbern als gefährlichster Gegner, wenn auch nicht aus Altersgründen. Alexander Geiger war bisher als Kämmerer im Baindter Rathaus tätig, allerdings nur vertretungshalber für die eigentliche Kämmerin, nachdem diese Mutterschutz beansprucht hatte. Weil deren Elternurlaub bald enden würde, sahen Baindter Gemeinderäte ein kniffliges Personalproblem auf sie zukommen: Wohin mit dem Ersatz-Kämmerer, den man längst zu schätzen lernte? Plötzlich schien die Lösung gefunden: Entsorgen wir ihn doch auf den Chefposten, machen wir ihn zum Bürgermeister! Es war nicht ganz einfach, gewisse Gemeinderäte davon wieder abzubringen, zumal dies nur durch die Blume geschehen durfte.

Am Ende gewann Elmar Buemann, wenn auch knapp: Mit gerade mal 37,6 % trat er die Nachfolge des allseits geschätzten Edgar Schaz an, der 54-jährig nach drei Perioden freiwillig verzichtet hatte – und Jahre später doch noch einen unerwarteten zweiten Bürgermeisterfrühling erleben durfte: Als vorübergehender Amtsverweser von Juni bis Oktober 2008 im darniederliegenden **Aulendorf** (Kreis Ravensburg), das von zwei glücklosen Rathauschefs in die Pleite geritten wurde, der eine vor dem Kadi landete und der andere sich nach Venezuela davonmachte.

Wer mit nur einem starken Drittel aller Wählerstimmen ins Bürgermeisteramt gelangt, hat erst einmal zwei Drittel der Bevölkerung gegen sich. Elmar Buemann nutzte die acht Jahre seiner ersten Amtsperiode, um die Baindter vollends für sich zu gewinnen. Am 28. November 2011 wählten sie ihn mit satten 98,6 % wieder.

*

Als Markus Hugger am 2. Mai 2004 neuer Schultes von **Horgenzell** (Kreis Ravensburg) werden wollte, hatte er mit seltsamen Vorbehalten zu kämpfen: „Der ist zu gut. Der bleibt nicht lange. Der will bestimmt bald OB von Ravensburg werden." Beim vergleichsweise bräsig anmutenden Volker Restle dagegen, der Plattitüden geäußert haben soll wie „wenn die Städter hierherziehen, dürfen bald keine Hähne mehr auf dem Misthaufen krähen", musste das sehr ländlich strukturierte Horgenzell offenbar weniger befürchten, er könnte später noch was anderes werden wollen als Dorfbürgermeister. Hätte der drahtige Hugger da seine Amtsblattanzeigen absichtlich mit Rechtschreibfehlern spicken sollen, nur um weniger professionell zu wirken? Er tat es nicht und verlor gegen Restle, aus welchen Gründen auch immer.

Auch als Hans Jürgen Pütsch im Frühsommer 2006 seine Fühler nach **Sigmaringen** ausstreckte, um sich für eine Nachfolge von Wolfgang Gerstner in Stellung zu bringen, der als Oberbürgermeister nach **Baden-Baden** gewechselt war, hatte er mit seiner vermeintlichen Überqualifikation zu kämpfen. Weil Pütsch als Sigmaringer Stadtoberhaupt kaum mehr verdienen würde als in seiner alten Stellung, kauften ihm seine Parteifreunde nicht ab, dass er einzig der besseren Gestaltungsmöglichkeiten wegen kandidieren wolle. Als Beigeordneter der Großen Kreisstadt **Horb am Neckar** (Kreis Freudenstadt) war Pütsch bisher „nur" zweiter Mann hinter Oberbürgermeister Michael Theurer, im Zweifel weisungsgebunden. Mancher Sigmaringer Christdemokrat argwöhnte wohl, Pütsch wolle oder müsse aus anderen fragwürdigen Gründen Horb verlassen (was nicht zutraf). Stattdessen boxte man dem jungen Juristen Dr. Daniel Rapp aus dem Staatsministerium den Weg frei – der dann zwar die Sigmaringer Wahl im Juni 2006 im Alleingang gewann, aber keine vier Jahre später, im März 2010, zur OB-Wahl in **Ravensburg** antrat und die Karriereleiter noch weiter hinaufstolperte.

*

Fast geplatzt vor Glück wäre Karl-Josef Sprenger am Abend des 24. April 2005, nachdem er 52,4 % aller **Schömberger** Stimmen (Zollernalbkreis) auf sich vereinen konnte. Im Überschwang erklärte er vor versammeltem Volk am Wahlabend seine damalige Freundin Nadja Mager „ohne Rücksprache" zu „meiner künftigen Frau". (Bald darauf heirateten die beiden wirklich.) Außerdem lud Sprenger unkontrolliert zu Freibier in allen Wirtshäusern ein. Das ging mal richtig ins Geld! Mancher Kneipier könnte die Gunst der Stunde zudem missbraucht haben, um alte unbezahlte Deckel gleich mitabzurechnen ...

*

Bernhard Tjaden weiß ein Lied davon zu singen, wie lange es dauern kann, bis ein Wahlsieg nicht nur de facto, sondern auch de jure gilt. Am 14. August 2005 zum neuen Bürgermeister von **Fluorn-Winzeln** (Kreis Rottweil) gewählt, durfte er erst geschlagene zehn Monate später sein Amt antreten. Es hätte sogar noch wesentlich länger dauern können. Nachdem Wolfgang Schnell, der verstoßene Rathauschef von Fluorn-Winzeln, im März 2006 vor dem Verwaltungsgericht Freiburg unterlag, hätte er seine Abwahl unter Umständen auch noch vor den Verwaltungsgerichtshof tragen können. Dem Prozessverlierer blieb ein Monat Zeit, um in Mannheim die Zulassung zur Berufung zu beantragen, und ein weiterer Monat, um den Antrag zu begründen, was der gelernte Verwaltungsbeamte dann aber unterließ. „Dann geht alles in allem schon nochmal ein Jahr ins Land", hatte der Erste Landesbeamte im Rottweiler Landratsamt, Peter Hermann Walde, für den Fall in Aussicht gestellt, dass der Unterlegene den Klageweg vollends ausreizen würde.

Fluorn-Winzeln ist für jeden Schultes ein schwieriges Pflaster, krankend an einem grundsätzlichen Konflikt und darin kein Einzelfall: Bestehend aus zwei Ortshälften, annähernd gleich groß, die lieber gegeneinander gehen (und wählen) als miteinander, auch wenn man sich das eigentlich gar nicht leisten kann. Stellt das eine Dorf den Bürgermeister, ist das andere Dorf dagegen, und umgekehrt. Wolfgang Schnell stand auf der Fluorner Seite und war am 10. April 2005 auch knapp im Amt bestätigt worden. Weil er jedoch im Wahlkampf widerrechtlich auf Einwohneradressen zugegriffen hatte, wurde die April-Wahl annulliert, Schnell musste sich im Sommer 2005 neuer Gegenkandidaten erwehren, derer einer ihn im zweiten Wahlgang – hauptsächlich mit den Stimmen aus Winzeln – mit 51,1 zu 46,4 % aus dem Amt drängte. Dass die Wahlbeteiligung trotz Ferienzeit 77,8 % betrug, deutet an, wie heiß es dabei herging!

Je knapper eine Wahl ausgeht, desto gründlicher sind etwaige Anfechtungen zu prüfen – wenn am Ende zwei, drei Stimmen den Sieg ausmachen, könnte noch die geringste Unregelmäßigkeit wahlentscheidend gewesen sein. Das spielte Wolfgang Schnell in die Hände, der zwischenzeitlich bereits wieder andernorts, in **Buggingen** (Kreis Breisgau-Hochschwarzwald) kandidierte und mit 2,7 Prozent kläglich scheiterte.

Derweil verhinderte ein für Fluorn-Winzeln typisches Stimmenpatt in einer Gemeinderatssitzung im Oktober 2005, dass Wahlsieger Bernhard Tjaden wenigstens als Amtsverweser seine Rathausgeschäfte aufnimmt. Erst als der abgewählte Ex-Bürgermeister im März 2006 vor dem Verwaltungsgericht unterlegen war und von einer Berufung absah, beriefen Fluorn-Winzelns Gemeinderäte Mitte April Bernhard Tjaden – einstimmig – zum Amtsverweser. Am 13. Juni 2006 wurde er feierlich ins Bürgermeisteramt eingesetzt.

Zweifellos kommt es mancherorten zu Verstößen und Manipulationsversuchen, die eine Wahlwiederholung absolut rechtfertigen. Aber leider beschäftigen hanebüchene Anfechtungen landesweit viel zu oft und völlig unnötig Wahlaufsichtsbehörden und Justiz. Je nachdem, wie viele gerichtliche Instanzen dadurch bemüht werden, kann es dann viele Monate dauern, bis ein Wahlsieger tatsächlich sein Amt antreten darf. Meist überbrückt der Gemeinderat in der betroffenen Kommune die kopflose Zwischenzeit dadurch, dass man die vorbehaltlichen Wahlsieger zunächst zu Amtsverwesern bestellt, mit eingeschränkten Befugnissen, beispielsweise ohne Stimmrecht im Gremium. Doch Vorsicht: Die Wahlgewinner könnten dabei in existenzielle Fallen tappen. Wenn sie ihre bisherige Stellung kündigen, um zunächst als Amtsverweser arbeiten zu können, die Wahlanfechtung aber erfolgreich sein sollte, würden sie am Ende auf der Straße stehen!

*

Schätzungsweise drei Viertel der Rathauschefs in Gemeinden zwischen 2.000 und 7.000 Einwohnern sind Diplom-Verwaltungswirte. **Vöhringen** im Kreis Rottweil mit seinen gut 4.000 Einwohnern passte bestens ins „Beuteschema" von Stefan Hammer – und umgekehrt. Unter fünf Bewerbern um das Bürgermeisteramt, das am 3. Dezember 2006 neu besetzt werden sollte, empfahl sich der damals 32-jährige Bezirksamtsleiter im Göppinger Stadtteil Faurndau als einziger Diplom-Verwaltungswirt. Dagegen mussten seine vier Kontrahenten erst einmal anstinken! Karlheinz Mertes versuchte es so: Er kenne (und benannte) einige richtig schlechte Bürgermeister im Umland, und alle seien sie Diplom-Verwaltungswirte! Dagegen könne sich Vöhringen am besten schützen, indem es *keinen* Diplom-Verwaltungswirt wählt. Sondern einen Förster. Nämlich ihn. Ein Viertel der Vöhringer (25,5 %) mochte am Ende Mertes' origineller Argumentation folgen – fast drei Viertel aber (70,9 %) gingen doch lieber mit Stefan Hammer auf Nummer sicher.

*

Während viele Diplom-Verwaltungswirte mit den Jahren als Amtsleiter einander immer ähnlicher werden, sorgen exotische Bewerber, wenngleich häufig chancenlos, manchmal für wohltuend andere Akzente. Mancher trat auch schon als Bürgermeister an, um schlicht eine Wette zu gewinnen. Viele andere unorthodoxe Bewerber kandidierten dagegen mit hehren Absichten und vermochten schon manche ansonsten monokulturelle Kandidatenvorstellung wirkungsvoll zu kontrastieren.

Hardy Gerster gehörte zu diesen Exoten. Als er sich anno 2004 in **Aulendorf** (Kreis Ravensburg) bewarb, landete er unter ferner liefen. Vier Jahre später, der Wahlsieger von 2004 war bereits über alle Berge, genauer: in Südamerika, versuchte Gerster es erneut. Aulendorf mit seinen 10.000 Einwohnern ertrank damals in Schulden, hatte 60 Millionen Euro Schulden angehäuft. Das schaffte landesweit keine zweite Kommune. Dennoch, oder gerade deswegen, empfahlen sich zur Bürgermeisterwahl vom 31. August 2008 gleich neun Kandidaten, um Aulendorf aus dem Tal der Tränen zu führen – mit den unterschiedlichsten Rezepten.

Die kreativsten stammten abermals von Gerster. „Mein Hardy kann einfach mit Geld umgehen", pries ihn seine Frau im Zeitungsinterview. Er soll ja auch, um die im hochverschuldeten Aulendorf exorbitant hohe Grundsteuer zu umgehen, sein Wohnhaus zum landwirtschaftlichen Anwesen umgewidmet haben, indem er dort Honig aus China importierte und in Gläser umfüllte, auf denen dann „Gold aus Oberschwaben" zu lesen stand. So oder so ähnlich machte es im Wahlkampf die Runde.

Finanzgenie Hardy war wirklich clever, nur eben manchmal eine Umdrehung zu windig. Nachdem er 2004 – Kunststück! – richtig vorhergesehen hatte, dass Aulendorf immer weiter in die roten Zahlen rutschen werde, verblüffte Gerster diesmal mit dem Ausweg aus dem Dilemma: Aulendorf erklärt sich zur Steueroase, in die Großkonzerne ihren Firmensitz verlagern, nachdem sie erst die städtischen Schulden tilgen, um danach so lange von Abgaben an den Fiskus befreit zu bleiben, bis sich ihre Millionenspritzen in den Aulendorfer Stadtsäckel amortisieren. „Ich war in Warschau, in Hongkong", wollte Kandidat Gerster bereits internationale Kontakte geknüpft haben. Was ihm im zweiten Anlauf am 31. August 2008 exakt 144 Stimmen oder 3,5 Prozent einbrachte.

*

So seltsam sie in den Wahlkampf gestartet war, so merkwürdig und abrupt hat sie ihn vorzeitig beendet. Bärbel Sauer wollte Bürgermeisterin von **Deckenpfronn** (Kreis Böblingen) werden. Gewählt wurde am 5. April 2009 – doch da war von der Ortsvorsteherin aus Höfingen, einem Stadtteil von Vaihingen/Enz, nichts mehr zu sehen und nichts mehr zu hören. Fünf Tage vor der Wahl schrieb sie kurz und knapp ins Rathaus Deckenpfronn, dass sie dort nicht länger Chefin werden wolle, und war dann mal weg.

Auch begonnen hatte Bärbel Sauers Kampagne eher überfallartig. Mit einer anonymen E-Mail hatte sie die Lokalzeitungen zur Pressekonferenz geladen und kurz nach Mitternacht ihre Bewerbung in den Briefkasten der Deckenpfronner Gemeindeverwaltung eingeworfen, um ja ganz oben auf dem Stimmzettel zu stehen.

Im Wahlkampf legte sie sich dann mächtig ins Zeug, für manchen Geschmack fast schon zu energisch. Sie hatte nur einen Gegner – Deckenpfronns Kämmerer Daniel Gött, sehr jung, am Tag vor der Wahl feierte er seinen 28. Geburtstag, indem er der Bevölkerung beim Dorfbäcker Kaffee und Kuchen spendierte. Das kam natürlich an – wie dem höflichen Jüngling überhaupt die Sympathien zuflogen, vielleicht gerade seiner vergleichsweisen Unbedarftheit wegen. Ob es das war, was die streckenweise verbissen kämpfende Kontrahentin irgendwann entnervt die Brocken hinwerfen ließ? Ein verfrühter Aprilscherz wird es wohl nicht gewesen sein, dass sie am 31. März, ohne dass es Anzeichen dafür gegeben hätte, ihre Homepage abschaltete und fortan für nichts und niemanden aus Deckenpfronn mehr zu sprechen war, über den Wahltag hinaus.

Als Ortsvorsteherin mache sie stets eine exzellente Arbeit, arbeite trotz Halbtagsstelle „120 statt 50 Prozent", sei „außerordentlich fleißig und intelligent", war man auch in Höfingen ratlos. In Deckenpfronn war die 42-Jährige routinierter aufgetreten und hatte gehaltvollere Antworten geliefert als ihr junger Mitbewerber – dennoch wurde mehr mit ihm geflirtet als mit ihr. Ein knappes „es ist halt so" von Ehemann Jochen Sauer war schließlich alles, was die verwunderte, um eine Erklärung ringende Öffentlichkeit zu hören bekam.

Der Wahlbeteiligung tat es keinen Abbruch – 69 % der Deckenpfronner gaben ihre Stimme ab. 87,5 Prozent davon zugunsten Daniel Götts.

*

Auch in **Schramberg** (Kreis Rottweil), das am 17. und 31. Juli 2011 einen neuen Oberbürgermeister zu wählen hatte, nachdem Dr. Herbert Zinell (SPD) in die Landesregierung berufen wurde, warf einer der Aspiranten aus durchaus aussichtsreicher Position vier Tage vor der Erstwahl überraschend das Handtuch. Michael Schrenk, bislang Herbertinger Bürgermeister, lieferte freilich in einer „Persönlichen Erklärung" handfeste Beweggründe für seinen unerwarteten Verzicht: „Bedauerlicherweise wirken in dieser so schönen und chancenreichen Stadt Personenkreise im nahen Umfeld eines Mitbewerbers, die eine ehrliche, vertrauensvolle und konstruktive Zusammenarbeit zum Wohle dieser Stadt, wie ich sie anstrebe, mit Macht zu verhindern suchen. Die Interessen, welche diese Kräfte verfolgen, decken sich nicht mit den wirklichen, vordringlichen Bedürfnissen Schrambergs und seiner Stadtteile. Dabei gelangen zunehmend Mittel und Methoden zum Einsatz, die diese Stadt nicht verdient, die dem Schramberger Ansehen schaden und denen ich weder meine Familie noch mich auf Dauer aussetzen möchte."

Anders als Bärbel Sauer in Deckenpfronn ließ Schrenk seine Schramberger Gefolgschaft nicht in der Luft hängen: „Ich danke allen unter Ihnen, die den Mut fanden und behielten, meine Bewerbung zu unterstützen. Diese Bewerbung wird aber in dem Maße sinnlos, wie gewisse Kräfte im Hintergrund eines Bewerbers offenkundig das Sagen haben und nach der Wahl auch behalten wollen würden." „Sehr viele Menschen" seien ihm in

Schramberg „offen und aufrichtig begegnet. Ihnen wünsche ich von ganzem Herzen, dass sie jene unseligen Kräfte erkennen und entlarven, die in der Fünftälerstadt wirken, und ihnen beizeiten Einhalt gebieten."

Kurz vor Schrenks Rückzieher hatte dessen Herbertinger Dauerwidersacherin Monika Koch in der Schramberger Fußgängerzone aufgeschlagen, um auch im Schwarzwald gegen Schrenk zu demonstrieren, mit eher wirren Argumenten, wie sie es in Herbertingen seit Jahren Freitag für Freitag tat und bloß mehr Kopfschütteln erntete. Schrenk versuchte, Kochs Gastspiel in Schramberg gerichtlich verbieten zu lassen, was gründlich misslang. Die eigenartigen Mahnwachen einer Monika Koch waren es aber nicht, die Schrenk hinwerfen ließen. Vielmehr machte er unselige Umtriebe in Schramberger Unternehmerkreisen im Zusammenspiel mit dem einheimischen Bewerber Michael Melvin aus, die einzige Tageszeitung womöglich mit im Boot, was für den Fall, dass Schrenk die Wahl gewinnen sollte, wenig Gutes verhieß. Das Wort von der „Hauptstraßen-Mafia" machte die Runde.

Kontraproduktive Seilschaften, die hinter dem Rücken des Rathauschefs operieren und keine Gelegenheit auslassen würden, seine Arbeit zu behindern – das kannte Schrenk bereits zur Genüge aus Herbertingen. Dort hatte er Jahre gebraucht, um die Gegenspieler in ihre Schranken zu verweisen. Und nun sollte das gleiche Gewürge in Schramberg von vorne beginnen? Nein danke, waren sich die Eheleute Michael und Katrin Schrenk einig und zogen das vorzeitige Ende mit Schrecken einem Ende ohne Schrecken vor.

Und wie ging es aus in Schramberg? Trotz seines Verzichts votierten am 17. Juli 2011 immer noch 11,9 Prozent für Schrenk. Dessen eindringliche Worte zeigten Wirkung: Hatte der Protegé des Handels- und Gewerbevereins unter Briefwählern, die vorzeitig abstimmten, mit 45,4 Prozent die Nase noch vorn, brach Michael Melvin bis zum Wahlsonntag ein und erzielte im Gesamtergebnis nur noch 37,9 %. Viele, die zunächst Schrenk zum Stadtoberhaupt wünschten, wichen dagegen auf Thomas Herzog aus, einen Rechtsanwalt, der sich bislang blass, aber anständig präsentierte. Mit Hilfe der von Schrenk mobilisierten Proteststimmen kletterte Herzog von 30,6 % (Briefwahl) bis auf 49,7 % (Gesamtergebnis erster Wahlgang). In Runde zwei lag Thomas Herzog dann noch deutlicher vor Michael Melvin und wurde am 31. Juli 2011 mit 67,5 zu 31,1 % neuer Schramberger Oberbürgermeister. In diesem Amt macht Herzog seine Sache gut. Melvin gewann binnen Jahresfrist eine andere Wahl – die zum Schramberger Narrenzunftmeister.

*

Jede Wahlkampagne kennt einen Höhepunkt, der möglichst nah am Wahltag liegen sollte, und ihren absoluten Tiefpunkt. Michael Bulander war am 15. Juni 2010 gegen 20.45 Uhr am Boden zerstört und wusste nicht mehr weiter – und dies mitten in einem öffentlichen Bürgergespräch im **Mössinger** Stadtteil Belsen (Kreis Tübingen).

Bulander wird jenen verteufelten Dienstag im Leben nicht vergessen. Seit Tagen stand er unter Hochspannung, hatte im amtierenden Dußlinger Bürgermeister Thomas Hölsch einen allseits favorisierten Gegenkandidaten, den zu schlagen äußerst schwer werden sollte, wenn überhaupt. Und mittendrin in diesem Dauerstress, am Morgen des 15. Juni, gab Bulanders Heimcomputer den Geist auf – die Festplatte schmierte ab und mit ihr sämtliche Daten, Zahlen, Aufschriebe und Dokumente, die der Diplom-Verwaltungswissenschaftler bis dato für seine Kandidatur zusammengetragen hatte. Ohne eine Sicherungskopie anzufertigen. Alles schien im Eimer.

Für den Abend hatte der seinerzeitige Stabsmitarbeiter des baden-württembergischen Innenministers zur Wahlveranstaltung ins Belsener Gasthaus Sonne geladen. Vierzig Bürgerinnen und Bürger waren gekommen, um dem 38-jährigen Regierungsdirektor und Bundesratsreferenten zu lauschen. Dem es irgendwann zu viel wurde, den ein kompletter Blackout ereilte. Wie gelähmt stand Bulander vor der Menge, es verschlug ihm komplett die Sprache. „Tut mir Leid, aber ich weiß jetzt nicht mehr weiter", gestand der dreifache Familienvater ehrlich ein. Verriet, was ihn so völlig aus dem Konzept gebracht hatte, und brach die Veranstaltung ab.

Zwei Tage später war die Festplatte repariert, sein Rechner rechnete wieder. Neunzehn Tage später wählte ihn die Blumenstadt mit 60,9 % zu ihrem neuen Oberbürgermeister. Das Einzelergebnis im Stadtteil Belsen lag mit 64,4 % sogar noch darüber.

*

Bei dieser Mössinger OB-Wahl hatte Andreas Stollberg einen seiner ersten öffentlichen Live-Auftritte vor größerem Publikum. Seitdem spukt Stollberg, Jahrgang 1972, durch etliche (Ober-)Bürgermeisterwahlen, empfiehlt sich via Homepage im Vorfeld anstehender Urnengänge hie und da, um sich dann derart akademisch oder abstrakt zu artikulieren, dass ihm nur noch die wenigsten gemeinen Wähler zu folgen vermögen: „Wahlkampf ist Teil eines Informationskriegs. Die Meinung des Gesellschaftskritikers wird als schlechte Meinung bewertet", strapazierte Stollberg den Tagblatt-

Redakteur Ernst Bauer, der sich die journalistische Mühe machte, von Stollberg zu erfahren, was er denn mit seiner Kandidatur in Mössingen bezwecke – ohne des Pudels Kern wirklich zu enthüllen. Ist es bloße Geltungssucht? Oder stellt er vielleicht einen Feldversuch auf dem Rücken konventioneller zeitgenössischer Demokratie an?

Zumindest hat Stollberg keine Angst vor großen Tieren. Am 6. Februar 2011 forderte er keine geringere als die Präsidentin des Städtetags Baden-Württemberg, Barbara Bosch, als Oberbürgermeisterin von **Reutlingen** heraus – und brachte es auf 12,3 % der Stimmen! Ob nun aus Überzeugung, aus Protest oder aus Jux und Dollerei, bleibt für immer unergründlich. *Für Barbara Bosch hatten immerhin 85,8 % jenes Viertels (23,8 %) aller Reutlinger Wahlberechtigten gestimmt, die sich überhaupt zur Wahlurne bemühten.*

Stollbergs Projekt scheint ziemlich global angelegt zu sein, ließ die Rubrifizierung seiner (inzwischen abgeänderten) wortreichen Website (*www.andreasstollberg.de/Kandidaturen/Mitteleuropa ...*) vermuten. Im Internet schildert er seine einstweiligen Aktivitäten denn auch als „Entwicklung didaktischer Medien zur Aufklärung über Herrschaft": „Während die Matrix (Unternehmens-Werbung, Regierungs-Propaganda, jeweils auch in den großen Medien wie Fernsehen und Presse, und im Schul-Unterricht) der Herrscher und ihrer Diener in den letzten Jahrzehnten immer ‚schöner' und ihre Informations-Macht wirksamer wurde und auf jahrhundertealter Tradition basiert, befinden sich die Herrschafts-Gegner im Bereich der Medien-Erstellung noch in der Übung. Deshalb konzentriere ich mich seit Sommer 2009 auf die Optimierung der Medien der Herrschafts-Gegner bezüglich Verständlichkeit und Glaubwürdigkeit. Das Ergebnis wird unter anderem ein eigenes Sachbuch sein. Aufklärung über die Herrscher, deren Diener und ihre Macht-Methoden. Wer mir dabei in die Quere kommt, der muss mit Widerstand (Grundrecht gemäß Grundgesetz) zur Verteidigung der Grundrechte wie der Meinungsfreiheit rechnen. Zum Beispiel mit wahrheitsgemäßen Schilderungen über diese Person im Buch und Internet." Auch verfügt Stollberg offenbar über einen langen Atem – orientiert er sich doch an Mahatma Gandhi: „Zuerst ignorieren sie dich, dann lachen sie über dich, dann bekämpfen sie dich und dann gewinnst du."

*

Hans-Joachim Lippus bewarb sich in **Dautmergen**, mit 420 Einwohnern kleinste selbständige Gemeinde des Zollernalbkreises, um den ehrenamtlichen Schultesposten und errang am 8. Mai 2011 sagenhafte 100,0 %! 217

von 323 Wahlberechtigten wünschten sich Lippus zum neuen Bürgermeister. Nach zwei vergeblichen Anläufen in anderen Verbandsgemeinden (1994 in Zimmern unter der Burg, 2004 in Dotternhausen) mochte der Geschäftsführer des Gemeindeverwaltungsverbandes Oberes Schlichemtal diesmal nichts dem Zufall überlassen.

„Alle Achtung: Er hat keinen Gegenkandidaten, aber er fährt das volle Programm", staunte der „Schwarzwälder Bote" und konstatierte nach einem öffentlichen Ortsrundgang mit Lippus: „Es hagelt nur so Daten und Fakten." Während der Kandidatenvorstellung, mangels Konkurrenz zur Ein-Mann-Show zusammengeschnurrt, schätzte sich der 54-jährige, frühere Schiedsrichter-Assistent in der Fußball-Bundesliga selber so ein: „Es heißt, der Lippus renne vor der Arbeit nicht davon. Da könnte was dran sein." Ganz Dautmergen sah es geschlossen genauso.

*

Bei der Bürgermeisterwahl vom 10. Juli 2011 in **Baiersbronn** (Kreis Freudenstadt) machte sich ein weiterer aktueller Dauerkandidat – Rüdiger Roger Widmann, Jahrgang 1957, aus, wie er angibt, Waiblingen – unbeliebt. Wo er auch antritt, glänzt der „selbständige Kaufmann" bisher durch Abwesenheit. Nicht anders in Baiersbronn. In **Lichtenwald** (Kreis Esslingen), stand in der Zeitung zu lesen, soll Widmann einmal jährlich kostenloses Brennholz für alle versprochen haben, und kam trotzdem nicht über 0,2 % hinaus. In Baiersbronn dagegen brachte es Widmann auf 3,4 %. Was ihn prompt zur Wahlanfechtung beflügelte: Widmann vermisste Chancengleichheit, sprach dem Sieger die nötige charakterliche Eignung ab und beklagte vieles mehr. Echte Hammer-Argumente! Mit seiner Klage beim Verwaltungsgericht Karlsruhe erreichte Widmann lediglich, dass die Murgtalgemeinde ihre bereits komplett vorbereitete feierliche Inauguration am Vortag kurzfristig wieder abblasen durfte, dass auch Michael Ruf sieben Monate länger als nötig darauf warten musste, bis sich der hochprozentige Wählerwille (95,6 %) auch formaljuristisch erfüllte und der Beigeordnete zum Rathauschef der Murgtalgemeinde aufstieg.

*

Zwei Namen standen am 4. März 2012 in **Lauda-Königshofen** (Main-Tauber-Kreis) auf dem Stimmzettel. Thomas Maertens wurde mit 51,8 % im Bürgermeisteramt bestätigt, Susanne von Dewitz errang 21,5 %. Noch vor sie schob sich einer, der eigentlich überhaupt nicht kandidierte: Klaus Vierneisel, ehrenamtlicher Stellvertreter von Bürgermeister Maertens und wie dieser Mitglied der CDU, holte ohne erkennbares eigenes Dazutun

24,0 %. Vor allem über Facebook war zur Wahl Vierneisels aufgerufen worden, außerdem mit einem Bettlaken („Klaus Vierneisel – Daumen hoch – Gefällt mir"), das zur Kandidatenvorstellung neben der Stadthalle gehisst worden war.

Zusätzliche Namensvorschläge mit Hilfe der sozialen Netzwerke und via E-Mail digital zu hypen, kommt immer mehr in Mode. Kein ganz unbedenklicher Trend. Obwohl Nürtingens (Kreis Esslingen) Kulturbürgermeisterin Claudia Grau klargemacht hatte, sie stehe für das OB-Amt nicht zur Verfügung, zwangen ihr am 9. Oktober 2011 die Wähler 5,8 % auf. 14 Tage später, nachdem immer mehr Flugbätter kursierten und ein anfänglicher Bewerber zu ihren Gunsten verzichtet hatte, stimmten gar 32,1 % der Nürtinger für Grau (und 49,6 % für Amtsinhaber Otmar Heirich).

Schon zu Zeiten, als noch kaum jemand twitterte oder googelte, wurde den amtlichen Wahlvorschlägen kollektiv widersprochen. Nachdem Simon Blümckes Wahlsieg vom 23. Februar 2003 in **Hagnau** (Bodenseekreis) vom Landratsamt kassiert wurde, weil er hinsichtlich seines Berufsstandes geschummelt hatte, trat er nicht wieder an – wurde aber erneut gewählt. Damals hatten Hagnauer kleine Aufkleber mit Blümckes Namen im Ort verteilt, die dann am 20. Juli 2003 mehrheitlich (40 %) auf die Stimmzettel geklebt wurden.

Mit der weiter wachsenden Nutzung und Verbreitung elektronischer Medien werden solche Phänomene deutlich zunehmen, wird manches Flashmobbing erfreulich oder bedenklich weit reichen. Längst nicht immer werden solche Schwärme von Intelligenz geleitet. Längst nicht immer dienen sie der eigentlichen Sache. Es ist nur eine Frage der Zeit, bis die ersten dieser Aktionen, die mich zuweilen an Lemminge erinnern, nicht nur „Spaß" bereiten, sondern gewaltig ins Auge gehen.

*

Bloß mehr 3,2 % waren Bürgermeister Dieter Flik geblieben, als ihn **Dornstettens** Wähler im Kreis Freudenstadt am 18. März 2012 vom Hof jagten. Wer eine derartige Klatsche abbekommt, neigt zur Legendenbildung. „Wahlen kann man heute auch mit Stimmungsmache gewinnen", schutzbehauptete Flik bald darauf im Interview mit dem Staatsanzeiger, „befeuert durch Wahlkampfmanager." Damit meinte er wohl mich – waren wir uns doch beim ersten von drei Redeuellen in der Aacher Dorfhalle begegnet. Flik wusste um mich, seit ich vor acht Jahren eine Anfrage abgelehnt hatte, ihn zu coachen (wohlweislich). Nun wähnte er mich hinter seinem Hauptamtsleiter Bernhard Haas, der ihn mit 51,1 % aus dem Sattel hob. Flik ist „zutiefst enttäuscht und verletzt", nachdem er Haas „jahrelang vertraut" habe. Das ist nur zu verständlich.

Mit seiner Vermutung indes, ich hätte Haas angestachelt, lag Flik falsch. Seine Abwahl war beschlossene Sache, lange bevor ich kontaktiert wurde. Und nicht etwa vom illoyalen Hauptamtsleiter. Vermutete mich der doch seinerseits als Berater in den Reihen eines weiteren Herausforderers. Vom aufreibenden Wahlkampf sichtlich angefressen, begrüßte Haas „mich" während einer seiner Veranstaltungen sogar namentlich, um „mich" sodann als Helfer von Mitbewerber Rolf Straub (45,6 %) bloßzustellen. Dumm nur, dass ich gar nicht im Saal war. „Ich heiße Dölker!", wehrte sich der zu Unrecht verunglimpfte Zuhörer, ein unbescholtener Dornstetter Unternehmer.

Mancher Wahlverlierer zeigte sich schon erleichtert, wenn er erfuhr, dass meinesgleichen der Konkurrenz zum Sieg verhalf. Warum? Gegen unsereins *darf* man verlieren? Auch ich koche nur mit Wasser. Wir können nicht zaubern. Zumindest mit einzelnen Kollegen (leider nicht mit allen) bin ich auch darin einig, ausschließlich faire Mittel einzusetzen. Weshalb es ja auch keine Schande ist, sondern im Gegenteil *für* Bewerber spricht, wenn sie sich professioneller Unterstützung bedienen – anstatt ganz auf freiwillige Helfer vor Ort zu setzen, die dann womöglich nach gewonnener Wahl in der Rathaustür stehen und unlautere Gegenleistungen reklamieren.

*

Hannes Strobel mochte sich nicht dafür verstecken, dass er sich beraten lässt, sondern genoss es, wenn es hieß, sein Prospekt sei besonders gelungen. Mit fünf anderen (einer davon nur fernschriftlich) bewarb er sich am 1. und 22. April 2012 um den ehrenamtlichen Bürgermeisterposten von **Eichstegen** (Kreis Ravensburg). Pfiffig und umgänglich, wie man den 28-jährigen Käfersulgener am Ort kennt, wartete er mit den meisten Ideen auf – und überforderte damit das auffallend bedächtige 500-Seelen-Dorf, das Veränderungen fürchtet. Auf den Wunsch einiger Eltern hin hatte Strobel vorgeschlagen, ein Spielplätzle anzulegen. Schon das war vielen zu revolutionär und nicht geheuer!

Mit 16,0 % landete Strobel auf Platz drei. Knapp hinter Herbert Sonntag (17,3 %), dem einzigen Bewerber mit Rathauspraxis, der jedoch, ganz Kämmerer, beim Rededuell im schmucken Dorfgemeinschaftshaus apokalyptische Angstparolen derart schneidend scharf vortrug, dass er damit den – schuldenfreien! – Flecken ohne Not verschreckte.

Am Ende gewann – das war schon am 18. März 2007 in **Tettnang** (Bodenseekreis) so gewesen – der Kandidat mit der liederlichsten Drucksache. Artur Rauch, den sie in Eichstegen „Lättle" nennen, weil er früher so dürr war wie ein Brett, holte 51,6 %. Bei 81 % Wahlbeteiligung bedeutete das 164 Stimmen. Albert „Bimbo" Steinhauser hatte zwar stets die besten Auftritte, konnte aber sein altes, ihm anhaftendes Negativ-Image nicht abschütteln und blieb für zu viele Mitbürger partout unwählbar (14,8 %).

In solchen Mini-Kommunen kennt jeder jeden, das halbe Dorf ist miteinander verwandt. Dort dominieren dann andere Einflüsse als andernorts. Artur Rauch, ein anständiger, zurückhaltender, fast scheuer Kerl, profitierte davon und schnappte sich Eichstegens Krone, obschon er keine besonderen Alphaqualitäten erkennen ließ. Ob er hineinwachsen wird in diese ihm so fremde Rolle? Ob „Lättle" sich jemals wohl fühlen wird in seiner neuen Haut?

Es bleibt spannend!

Prof. Dr. Hans-Georg Wehling, geboren 1938, studierte Politikwissenschaft, Geschichte und Germanistik an den Universitäten in Münster, Freiburg, Heidelberg und Tübingen. Er promovierte 1969 bei Prof. Dr. Theodor Eschenburg in Tübingen über „Politischer Willensbildung auf dem Gebiet der Weinwirtschaft – dargestellt am Beispiel der Weingesetzgebung". Wehling lehrt Politikwissenschaft an der Uni Tübingen mit den Schwerpunkten Kommunalpolitik, Landespolitik, Landeskunde. Der gebürtige Essener ist Vorstandsmitglied des Europäischen Zentrums für Föderalismusforschung (EZFF) an der Uni Tübingen, Mitglied im Arbeitsausschuss der Gesellschaft Oberschwaben und Vorsitzender des Kuratoriums der Akademie der Diözese Rottenburg-Stuttgart. Bis 2003 leitete er die Abteilung Publikationen der Landeszentrale für politische Bildung Baden-Württemberg und war Schriftleiter der Zeitschrift „Der Bürger im Staat".

Interview mit Prof. Dr. Hans-Georg Wehling

„Die Wiederwahlen werden weniger"

Einer der erfahrensten Politologen im Land plädiert für mehr plebiszitäre Elemente und findet: Bürokratische Regelungswut plagt Bürgermeister in zunehmendem Maße. Für den parteilosen Tübinger Wissenschaftler sind Frauen die sensibleren Stadtoberhäupter und haben es schwerer, ihre Führungsposition mit der Familie zu vereinbaren.

Herr Prof. Dr. Wehling, ab 2016 dürfen Rathauschefs und Landräte nicht mehr dem Stuttgarter Landtag angehören – was halten Sie davon?

Prof. Dr. Hans-Georg Wehling: Ich finde es richtig, denn das ist eine Verquickung von Legislative und Exekutive. Die Gemeinden und die Landkreise gehören auch zur Exekutive, und da darf es keine Vermischungen geben. Auch wenn man dann leider auf ihren Sachverstand verzichten muss.

Sollten Bürgermeister und Oberbürgermeister weiterhin in Kreistage gewählt werden dürfen?

Wehling: Ja, und zwar, weil der Landkreis ja eine Art Verlängerung der Kommunen ist, zum Teil. Zum Teil ist er natürlich auch beschäftigt mit Staatsaufgaben, die muss der Landrat aber nicht selber bearbeiten, das können die Dezernenten machen, so ist es auch die Regel. Das, wofür Gemeinden eventuell zu klein sind – denken Sie an Berufsschulen, denken Sie ans Kreiskrankenhaus –, das übernimmt dann anstelle der Gemeinden der Kreis. Und das wird im wesentlichen mit Hilfe der Kreisumlage finanziert, und da haben Bürgermeister dann sehr wohl ein berechtigtes Interesse daran, dort mitzureden, wo über ihre kommunalen Angelegenheiten gesprochen wird und wo auch ihr Geld gebraucht wird.

Und der mögliche Konflikt, dass die Bürgermeister sozusagen ihre eigene Aufsicht wählen?

Wehling: Das ist der kritische Punkt. Wenn aber, wie jetzt vorgesehen, auch in Baden-Württemberg die Landräte direkt gewählt werden, spielt das dann keine Rolle mehr.

Was halten Sie denn von dieser Idee, dass Landräte direkt gewählt werden sollen?

Wehling: Baden-Württemberg ist meiner Kenntnis nach das einzige Land, wo die Landräte nicht von der Bevölkerung gewählt werden. Man kann anführen, die Landkreise sind sehr groß. Baden-Württemberg hat 10,7 Millionen Einwohner, Bayern hat bei 12 Millionen Einwohnern 71 Landkreise, da sind die kleiner. Da ist der Wahlkampf sicher einfacher zu führen. Aber auch in Baden-Württemberg mit seinen 35 Landkreisen ist es machbar.

Ich war bei der Landratsdirektwahl im kleinen bayerischen Landkreis Lindau dabei und dachte: Das will erst einmal gestemmt werden, nicht zuletzt finanziell!

Wehling: Genau, da wird es ein Problem geben, und das wird denn auch wahrscheinlich zu einer stärkeren parteipolitischen Bindung führen. In Baden-Württemberg sind die Landräte ausgesprochene Beamten-Typen. Aktuell sind es zu über 90 Prozent Juristen, und fast der ganze Rest sind Leute, die dem gehobenen Dienst angehören, die also die Verwaltungshochschulen in Kehl oder Ludwigsburg besucht haben. Andere kommen faktisch nicht vor. In Bayern sieht es ganz anders aus. Da ist die Rekrutierung viel breiter. Wegen der Direktwahl liegt es nahe, dass sich in Bayern auch nur um das Amt des Landrats bewirbt, wer schon mal irgendeinen Wahlkampf geführt hat. Sei's für den Gemeinderat, sei's für ein anderes Wahlamt. Die baden-württembergischen Landräte haben da aktuell keine Ahnung von, weil es bei ihnen faktisch eine Position innerhalb der Beamtenkarriere ist. Die jetzt im Amt befindlichen Landräte, die zur Wiederwahl anstehen könnten, werden keine Probleme haben – die Leute kennen Sie ja schon. In der Generation danach wird es sicher schwieriger und teurer werden.

Bewähren sich ansonsten die baden-württembergische Gemeindeordnung und die Süddeutsche Ratsverfassung?

Wehling: Der beste Beweis dafür ist, dass alle anderen Bundesländer mehr oder weniger das baden-württembergische System übernommen haben.

Der Exportschlager schlechthin!
Wehling: Ja. Das betrifft die Direktwahl und das betrifft die starke Stellung des Bürgermeisters, die *auch* auf der Direktwahl beruht.

Gibt es dennoch einzelne Punkte, wo Sie zu Veränderungen oder zu Reformen raten?
Wehling: Na ja, einiges ist ja vorgesehen, beispielsweise die Quoren für Bürgerentscheide zu senken und vielleicht auch das eine oder andere weitere Thema dem Bürgerentscheid zugänglich zu machen. Alles, was mit dem Haushalt zu tun hat, ist in Baden-Württemberg ja nicht einem Bürgerentscheid zu unterwerfen, weil man meint, die Bürgerinnen und Bürger hätten die Spendierhosen an. Aber das Beispiel Schweiz zeigt, dass die Bürger beim Geldausgeben eher zurückhaltend sind. Schauen Sie sich Stuttgart 21 an – in der Schweiz würde ein Projekt dieser Dimension von den Bürgern sicher zurechtgestutzt werden. Also, da muss man drüber nachdenken, ob man nicht eben doch die Bürger auch in die Entscheidungen einbinden kann, die das Geld betreffen. Das gilt auch für Volksentscheide nach der Landesverfassung.

Je mehr man die Bürger an Haushaltsfragen beteiligt, desto sparsamer würde gehandelt werden?
Wehling: Vermutlich. Wenn das Schweizer Beispiel Schule machen sollte, wäre das so. In den USA haben Sie den Fall auch. Wenn Sie in den USA auf Veranstaltungen sind, und es werden großartige Pläne vorgelegt, da stehen die Leute auf und sagen: „It's *my* money!"

Wälzen deutsche Politiker Probleme und Lasten von oben nach unten ab?
Wehling: Ja schon, doch das ist eine Frage der Perspektive. Die Gemeinden sind über die kommunalen Spitzenverbände in der Politik sehr einflussreich. In Baden-Württemberg müssen sie sogar von Verfassungs wegen gehört werden.

Sind diese Spitzenverbände ihre Mitgliedsbeiträge wert?
Wehling: Ja, würde ich sagen. Die sind sehr einflussreich auf Landesebene, auch auf Bundesebene. Klar, Gemeinden wollen mehr Geld haben und der Bund oder das Land möchten weniger abgeben. Das ist eine Konstellation, die Sie auch dem Grundsatz nach nicht verändern können. Es gibt ja immer

wieder den Fall, dass der Bundesgesetzgeber, manchmal auch der Landesgesetzgeber, Dinge beschließt, die auf Gemeindeebene umgesetzt werden müssen. Es gibt zwar das Konnexitätsprinzip, wonach der zu zahlen hat, der beschließt ...

... wird's nur gepredigt, oder wird dieses Prinzip verinnerlicht?
Wehling: Es wird zumindest immer wieder dagegen gesündigt.

Inwieweit beeinflusst Parteipolitik das Wohl und Wehe von Kommunen?
Wehling: Beeinflussung haben Sie vor allen Dingen in großen Städten – in den kleinen Gemeinden gar nicht.

Nutzt es einer Stadt, wenn ihr Rathauschef über Parteidrähte nach oben verfügt?
Wehling: Schauen Sie sich Ulm an, mit einem sozialdemokratischen Oberbürgermeister seit etlichen Jahren. Dessen Einfluss war auch bei der CDU-geführten Landesregierung groß. Die können sich nicht erlauben, eine Stadt von der Bedeutung Ulms zu ignorieren. Wenn der OB kommt und auftritt, dann wird der ernst genommen. Wichtig ist, dass man als Gemeindeoberhaupt bekannt ist, auch in der Regierung, auch bei den Beamten, im Apparat – dafür muss man sorgen. Das Streben nach Ämtern in den kommunalen Spitzenverbänden ist auch dadurch motiviert, dass man sagt: Dann werde ich wahrgenommen. Wenn ich mich als Bürgermeister irgendeiner Gemeinde im Regierungspräsidium oder im Innenministerium blicken lasse und nach Geld frage, dann ignorieren die mich vielleicht. Wenn ich aber auch noch bekannt bin durch einen Job in den kommunalen Spitzenverbänden, dann reden die ganz anders mit mir.

Wenn Bürgermeister und Kommunen, die sich vernachlässigt fühlen, eine eigene Partei der Bürgermeister oder eine Partei der Kommunen gründen würden – hätten sie Chancen, in den Landtag von Baden-Württemberg einzuziehen?
Wehling: Es gibt natürlich die Freien Wähler, darauf spielen Sie wahrscheinlich an. Und es gibt die Bürgermeister, die in den Kreistag wollen, aber keiner Partei beitreten wollen, die gehen auf die Liste der Freien Wähler.

Sind die Freien Wähler die Partei der Bürgermeister?

Wehling: Auf Kreisebene, ja. Als Kandidat brauchen Sie halt ein Vehikel, um da reinzukommen. Das spielt dann aber im Kreistag selber keine Rolle mehr. Dort arbeitet man über die Fraktionsgrenzen hinweg zusammen, insbesondere die Bürgermeister machen das so. Und die Parteipolitiker, die auch in den Kreistag gewählt worden sind, die machen meist ein dummes Gesicht, weil parteiübergreifende Bürgermeister irgendwelche Fragen längst schon vorher geklärt haben. In Bayern haben wir nun den Fall erlebt, dass es die Freien Wähler in den Landtag geschafft haben. In Bayern sind die Freien Wähler auf kommunaler Ebene ähnlich stark wie in Baden-Württemberg. Die Frage ist auch, wie man zählt. Wenn Sie auf das Etikett „Freie Wähler" schauen, sind ungefähr 40 Prozent der kommunalen Mandate in Baden-Württemberg ständig in der Hand von Freien Wählern. In Bayern ist es etwas niedriger.

Wobei die Ausrichtung der Freien Wähler von Stadt zu Stadt ...

Wehling: ... unterschiedlich ist, ja. Dann gibt es aber Gruppierungen, die verkappte Parteilisten sind, und ich habe immer noch nicht rausgekriegt, wen das Statistische Landesamt wo dazurechnet. Denn eigentlich sitzen in den Gemeinderäten – auch dank des Wahlsystems mit Kumulieren und Panaschieren – dann schon über 50 Prozent der Mandatsträger ohne ausdrückliches Parteietikett. Und bisher war die Taktik der Freien Wähler auf Landesebene, der CDU vor allen Dingen zu drohen, indem man sagte: „Wenn ihr was rummacht am Wahlsystem, dann wird's ernst, dann treten wir zur Landtagswahl an und nehmen euch die Stimmen ab."

Und diese Drohkulisse genügt, um gewisse Parteien zu disziplinieren?

Wehling: Die reichte, ja. Wenn mich die hiesigen Freien Wähler gefragt haben, ob sie nicht doch antreten sollten, dann habe ich gesagt: „Liebe Leute, das kann ins Auge gehen. Wenn es zum Schwur kommt, dann zeigt sich's eventuell, dass ihr, wenn ihr auf Landesebene kandidiert, gar nicht so gut abschneidet." Und in Bayern ist man ja weit hinter dem zurückgeblieben, was die Freien Wähler sonst in der Fläche darstellen. Nehmen Sie einen Ort wie Oberammergau – da sitzen 10 Gruppierungen im Gemeinderat, und von 20 Gemeinderatsmitgliedern haben, glaube ich, ganze 2 Leute ein CSU-Parteibuch. So stark sind die freien Listen dort. Aber in den Landtag, würde ich mal frech behaupten, wären sie überhaupt nicht reingekommen, wenn die Leute nicht gesagt hätten: Eigentlich wollen wir uns von der CSU nicht trennen, aber die CSU braucht einen Denkzettel.

Wenn aber nun in Baden-Württemberg ab 2016 die Bürgermeister gar nicht mehr in den Landtag dürfen – wird den Freien Wählern dann diese Drohkulisse genommen?

Wehling: Gegenwärtig sind Bürgermeister und Landräte im Landtag durchweg Parteimitglieder. Zum Landtag könnten für die Freien Wähler lokale Honoratioren kandidieren, die weder Bürgermeister noch Landräte sind. Unabhängig davon warne ich die Freien Wähler: Lasst es ja nicht drauf ankommen! Da werdet ihr möglicherweise Pech haben und überhaupt niemanden reinkriegen, und dann ist der Charme weg! Dann machen die in der Regierung mit euch, was sie wollen! In Bezug auf das Wahlsystem etwa. Das ist eine heikle Geschichte. Der Armin Grein, der frühere Bundesvorsitzende der Freien Wähler, wollte sogar, dass man auch bei der Bundestagswahl antritt, während der Landesvorsitzende der Freien Wähler, Heinz Kälberer, das immer strikt abgelehnt hat, worin ich ihn bestärkte. Ich kenne Armin Grein gut. Er war Landrat im Main-Spessart-Kreis, und seine Möglichkeit zur Wiederwahl hörte auf. Er hatte die Altersgrenze erreicht, aber er wollte halt noch weiter politisch agieren. Das beruhte auf seinem persönlichen Hintergrund. Aber das bringt's nicht.

Sind Baden-Württembergs Rathauschefs ihrer Aufgabe gewachsen?

Wehling: Ich würde sagen: zu einem sehr hohen Prozentsatz. Es gibt natürlich welche, die versagt haben. Aber die kann man beinahe an einer Hand abzählen. Da ist Pfronstetten, das kennen Sie ja, und da war Kenzingen. Das sind ganz wenige eklatante Fälle. Natürlich gibt es stärkere und schwächere Bürgermeister. Unabhängig davon: Die Zahl der Nicht-Wiederwahlen hat zugenommen.

Weil die Bürgermeister schlechter werden oder weil sich das Wählerverhalten ändert?

Wehling: Das Wählerverhalten hat sich geändert. Und es gibt ein neues Phänomen. Früher galt es innerhalb der gehobenen Beamtenschaft und der Absolventen der beiden Fachhochschulen als ungehörig, gegen Amtsinhaber zu kandidieren. Diese Hemmungen gibt's nicht mehr.

Selbst Leute aus dem eigenen Rathaus fordern ihren Chef heraus.
Wehling: Ja. Und das gab es früher nicht. Das gehörte sich einfach nicht. Das hat sich geändert.

Schauen wir vor Ihre berufliche und Ihre private Haustür – wie beurteilen Sie die Rathauschefs von Tübingen und Reutlingen?
Wehling: Wenn man es daran misst, wie sie in der Öffentlichkeit wahrgenommen werden, sind es in beiden Fällen gute Bürgermeister. Frau Bosch kann sehr gut mit Leuten umgehen. Sie müssen ja zweierlei können: Sie müssen einmal über Fachwissen verfügen, über die Fähigkeiten, auch im Alltag Politik zu machen. Und Sie müssen auf Leute zugehen können. Das kann Frau Bosch hervorragend. Und Boris Palmer hat bundesweites Ansehen. Tübingen ist immer schwierig, weil in Tübingen andere Verhaltensmuster gelten. Sie haben einen großen Anteil des Publikums, das sehr stark parteipolitisch geprägt ist und parteipolitisch denkt. In Tübingen gelten die normalen Bedingungen von Kommunalpolitik nicht unbedingt. In Tübingen gehen die Uhren anders. Auch, weil hier die Universität eine ganz große Rolle spielt. Ob Universität oder Kommunalpolitik – Sitzungen dauern hier unglaublich lange.

Wenn man aber Boris Palmer zuhört oder erlebt, dann ist er bestimmt keiner, der endlos debattiert, sondern sehr effizient und sehr schnell Dinge auf den Punkt bringt. Er verzichtet auf jeglichen Charme und Smalltalk, er geht sehr zielstrebig zu Werke.
Wehling: Tübingen ist schwer zu berechnen, weil es eine politische Sonderkultur pflegt, Sie können auch Biotop sagen, mit sehr vielen Unberechenbarkeiten. Einerseits imponiert Palmer vielen Leuten, dass er zum Beispiel auch in Sachen öffentliches Saufen Stellung bezieht. Auf der anderen Seite gibt es aber Leute, die einen in meinen Augen falsch verstandenen Liberalismus pflegen und sagen: Soll er sie doch in Ruhe lassen und machen lassen, was sie wollen. Wenn die Tübinger Wähler vernünftig sind, werden sie Herrn Palmer bei der Wiederwahl keine Probleme machen, denn er hat Tübingen bislang doch gut vertreten, gut sichtbar gemacht, bundesweit.

Wird Boris Palmer seine Wiederwahl in Tübingen abwarten?
Wehling: Ja, auf alle Fälle. Ich meine, er wollte ja nicht ins Kabinett, und ich würde ihm abraten, sich erneut in Stuttgart als OB zu bewerben. Die

Prof. Dr. Hans-Georg Wehling

OB-Wahl Stuttgart im Herbst 2012 wird eine ganz spannende Geschichte. In Stuttgart wird jemand gebraucht, der die Bevölkerung wieder versöhnt. Der Befürworter und Gegner von Stuttgart 21 wieder miteinander versöhnen kann. Jemand, der eine dezidierte Position in Sachen Stuttgart 21 vertritt, wird eher nicht gewählt. *(Anm. des Autors: Das Interview wurde vor der Stuttgarter OB-Wahl geführt.)*

Praktisch jeder im Alter von 25 bis 65 kann in Baden-Württemberg zum Bürgermeister gewählt werden, kann auf eine Stadtverwaltung losgelassen werden. Finden Sie das gefährlich?

Wehling: Die Bürger sind ja klug, und 90 Prozent aller Bürgermeister sind entweder Absolventen der juristischen Fakultät oder – deutlich mehr noch – einer der beiden Hochschulen für öffentliche Verwaltung. Der Papierform nach *können* die Verwaltung. Ob das im Einzelfall immer zutrifft, ist eine andere Frage – nicht jeder Jurist ist ein guter Jurist und versteht was von Verwaltung.

Zeugnisse sagen nichts über menschliche Qualitäten aus.

Wehling: Sagen nicht so viel aus, aber bei einer Wahl haben Sie ja keine andere Möglichkeit als nach der Papierform zu urteilen. Auffällig ist: Obwohl es keinerlei Vorschriften gibt für die Qualifikation, werden zu fast 90 Prozent Leute gewählt, die der Papierform nach was von Verwaltung verstehen. Also legen die Bürger schon sehr strenge Maßstäbe an, die deutlich über das hinausgehen, was in der Gemeindeordnung steht.

Es soll immer schwerer fallen, gute Bewerber für eine Bürgermeisterwahl zu gewinnen. Sehen Sie diesen Trend?

Wehling: Es ist sicher schwerer geworden. Man darf ja nicht vergessen: Bürgermeister zu sein, bedeutet Verlust von Privatheit und Freizeit. Sie sind sieben Tage die Woche im Amt und werden von allen beobachtet, jeder kennt Sie, und nicht nur Sie, sondern auch Ihren Partner oder Ihre Kinder. Das muss man erst mal aushalten. Auch erheben Frauen heute gegenüber ihren Männern und für ihre Kinder sehr viel höhere Ansprüche. Früher war das selbstverständlich, dass die Frau des Bürgermeisters völlig in diesem Status Bürgermeisterfrau aufging. Heute tun die das nicht mehr unbedingt.

*Wird die Tätigkeit des Bürgermeisters, zumal es sich um ein
Wahlamt auf Zeit handelt, angemessen honoriert?*

Wehling: Ja. Ein Problem müsste man sicher lösen: Was passiert mit denen, die nach der ersten Amtszeit nicht wiedergewählt werden? Also, wenn Sie an den Ex-BM in Neckartenzlingen denken, der ist dort ja als Hauptgeschäftsführer beim Roten Kreuz untergekommen. Da ist er ganz gut aufgefangen worden. Wenn Bürgermeister nach einer Periode nicht mehr zum Zug kommen, dann haben sie finanziell ein Problem. Bisher hat man vom Land den Leuten immer sehr großzügig geholfen. Dass jemand Hartz-IV-Fall geworden ist, hat es kaum gegeben. Man hat alles getan, und zwar parteiübergreifend.

*Ich kenne einen Ex-Bürgermeister, der nach acht Jahren
abgewählt wurde und am Ende in Echterdingen den Flughafen
gekehrt hat.*

Wehling: In der Regel passt man auf. Gut, es gibt Fälle, wo jemand mit dem Amt nicht fertig geworden ist und den dann hinterher niemand mehr nehmen will. Aber die Fälle sind relativ selten. Und wer ein bestimmtes Alter erreicht hat, hat da sowieso kein Problem mehr. Also nochmal: Die Besoldung ist gut. Wenn ein Bürgermeister in einem Ort mit 5.000 Einwohnern auch ohne Universitätsstudium wie ein Oberstudiendirektor nach A 16 bezahlt wird, dazu 13,5 Prozent steuerfreie Aufwandsentschädigung aufs Grundgehalt, dann kann er ganz gut davon leben.

*Würden Sie zustimmen: Bürgermeister wird man nicht
vornehmlich des Geldes wegen?*

Wehling: Ja. Genau. Man hat einfach keinen Vorgesetzten und man kann so viel gestalten wie in beinahe keinem anderen Beruf. Erwin Teufel hatte sich ja mal in der Richtung geäußert, als er sagte: „Ich habe als Bürgermeister von Spaichingen mehr bewegen können denn als Ministerpräsident." Teilweise ist es Koketterie, klar. Aber es ist auch nicht ganz falsch.

Ist das Bürgermeistern mit den Jahren schwieriger geworden?

Wehling: Es gibt halt mehr Vorschriften. Alle mischen sich ein, auch die EU. Denken Sie an diese blödsinnige Geschichte mit den europaweiten Ausschreibungen ab einer bestimmten Summe. Das bringt gar nix und hat sich überhaupt nicht gerechnet, aber den Bürgermeistern macht es enorm Arbeit. (Die Kleinen helfen sich, indem sie dann die Aufträge stückeln. Dann bleiben die unter der Summe. Das ist zwar nicht ganz legal, aber das macht man halt.) Manche Gemeinden machen auch ihr eigenes Ding und kümmern sich wenig um Vorschriften, die von der EU, vom Bund oder vom Land kommen. Die schätzen ab: Welche Sanktionen haben wir zu gewärtigen, wenn wir's nicht tun? Und wenn sie feststellen, es ist bislang niemand dafür bestraft worden, dann wird auch ihnen schon nichts passieren. Die Bürgermeister schauen natürlich auch darauf: Muss ich persönlich haften? Wenn das nicht der Fall ist, dann sind sie nochmal etwas legerer in der Umsetzung von Vorschriften. Das ist sicherlich nicht gut, aber das ist ein verständliches Sichwehren gegen allzu viel Reglementierung von oben.

Für den Präsidenten des Bürgermeisterverbandes wird das Bürgermeistern immer schwieriger wegen der Bürgerbeteiligung – weil man kein Projekt mehr durchbringe, ohne dass irgendwelche Leute mit am Tisch sitzen wollen, dann aber selten zielführend arbeiten, sondern alles nur aufhalten.

Wehling: Das will ich nicht bestreiten. Da zeigt sich aber auch die Kunst, mit den Leuten umgehen zu können.

Aber laufen wir da auf ein Dilemma zu, das irgendwann wieder korrigiert werden möchte?

Wehling: Kann sein. Ich hatte ja schon angedeutet, dass ich den Ivo Gönner für einen der bedeutendsten Bürgermeister im Lande halte. *Der* kann das. Der legt einem dann den Arm um die Schulter ...

... und kriegt 'ne gaanz tiefe Stimme ...

Wehling: Ja. Das ist ein ganz großes Plus, wenn man so 'ne sonore Stimme hat. Der Gönner kann jede Situation beruhigen. Das schafft aber nicht jeder, und wer weder über die Tonlage noch über die Fähigkeit verfügt, der hat es dann schwerer. Ja, die aufmüpfigen Bürger sind mehr geworden. Überlegen Sie mal: 1960 haben 6,1 Prozent eines Jahrgangs Hochschulreife erlangt. Inzwischen sind es über 50 Prozent. Und die wissen, wie man es macht. Also nicht, dass die klüger wären, aber die wissen, auch via Internet, wie sie sich Informationen beschaffen, wie sie eben auch Leute organisieren, wie man sich artikuliert. Das wird dann für Bürgermeister schwieriger.

Es gibt ja auch gute Gründe, warum Bürger angefangen haben, sich einzumischen.

Wehling: Man kann mit Stuttgart 21 durchaus seine Probleme haben.

Wie ließe sich das Bürgermeisterdasein attraktiver gestalten?
Wehling: Man kann immer was mit Geld versuchen. Aber die Reglementierungswut, *die* sollte doch deutlich zurückgeschnitten werden. Muss man wirklich landesweit vorschreiben, wie viel Kubikmeter Luftraum pro Kind man im Kindergarten haben muss? Muss das Verhältnis von Erzieherinnen und Kindern wirklich bis ins Letzte hinein geregelt sein? Da mischt sich der Gesetzgeber massiv ein, und nicht immer ist das notwendig. Das ist jetzt nur *ein* Beispiel. *Da* sollte man ein Stück weit flexibler sein.

Wo wird am wütendsten geregelt? Auf Landesebene? Auf Bundesebene? In Europa?
Wehling: Schwer zu sagen. Da sind sie alle schlimm. Je weiter weg, desto realitätsferner wird es. Wenn man in Brüssel was regelt, ist es meistens sehr realitätsfern. Da sitzen halt auch Leute rum, die für bestimmte Tätigkeiten bezahlt werden, die wollen dann auch was tun. Manche Bürokraten haben das Gefühl: Das, was man regeln *kann*, das *sollte* man auch regeln. Und sie fragen nicht: Macht's eigentlich Sinn?

Bürgermeistern Frauen anders als Männer?
Wehling: Sie sind oft geschickter. Sie zeigen auch mehr Sensibilität. Manchmal tun sie sich auch leichter. Frauen wird nachgesagt, sie hätten sehr viel Sensibilität für zwischenmenschliche Verhältnisse, und das brauchen Bürgermeister. Man muss mit den Menschen umgehen können. Nicht nur, dass man in der Lage ist, eine Brücke über den Bach zu bauen, sondern man muss auch Gegensätze zwischen Menschen überbrücken, wissen, wie man im Gemeinderat die Mehrheit hinter sich bringt. Das gilt natürlich auch bei den aufsässigen Bürgern: Wie geht man mit denen um, damit es dann doch klappt.

Warum ist der Anteil weiblicher Bürgermeister(kandidaten) so gering?
Wehling: Das hängt generell mit dem Problem „Frauen in Führungspositionen" zusammen. Frauen sind nicht unbedingt bereit, ihre Privatheit zu opfern. Unsere Gesellschaft lässt es immer noch sehr schwer zu, dass jemand volle Pulle arbeitet, eben über fünf Wochentage hinaus, und gleichzeitig noch Kinder hat und Kinder betreut. Da sagt sich manche Frau: „Nein, das ist mir das nicht wert." Die Gesellschaft hat noch ein traditionelles Rollenverständnis. Zwei Drittel der Studierenden an den Hochschulen für öffentliche Verwaltung sind weiblich. Diese Frauen sind inzwischen sehr stark

als Bedienstete in den Rathäusern vertreten, auch als Amtsleiterinnen. Weil man das sehr flexibel handhaben kann: Man kann eine halbe, eine Dreiviertelstelle annehmen. Dann bleibt immer noch genug Zeit für Mann und Kinder, und das ist für viele Frauen erstrebenswerter. Hängt eben mit der Rollenverteilung zusammen. Wenn Sie sich die Frauen anschauen, die Bürgermeister geworden sind – entweder sind sie jenseits der Familienphase, oder aber sie sind unverheiratet und wollen es auch bleiben, oder sie wollen oder können keine Kinder kriegen. Wenn Sie Frau Bosch in Reutlingen fragen, dann sagt sie: „Kinder kriegen als Oberbürgermeisterin? Das geht nicht!"

Bei der BM-Wahl 2008 in Tettnang kandidierte eine unübersehbar Schwangere. Der Kandidatin wurde abgesprochen, im Amt vollen Einsatz bringen zu können.

Wehling: Denken Sie an Frau Chef in Gemmrigheim, die damals noch Tummescheit hieß. Die bekam während der ersten Amtszeit ein Kind. Da konnte man im Ort den Eindruck gewinnen, dass die Leute befürchteten, ihre Bürgermeisterin würde ihnen nicht mehr die volle Aufmerksamkeit zuwenden; dass das Kind so 'ne Art Konkurrenz darstellte. Und das wollten diese Leute nicht.

In Herrenberg habe ich Thomas Sprißler geholfen. Dessen Konkurrentin Dr. Anja Dietze – Mutter kleiner Kinder – hat mutmaßlich nur darauf gewartet, dass jemand darüber unkt. Auf dass sie dann hätte kontern können: „Jetzt wollen wir doch mal sehen, ob dieses Herrenberg modern genug ist, so etwas zu akzeptieren." Dann dreht sich nämlich das Ganze gerade um, nur weil eine Stadt dann nicht von gestern sein möchte.

Wehling: Ja. Das sind tiefer liegende gesellschaftliche Probleme.

Nicht selten sagen mir Frauen: „Ich habe keine Lust auf diese taktischen Spielchen als Bürgermeister, die man spielen muss, die offenbar einfach dazugehören. Das will ich nicht machen müssen. Für so was bin ich nicht zu haben. Diese Art von Machtpolitik, diese Männerspielchen, wenn's denn Männerspielchen sind, die überlasse ich den Männern."

Wehling: Ja, auch das spielt eine Rolle.

Ganz banal gefragt: Wie gewinnt man eine Bürgermeisterwahl?

Wehling: Die Hauptsache ist, man ist glaubwürdig. Man muss natürlich mit den Bürgern umgehen können, man muss im Wahlkampf Zielvorstellungen für die Gemeinde entwickeln können. Aber der Hauptpunkt ist, man muss glaubwürdig sein. Nehmen Sie Weingarten, wo es der Herr Ewald geschafft hat. Dabei war ja eigentlich der CDU-Kandidat nach der äußeren Form ideal für Weingarten. Der war gut katholisch, war Kulturbürgermeister in Esslingen. Sein vor sich her getragenes Katholisch-Sein haben die Leute dann aber als übertrieben empfunden, als nicht sehr glaubwürdig.

Steigt, über die Jahre beobachtet, die Qualität der Wahlkampagnen?

Wehling: Man investiert mehr, weil man sagt, sicher ist sicher. Wenn ich mir Ihr Geschäft angucke, dann profitieren Sie nicht zuletzt *davon*, dass bei den Bürgermeistern die Meinung besteht, es gehe heute nicht mehr ohne professionelle Beratung.

Wobei nicht die Buntheit des Prospektes darüber entscheidet, ob jemand gewählt wird oder nicht.

Wehling: Das ganze Erscheinungsbild muss stimmig sein. Von daher müssen Sie Ihre Kandidaten dafür sensibilisieren, dass sie auch ehrlich rüberkommen.

Bewerber müssen sich in ihrer Haut wohl fühlen. Sie müssen bei sich sein. Sonst können sie diese Stimmigkeit kaum ausstrahlen.

Wehling: Manche Bürgermeisterkandidaten glauben gar nicht recht an ihren Sieg. Auch das merken die Leute. Als Kandidat müssen Sie hundertprozentig von sich überzeugt sein: Sie *können* den Job, und Sie *wollen* den Job.

Welche Fehler werden in Wahlen häufig gemacht?

Wehling: Anbiederungen sind schon mal falsch. Das war eben bei diesem CDU-Kandidaten in Weingarten der Fall. Das darf man nicht machen. Man muss schon diese schwierige Balance halten zwischen Verbindlichkeit, dass man mit den Leuten zu reden bereit ist, und einer gewissen Distanz, die man wahrt. Auch wenn einer jedem nach dem Mund schwätzt, spricht sich das ganz schnell rum in der Gemeinde. Man muss auch da eine klare Linie haben. Man muss von A bis Z authentisch sein.

Wie geschickt oder ungeschickt agieren die Landeszentralen der Parteien beziehungsweise ihre Ortsverbände im Vorfeld von Bürgermeisterwahlen?

Wehling: Es ist viel zu stark die Meinung verbreitet, dass die Wahlen eine parteipolitische Entscheidung seien.

Wo ist diese Meinung verbreitet – in den Parteien oder im Volk?

Wehling: In den Parteien. Nicht im Volk. Die Parteien gehen zumeist davon aus: „Das muss einer von uns sein. Die Leute wählen hier ja auch bei Landtagswahlen immer CDU, deshalb muss der Kandidat ein CDU-Parteibuch haben." Zum Beispiel. Da vertun sich die Parteien. Und hinterher – in Nordrhein-Westfalen ist das noch ausgeprägter als hier – sind die Parteien dann maßlos enttäuscht. Dann kommen sie moralisch und sagen: „Die Wähler haben uns im Stich gelassen!" Dabei haben Parteien es einfach falsch eingeschätzt. Sie denken: „Wir sind ja eigentlich eine CDU-Stadt, da wird dann auch der CDU-Mann gewählt." Sie versuchen dann, parteipolitisch zu arbeiten. Wenn sie merken, dass ihnen die Felle davonschwimmen, machen sie manchmal auch noch einen CDU-Bäpper auf das Plakat, und dann ist es erst recht aus.

Sind die Wähler in der Lage, den jeweils geeignetsten Bewerber herauszufiltern, oder lassen sie sich gerne verführen, blenden?

Wehling: Ich glaube nicht, dass sie sich verführen lassen. Ob die jeweilige Papierform im Amt durch die jeweiligen faktischen Fähigkeiten auch eingelöst werden würde, können sie nicht einschätzen. Aber das kann auch ein Parteigremium nicht. In den kleineren Gemeinden ist es von großer Wichtigkeit, wie die offizielle Kandidatenvorstellung läuft. Wer da gewinnt, hat wahrscheinlich schon die Wahl gewonnen. Und wer dort verliert in den Augen der Menschen, der hat mit Sicherheit die Wahl verloren.

Ich sag's immer ein bisschen anders. Ich sage: Man kann eine Wahl bei der Kandidatenvorstellung nicht gewinnen, aber man kann sie dort verlieren.

Wehling: Ja, das ist genau richtig. Und wenn dann eben in Pliezhausen oder sonstwo 800 Leute kommen und draußen vor der Halle stehen noch welche vor Lautsprechern, dann ist das halt Gold wert. Da muss man punkten. Das spricht sich dann rum, die Bürger sind ja entsprechend vernetzt, das erreicht dann beinahe jeden Wähler.

Parteien bekommen nach Wahlen Wahlkampfkosten erstattet – Bürgermeisterkandidaten nicht. Finden Sie das gerecht?
Wehling: Nein. Ich finde, da sollte man was machen. Ich habe vor Jahren schon vorgeschlagen, dass alle Kandidaten im Nachhinein, wenn sie eine bestimmte Zahl von Stimmen erreicht haben, ein Plakat und noch 'ne Wurfsendung bezahlt bekommen. Das Soll muss man hoch ansetzen, wir wollen damit ja nicht anreizen, dass jede Menge Kandidaten kommen, die hinterher für ein, zwei Stimmen eine Entschädigung erhalten. Deshalb kann man eben erst im Nachhinein erstatten.

Und Rechtsextreme bekämen ihren Missbrauch von Bürgermeisterwahlen auf diese Weise dann auch noch refinanziert.
Wehling: Ja, Axel Heinzmann oder so. Aber der bekommt ja kaum Stimmen. Also, da muss man Barrieren schaffen. Die muss man dann aber verfassungsrechtlich genau abklären. Ich würde schon für eine Wahlkampfkostenerstattung plädieren. Überlegen Sie: Ein Euro Wahlkampfkosten pro Einwohner, das ist ein Haufen. Bei einer 5.000-Einwohner-Gemeinde geht das. Aber Stuttgart ist ja gar nicht zu finanzieren, und schon in Reutlingen wird's schwierig. Da muss man ein Stück weit helfen.

Es mögen also auch die Kosten sein, die manchen von der Kandidatur abhalten?
Wehling: Das kann sein. Andererseits gibt es Leute wie den Mike Münzing. Er hat mir gesagt, er habe damals in Münsingen den Gegenwert eines Kleinwagens in den Wahlkampf investiert, das sei ihm die Sache wert gewesen.

Hat der Bürgermeisterberuf Zukunft?
Wehling: Ja.

Obwohl die Bewerber weniger werden? Obwohl die Tätigkeit immer schwieriger wird?
Wehling: Ja, trotzdem. Es gibt wirklich keinen Beruf, wo Sie so unabhängig sind. Gestaltung ist das eine – das andere ist, dass Sie niemanden als Vorgesetzten haben! Stimmt rechtlich gar nicht, aber das wissen die Bürgermeister nicht. Die gucken mich immer verblüfft an, wenn ich sage: „Wissen

Sie eigentlich, dass Sie, bevor Sie in Urlaub gehen, beim Landrat einen Urlaubsantrag einreichen müssen und der den Antrag genehmigen muss?" Hat noch kein Bürgermeister gemacht. Ist auch unsinnig, diese Regelung, denn ein Bürgermeister treibt da kein Schindluder mit. Wenn einer das machte, würde er nicht wiedergewählt.

Mancher wird schon vom Wähler abgestraft, weil er zu zeitig Feierabend macht.

Wehling: Ja, eben. Das spricht sich ja rum. Aber der Punkt war ja: Bürgermeister haben faktisch keinen Vorgesetzten, auch wenn sie formal einen haben. Keinen Chef zu haben, das ist unbezahlbar! Jeder, der mal in irgendeiner Hierarchie drin war, weiß, wie unangenehm das ist, wenn man einen blöden, inkompetenten, kleinlichen Chef hat. Wenn einer reinredet, der überhaupt nicht kapiert, warum man was wie macht. Gut, Bürgermeister haben einen Gemeinderat, mit dem sie sich rumstreiten müssen. Manche verzweifeln auch am Gemeinderat und überlegen, ob sie nicht die Brocken hinwerfen sollen. Aber dann kriegen sie es doch wieder auf die Reihe.

Rolf Müller wurde 1944 in Mühlheim-Stetten im Landkreis Tuttlingen geboren. Der seit 1976 verheiratete Vater einer Tochter absolvierte von 1962 bis 1969 die Ausbildung für den gehobenen Verwaltungsdienst, um danach ein Jahr lang für die Stadt Friedrichshafen zu arbeiten. Von 1970 bis 1983 hatte Müller verschiedene Funktionen bei der Stadt Ravensburg inne, zuletzt leitete er das Rechnungsprüfungsamt. Seit 1983 und bis November 2012 lenkte der Christdemokrat die Geschicke der Bodenseegemeinde Langenargen, seit 1984 gehört er der CDU-Kreistagsfraktion und der Verbandsversammlung des Regionalverbands Bodensee-Oberschwaben an. Müller ist Mitglied im Landesvorstand des Gemeindetages Baden-Württemberg und im Beirat der Sparkasse Bodensee. Seit 1993 fungiert er als Vorsitzender oder stellvertretender Vorsitzender des Zweckverbandes Kommunale Informationsverarbeitung Reutlingen-Ulm, seit 2001 als Aufsichtsratsvorsitzender der Interkommunalen Informationsverarbeitung Reutlingen-Ulm GmbH (IIRU).

Interview mit Roland Bürkle, Rolf Müller und Hans Jürgen Pütsch

„Das war mein wichtigster Wahlsieg"

Drei CDU-Bürgermeister mussten gegen die eigene Partei antreten. Der eine setzte sich gegen christdemokratische Mitbewerber durch. Den Zweiten wollten Partei„freunde" aus dem Amt jagen. Mit dem Dritten sprach der Stadtverband bis zum Wahltag praktisch kein Wort. Drei trotzdem treue Parteiseelen sinnieren selbstkritisch über Stallorders, Spendenpraxis und ausufernde Bürgerbeteiligung.

Herr Müller, Herr Bürkle, Herr Pütsch – Sie sind alle Mitglied der CDU. Was hat Sie jeweils in die Partei geführt?
Rolf Müller: Einmal die politische Überzeugung. Und dann habe ich mich damals, als es um den Kreistag ging, entscheiden müssen, ob ich bei der CDU Mitglied werde oder für die Freien Wähler kandidiere. Da habe ich den Vorteil auch für die Gemeinde bei der CDU gesehen – das war 1984. Als ich mich erstmals in Langenargen als Bürgermeister bewarb, war ich noch parteilos.
Roland Bürkle: Ich bin mit 16 Jahren in die CDU eingetreten. Damals wusste ich noch nicht, wie ich mich beruflich entwickle. Zuvor war ich in der katholischen Jugend, wurde Jugendleiter und habe mit 15 in Haigerloch einen Stadtjugendring gegründet. Die CDU hatte mir ungemein geholfen, diesen Stadtjugendring nach vorne zu bringen. In meiner Familie hatte man schon immer CDU gewählt, und so bin ich dann in die Junge Union geraten.
Hans Jürgen Pütsch: Ich bin 1986 zur CDU gekommen. Damals gab es eine ganz interessante Diskussion über Embryonen. Wann beginnt Leben und was weiß ich was. Das fand ich spannend, und in der CDU gab es dazu eine interessante Arbeitsgruppe. Ich hatte einen Freund, der damals in der CDU aktiv war. Der hat mich dann mitgenommen. Ich bin aus Überzeugung bei der CDU, aber kein Parteisoldat im klassischen Sinne.

Roland Bürkle wurde 1965 in Balingen geboren und wuchs in einem Teilort von Haigerloch auf. Der seit 1990 verheiratete Katholik hat zwei Kinder. Auf seine Ausbildung von 1984 bis 1988 zum Diplom-Verwaltungswirt (FH) folgten berufliche Stationen als Hauptamtsleiter und Kämmerer der Gemeinde Rangendingen. Von 1990 bis 2002 war Bürkle Bürgermeister der Gemeinde Fronreute (Kreis Ravensburg), seit 2002 ist er Bürgermeister der Stadt Bad Wurzach. Innerhalb der Jungen Union führte er den Stadtverband Haigerloch, war Kreisvorsitzender im Zollernalbkreis und führte den Bezirksverband Württemberg-Hohenzollern. Seit 1994 ist Christdemokrat Bürkle Mitglied des Kreistages zu Ravensburg, seit 1999 Sprecher der CDU-Kreistagsfraktion.

Wir schreiben heute den 29. März 2011. Vorgestern verlor die CDU die Macht im Ländle. Profitierten Bürgermeister bisher von einem schwarzen Parteibuch?

Bürkle: Wenn man CDU-Mitglied war, hat man manche Dinge früher erfahren. Und wenn du in Parteiveranstaltungen und Gesprächen erspürt hast, wohin die Reise geht, konntest du das ertragreich für die Gemeinde einsetzen. Im Verhältnis zur Bevölkerung war die CDU-Mitgliedschaft nicht immer von Vorteil: Für manchen Parteikonflikt bist du als CDU-Mitglied in deiner Stadt in eine Ecke gestellt worden, wo du eigentlich nicht hineingehörst.

Wenn die CDU im Land etwas beschlossen hat, musste man als CDU-Bürgermeister vor Ort den Kopf dafür hinhalten.

Bürkle: Obschon ich in einzelnen Punkten anderer Meinung war als meine Partei, wurde mir diese Unabhängigkeit nicht immer abgenommen.

Müller: Ich habe mich in der Partei nicht engagiert, habe das Bürgermeisteramt immer überparteilich begriffen. Deshalb hat man mich vermutlich gar nie so konkret mit Parteitagsbeschlüssen oder Entscheidungen der Landesregierung personifiziert.

Bewerben sich Parteigänger als Bürgermeister, dann sagen sie gerne: „Ich bin Mitglied der Partei X, aber ich trete hier an als Mensch Y." Um einen gewissen Abstand zur jeweiligen Partei zu demonstrieren.

Pütsch: Ich glaube nicht, dass man eine Distanz zur Partei signalisieren will. Wenn ich erkläre, ich bin CDU-Mitglied, kann man mich besser verorten. Und mit der Aussage, dass ich als Unabhängiger antrete, möchte ich zum Ausdruck bringen, dass ich kein Parteisoldat oder Ideologe bin, der mit Scheuklappen seine Arbeit macht. In über 22 Jahren als Bürgermeister, Beigeordneter und Oberbürgermeister war mir immer wichtig, dass ich mich Meinungen anderer nicht verschließe, egal, aus welcher politischen Ecke sie kommen. Ich unterstütze überzeugende Argumente, die für die jeweilige Sache wichtig sind. Ich unterstütze niemanden, nur weil er in der CDU ist. Ich agiere unabhängig und will doch meine politische Heimat nicht leugnen. Ich musste mit meiner Partei ja auch unterschiedlichste Erfahrungen machen.

Hans Jürgen Pütsch, geboren 1961 in Bitburg (Eifel), evangelisch, ist verheirateter Vater zweier Söhne. Nach der Ausbildung und dem Studium an der Fachhochschule für öffentliche Verwaltung in Kehl arbeitete der Diplom-Verwaltungswirt von 1987 bis 1988 im Grundbuchamt Villingen-Schwenningen. Danach war er Grundbuchratschreiber und leitete das Hauptamt der Gemeinde Schönwald (1988–1990). Vierzehn Jahre lang (1990–2004) war der Christdemokrat Bürgermeister in Dornstetten im Kreis Freudenstadt, danach arbeitete er knapp vier Jahre als Beigeordneter der Großen Kreisstadt Horb am Neckar. Im September 2007 gewann Pütsch für viele überraschend die Rastatter OB-Wahl. Er ist Vorsitzender des DRK-Kreisverbands Rastatt.

Betrachten wir die Rastatter OB-Wahl 2007. Sie, Herr Pütsch, traten damals gegen den parteilosen Amtsinhaber Walker an – immerhin als Beigeordneter der Großen Kreisstadt Horb am Neckar. Dennoch hat die Rastatter CDU sich Ihnen bis zum Tag der Erstwahl hartnäckig verweigert, hat kein einziges Mal mit Ihnen gesprochen. Warum das?

Pütsch: Das hat eine Vorgeschichte. Als ich erfahren hatte, dass bald Rastatt wählt, bekundete ich mein Interesse an einer Kandidatur und erfuhr, man führe bereits ernsthafte Gespräche mit einem anderen Interessenten. Man werde mir mitteilen, ob man sich mit diesem Interessenten einige oder nicht. Ich habe dann eine ganze Weile gewartet. Dann teilte man mir mit, der andere trete an, weitere Gespräche seien unnötig. Gleichzeitig suchte eine Bürgerinitiative ausdrücklich einen Kandidaten für Rastatt. Diese Bürgerinitiative hatte den Verdacht, die etablierten Parteien würden OB Walker gar nicht herausfordern, sondern diesen in Wahrheit im Amt halten wollen. Diese Bürgerinitiative „Zukunft Rastatt e.V." ermunterte mich zur Kandidatur. Daraufhin kontaktierte ich nochmals die CDU und meinte, es wäre doch schön, wenn man ein Einvernehmen zwischen CDU und Bürgerinitiative herstellen könnte. Vergeblich. Dass ich nun aber mit Unterstützung der Bürgerinitiative ins Rennen ging, anstatt zu Gunsten des CDU-Bewerbers zu verzichten, nahmen mir die Parteioberen krumm.

Wäre es nicht cleverer gewesen, dass man sich darauf verständigt: Beide treten an, und sollte es in eine zweite Runde gehen, dann zieht ein Herausforderer zugunsten des anderen zurück?

Pütsch: Die Strategie hat es ja dann gegeben, aber eben nicht zwischen der Partei und mir, sondern zwischen dem Kandidaten dieser Partei und mir. Wir wussten beide, für den Fall eines zweiten Wahlgangs hat nur der Herausforderer eine Chance, der alle Abwahlstimmen auf sich vereinigen kann.

Hat Christoph Nitz, der mit 16 Prozent auf der Strecke blieb, Sie dann ausdrücklich in Runde zwei zur Wahl empfohlen?

Pütsch: Leider nein. Das hat mich dann auch geärgert, muss ich ganz ehrlich sagen. Ich bekam im ersten Wahlgang 32 Prozent, Nitz 16 Prozent. Eine förmliche Empfehlung hätte mir sicher geholfen. Die CDU war ja gespalten. An der Parteibasis herrschte Unverständnis darüber, dass die Vorstandsebene mit einem Kandidaten Hans Jürgen Pütsch kein Gespräch gesucht hatte. Mein Unterstützerkreis rekrutierte sich aus allen politischen Lagern und hatte ein gemeinsames Ziel: Oberbürgermeister Walker abzuwählen.

Es gab tatsächlich den Verdacht, dass die CDU, die im Gemeinderat die absolute Mehrheit stellte, nicht wirklich eine Abwahl wollte und mit Amtsinhaber Walker abgesprochen haben könnte: Wir bieten einen zweitklassigen oder gehandikapten Herausforderer auf und blockieren so eine Abwahl. „Zukunft Rastatt e.V." hatte ja anfangs einen weiteren CDU-Interessenten, einen Bürgermeister aus dem Umland, an Land gezogen – seines Zeichens CDU-Fraktionschef im Rastatter Kreistag. Nachdem der sich dann aber der Rastatter CDU vorgestellt hatte, verzichtete er auf eine Kandidatur und begründete dies mit einer Virenerkrankung. Dies erhärtete den Verdacht, die CDU wolle in Wahrheit eine Abwahl verhindern. Das hat die wahre Opposition dann erst recht aufgebracht.

Pütsch: Dieser Verdacht hält sich bis heute. Wenn man so will, war es eine glückliche Fügung, weil ich dann von einer unglücklich agierenden CDU deutlich abrücken konnte und die Bevölkerung diese Neutralität, die sie einfach in einem Oberbürgermeister sehen möchte, in mir gesehen hat.

In mancher Wahl ist es ein probater Schachzug: Ein Parteigänger tritt gegen den offiziellen Kandidaten der gleichen Partei an und streift so den Verdacht ab, von der Partei abzuhängen.

Pütsch: Also, ich hätte mich gefreut, wenn die Bürgerinitiative und die CDU sich geschlossen hinter mich gestellt hätten.

Die CDU hatte ihren Kandidaten Nitz sehr lange im Verborgenen gehalten.

Pütsch: Es war wohl auch Wunsch des Kandidaten, nicht zu früh genannt zu sein. Tatsächlich sollte man nicht zu früh ins Rennen gehen. Das hat man in Achern gesehen. Ich glaube, die Kollegen dort waren 14 Wochen im Wahlkampf. Ich hatte während des gesamten Wahlkampfes Urlaub. Tagsüber in Horb arbeiten und feierabends in Rastatt Wahlkampf zu machen, wäre nicht gegangen. Und was mir auch geholfen hat: Mein Vorgänger hat mich wohl unterschätzt ...

Herr Walker hat sich im Wahlkampf stets arrogant bis verächtlich über Sie geäußert nach dem Motto: Wenn der CDU-Kandidat Pütsch noch nicht mal von der eigenen Partei zu einem Gespräch gebeten wird, dann kann's ja nicht weit her sein mit ihm.

Pütsch: Mein Vorgänger hat sich sehr stark auf den offiziellen CDU-Kandidaten konzentriert und scharf geschossen. Derweil konnte ich im Windschatten meine Arbeit machen.

Auch Sie, Herr Müller, haben Ihre Erfahrungen mit der eigenen Partei machen müssen. Die CDU bot 2006 einen anderen Bewerber auf, um Sie von der Kandidatur für eine vierte Amtsperiode abzuhalten. Wie kam es dazu?

Müller: Ja, das war nicht weniger spannend. 22 Jahre lang hatte ich in Langenargen eine beneidenswerte Situation. Alle Kollegen hatten mich beneidet, wie harmonisch es in Langenargen zugehe, wie wunderbar alles funktioniere. Stets hatte ich hervorragende Wahlergebnisse. Vor jeder Wahl hatten sich alle Fraktionen für meine Wiederwahl ausgesprochen. In einem Teilort, in Oberdorf, bekam ich bei der vorletzten Wahl 100 Prozent.

100,0 Prozent!

Müller: In der Folge haben wir in dem Teilort ein Dorfgemeinschaftshaus gebaut und ich war permanent präsent. Trotzdem wählten mich in Oberdorf anno 2006 nur noch 44 Prozent.

Was war geschehen?

Müller: Lange Zeit war das Verhältnis im Gemeinderat zu allen Fraktionen wirklich harmonisch. Dann kam die Kommunalwahl 2004 und brachte einen enormen Umbruch. Viele ehemalige Gemeinderäte, die stabilisierend waren, hörten auf. Junge Gemeinderäte rückten vor. Diese Jungen waren ja noch zur Schule gegangen, als ich hierherkam. Wahrscheinlich hatten die von ihren Eltern immer gehört, der Gemeinderat macht, was der Bürgermeister will. Da haben sie für sich entschieden, jetzt soll das mal umgekehrt sein. Ende 2005 hatte ich ein Gespräch mit dem CDU-Ortsvorsitzenden. Eine gewisse Spannung war immer da, aber ich konnte nicht erkennen, dass die CDU einen Gegenkandidaten bringt. Er hat mir das nie so deutlich gesagt. Aber zum Jahreswechsel 2005/2006 lese ich dann in der Zeitung, dass die CDU eine Bürgermeisterfindungskommission gebildet hat. Dass sie also einen Gegenkandidaten suchen.

Ausgerechnet die CDU.

Müller: Ausgerechnet die CDU. Zu dem Zeitpunkt hatte ich noch gar nicht entschieden, ob ich nochmal kandidiere. Das war für mich noch offen. Aber nach ein paar Tagen Bedenkzeit war mir klar, dass ich jetzt kandidieren *muss*, denn sonst hätte ich mit dem Makel abtreten müssen: „Der wäre wahrscheinlich sowieso nicht mehr gewählt worden."

Öffentlich kam rüber: jetzt erst recht! Wenn die es mir so machen, dann kandidiere ich zum Trotz.

Müller: Ich habe nicht zum Trotz kandidiert. Ich wollte ein Votum der Bevölkerung. Die hat mich gewählt und nicht die paar Gemeinderäte, die jetzt gegen mich sind. Der Gegenkandidat ...

... ein junger Mann aus dem Raum Esslingen ...

Müller: ... das muss ich sagen, der wurde nicht geholt. Der kam von sich aus hierher. Die CDU hat hier in Oberschwaben gesucht, hat aber keinen Kandidaten gefunden. Als Herr Hooge zu mir ins Büro kam, fragte ich ihn, wie er auf Langenargen gekommen sei. Da sagte er, er habe die Liste vom Gemeindetag mit allen Bürgermeistern durchgeschaut: dritte Amtszeit, Alter über sechzig.

Und Langenargen ist eine wunderschöne Gemeinde.

Müller: Auch noch. Hab ich gut nachvollziehen können und mit ihm auch nie ein Problem gehabt. Das war ja kein Wahlkampf zwischen Herrn Hooge und mir, sondern das war ein Wahlkampf zwischen mir und den zwei Gemeinderatsfraktionen.

Warum hing der Rathaussegen derart schief?

Müller: Das hat sicher mit gewissen persönlichen Befindlichkeiten zu tun. Wir haben anschließend eine Mediationsveranstaltung gemacht, wo jeder sagte, was ihm nicht gefällt. Da wurde mir angekreidet, der respektvolle Umgang habe gefehlt, man habe kein Vertrauen. Ich hätte Fördermittel beantragt, ohne zuerst mit dem Gemeinderat zu sprechen. Zum Beispiel beim Mutter-Kind-Becken für unser Strandbad. Nach drei Besichtigungen war im Grundsatz klar: Das Becken wird gebaut. Ich habe sofort einen Zuschussantrag gestellt und 50 Prozent bewilligt bekommen. Aber nun fühlten sich die Gemeinderäte übergangen und lehnten das ganze Projekt ab.

Im Wahlkampf mochte mein Gegenkandidat kein einziges sachliches Problem benennen, das ihm in Langenargen missfalle. Er fand alles prima.

Keinerlei handfeste Fehler, wo man Ihnen hätte nachweisen können, Sie haben zum Schaden dieser Gemeinde gehandelt?
Müller: Keine. Herr Hooge hat wirklich alles nur positiv dargestellt und mochte nichts kritisieren. Worauf Gemeinderäte schließlich versuchten, die Gemeindeverschuldung zu dramatisieren – ich würde Langenargen an die Wand fahren. Was wirklich nicht der Fall war. Wir hatten Ende 2006 zirka 1,8 Millionen Euro beziehungsweise aktuell rund 1 Million Euro Schulden im Kernhaushalt der Gemeinde, bei knapp 8.000 Einwohnern. Es war auch noch das Argument angeführt worden, ich sei mit 62 Jahren zu alt, ich könne die acht Jahre sowieso nicht vollenden.

Bei der Betrachtung der Kassenlage steht eigentlich immer Aussage gegen Aussage. Wie ging die Wahl dann aus?
Müller: Ich habe etwas mehr als 51 Prozent bekommen. Danach haben wir dann dieses Mediationsgespräch geführt und haben versucht, wieder ein harmonischeres Umfeld zu schaffen – das ist nicht vollständig gelungen. Mein Verhältnis zu CDU und Freien Wählern bleibt gespannt. Die SPD unterstützt mich dagegen bei allen Projekten. Das ist das Eigenartige.

Die Wahl ist jetzt mehr als vier Jahre her. Sie sind mit mäßigem Erfolg um ein sachliches Verhältnis bemüht. Können Sie sich dann über den Wahlsieg von 2006 freuen?
Müller: Da freue ich mich ganz besonders! Das war mein wichtigster Wahlsieg.

Herr Bürkle, was hat die Partei davon, wenn Stadtverbände derart agieren? Es schadet der Partei. Es dient nicht der Sache. Wieder und wieder gehen Wahlen für die CDU verloren, wo man relativ leicht analysieren kann, woran es gelegen haben mag, nämlich an den Damen und Herren dilettantischen Wahlkampfregisseuren vor Ort.
Bürkle: Auch in meinen beiden Erstwahlen hatte der jeweilige CDU-Ortsverband weitere Kandidaten vorgesehen. Ich habe mich dann durchgesetzt und konnte dann Gott sei Dank relativ schnell ein gutes Verhältnis herstellen.

Roland Bürkle, Rolf Müller und Hans Jürgen Pütsch

Lässt sich so was nicht verhindern?

Bürkle: Ich weiß nicht, ob das alles immer so strategisch abläuft, wie man hinterher immer vermutet. Also für mich war es bei meiner ersten Wahl schon ein bisschen überraschend. Ich hatte zehn Jahre lang ehrenamtlich in der Partei geackert. Ich war Ortsvorsitzender, Kreisvorsitzender, Bezirksvorsitzender der Jungen Union. Ich hatte bei drei großen Wahlkämpfen kräftig mitgearbeitet. Aber bei meiner ersten eigenen Wahl hat die CDU einen anderen Kandidaten aus dem Ort unterstützt, der in der Partei nicht so präsent war.

Das war in Fronreute?

Bürkle: In Fronreute, ja. Ein engagierter Mann, der heute anderswo Bürgermeister ist. Aber ich war da nicht der Favorit. Beim zweiten Mal, in Bad Wurzach, da kannte ich das dann schon. Wieder gab es zunächst einen anderen bevorzugten Favoriten, der dann aber gar nicht erst antrat, nachdem ich meine Kandidatur öffentlich erklärte. Die CDU ist halt eine Volkspartei. Mit unterschiedlichen Menschen. Oft sind es einfach Persönlichkeiten, die so was prägen. Jeder Ortsverband und jede Stadt ist ein wenig anders. Es gibt Stadtverbände und Ortsverbände bei uns, die haben so viele Mitglieder wie in anderen Parteien der gesamte Kreisverband nicht hat.

Wenn Parteivertreter vor Ort offenkundig Fehler machen, wird dann der Versuch unternommen, von Stuttgart oder vonseiten des Kreisvorstandes mäßigend auf die Leute vor Ort einzuwirken? Oder können die machen, was sie wollen?

Bürkle: Es ist jetzt nicht so, dass man nicht miteinander redet innerhalb der CDU-Familie. Ich denke schon, dass es auch Hinweise gibt aus Stuttgart, vom Kreisverband oder von Nachbarkollegen. Da wird schon geredet. Ich glaube aber, der Einfluss aus Stuttgart, der wird in der Öffentlichkeit überschätzt. Die Parteigranden vor Ort mögen es nicht, wenn der Generalsekretär aus Stuttgart anruft und sagt: „Das ist doch blöd, wie ihr das macht. Man sollte das anders machen."

Im Kreis Ravensburg habe ich es hie und da schon erleben dürfen. Wenn sich dann die so genannten Neckarpreußen einmischen, dann macht man kategorisch das genaue Gegenteil dessen, was Stuttgart vorschreiben will. Das Problem kennen andere Parteien übrigens auch.

Müller: Nachdem sich alles nur im persönlichen Bereich abgespielt hatte, mit Verleumdungen und Beleidigungen, habe ich 2006 beim Kreisverband angerufen und gesagt: „Könnt ihr da nicht mal ein bisschen mäßigend wirken?" Antwort: „Da können wir nichts sagen. Das ist alles Sache des Ortsverbandes."

Bürkle: Es gibt schon Gespräche. Nicht in der Öffentlichkeit, was ja gut ist. Es kommt immer auf jene an, die vor Ort handeln, ob sie die Argumente hören wollen. Ich habe da unterschiedliche Erfahrungen gemacht.

Pütsch: Die wollen halt Königsmacher werden. Manche wollen den ganz persönlichen Triumph, später sagen zu können: *„Ich war derjenige, der den erfolgreichen Bewerber geholt hat."* Unterschätzen aber auch, dass das in die Hose gehen kann.

Haben Sie die Parteischiene genutzt?

Pütsch: Ich hatte bei der CDU-Landesgeschäftsstelle vorgesprochen. Mir war klar, wenn du CDU-Mitglied bist, dann versuchst du über diese Schiene an eine Stadt ranzukommen, wo man dich dann vorschlagen kann.

Die Partei als geschützter Raum im Vorfeld einer Wahl.

Pütsch: Es gibt ja mehrere Komponenten. Einmal brauchst du ein Team. Einen Wahlkampf macht man nicht alleine. Und wenn man zur CDU gehört, möchte man natürlich schon gerne die Manpower der Parteibasis beanspruchen. Das Zweite ist: Die Wahl kostet Geld. Als ich Kontakt zur Landesgeschäftsstelle aufgenommen hatte, hatte ich mir davon versprochen, dass man mir dort zumindest eine Art Leitfaden oder Tipps gibt: Wie finanziere ich denn so einen Wahlkampf? Wie komme ich an Geld ran? Wie gehe ich mit Spendengeldern um? Aber auf die ganzen Fragestellungen, die sich da auftun, hörte ich nichts! Null! Das war eine ganz große Enttäuschung. Zu jener Zeit waren wieder ein paar Oberbürgermeisterwahlen aus CDU-Sicht versemmelt worden, worauf man ein paar Leute zu einer Besprechung in die Landesgeschäftsstelle eingeladen hatte. Da saßen dann ein paar Abgeordnete, die zu dem Thema was zu sagen hatten. Ich habe dann meine Fragen zur Finanzierung eines Wahlkampfs geäußert und bekam zur Antwort: Wenn ich so in eine Wahl reingehen wolle, dann könne ich es gleich vergessen. Man müsse doch an und für sich schon froh sein, dass die CDU einen zulasse als Kandidaten. Darauf widersprach ein bereits gewählter Oberbürgermeisterkollege: „Leute, jetzt sage ich euch eines, die CDU muss froh sein und stolz sein, wenn sie Kandidaten bekommt, die bereit sind, für die CDU anzutreten." Das waren zwei ganz konträre Aussagen! Daran, glaube ich, kann man auch sehen, dass in der Landesgeschäftsstelle die Dinge absolut unterschätzt werden. Man hört nicht auf die, die Wahlkämpfe bestreiten. Man ruft deren gemachte Erfahrungen nicht ab, und deswegen wird auch in Zukunft die eine oder andere Wahl schiefgehen, weil gewählte Rathauschefs nicht als originäre Berater zur Verfügung stehen. Die Stuttgarter sollen nicht bestimmen. Die sollen auch keinen Kandidaten platzieren, aber zumindest Hilfestellung geben können. Und da kommt mir zu wenig.

Aber es gibt doch die kommunalpolitische Vereinigung innerhalb der CDU? Was tut die dann? Hat man dazugelernt, seit Thomas Strobl als Generalsekretär zu jener Sitzung im Jahr 2006 nach Stuttgart eingeladen hatte? Es gingen ja weitere so genannte wichtige OB-Wahlen verloren, zum Beispiel in Friedrichshafen.

Pütsch: Damals hatte ich die Zusicherung bekommen, man werde jetzt etwas ausarbeiten und diejenigen, die da waren, nochmals zu einem Gespräch einladen. Auf diese Einladung warte ich noch heute.

Sie haben es ja nicht mehr nötig. Sie sind ja jetzt gewählt.

Pütsch: Ich verfüge über einen reichen Erfahrungsschatz aus einer spannenden Oberbürgermeisterwahl, aus der man viel lernen könnte, wenn man wollte. Aber man fragt diese Erfahrung nicht ab!

Auf mich kommen Parteigänger zu und bitten mich, Kontakte zu den örtlichen Gruppierungen ihrer jeweiligen Partei herzustellen. Das heißt: Manches Parteimitglied vertraut sich lieber einem unabhängigen Berater an als seiner Parteizentrale. Offenkundig ließen sich da Dinge optimieren. Hat es sich verbessert, Herr Bürkle?

Bürkle: Ich bin jetzt 20 Jahre Schultes. Bin in vielen solchen Kommissionen gewesen, schon als JU-Mann. Da war der Manfred Rommel noch der Große. Es gibt eine Regelung, wonach die Landespartei sich um die Oberbürgermeister kümmert – das halte ich für richtig – und die Bezirksverbände sich mehr um die Bürgermeisterwahlen kümmern. Weiter gibt es eine Struktur, wo man sich Bürgermeisterwahlen anschaut und parteiintern bespricht. Da habe ich schon den Eindruck, dass das eine oder andere besser geworden ist. Aber ich glaube, eine Partei kann so was nicht generalstabsmäßig planen. Man kann da nur stützen und begleiten.

Pütsch: Ich glaube, die SPD ist da besser aufgestellt. Wenn man sieht, wie viel Geld man ausgibt – 1,50 bis 2 Euro pro Einwohner –, dann ist das schon eine satte Summe. Und wenn du verlierst, stehst du mit runtergelassenen Hosen da.

Bürkle: Aber das ist eine Frage der OB-Wahl. Bei Bürgermeisterwahlen spielt das Geld nicht die entscheidende Rolle.

Pütsch: Bei einer OB-Wahl darf man zwar den Kopf oder den Namen für die Partei hergeben, aber finanziell ist von der CDU nicht viel zu erwarten. Das macht die SPD meines Erachtens anders. Da gibt es gewisse Zusicherungen, dass man zumindest einen Teil dieses Betrages ersetzt bekommt, wenn man nicht gewinnt.

Ich mache die Erfahrung: Bis 25.000 Einwohner finanzieren sich die Kandidaten zumeist selber. Wenn finanzielle Unterstützung fließt, dann stammt dieses Geld nicht aus den Kassen der Partei. Denn diese Parteikassen sind in aller Regel leer oder leerer als leer. Aber die Partei kennt dann Big Spender, etwa einen Unternehmer am Ort, den man dann im Vorfeld einer Wahl angeht: „Wir hätten da jemanden …". Es sind also nicht Spendendosen, die herumgehen und jeder steckt 5 Euro rein, sondern es sind einige wenige finanzkräftige Spender, zu denen die Kandidaten dann vermittelt werden. Die Partei spielt den Türöffner. Können Sie diese Praxis bestätigen?

Bürkle: Bei größeren Städten kann ich mir das schon vorstellen. Da ist das durchaus notwendig. Bei Bürgermeisterwahlen in Städten unter 20.000 Einwohnern rate ich, nichts anzunehmen. Du hast dann den Nimbus des Unabhängigen verloren.

Was kostet es, Bürgermeister in Bad Wurzach mit 15.000 Einwohnern zu werden?

Bürkle: Bei meiner ersten Wahl in Fronreute ist man von einer D-Mark pro Einwohner ausgegangen. In Bad Wurzach war es 1 Euro pro Einwohner.

Die Inflation hat da auch zugeschlagen. Du brauchst in einer Stadt mit 15.000 Einwohnern zwischen 10.000 und 15.000 Euro.

Müller: Das kommt auch immer darauf an, ob Wiederwahl oder Neuwahl, ob mit Gegenkandidat oder ohne. Zwischen 1 und 2 Euro je Einwohner.

Bürkle: Das ist so die Größe, die kalkuliert wird, und dann kommt es darauf an, was du dir leisten möchtest. Neben dem Team, das angesprochen wurde, rate ich durchaus, sich jemanden zu holen, der einen begleitet. Jetzt nicht im Inhaltlichen, aber im Grafischen. Das sollen Profis machen. Das macht durchaus Sinn, dass du jemanden hast, der Erfahrung hat in Bürgermeisterwahlen. Und das kostet dann auch.

Wobei es letztlich nicht nur auf die Buntheit des Prospektes ankommt.

Bürkle: Sagen wir mal, ein professionell geführter Wahlkampf mit guten Werbematerialien signalisiert dem Bürger, dass der Bewerber a) es ernst nimmt und b) professionell arbeitet. Die Leute wollen heute Bürgermeister, die was können, die ihren Job ernst nehmen und professionell arbeiten.

Nur zu professionell oder zu aufwändig darf man manchmal auch nicht daherkommen, sonst heißt es vielleicht: Der haut das Geld raus und würde, sollte er gewählt werden, mit unseren Gemeindegeldern genauso umgehen ...

Bürkle: Es gilt mein alter Grundsatz: die Mitte des Maßes.

Herr Pütsch, was hat der Wahlkampf in Rastatt mit seinen 47.000 Einwohnern verschlungen?

Pütsch: 1,50 bis 2 Euro pro Einwohner.

Was vom Kandidaten selber beim besten Willen nicht mehr finanziert werden kann.

Pütsch: Da ist man darauf angewiesen, dass man mit den Unterstützerkreisen zumindest eine Grundfinanzierung vereinbart. Ich kann jedem Kandidaten nur raten, dass er die Dinge vorher dingfest macht. So dingfest, dass ich sicher weiß, das Geld kommt auch auf meinem Konto an und ich muss ihm nicht noch im Wahlkampf hinterherbetteln. Ich kann auch jedem Kandidaten nur raten, dass er ein ordentliches Budget für eine zweite Runde erstellt. Das wird oft unterschätzt und nicht einkalkuliert. Das kann einem aber finanziell das Genick brechen, wenn du nochmal 10.000 obendrauflegen musst. Hätte ich die Summe komplett selber aufbringen müssen, hätte ich da nicht einsteigen können. Natürlich muss man eine bestimmte Summe selber setzen, man bekommt es nicht zum Nulltarif. Das ist dann ja auch eine Motivation. Man muss es sagen, wie es ist: Die Dinge werden in Zukunft teurer werden. Diese professionelle Beratung würde ich nicht missen wollen. Ohne die, glaube ich, hätte es nicht geklappt.

Sie haben Geld genommen, um Ihren Wahlkampf zu finanzieren – kann man sich seine Unabhängigkeit dennoch bewahren?
Pütsch: Ja.

Uneingeschränkt ja?
Pütsch: Ja. Ich weiß nicht, woher das Geld stammt. Die Bürgerinitiative, die mich unterstützt hat, hat mir eine feste Summe zugesichert. Wie die das finanzierten, hat mich nicht interessiert. Das wird akzeptiert. Ich glaube auch, dass es akzeptiert würde, wenn eine Partei die Summe zur Verfügung stellt. Ich hätte erhebliche Bedenken, wenn man größere Summen von einzelnen Unternehmern in der Stadt oder einzelnen Persönlichkeiten bekäme, weil dann natürlich dieser Vorwurf käme, da hat sich jemand eingekauft, um für den Fall der Fälle eine Entscheidung für sich ganz persönlich zu bekommen. Davon kann ich jedem nur abraten. Ich habe natürlich trotzdem auch die Bevölkerung zu Spenden aufgerufen. Aber da kommt fast nichts rein. Da bekommst du dann 5 Euro, 10 Euro. Jedenfalls keine Bestechungsbeträge, bei denen ich mich in irgendeiner Weise verpflichtet fühlen müsste. Natürlich hat mein Vorgänger versucht, daraus Kapital zu schlagen. Da muss man sich drauf vorbereiten. Da muss man gute Argumente haben.

Parteien bekommen bei überregionalen Wahlen Wahlkampfkosten erstattet, zumindest ab einem gewissen Stimmenanteil. Fänden Sie es sinnvoll und gerecht, wenn es das auch für Bürgermeisterkandidaten gäbe?
Bürkle: Ich halte das für einen interessanten Gedanken. Ich habe mich noch nie damit beschäftigt. Aber vom demokratischen Verständnis her würde ich das für gut halten. Einen bestimmten Betrag selber zu setzen, halte ich für wichtig. Aber ab einer bestimmten Größe würde ich das für sehr vernünftig halten. Ich glaube, das würde auch von den Bürgern akzeptiert werden. Ob wir es in Gremien durchbringen würden, ist eine andere Frage.

Pütsch: Es gibt zwei Aspekte. Einmal wünschen sich die Bürger eine echte Wahl, das heißt Auswahl. Es wird immer schwieriger werden, gerade auch in größeren Städten, eine Anzahl guter Kandidaten zu finden *wegen* dieser finanziellen Hintergründe. Wenn man in die Ministerialbürokratie schaut, da sitzen gute Leute, die so was machen könnten. Die es aber nicht machen, weil für sie der Gehaltssprung nicht allzu groß wäre, das Risiko aber erheblich. Ich würde es grundsätzlich für richtig halten, wenn man Bewerbern einen Betrag zur Verfügung stellt, aber ich würde es davon abhängig machen, dass sie Kosten nachweisen können.

Wenn eine Erstattung vom erzielten Wahlergebnis abhängt, verhindert dies, dass Spaßkandidaten daraus ein Geschäftsmodell stricken. Mein persönlicher Vorschlag lautet: Nachgewiesene Kosten innerhalb einer gewissen Bandbreite sollen zu einem gewissen Prozentsatz, der vom Wahlergebnis abhängt, erstattet werden.

Pütsch: Steuerlich absetzen kann ich es ja. Bei der Steuerklasse, die unsereins hat, bekomme ich 20, 25 Prozent der Kosten zurück und bleibe auf ungefähr drei Vierteln der Kosten sitzen.

Bürkle: So ein Vorschlag, wo man sagt, jeder Kandidat muss einen bestimmten Betrag selber tragen und der übersteigende Betrag wird sagen wir mal zu 20 Prozent ersetzt und das dann noch mit einer Korrelation zum Ergebnis, das würde ich für sehr vernünftig halten. In Bürgermeisterwahlen 8.000 oder 10.000 Euro zu verlieren – das tut weh, aber es wirft einen nicht aus der Bahn. In einer größeren Stadt 80.000 Euro oder 100.000 Euro zu verlieren – da überlegt der eine oder andere, der gut wäre für die betreffende Stadt, dann ganz anders, ob er es wagt. Im Interesse der Demokratie würde ich es gut finden, wenn man diesen Leuten ermöglicht, sich auf den Weg zu machen.

Pütsch: Ich halte finanzielle Unterstützung für ausgesprochen wichtig, einfach weil die Professionalisierung Wahlkämpfe verteuert hat. War es vor 20 Jahren, als ich anfing, noch eine D-Mark pro Einwohner, sind es heute 1,50 Euro. Das ist schon ein Haufen Geld. Wäre ich heute 28 Jahre jung, verheiratet, kleine Kinder, ohne Rücklagen – ich müsste es mir sehr genau überlegen. Das wachsende finanzielle Risiko hält inzwischen zu viele Bewerber ab.

Bayern wählt seine Bürgermeister auf sechs Jahre, Baden-Württemberg auf acht. Wie lange sollte eine Amtsperiode dauern?

Müller: Acht Jahre sind für eine kontinuierliche, nachhaltige Arbeit von Vorteil. Ich beobachte es ja in Bayern. Ich finde, acht Jahre sind gut für eine langfristig angelegte Arbeit. Wir sehen ja in der Bundes- und Landespolitik, wie kurz vier Jahre sind, um nachhaltig etwas auf die Wege zu bringen. Wenn Sie heute ein Projekt anleiern, dann brauchen Sie oft vier, fünf Jahre, bis es zum Abschluss kommt.

Bürkle: Ich glaube, auch im Interesse der Mitarbeiter wären drei oder vier Jahre einfach zu kurz. Du brauchst eine gewisse Zeit, bis du mit den Mitarbeitern deine Philosophie entwickelt hast. Wir sind ja auch Verwaltungschef, also Personalchef. Wir sind am Verwaltungshandeln beteiligt und wir müssen Personalentscheidungen treffen. Je größer eine Stadt wird, umso wichtiger wird das. Du brauchst da mindestens vier oder fünf Jahre, um eine Philosophie in einer Stadtverwaltung auf dich einzustellen.

Pütsch: Acht Jahre sind genau richtig. Die Süddeutsche Ratsverfassung verleiht dem Bürgermeister ja eine sehr starke Stellung. Der Gesetzgeber hat sich ganz bewusst für fünf Jahre bei der Gemeinderatswahl und für acht Jahre bei der Bürgermeisterwahl entschieden. Das heißt, ich habe den unabhängigen Bürgermeister, der in einer eigenständigen Wahl gewählt wird, mit zeitlichem Abstand zur Gemeinderatswahl, so dass diese beiden eigenständigen Organe einer Gemeinde miteinander arbeiten können. Meine persönliche Erfahrung ist auch: Ich habe jetzt drei Jahre gebraucht, um die Dinge abzuarbeiten, die vom Vorgänger und vom vorigen Gemeinderat auf den Weg gebracht wurden. Die schneidest du ja nicht ab. Es beginnt nicht die Stunde null, wenn du anfängst, sondern du musst erst einmal „aufräumen". Dann hast du drei Jahre Zeit, um dich politisch aufzustellen, gegebenenfalls mit dem Gemeinderat eine Kehrtwende zu schaffen. Dann brauchst du fünf Jahre Ruhe, um das auch wirklich sauber abzuarbeiten. Bei kürzeren Amtsperioden würdest du mit angezogener Handbremse agieren, aus Angst, die Zeit könnte zu knapp werden, dass große Projekte glücken. Es gab ja auch mal Zeiten, da war man für zwölf Jahre gewählt. Das halte ich wiederum für zu lang.

Mancher sagt ja auch, er braucht die acht Jahre, wenn er gewählt ist, um genug Geld für den nächsten Wahlkampf zu verdienen.

Pütsch: Das ist sicher auch richtig.

Bürkle: Man redet immer über den Wahlkampf. Wenn du irgendwo anders neu anfängst, hast du aber zusätzliche Kosten, denn es wird ja von dir erwartet, dass du in die Stadt ziehst. Das heißt, wenn du vorher schon was aufgebaut hattest, musst du das aufgeben, eventuell veräußern – manchmal mit Gewinn, manchmal mit Verlust. Ich ziehe in eine neue Stadt, baue dort vielleicht ein Haus – und muss vielleicht schon nach fünf, sechs Jahren wieder gehen? Das wäre zu kurz.

Müller: Das ist im Übrigen eine ganz interessante Entwicklung, die wir gerade durchmachen. Bei uns im Bodenseekreis wohnt ein Drittel der Bürgermeister nicht mehr am Ort.

Und warum?

Müller: Da gibt es unterschiedliche Gründe. Ich kenne mindestens zwei Fälle, da sagen die Ehefrauen: „Ich möchte gar nicht dort wohnen, wo mein Mann Bürgermeister ist. Anderswo lebe ich irgendwie freier, unbeschwerter." In einem Fall sagt der Bürgermeister: „Ich kann das meiner Frau gar nicht zumuten, dass sie dort wohnt, wo ich zurzeit meine Probleme habe."

Leidet die Familie unter dem Bürgermeisteramt?

Müller: Ja. Das ist eine Entwicklung, die ich eigentlich erst in den letzten acht bis zehn Jahren so intensiv beobachte.

Pütsch: Früher gab es die Residenzpflicht. Das heißt, wer Bürgermeister wurde, musste seinen Wohnsitz in der betreffenden Gemeinde nehmen. Das hat der Gesetzgeber geändert, und da hat ein gedanklicher Wandel eingesetzt. Viele sehen sich nicht mehr in der Funktion, als Erster in der Gemeinde zu arbeiten. Sie nehmen ihr Amt wie die Arbeit des Geschäftsführers eines großen Unternehmens wahr. Sie sagen, ganz persönlichen Freiraum könne man nur schaffen, wenn man außerhalb wohnt. Das erlebe ich in Gesprächen mit Kollegen, die sagen, es tut gut, wenn man auch mal rauskommt und wirklich ein bisschen Privatleben hat. Man ist ja 24 Stunden im Dienst. Ich sage immer, wenn ich in meiner Burg bin, bin ich Privatmann. Sobald ich die Füße auf die Stapfel draußen setze, fängt die Öffentlichkeit an, auch am Samstag oder Sonntag. Sobald ich draußen bin, sehen mich die Menschen als ihren Oberbürgermeister. Nicht als Privatmann Pütsch. Dem wollen manche ausweichen, und das wird zwischenzeitlich auch akzeptiert. Die Menschen erwarten von dir eine gute Arbeit. Was habe ich von jemandem, der zwar herzieht, aber eine schlechte Arbeit macht? Den wirtschaftlichen Hintergrund, den der Kollege Bürkle angesprochen hat, darf man nicht unterschätzen: Ein Haus zu verkaufen, umzuziehen, das alles zu verändern wegen vielleicht acht Jahren! Man weiß ja nicht, was danach kommt.

Erkennen Sie einen Trend, dass mehr und mehr Rathauschefs nicht in ihre Gemeinde oder in ihre Stadt ziehen wollen?

Müller: In den letzten zehn Jahren ist der Trend erkennbar. Wobei hier im Bodenseekreis hinzukommt: Das Wohnen direkt in den Seegemeinden ist nicht gerade das Billigste. Wenn man 10, 20 Kilometer im Hinterland wohnt, wohnt man um ein Drittel billiger. Bei den Bauplatzpreisen ist das Gefälle noch größer.

Der Bürgermeister mit Rathausblick auf den See verdient nicht mehr als ein Bürgermeister im Kreis Sigmaringen?

Müller: Nein, der verdient nicht mehr.

Es gibt keinen Zuschlag für Bodensee-Bürgermeister wegen gesteigerter Lebenshaltungskosten?

Pütsch (lacht): Umgekehrt – am See sollte man Vergnügungssteuer zahlen müssen!

Müller: (lacht mit): Ja, ja ...

Falls man jenseits der Dienstzeit überhaupt Zeit hat, sich zu vergnügen. Lässt sich Familie – Privatleben – mit dem Amt vereinbaren?

Müller: Man muss sich schon sehr konzentrieren, dass man sich nicht von seinem Amt vereinnahmen lässt. Nur eine kleine Episode: Als unsere Tochter acht oder zehn Jahre alt war, hatte ich mal ein Wochenende ohne Termine. Als ich zu Hause vorgeschlagen habe, was wir am Sonntag unternehmen könnten, sagte sie: „Was willst denn du? Du bist doch sonst auch nie da!" Der Satz ist mir im Gedächtnis geblieben, besser konnte man die Situation gar nicht darstellen. Gerade bei uns am See hat man an vielen Wochenenden Gäste und andere zu begrüßen. Da ist jeder Sonntag auseinandergerissen. Das ist eine riesige Belastung für die Familie.

Bürkle: Du musst Entscheidungen treffen, ob auf rechtlichen Grundlagen oder in einem Abwägungsprozess. Das wird dir sehr persönlich genommen. Und verstärkt auch auf die Familie übertragen. Ein Beispiel: Als mein Sohn in der 10. Klasse war, habe ich ein großes Gewerbegebiet auf den Weg gebracht. In seiner Schulklasse wurde dann über Manchester-Kapitalismus diskutiert, der Lehrer hat am Beispiel dieses Gewerbegebiets hochgezogen, wie sich der Manchester-Kapitalismus durchsetzt. Und mitten in dieser Klasse sitzt der Sohn dieses Bürgermeisters. Das tut schon weh, wenn meine Familie, die für meine politischen Entscheidungen nichts kann, darunter zu leiden hat.

Pütsch: Wer wirkliches Familienleben leben will mit klaren Freiräumen für die Familie, der ist in dem Beruf falsch. Wenn meine Familie stets mit mir zusammen am Essenstisch sitzen will, dann darf ich nicht Bürgermeister werden. Man braucht die Familie als Rückhalt. Nicht nur als Rückzugsraum, sondern auch als Stütze und Kraftquell für die Arbeit. Mein Partner muss auch akzeptieren können und wollen, dass er den Hauptteil der Kindererziehung und andere Haus-Aufgaben übernimmt. Wenn nicht, geht's schief. Es gibt gute Leute, die aus dem Grund gar nicht erst antreten oder sagen: „Ich mache das nur, wenn die Kommune akzeptiert, dass ich nicht vor Ort wohne." Das ist kein K.-o.-Kriterium mehr. Ich kenne da einige Kollegen.

Hatten diese Kollegen vor der Wahl klar zu sagen gewagt, dass sie nicht herziehen wollen?

Pütsch: Nein, die hatten sich durchlaviert. Die würden es vielleicht heute anders machen. Als sie gewählt wurden, war das noch weniger gang und gäbe.

Bürkle: Ich war immer dafür, in die jeweilige Gemeinde zu ziehen. Vieles lässt sich dann nebenbei erledigen ohne großen Aufwand.

Man kann zum Mittagessen geschwind heimgehen oder abends, vor der Gemeinderatssitzung, wenigstens kurz daheim vorbeischauen. Ich denke da an Bürgermeister Elmar Buemann in Baindt, der zunächst in Vogt wohnen bleiben wollte, dann aber doch lieber nach Baindt zog.

Bürkle: Ich genieße das schon. Ich halte das für wichtig und habe den Eindruck, auch unsere Kinder genießen das.

Wirkt sich der Stuttgarter Machtwechsel auf Ihre Arbeit als CDU-Bürgermeister aus?

Pütsch: Ich würde keinen Unterschied sehen. Es ist ja nicht so, dass ich als CDU-Oberbürgermeister ein rotes Telefon auf meinem Tisch stehen habe ...

... oder ein schwarzes ...

Pütsch: ... oder ein schwarzes Telefon direkt in die Parteizentrale oder zum Minister. Dass dann jetzt die Leitungen gekappt wären und ich plötzlich ohne Verbindung in die Ministerialbürokratie wäre, sehe ich überhaupt nicht. Im Gegenteil. Wir haben als Stadt Rastatt ja manchen Strauß mit dem Land Baden-Württemberg ausgefochten und sind immer noch dran, weil wir, was die Landesplanung und anderes angeht, nicht das bekommen haben, was wir uns gewünscht hätten. Wir wollen Ikea ansiedeln. Das hat dem Land nicht gepasst. Deswegen haben wir, sage ich heute immer noch frech, die Landesgartenschau nicht bekommen. Wir sind da im gewissen Sinne abgestraft worden.

Gab es direkte CDU-Drähte in die Regierung, die jetzt fehlen?

Bürkle: Ich habe sicher gute Kontakte dort gehabt. Die Drähte in die CDU-Führung hinein sind jetzt natürlich gekappt, aber in die Ministerialbürokratie hat man sie nach wie vor. Es wird gewisse Veränderungen geben. Bisher hatten wir einen Landtagsabgeordneten in der Mehrheitsfraktion. Wenn du ihn angerufen hast wegen eines Förderprogramms, hast du die Chance wenigstens auf eine Rückmeldung gehabt. Das heißt, ich muss neue Kontakte aufbauen. Das ist eigentlich eine spannende Herausforderung. Und je kleiner eine Stadt, desto wichtiger sind diese politischen Kontakte.

Wenn die Grünen sich in Stuttgart verdoppelt haben, hat das dann zur Folge, dass es künftig mehr grüne Bürgermeisterkandidaten geben wird?

Pütsch: Ich glaube schon, dass sich die Grünen jetzt, nachdem sie Regierungsverantwortung bekommen, als bürgerliche Partei noch wesentlich stärker etablieren. Grüne Bewerber werden künftige BM-Wahlen durchaus selbstbewusster angehen.

Müller: Ich empfehle jedem, der es sich leisten kann, als parteiloser Bürgermeister anzutreten.

Bürkle: Die Persönlichkeit wird auch in Zukunft entscheiden. Und das ist gut so. Gleichwohl finde ich: Du musst zu deiner Überzeugung stehen. Zumal die Leute spüren, wo du stehst. Und das solltest du auch nach außen geben. In Oberschwaben sind ja Grüne gewählt worden. Ich denke da an Achberg, die haben immer zu 70 Prozent CDU gewählt. Aber ein Grüner hat die Bürgermeisterwahl gewonnen. Und hat, wie ich finde, seinen Job gut gemacht.

Ist er dann nicht ausgetreten, der Herr Aschauer?

Bürkle: Er ist dann nach acht Jahren ausgetreten, wie so einige Bürgermeister der Grünen. Die haben ihre Konflikte mit der Partei ähnlich wie wir Christdemokraten sie ja auch haben. Dass man sagt, die Grünen sind bäh – diese Zeiten sind wirklich vorbei. Ein kluger, intelligenter, kommunikationsfreudiger Grüner gewinnt gegen einen bockbeinigen Schwarzen, auch wenn man dort zuvor immer zu 70 Prozent CDU wählte.

Pütsch: Was sich auch ändert: Gewannen Grüne in großen Städten wie Konstanz, Freiburg, Tübingen, wurde das bisher als Sensation hingestellt. Auch wenn das starke Persönlichkeiten sind, die eine gute Arbeit machen, galt deren Wahl immer als Überraschung. Das wird künftig keine Überraschung mehr sein, weil es tatsächlich mehr grüne Kandidaten geben wird, die den Mut aufbringen zu sagen: „Wir haben jetzt Regierungsverantwortung, da können wir auch in den Kommunen antreten." Schauen wir die Landtagswahlergebnisse in Karlsruhe und Stuttgart an: Wo die Bevölkerung zwischenzeitlich selbstbewusst grün wählt, wird es dann auch ein Selbstbewusstsein geben, grüne Kandidaten zu platzieren, die sehen, da ist eine Basis da, mit der ich tatsächlich eine Wahl gewinnen kann.

Sind mit einem Ministerpräsidenten Kretschmann grüne Bürgermeisterkandidaten noch hoffähiger geworden?

Pütsch: Grundsätzlich ja. Weil sie sich jetzt anders etablieren werden. Wenn sie dann aber den Ideologen raushängen sollten und nur alles umzustoßen versuchen, werden es grüne Bewerber schwer haben. Aber wenn jetzt eine pragmatische Arbeit gemacht wird, die zeigt, dass man die Wende zu einer grünen Politik schaffen will, ohne dass man gleich auf gut Deutsch mit dem Arsch alles einreißt, was man mit dem Kopf aufgebaut hat, dann nutzt das grünen Kandidaten.

Spätestens seit Stuttgart 21 liegt Bürgerbeteiligung ganz im Trend.

Müller: Ich gehe davon aus, dass die Bürger noch intensiver beteiligt werden als bisher.

Bürkle: Bürgerbeteiligung in allen Facetten ist für uns kein Fremdwort. Wir haben ja den direkten Zugang zum Bürger. Bürgerbeteiligung – wir pflegen das. Ich muss aber auch ehrlich dazu sagen: Wir müssen noch einen Weg finden, wie wir das alles bewältigen. Wann ist Bürgerbeteiligung vernünftig und wann ist Bürgerbeteiligung notwendig? Zurzeit kommen Themen hoch, wo man Bürgerbeteiligung machen soll, wo du dich wirklich fragst: Ist das notwendig? Ist das richtig? Und ist das dann noch zeitlich bewältigbar?

Nicht jede Bürgerbeteiligung ist zielführend.

Bürkle: Die Bürger verlangen stets, dass du präsent bist. Du musst das dann zeitlich unterbringen. Obwohl du ein Mensch bist, der viel Bürgernähe pflegt, spürst du nicht bei jedem Thema, ob die Bürger zu beteiligen sind. Bürgerbeteiligung findet am Abend statt. Und deine Woche hat halt nur sieben Abende.

Pütsch: Was mir viel mehr Sorge macht, ist die Frage: Habe ich dann tatsächlich den Querschnitt der Bevölkerung dasitzen? In Rastatt-Rheinau wollen wir einen Einkaufsmarkt ansiedeln, einen Vollsortimenter. Ich war fest davon überzeugt, wir sind auf dem richtigen Weg. *Die Bürger* wollen das. Jeder hat danach gerufen. Also verständigten wir uns auf ein Grundstück, das der Stadt gehört, so dass wir den direkten Zugriff haben. Das Grundstück liegt direkt neben einer Schule und gegenüber einer Kirche. Für eine Schulerweiterung brauchen wir es nicht. Also fassten wir den Bebauungsbeschluss, ohne es vorher nochmals in der Bevölkerung zu kommunizieren. Und dann ist das explodiert. Der Pfarrer hat gewettert: „Wie könnt ihr neben der Kirche so ein Einkaufszentrum bauen?" Die Schulleiterin hat gewettert: „Wie könnt ihr auf einer schulnahen Freifläche, die Kinder nutzen, so einen Markt bauen?" Im Gemeinderat gab es ein klares Meinungsbild: Von 45 Mitgliedern waren gerade mal fünf oder sechs dagegen. Das begann dann zu bröckeln, wir haben ewige Untersuchungsschleifen angehängt, haben uns in ein erneutes Verfahren gestürzt, wo man neun Standorte untersucht hat. Wieder kristallisierte sich unser Grundstück als bestmöglicher Standort heraus. Die Kirche hat dann quasi ein Gegengutachten erarbeiten lassen, weil ich mich dazu hinreißen ließ, unseren Standort als alternativlos zu bezeichnen. Dieses Gutachten bestätigte sogar unseren Standort als den besten. Der Bebauungsplan ist auf dem Weg. Ich hoffe, dass wir dieses Projekt gut abschließen werden.

Bürkle: Ich halte Bürgerbeteiligung für wichtig, wenn es keine Betroffenheitsbeteiligung wird. Manchmal gewinne ich den Eindruck, dass wir im Grunde genommen die Betroffenheitsbeteiligung organisieren. Und dann die Einzigen sind, die versuchen, das Allgemeinwohl hochzuhalten.

Das große Ganze sehen.

Bürkle: Das große Ganze sehen. Das kann ganz, ganz schwierig werden. Ich habe einige Situationen erlebt. Da stehst du als Einziger vorne mit einer

95-prozentigen Zustimmung des Stadtrates für ein Projekt, und dann melden sich die direkten Nachbarn oder andere, die irgendwie betroffen sind, und liefern ihre Argumente. Du versuchst als Einziger abzuwägen, was ja nicht immer einfach ist. Ich sage den Leuten dann immer: Glaubt ihr, wir sind uns immer zu 100 Prozent einig? Das ist oft ein Abwägungsprozess – 70:30, 60:40.

Man muss bereit sein, Kompromisse zu schließen.

Bürkle: Ja. Einen solchen Abwägungsprozess zu erläutern, ist ungemein schwierig geworden. Wie oft hört man: „Wir sind ja dafür, aber nicht hier." Wo findest du dann noch Standorte und Möglichkeiten, etwas umzusetzen? Wir müssen uns überlegen: Wie bringen wir die Menschen, die sich für das Allgemeinwohl der Stadt interessieren, dazu, solche Entscheidungen mitzutragen und sich einzusetzen *für* etwas?

Muss es erst zu negativen Exzessen kommen, damit da wieder ein Umdenken einsetzt?

Müller: Wir haben ja die Agenda-Prozesse. Wir hatten zum Beispiel eine Arbeitsgruppe Tourismus. Der Tourismus ist ein gewichtiges Standbein in Langenargen. Zum Agenda-Abend zum Thema Tourismus kamen vielleicht 20 Personen. Am Schluss wurde abgestimmt, und da war, das hatte sich abgezeichnet, eine Mehrheit *gegen* den Tourismus in Langenargen! Seither habe ich zu den ganzen Agenda-Prozessen ein gespaltenes Verhältnis.

Wenn nur ein paar Wildentschlossene zusammenkommen, ist das natürlich nicht mehr repräsentativ. Aber sie können eine öffentliche Wirkung erzeugen.

Müller: Nach dem Motto: Jeder will das Beste. Für sich selbst.

Boris Palmer wurde 1972 in Waiblingen geboren. Sein Vater, der „Remstalrebell" Helmut Palmer, kandidierte unermüdlich bei mehr als 250 Bürgermeisterwahlen landesweit und verfehlte bei der Schwäbisch Haller OB-Wahl von 1974 mit 41 Prozent einen Sieg nur knapp. Nach dem Besuch der Freien Waldorfschule Engelberg begann Palmer sein Studium an der Tübinger Uni. 1994 legte er das Graecum ab, studierte 1997 in Sydney (Australien) und schloss 1999 seine Fächer Mathematik und Geschichte mit dem ersten Staatsexamen ab. Der Vater einer Tochter wurde 1996 Mitglied von Bündnis 90/Die Grünen und rückte nach zwei Jahren in den Tübinger Kreisvorstand auf. Von 2001 bis 2007 gehörte Palmer der baden-württembergischen grünen Landtagsfraktion an, zeitweise als deren verkehrs- und umweltpolitischer Sprecher und Stellvertreter des damaligen Fraktionsvorsitzenden Winfried Kretschmanns. 32-jährig erzielte er bei der Stuttgarter Oberbürgermeisterwahl 21,5 Prozent, ehe er sich zugunsten des späteren Wahlsiegers Wolfgang Schuster (CDU) zurückzog. Im Oktober 2006 gewann Palmer die OB-Wahl in Tübingen. Spätestens mit seiner engagierten Kampagne gegen das Bahnhofsprojekt Stuttgart 21 empfahl sich das zeitweise Parteiratsmitglied für ein grünes Spitzenamt auf Bundesebene.

Interview mit Boris Palmer

„Kein Låle* und kein autoritärer Patriarch"

Boris Palmer skizziert den mehrheitsfähigen OB von heute. Der studierte Mathematiker rechnet fest damit, dass Baden-Württemberg noch grüner wird – aber (auch) seiner Partei fehlt Personal, um diesen Zeitgeist bei Bürgermeisterwahlen bedienen zu können. Von nationalen Medien beobachtet, attestiert sich das Tübinger Stadtoberhaupt missionarischen Eifer und bedauert, dass Wahlkampagnen immer oberflächlicher verlaufen.

Muss man Mathematik studieren, um Oberbürgermeister zu werden?

Boris Palmer: Offensichtlich nicht, weil die wenigsten Oberbürgermeister Mathematik studiert haben und die anderen ja nicht alle ungeeignet sein können. Es ist nützlich, weil die Mathematik das genaue Betrachten der Wirklichkeit und das Schlussfolgern übt, also sozusagen stringentes Denken erfordert. Das kann nicht schaden, wenn man komplexe Prozesse steuern, mit der Bürgerschaft diskutieren, möglichst viele Sachverhalte schnell auffassen und dann auch zu Entscheidungen kommen soll. Ich hab's als ausgesprochen nützlich erlebt, dass ich diese durchaus anstrengende Geistesschule der Mathematik erfolgreich bewältigt habe. Dennoch war bei mir schon ausgangs des Studiums klar, dass ich meinen Beitrag für diese Welt nicht darin sehe, neue Formeln zu entwickeln oder neue mathematische Gebilde zu durchdringen, sondern dass ich konkret an der Aufgabe mitarbeiten will – und wenn's nur ein kleines Rädchen ist im großen Weltgefüge –, unsere Gesellschaft so umzugestalten, dass die Zivilisation dauerhaft überleben kann. Da geht's um ganz große Themen, die vor Ort umgesetzt werden oder eben nicht: die Energiefrage, die Ressourcenfrage, die Frage des Erhalts der natürlichen Lebensgrundlagen. Deshalb zog es mich in die Kommunalpolitik.

---

* Schwäbisches Idiom für Langweiler.

Da kann man als Oberbürgermeister mehr bewirken als in anderen Positionen?

Palmer: Wenn man die Weltformel entwickelt, kann man vielleicht als Mathematiker mehr bewirken, aber dafür halte ich mich nicht ausreichend begabt. Und Oberbürgermeister ist wegen der Gesamtverantwortung, wegen der relativ weit reichenden Autonomie der Entscheidungen und der kurzen Entscheidungswege eine sehr interessante Position. Und: Man sieht, was man gemacht hat. Der große Unterschied zu vielen anderen politischen Positionen ist, dass man die Wirkungen des eigenen Handelns unmittelbar betrachten kann und von den Menschen unmittelbar Rückmeldungen erhält, wie sie das bewerten.

Sie können schon nach wenigen Jahren als Oberbürgermeister in Tübingen sagen: Ich habe etwas bewirkt.

Palmer: Nicht alleine, aber im Zusammenspiel mit 1.500 Menschen in der Stadtverwaltung und den Tochterbetrieben und 90.000 Einwohnerinnen und Einwohnern in dieser Stadt. Da kann man jedenfalls Weichenstellungen vornehmen. Die Züge auf den Gleisen fahren dann natürlich nicht allein wie Boris Palmer es will, aber die Signale und die Weichen, die werden schon wesentlich durch einen Oberbürgermeister und seine starke Stellung in Verwaltung, Gemeinderat und Bürgerschaft bestimmt.

Was erhoffen Sie sich von der grün-roten Landesregierung?

Palmer: Die Städte und Gemeinden erhoffen sich mehr Freiheiten in der Schulpolitik – insbesondere bei Ganztagsschulen und bei längerem gemeinsamem Lernen. Da wurde bisher viel nicht genehmigt, was vor Ort gewünscht war. Wir haben Hoffnungen in finanzieller Hinsicht. An erster Stelle geht's um den Beitrag des Landes zum Ausbau der Kleinkindbetreuung. Vielleicht werden nicht alle Hoffnungen von allen Kollegen geteilt, aber ich habe auch die Hoffnung, dass es für regionale Energieversorger wieder möglich wird, in Baden-Württemberg zu investieren, insbesondere in Windkraft – das war in der Vergangenheit kaum möglich. Und dass die Landesregierung stringenter die Politik des Flächensparens vorantreibt, das heißt, die Kommunen auch vor einem mörderischen Wettbewerb um die letzten Einwohner schützt. Grundlegende Umstürze sind nicht zu erwarten. Das passt weder zu Baden-Württemberg noch sind die Verhältnisse so schlecht, dass man das für erforderlich halten sollte.

Viele Kommunen, kleinere zumal, fühlen sich von der so genannten großen Politik vernachlässigt.

Palmer: Da wird auch viel wohlfeiles Wehklagen erhoben. Es ist immer populär, auf die Bürokraten in Brüssel zu verweisen, und man findet dann auch immer Beispiele, wo das stimmt. Manche Vorschriften sind völlig uneinsehbar. Manche auch ganz überflüssig. Aber im Grundsatz meine ich, dass die kommunale Selbstverwaltung weiterhin viel gilt und dass den Kommunen große Spielräume erhalten bleiben – unabhängig von der Farbe der Landesregierung. Sicher ist die Situation da weitaus besser, als man gemeinhin aus diesen Klagerufen hört. Wo es schwierig wird: bei den Finanzen. Schwieriger übrigens außerhalb von Baden-Württemberg als in Baden-Württemberg selber. Aber manche Kommunen haben tatsächlich finanziell keinen Handlungsspielraum mehr und sind deswegen sehr, sehr eingeengt in ihren Entwicklungsmöglichkeiten.

Wer ist daran schuld?

Palmer: Da gibt's zwei Faktoren. Der eine ist die Gesamtsteuermenge in Deutschland und der andere die Verteilung. Es gibt für alle Ebenen zu wenig Steuermittel und es gibt insbesondere für viele kommunale Aufgaben zu wenig Geld.

Oder können einzelne Kommunen nicht mit Geld umgehen?

Palmer: Niemand kann gut mit Geld umgehen. Jeder macht Fehler. Wenn man anguckt, wie in Großbetrieben Entscheidungen getroffen werden, Daimler ist immer ein schönes Beispiel, dann ist die Wirtschaft auch kein gutes Vorbild. Zuerst gab's den Reuter-Konzern, da hat man alles Mögliche eingekauft. Dann gab's den Schrempp-Konzern, da hat man das alles *verkauft* und dafür mit einem US-Unternehmen fusioniert. Und jetzt gibt's den Zetsche-Konzern, und da ist man froh, dass man alles, was Schrempp zusammengekauft und fusioniert hat, wieder zerlegen und abstoßen kann. Auch Kommunen machen Fehler – nur kuckt da der Bund der Steuerzahler schärfer drauf. Es ist nicht so, dass wir Verschwendung in den Kommunen hätten. Und wir haben in den letzten fünfzehn Jahren so viele Sparprogramme durchgeführt, dass die personelle Ausstattung, anders als früher im öffentlichen Dienst, heute alles andere als üppig ist. Und wenn auf einmal eine Aufgabe wie die Kleinkindbetreuung dazu kommt, die ungefähr so viel Zusatzkosten verursacht wie ein Zehntel der Gesamtausgaben der Stadt Tübingen – dann geht das nicht bei gleicher Steuerquote! Ganz simpel.

Boris Palmer

*Inwieweit bringt ein Oberbürgermeister Boris Palmer von
Tübingen aus die grüne Sache im Land und im Bund voran?
Wie viel Parteipolitiker sind Sie?*

Palmer: Das sind zwei verschiedene Fragen. Die eine bezieht sich ja auf das Wirken eines Oberbürgermeisters, und das hat zweifellos eine gewisse Bedeutung: Wenn's nicht so viele davon gibt, dann wird da genau hingeschaut. Und wenn jetzt alle drei grünen Oberbürgermeister in Baden-Württemberg ihre Haushalte ruiniert hätten und mit einem Exodus der Wirtschaft kämpfen müssten, weil niemand mehr unter grüner Herrschaft leben und arbeiten möchte, dann hätte das Auswirkungen auf die Partei. Zum Glück ist's umgekehrt. Es gibt solche Phänomene weder in Konstanz noch in Freiburg und auch nicht in Tübingen, sondern die Haushalte sind solide und die Wirtschaft floriert.

Es gab noch das Phänomen Mühlacker.

Palmer: Mühlacker wird, glaube ich, in der öffentlichen Wahrnehmung kaum diskutiert, weil die wenigsten mitbekommen haben, dass es da einen grünen OB gab, der abgewählt wurde, und wo Mühlacker überhaupt liegt. Aber bei den Dreien, die meiner Auffassung nach Bekanntheit und Relevanz haben, gibt's diese indirekte Wirkung. Die nationalen Medien untersuchen den Wirkungskreis der grünen Oberbürgermeister sehr genau, sezieren das und fragen: Gibt's Hinweise darauf, dass die's nicht können? Oder vielleicht umgekehrt Hinweise darauf, dass sie erfolgreich sind? So weit wirkt das auf die Partei – schlicht durch Erfolg oder Misserfolg. Das überträgt sich. Die Frage nach der Parteipolitik stellt sich anders, denn natürlich gehe ich auf Parteitage, bin mittlerweile fast wöchentlich im Parteirat, also dem Bundesführungsgremium der Grünen. Das ist dann eine andere, eine direkte Wirkung in die Partei hinein, die ich aber nicht aus dem Rathaus mache, sondern da beteilige ich mich halt mit meiner Perspektive an strategischen Debatten. Und dann findet das Gehör oder auch nicht.

*Ich kenne einige heimliche grün(lich)e Bürgermeister im Land.
Werden die sich nun outen, wenn der Landesvater Winfried
Kretschmann heißt?*

Palmer: Mein Eindruck ist, dass das Grün generell sprießt, die werden sich nicht parteipolitisch outen oder anders verorten, aber es wird immer mehr grüne Projekte geben. Das war schon in der Vergangenheit zu beobachten, und ich bin mir sehr sicher, dass man jetzt in vielen Kommunen im Energiebereich grüne Projekte sehen wird. Dass viele Kommunen darüber nachdenken, ob sie die Energieversorgung wieder in die eigene Hand nehmen oder das weiter einem großen Konzern überlassen, konnte man schon vor ein oder zwei Jahren beobachten. Das braucht keinen grünen Ministerpräsidenten. Dass man in die erneuerbaren Energien investieren will, kann man seit einigen Jahren beobachten. Jede Kommune, die was auf sich hält – mittlerweile sogar Stuttgart – versucht, ihre Schuldächer für Solaranlagen zur Verfügung zu stellen. Das ist sozusagen der Zeitgeist. Ich würde eher so sagen, dass dieser grüne Zeitgeist sich jetzt auch in der Person von Winfried Kretschmann im Amt des Ministerpräsidenten manifestiert. Das wird sich dann gegenseitig befruchten. Und wenn die Regierung Förderprogramme des Landes an grüne Bedingungen knüpft, dann wird es wiederum in den Kommunen Folgeeffekte haben. Also: Das ganze Land wird grüner werden, aber nicht, weil jetzt ein Ministerpräsident den Hebel umlegt, sondern weil der Zeitgeist in Baden-Württemberg sich in dieser Weise schon verändert hat und weiter verändern wird.

Machen Kretschmann & Co. grüne Bewerber vollends hoffähig?

Palmer: Die Hoffähigkeit ist längst nicht mehr unser Problem. Das Problem ist, Leute zu finden, die das machen wollen. Übrigens nicht nur bei den Grünen. Dass es auf eine Bürgermeisterposition zehn qualifizierte Bewerbungen gibt, ist selten geworden. Manche Gemeinden tun sich schwer, überhaupt einen Qualifizierten zu finden.

Anruf genügt!

Palmer: Bei Ihnen, ja, aber im Allgemeinen ist das schwieriger. Und so ist das auch schon seit einiger Zeit bei den Wahlen für größere Gemeinden. Ich werde immer wieder gefragt, ob ich nicht jemanden wüsste, der da oder dort kandidieren könnte. Das heißt, die Grünen vor Ort glauben, sie haben realistische Chancen, auch einen grünen Bürgermeister zu bekommen, aber sie finden keine geeigneten Leute. Das ist der Engpass. Dass es für Grüne möglich ist, mit geeigneten Leuten solche Wahlen zu gewinnen, kann man ganz aktuell wieder sehen. Es gibt ja jetzt auch außerhalb Baden-Württembergs immer mehr erfolgreiche grüne Bürgermeisterkandidaten – Darmstadt, Schifferstadt, Homburg ...

Warum konnten Sie Ende 2006 Brigitte Russ-Scherer (SPD) als Oberbürgermeister in Tübingen ablösen?

Palmer: Eine Abwahl einer Amtsinhaberin ist in erster Linie eine Abwahl. Das heißt, wenn die Zustimmung zur Amtsführung groß ist, dann kann ein noch so guter Konkurrent kommen, dennoch bleibt man dann beim Bewährten und wechselt nicht die Pferde. Tatsächlich war die Stimmung in der Stadt 2006 sehr stark vom Wunsch nach einem Wechsel geprägt.

Lag das an der Person oder lag das an der Politik und am Handeln dieser Person?

Palmer: Das waren personelle Faktoren. Die Stadtpolitik in ihren acht Jahren war im Grundsatz erfolgreich. Es gab nur wenige wirklich umstrittene Projekte und keines, an dem man eine Abwahl hätte festmachen können. Es war der Wunsch nach einem personellen Wechsel – ganz einfach ausgedrückt. Und in Tübingen konnte dieser Wunsch nur von einem grünen Herausforderer erfüllt werden, weil klar war, dass die CDU in Tübingen strategisch, inhaltlich und personell nicht *die* Stärke hatte, um eine solche Wahl zu gewinnen.

Was hat es gekostet, Oberbürgermeister von Tübingen zu werden?

Palmer: Das war günstiger als im Schnitt. Pro Einwohner sind wir mit etwas über 50 Cent hingekommen.

Und was würde es kosten, Oberbürgermeister von Stuttgart zu werden?

Palmer: Wenn dieser Richtwert stimmt, dann müsste man da mit einer Viertelmillion rechnen.

Sparwahlkampf Marke Boris Palmer!

Palmer: Ja, zwangsläufig. Marke Grün. In der Regel sind die grünen Etats kleiner als die Durchschnittsangaben. Der OB-Wahlkampf, den ich in Stuttgart schon mal geführt hatte, war auf 10 Cent pro Einwohner kalkuliert und hat immerhin auch 21 Prozent gebracht.

Parteien bekommen Wahlkampfkosten erstattet – Bürgermeisterkandidaten erhalten keine staatlichen Zuschüsse. Finden Sie das richtig?

Palmer: Das war in der Vergangenheit richtig. In Zukunft wird man mehr und mehr darüber diskutieren. Einerseits, weil die Wahlkämpfe teurer werden. Das hat mit den zur Verfügung stehenden Mitteln zu tun – ich meine jetzt Instrumente, nicht Geld, also: Professionalisierung von Wahlkämpfen auch in Kommunen.

Was sich dann ja auch gegenseitig hochschaukelt.

Palmer: Hochschaukelt – klar. Der Professionellere gewinnt.

Wenn der eine mehr tut, muss der andere mitziehen.

Palmer: Unter Umständen, ja. Damit hat es zu tun. Und dann kommt irgendwann der Punkt, wo man auch finanziellen Interessen ausgeliefert wird. Dass man entweder so viel Spenden eintreiben muss – und die gibt's nur begrenzt aus Idealismus, da sind dann auch Interessen mit verknüpft – oder aber selber ausreichend reich sein muss, um sich leisten zu können, für so ein Amt zu kandidieren. Und wenn diese Entwicklung so weitergeht, dann wird man aus demokratiehygienischen Gründen – nicht, weil die armen Bürgermeister das Geld brauchen, sondern weil man den Einfluss externer, möglicherweise nicht genau nachvollziehbarer Interessen auf die Wahl dieses wichtigen Amtes begrenzen muss – auch drüber nachdenken, ob man Ausgaben-Obergrenzen – eine Seite – und Refinanzierungen aus öffentlichen Mitteln – andere Seite – einführt. Mit Schwellenwerten, weil sonst irgendwann der Effekt eintritt, den man sicher nicht haben will: dass Leute Kandidaturen anstreben, um Geld zu verdienen. Man kann ja vielleicht auch mit einer Spaßkandidatur mal 15 Prozent holen. In Reutlingen gerade erst beobachtet: Ein nicht existenter Kandidat kriegt mehrere tausend Stimmen. Wenn der jetzt pro Stimme einen Euro bekäme, dann hätte er sich durch eine Postkarte einen hohen vierstelligen Betrag verdient. Das muss man natürlich auch vermeiden.

Mal abgesehen davon, dass ohne Moos nicht so viel los ist im Wahlkampf – worauf kommt es ansonsten vor Wahlen an?

Palmer: In allererster Linie immer noch auf die Persönlichkeit. Jedenfalls bei Städten der Größe, die wir in Baden-Württemberg haben. Da gibt es ja immer die Möglichkeit, direkten Kontakt zum Kandidaten oder zur Kandidatin herzustellen. Man ist nicht auf mediale Vermittlung angewiesen, jedenfalls nicht in erster Linie. Und dann machen sich die Leute ihr eigenes Bild – ist der oder die richtig?

Und welche Eigenschaften sollte diese Persönlichkeit dann bitteschön mitbringen? Unterscheidet sich der Bedarf von Stadt zu Stadt?

Palmer: Nur in den Farben, in den Nuancen. Das Grundbild ist immer dasselbe. Man will heute – das hat sich gegenüber vor 40 Jahren wahrscheinlich geändert – nicht einen autoritären Herrscher, sondern eine Persönlichkeit, die offen ist für andere Ansichten und Argumente. Dialogfähigkeit! Man will zugleich eine Führungspersönlichkeit, weil klar ist, es ist eben eine Chefposition, und die soll nicht ein Lâle, wie man auf Schwäbisch sagt, jemand, der nichts zustande bringt, einnehmen. Also dialogfähig und zugleich durchsetzungsfähig. Verwaltungserfahrung spielt je nach Größe der Stadt eine kleinere oder größere Rolle: eine große, wenn die Stadt klein ist; wenn sie groß ist, eine kleine. Und ganz am Ende gibt's noch so was wie einen Sympathiefaktor. Den kann man am schwersten beschreiben, aber es gibt ganz offensichtlich zwischen Menschen Interaktionen. Es gibt Menschen, die haben einen Sunnyboy-und-Strahle-Charakter, und andere, die wirken halt erst mal weniger attraktiv. Die werden trotzdem auch gewählt, besonders, wenn andere Faktoren stärker ins Gewicht fallen. Wenn Gemeinden größer sind, fällt so ein Sympathie-Faktor wiederum stärker ins Gewicht.

Wie würden Sie sich selber beschreiben, hinsichtlich dieser Eigenschaften?

Palmer: Ich glaube, dass ich eher noch ein unkonventioneller Typ bin. Und da kommt jetzt Ihre Frage nach den Nuancen: In Esslingen oder Ludwigsburg würde ich wohl nicht gewählt werden. Aber in Tübingen ging es. Zum einen, weil man sich da auch gerne als Avantgarde sieht und vermutlich diesen Zeitgeist, den ich jetzt beschrieben habe, schon früher gespürt hat, also die ganzen grünen Themen von Energieerzeugung bis Kinderbetreuung, Stadtentwicklung, Revitalisierung der Innenstädte, kein Flächenfraß mehr im Außenbereich. Die Themen sind hier früher relevant geworden und haben früher die Mehrheitsfähigkeit erlangt, und deswegen hat die Stadt sich dann auch den Mut genommen, jemanden, der dafür steht, zu wählen. Der aber auch erst mal ein Experiment war. Das wäre, glaube ich, in einer anderen Stadt so nicht ohne weiteres der Fall gewesen. Wenn man dann mal eine Amtszeit hinter sich hat als OB, ist man entweder erwiesenermaßen unqualifiziert oder qualifiziert, dann sieht das anders aus. Aber zu dem Zeitpunkt als Novize war das sicher eine tübingenspezifische Situation, weil die Stadt weniger konservativ ist als jedenfalls weite Teile des Landes. Ich würde mich selber als jemanden beschreiben, der manchmal übers Ziel hinausschießt und dann ein bisschen heißspornig sein kann – das habe ich von meinem Vater geerbt. Jemand, der ganz generell aus Überzeugung den Dialog sucht. Ich halte nichts von autoritären Führungsstilen und auch nicht von autoritären Politikstilen. Das ist mir aus grundsätzlichen Überzeugungen wirklich zuwider. Ich möchte überzeugen. Aber ich habe auch selber eine starke Überzeugung und deswegen manchmal auch so was wie einen missionarischen Eifer – das meine ich mit „übers Ziel hinausschießen". Und ich denke, dass ich ein Generalist bin, der die Anforderungen, die an so eine Führungspersönlichkeit in der Stadt der Größe Tübingens gestellt werden, insgesamt gut erfüllen kann. Das heißt, ich bin in der Lage, wenn mir die Verwaltung auf drei oder vier Seiten die wesentlichen Entscheidungsparameter zusammenstellt, die zu erfassen, zu durchdringen und zu einer fundierten Entscheidung zu kommen, ohne dass ich jemals die ganzen Gesetzeswerke im Detail durchgeackert hätte. Und in einer Stadt, die so groß ist wie Tübingen, ist es genau richtig, weil man genügend Spezialisten für jedes Thema im Haus hat.

Wäre ein Boris Palmer im zweiten Anlauf als Oberbürgermeister für Stuttgart wählbar? Ich stelle diese Frage im April 2011.

Palmer: Also, ich hoffe, dass ich wählbar wäre. Was nichts drüber sagt, ob ich kandidiere, aber die Überlegung von vorhin zu Ende gedacht: Das Avantgardistische und das Experimentelle habe ich durch Erfahrung ergänzt, so dass jedenfalls die ...

... Sie haben Beweise angetreten, dass dieses und jenes funktioniert!

Palmer: So kann man das sagen – dass es so funktioniert. Dass die Wählbarkeit heute größer ist als im Jahr 2004, als ich eben Landtagsabgeordneter war und ansonsten keinerlei Verwaltungserfahrung mitgebracht hatte. Nach den klassischen Parametern betrachtet, zählt die Erfahrung natürlich dazu, je größer die Stadt ist, demnach bin ich sicher besser wählbar als damals. Und wenn ich jetzt nicht schwere Fehler mache, die das Gegenteil beweisen, dann hoffe ich, dass diese Wählbarkeit tatsächlich auch noch über den Tag hinaus gilt. Auch mit Blick auf Tübingen.

Ändern sich das Wählerverhalten und demzufolge das Wesen von Wahlkampagnen mit der Zeit?

Palmer: Bestimmt. Aber ich fürchte, dafür bin ich jetzt noch nicht lange genug dabei, um das selber fundiert beurteilen zu können. Ich sehe nur immer wieder, was mir Leute über die Ära Gmelin erzählen. Das ist für mich der Referenzpunkt. Gmelin war bis 1974 Oberbürgermeister in Tübingen und hat die bekannte Tochter Herta Däubler-Gmelin. Gmelin war sozusagen der letzte Vertreter des Patriarchats auf diesem Amtssessel. Und zwar in all seinen positiven und negativen Ausprägungen: mit Wutausbrüchen, mit Anweisungen, mit Fürsorge und mit großem Pathos – da war alles mit dabei. Aber ich glaube, dass jemand wie Gmelin heute keine Chance hätte, gewählt zu werden. Weil sich das niemand mehr gefallen ließe. Das sind aber sozusagen nur historische Einordnungen, nicht eigene Erfahrungen – ich war zwei Jahre alt, als er aus dem Amt geschieden ist! Meine eigene politische Erfahrung, die reicht jetzt grad mal über ein Jahrzehnt, da habe ich jetzt keine wirklich großen Veränderungen im Wählerverhalten festgestellt. Vielleicht mit Ausnahme der steigenden Erwartung der Bürger auf Beteiligung. Es gibt immer mehr Menschen, die immer intensiver beteiligt sein wollen. Und es gibt immer weniger Bereitschaft, einfach hinzunehmen, was die Obrigkeit verordnet. Das war in den 1960er Jahren – vor '68 insbesondere – sicher noch völlig anders. Aber auch das geht über meinen eigenen Horizont hinaus.

Wie möchte der Wähler von heute im Vergleich zu früher angesprochen werden? Kommen Kandidaten, kommen Kampagnen anders als früher daher? Müssen die anders daherkommen?

Palmer: Ja gut, da gibt's Triviales. Vor 20 Jahren hat niemand Twitter, Facebook und Webseiten benutzt – weil's das nicht gab! Und ab einer gewissen Gemeindegröße kann man auf all das heute sicher nicht verzichten. Es wird auf absehbare Zeit weiterhin das klassische Kopfplakat geben, besonders, wenn man sich noch bekannt machen muss. Die Leute wollen ja sehen: Wer ist das? Das geht nicht effektiver als im öffentlichen Straßenraum, wo jeder Wähler sowieso verkehrt. Die Webpage eines Kandidaten dagegen muss man als Wähler ja erst mal aktiv aufsuchen. Was mich eher etwas besorgt: Ich habe den Eindruck, dass Programmatisches immer schwieriger zu vermitteln wird. Das überrascht eigentlich, weil man ja über das Internet die Gelegenheit haben sollte, aus einer beliebigen Bandbreite an Themen auszuwählen. Tatsächlich werden aber, nach meiner Beobachtung, die inhaltlichen Papiere immer dünner und kürzer und die Wahlprospekte immer inhaltsloser. Die Bleiwüste, die man früher mal produziert hat, ist bestimmt auch nicht mehr zeitgemäß. Aber ob das so sein muss, dass das dann mit Substanzverlust einhergeht und man sozusagen immer mehr den Wettstreit um die Images führt; dass das Abbild wichtiger ist als der Ursprung, das ist eine Entwicklung, bei der ich skeptisch bin. Muss aber nicht immer zutreffen, es gibt auch Gegenbeispiele, wo jemand dann ganz bewusst zeigt: „Ich will aber für diese und jene Themen gewählt werden!" Aber in der Tendenz glaube ich, dass das zu beobachten ist. Dass sich das, was man oft als Reizüberflutung oder Politikverdrossenheit kritisiert, auch auf diese Weise äußert; dass man Wahlkämpfe weniger inhaltlich ausrichtet.

Die Schwankungsbreite hinsichtlich Wahlergebnissen von Parteien, auch überregional, nimmt generell zu. Wird der Wähler willkürlicher? Sprunghafter? Unberechenbarer?

Palmer: Sprunghafter in jedem Fall. Unberechenbarer auch. Willkürlich? Da müsste man erst mal untersuchen, ob die konstante Entscheidung aus der Vergangenheit willkürlich war. Möglicherweise war die ja auch nicht fundiert. Es ist ja nicht unbedingt Kennzeichen für Willkür, dass man etwas verändert. Auch das Beibehalten eines Zustandes könnte willkürlich sein. Ich glaube, dass man eher davon sprechen kann, dass Erbhöfe und Besitzansprüche in der Politik erodieren, dass da nicht mehr viel übrig bleibt. Man kann sich einfach nicht drauf verlassen, dass man wiedergewählt wird, nur weil man schon im Amt ist. Das gilt im Prinzip für jeden. Und auch die Abwahl von Bürgermeistern ist ein statistisch sich häufendes Phänomen. Das gab's früher gar nicht – kommt jetzt immer öfter vor. Es wird immer weniger das Verdienst aus der Vergangenheit betrachtet. Die Leute gucken einfach auf die Gegenwart und die nähere Zukunft. Wer verspricht da mehr?

Gefällt Ihnen Ihr Beruf?

Palmer: Der gefällt mir sehr! Aber natürlich nicht immer. Es gibt Situationen, da kann's einem furchtbar auf den Geist gehen. Dieses Wochenende bin ich mit dem Kinderwagen – also offensichtlich privat – durch meine Lieblingsstadt Tübingen unterwegs gewesen. Wenn man dann von jemand in bewusst boshafter Absicht damit konfrontiert wird, dass man ja nichts anderes vorhabe, als die Zeit 500 Jahre zurückzudrehen und die Menschen wieder in die Steinzeit zu befördern, ins finstere Mittelalter nach Möglichkeit – dann fragt man sich manchmal schon: Muss ich mir das jetzt eigentlich hier anhören? Diese Prominenz – es kennt einen ja jeder – kann auch mal Last sein und das Privatleben beeinträchtigen. Aber das sind Ausnahmemomente, Gott sei Dank, die meisten Menschen haben ein gesundes Verhältnis zwischen Distanz und Nähe. Ich finde es ja gut, dass sie ihren OB ansprechen wollen. Und wenn sie ein „Darf ich Sie g'schwind was fragen?" vorwegschicken, dann ist das, finde ich, ein absolut fairer Umgang. Es gibt mir die Chance zu sagen: „Es tut mir Leid – jetzt kann ich grad nicht." Oder aber zu sagen: „ja, gerne!" Und dann ist das in Ordnung.

Man hat ja auch so viel Privatleben gar nicht, dass das allzu häufig vorkommen könnte ...

Palmer (lacht): Das stimmt jetzt auch wieder! Umso wertvoller sind dann die privaten Stunden, die man hat. Da will man sich dann eben nicht auch noch über solche Angriffe ärgern.

Wie viele Stunden arbeitet ein Oberbürgermeister in Tübingen pro Woche?

Palmer: Das war bei mir unterschiedlich. Ich habe die ersten drei Jahre oft auch mal 100-Stunden-Wochen gemacht. Seit der Geburt unserer Tochter habe ich das deutlich reduziert. Geht auch. Bringt ein bisschen Konflikte, aber das muss man aushalten können. Sicher ist, mit 40 Stunden kommt man nicht durch. Aber ich glaube, man muss sich nicht unbedingt kaputt machen. Im Moment siedle ich mich in der Größenordnung 60 Wochenstunden an.

Lässt sich der Beruf mit dem Privatleben, mit der Familie vereinbaren?

Palmer: Es gibt immer Konflikte, man muss Abstriche machen, aber grundsätzlich: ja.

Mal abgesehen von jenen, die Ihre Privatsphäre nicht respektieren – was nervt Sie im Amt?

Palmer: Im Amt selber nervt natürlich, wenn Prozesse nicht klappen. Wenn Absprachen nicht eingehalten werden. Wenn Informationen beim einen Amt da sind und das andere in die entgegengesetzte Richtung arbeitet. Alles, was große Organisationen so an Problemen verursachen. Es kann mal nerven, besonders in Tübingen, wenn eine Diskussion überhaupt nicht zu einem Ende kommt, also man noch die dritte Schleife einbaut, bis endlich ein Ergebnis herauskommt. Wenn man vorankommen möchte, fühlt man sich da manchmal dann doch strapaziert und das Nervenkostüm wird beansprucht. Aber ich glaube, das hätte man in jeder verantwortungsvollen Führungsposition. Anders gesagt: Das Kennzeichen eines solchen Amtes ist, dass nur die Dinge, die nicht klappen, auf meinen Schreibtisch kommen. Was von selbst gut läuft, wird mit einem Haken weitergeschickt. Ich bin dazu da, die schwierigeren Fragen zu lösen, und dort, wo die Probleme sind, für Entscheidungen zu sorgen. Und man hat dann eigentlich in jeder Woche wieder etwas völlig Neues aufm Tisch, von dem man keine Ahnung hatte, dass das auf einen zukommt. Das macht es aber auch so interessant und abwechslungsreich. Das ist das Spannende. Und dass man ständig mit Herausforderungen konfrontiert ist und in der Regel auch in der Lage, Lösungen zu finden. Es führt also nicht zu einer Dauerfrustration, sondern das ist eine Dauer*herausforderung*, aber in der Regel auch mit einer großen Zufriedenheit, weil man Probleme lösen kann.

Was empfinden Sie als Niederlage? Wann sind Sie am Nullpunkt?

Palmer: Hm. Wenn ein Anliegen, das ich persönlich vorangetrieben habe, im Gemeinderat durchfällt, dann ist das eine Niederlage. Zum Glück bisher ganz selten vorgekommen, aber das kann einem passieren. Wenn etwas, in das man selber viel Herzblut investiert hat, sich als nicht realisierbar erweist, dann ist so was eine Niederlage, wo man halt immer wieder aufstehen und sich ein neues Projekt ausdenken muss. Das kommt vor. Es ist gar nicht zu vermeiden, dass man zu spät erkennt, dass etwas nicht funktioniert. Wenn es mir nicht gelingt, eine Lösung zwischen widerstreitenden Interessen zu finden – auch das empfinde ich hin und wieder als Niederlage. Es gibt ja mal Konflikte, wo einfach keine Lösung da ist. Wo man einfach sagen muss: Da ist nichts zu machen. So was empfinde ich als Niederlage. Oder wenn öffentliche Debatten aus meiner Sicht ungerecht verlaufen. Das sind Beschreibungen von Niederlagen, die es in dem Amt ganz zwangsläufig immer mal wieder gibt. Die Frage ist, wie geht man damit um? Ist man in der Lage, daraus zu lernen? Kann man Reaktionsmuster daraus ableiten? Kann man Korrekturen vornehmen? Verbeißt man sich zu sehr in die Sache? Kann man auch Sachen loslassen und wieder was Neues beginnen? Das ist das Wesentliche, was man im Umgang mit Niederlagen üben muss.

Wie zufrieden oder unzufrieden sind Sie mit der Presse? Fühlen Sie sich häufig behindert? Hilft Ihnen die Öffentlichkeit, helfen Ihnen die Medien, Ihre Projekte und Ihre Überzeugungen voranzubringen?

Palmer: Das wäre gar nicht die Aufgabe der Medien. Die sind nicht dazu da, der Exekutive zu helfen oder deren Überzeugungen voranzubringen oder ihre Projekte zu realisieren, sondern die sind dazu da, das kritisch zur Diskussion zu stellen und zu durchleuchten. Und in der Hinsicht würde ich mir mehr wünschen, weil unsere gesamte Medienlandschaft auch durch Einsparprozesse erodiert. Gerade im Lokalen wird nicht mehr so genau draufgeschaut, weil die Redakteure gar nicht mehr da sind. Weil es einen Trend gibt zu freien Mitarbeitern, was nicht grundsätzlich schlecht sein muss, aber wenn es überhandnimmt, eben schon – ein Trend zu schlecht bezahlten Beschäftigungsverhältnissen und auch zur Eigenberichterstattung. Also wenn die halbe Zeitung gar nicht aus redaktionellen Beiträgen besteht, sondern aus dem, was jemand über sich selber schreibt, dann kann das ja gar nicht kritisch sein! Und da sehe ich eine problematische Entwicklung in unserer Medienlandschaft. Tübingen ist da bisher noch ganz gut weggekommen, aber auch hier gibt es diese Tendenz: Wenn man die örtliche Redaktion anguckt, war die vor 15 Jahren wesentlich besser ausgestattet als heute.

Wenn Sie ein, zwei, drei Wünsche frei hätten – welche wären es wohl?

Palmer: Dann nehme ich gleich drei. Erstens wünsche ich mir das Geld für den Bau der Regionalstadtbahn in Tübingen. Das würde die Stadt einen enormen Schritt nach vorne bringen. Zweitens jeden Tag eine gute Idee. Und drittens eine „Saukuttel"*, damit ich das Amt, das ich so sehr schätze, noch lange ausüben kann.

---

* Die Fähigkeit, fast alles wegzustecken.

Parteien und Bürgermeisterwahlen

Dankbare Potenziale liegen brach

Obwohl es doch ihre Domäne sein müsste, agieren die Partei(ung)en und ihre Ortsverbände im Vorfeld von Bürgermeisterwahlen nicht immer glücklich. Mal steht gestelzte Eitelkeit im Wege, mal gründlich missverstandene Parteiräson. Dabei können CDU, FDP, Freie Wähler, Grüne, SPD oder andere von diesem dankbaren Metier weidlich politisch profitieren.

Wir leben in einer Parteiendemokratie, die alles in allem gut funktioniert. Vielen Arten von Verantwortung, die ihnen unsere Verfassung überträgt, werden die Parteien gerecht – einigen Aufgaben, die sie zugewiesen bekommen, genügen sie weniger. In manchen demokratischen Übungen vermögen unsere Parteien zu glänzen – anderes glückt ihnen auch nicht. Dass (und warum) das Volk in überregionalen Wahlen, etwa zum Land- oder Bundestag, in einiger Hinsicht anders tickt als die jeweiligen lokalen Völkchen in Bürgermeisterwahlen, ist den Politstrategen in den Parteizentralen nicht immer geläufig. Auch ihre jeweiligen Statthalter vor Ort beweisen dabei oft kein glückliches Händchen. Mir und meinesgleichen kann das eigentlich nur recht sein – basiert unser Geschäftsmodell doch zum Teil auf ebendiesem Vorsprung an Wissen und Bewusstsein.

Wahlkämpfe sind Übungssache und Erfahrungssache. Bei Bürgermeisterwahlen herrschen eigene Gesetzmäßigkeiten, die von den jeweils involvierten kommunalpolitischen Akteuren häufig nicht bedacht werden. Rathauschefs werden im Regelfall nur alle acht Jahre gewählt. Machen Amtsinhaber ihre Sache richtig gut oder schaffen es zumindest, diesen Eindruck am Ort zu verbreiten, kommt es vielleicht nur alle 16 oder 24 oder 32 Jahre zu einer echten Wahl im Sinne von Auswahl. So lange harren die wenigsten Sprecher von Ratsfraktionen oder Vorsitzenden politischer Ortsverbände in ihren exponierten Positionen aus. Das heißt: Steht einer Stadt oder Gemeinde eine ergebnisoffene Bürgermeisterwahl ins Haus, wissen die dafür zuständigen Funktionsträger der örtlichen Partei(ung)en oft nicht, wie sie damit umzugehen haben. Weshalb es sich für Bewerber mal als Segen und mal als Fluch erweist, wenn sie von einer oder mehreren politischen Gruppierungen am Ort „Unterstützung" erfahren.

Getrogene Stimmenkönige

Wer bei Gemeinderatswahlen stets vorne landet, hat oft auch in der Fraktion das Sagen. Dabei muss es noch lange kein Ausweis politischer Kompetenz oder Cleverness sein, wenn jemand wiederholt zum Stimmenkönig gewählt wird. Vielleicht heimsen Heizölhändler oder Hausärzte oder Schulleiter auch nur deshalb die besten Einzelergebnisse ein, weil praktisch jeder Mitbürger sie von Berufs wegen persönlich kennt? Vielerorts ist zu beobachten, wie mit jeder neuerlichen Krönung zum Stimmenkönig dessen Hang zu Selbstreflexion (und Demut) schwindet. Hat er dann jegliche Selbstzweifel abgeschüttelt, bis seine Stadt ihr nächstes Oberhaupt sucht, will er auch dabei den Ton angeben, er, der er doch am besten weiß, wie man zu Mehrheiten gelangt. Und schon nimmt das Unheil seinen Lauf ...

Wie viele stimmengewaltige Gemeinderäte im Ehrenamt haben sich schon von ihren herausragenden Kommunalwahlergebnissen dazu verführen lassen, bei der nächsten Schulteswahl gleich selbst anzutreten. Dabei wird dann die trügerische Rechnung aufgemacht: Wenn ich schon als Feierabendpolitiker 2.000 Stimmen zusammenbringe, dann müssten mit sechs Wochen konzentriertem Wahlkampf doch auch die 4.000 Stimmen zu schaffen sein, die einen hier zum Bürgermeister machen! Sehr vereinzelt, versehentlich oder verlegentlich geht die Rechnung sogar auf. Meist aber kommen nicht einmal 1.000 Stimmen zusammen und für die Betroffenen bricht eine heile Welt zusammen. Mag seine werktägliche Lieferzuverlässigkeit einen Heizölhändler auch noch so schwungvoll auf Wählers Händen ins Gemeindeparlament tragen – bei einer Bürgermeisterwahl gerät dieser Imagetransfer ruckzuck ins Stocken. Vom Rathauschef erwartet man nun mal ganz andere Qualitäten als jene, die man an seinem Heizölhändler so sehr schätzt.

Ein beliebtes Spiel von Stadtratsfraktionssprechern, die sich selbst zum Bürgermeister berufen fühlen – machen sie als Schultes-Stellvertreter unentgeltlich nicht seit Jahren eine *glänzende* Figur? –, ist es, sich zuerst in die Kandidatenfindungskommission wählen zu lassen, dort dann jeden ernsthaften Interessenten zu vergraulen, bis man mit leeren Händen dasteht, um sich schließlich selbst in der Stunde höchster Not gar selbstlos und heroisch der „Verantwortung zu stellen". (Meistens geht das dann schief. Wer gerne heuchelt, wird gerne gemeuchelt.)

Kommunalpolitiker sind zuständig

Sollten sich Ratsfraktionen und Ortsverbände von Parteien überhaupt in Bürgermeisterwahlen einmischen? Aber ja! In Großen Kreisstädten unbedingt, da funktioniert politische Mehrheitsbildung nur in Ausnahmefällen ohne sie oder gegen sie. Doch auch in kleineren Gemeinden sehe ich angesichts eines immer verbreiteteren Mangels an guten Bewerbern gerade die örtlichen Partei(ung)en in der Pflicht, beizeiten nach überzeugenden Interessenten an ihrem Bürgermeisteramt Ausschau zu halten. Um sie dann im Wahlkampf auch maßvoll zu unterstützen, im sachlichen Sinne von „Suchet der Stadt Besten", aber nicht nach dem polemisierenden Motto „Alles, was der Kandidat der Gegenpartei vorschlägt, kann nur grundverkehrt sein".

So lange Parteigänger mit Berufswunsch Bürgermeister bei Beratern wie mir anklopfen und nicht – zumindest nicht ausschließlich – bei ihren eigenen Parteien, so lange scheinen die betreffenden Parteien nicht optimal organisiert zu sein. Tatsächlich könnten die Landesparteien die Vermittlung, Vorbereitung und Vermarktung von Bewerbern in Bürgermeisterwahlen effektiver gestalten. Und alle würden davon profitieren: die betreffenden Kandidaten, die betroffenen Parteien, ganz Baden-Württemberg.

Bei der CDU höre ich oft, die SPD gehe derlei Wahlen viel geschickter an. Und bei der SPD sagen sie: Die CDU macht das deutlich besser. Auch von den kleineren Parteien ist keine mit sich sonderlich zufrieden. Wo doch Parteien sonst immer bloß über die jeweils anderen meckern!

Die CDU kann aus dem Vollen schöpfen

Weil die Südwest-CDU nach wie vor die größte Fraktion im Stuttgarter Landtag stellt und nach Jahrzehnten an der Macht mit diesem Land zweifellos am tiefsten verwurzelt ist, müsste sie eigentlich, ob mit oder ohne Regierungsbeteiligung, effektiver aus dem Vollen schöpfen können. Oft genug treten Christdemokraten *gegeneinander* an. So hatten bei der 1999er Schulteswahl in Krauchenwies nahe Sigmaringen gleich vier der fünf Bewerber das schwarze Parteibuch in der Tasche. Vielleicht wird ja der Wunsch, die harten Oppositionsbänke bald wieder zu verlassen, zur Antriebsfeder, sich innerhalb der CDU in puncto Bürgermeisterwahlen zu besinnen?

Was nicht passieren darf: Dass eine Partei glaubt, man könne über die Besetzung von Bürgermeisterstühlen im Landesvorstand oder in der Landesgeschäftsführung bestimmen. Als die Regierung Mappus in Stuttgart bereits in ihren vorletzten Zügen lag, erzählte mir ein bis dato parteiloser, politisch reichlich unbedarfter Oberschwabe von einem Anruf, der ihn bald nach einer klar verlorenen Schulteswahl ereilt haben soll. Keine geringeren als Thomas Strobl, damals noch CDU-Generalsekretär, und der Wahlkreisabgeordnete Thomas Bareiß hätten ihm versprochen: „Wenn Sie jetzt bei uns eintreten, machen wir Sie beim nächsten Mal zum Bürgermeister." Ob es diesen Anruf tatsächlich gab? Ich weiß es nicht. Die Naivität des Mannes, der prompt (und vergeblich) das schwarze Parteibuch orderte, spricht für dessen Glaubwürdigkeit. Sollten derlei Telefonate wirklich getätigt worden sein, ließe das tief blicken.

FDP profitiert vom Theurer-Effekt

Ohne Zweifel können Parteien, indem sie es richtig machen und erfolgreich(e) Bürgermeister stellen, Profil gewinnen und damit auch nachhaltig Wählerstimmen. Nachdem Michael Theurer mit 27 Lenzen Horber Oberbürgermeister wurde und 14 Jahre lang zur allgemeinen Zufriedenheit blieb, bis er 2009 ins Europaparlament wechselte, konnte seine FDP erst in der Neckarstadt und später im ganzen Kreis Freudenstadt dauerhaft zulegen. Theurer mehrte das Ansehen der Liberalen über die Horber Stadtgrenzen hinaus, was schließlich bei der Landtagswahl 2011 dazu führte, dass die dortige FDP das sechstbeste Wahlkreisergebnis überhaupt errang und ihr Kandidat Dr. Timm Kern auf Anhieb den Sprung in die auf sieben Abgeordnete zusammengeschrumpfte Landtagsfraktion der FDP/DVP schaffte.

Grünes Wunder dank Salomon und Palmer

Die Grünen, vor 15 Jahren noch als Schmuddelkinder verschrien, erleben denselben Effekt auf höherer Ebene. Hätten Boris Palmer in Tübingen und Dr. Dieter Salomon in Freiburg ihre OB-Sache bis dato nicht derart gut gemacht, wäre das Wunder, das Winfried Kretschmann zum bundesweit ersten grünen Ministerpräsidenten machte, ausgeblieben. (Horst Frank in Konstanz hat weniger dazu beigetragen, von Arno Schütterle in Mühlacker ganz zu schweigen.) Und seit Januar 2013 führt mit Fritz Kuhn ein Grüner gar Baden-Württembergs Landeshauptstadt!

Sozialdemokratische Potenziale

Auch auf die SPD lauern Potenziale. Hatten die Genossen nicht bereits in den 1980er Jahren, als sie mit Dieter Spöri den Wirtschaftsminister in einer Großen Koalition stellten, eine Kampagne angestoßen, um erst die Rat-Häuser in Rot-Häuser zu verwandeln und dann das ganze Ländle umzufärben? Dass man inmitten sozialdemokratischer Diaspora gewinnen kann, beweist sich immer wieder – siehe Rainer Prewo in Nagold, Thomas Fettback in Biberach oder erst neulich Alexander Guhl in Bad Säckingen.

Anno 2001 erörterte ich mit der damaligen Landesvorsitzenden Ute Vogt, wie man die Bürgermeisterwahlen zwischen Offenburg und Ulm tendenziell sozialdemokratisieren könnte – ohne auf irgendeinen grünen Zweig zu kommen. Unser zweistündiges Gespräch blieb leider absolut folgenlos. Erst in jüngerer Zeit entwickeln sich unterhalb der Landesvorstandsebene, etwa mit den regionalen Geschäftsführern der SPD, Kontakte, die Früchte tragen, so wie ich mit sonstigen demokratisch gesinnten Parteien im jeweils beiderseitigen Interesse kooperiere – und im Interesse potenzieller Bewerber! Ganz bewusst diene ich mich dabei nicht nur einer Partei an, sondern wandle zwischen den politischen Lagern. Schließlich stehen in Bürgermeisterwahlen meist die Persönlichkeiten oder auch Sachfragen im Vordergrund, aber kaum der jeweilige parteipolitische Stallgeruch eines Kandidaten.

Zwiespältiges Verhältnis

Manche Parteigranden, ob in Stuttgart oder vor Ort, haben ein eher zwiespältiges Verhältnis zu politischen Beratern, die auf kommunaler Ebene agieren. Es behagt ihnen nicht, dass wir nachweislich das Zeug dazu haben, ihnen sozusagen in die Suppe zu spucken, sie zuweilen vorzuführen in ihrer vermeintlich ureigenen Domäne. Viele Parteifunktionäre – und es werden mehr – machen sich unsere Dienste aber auch zunutze, so wie es bei überregionalen Wahlkampagnen gang und gäbe ist, Agenturen zu beauftragen.

Die Parteien könnten Bürgermeisterwahlen besser koordinieren und an den dann wachsenden Erfolgen partizipieren. Jede Partei könnte mehr tun, um Interessenten aus den eigenen Reihen zu einer Kandidatur zu ermuntern, und ihnen dann vielerlei Wege zum Wahlerfolg ebnen helfen. Immerhin zwei von zwölf Teilnehmern, die der CDU-Bundestagsabgeordnete Hans-Joachim Fuchtel im Herbst 2004 für ein Bürgermeisterseminar der Konrad-Adenauer-Stiftung zusammentrommelte, wo auch ich referierte, waren sechs Jahre später im Amt. Zwei weitere Seminaristen von damals behalte ich im Auge ...

Kontraproduktive Schlammschlachten

Wenn in Bürgermeisterwahlen Schlammschlachten angezettelt werden, dann ist das weder christlich noch demokratisch. Und doch stecken auffallend oft unionsnahe Übereiferer dahinter. Warum? Man kann sie schwerlich dazu befragen – da sie bevorzugt im Verborgenen agieren und jede Beteiligung leugnen. Der Partei, der sie angehören oder nahestehen, tun sie damit keinen Gefallen. Auch den jeweiligen Kandidaten bringt derart fragwürdige „Unterstützung" häufiger Schaden als Nutzen.

Gewann Bernd Siefermann (55 %) die Renchener Bürgermeisterwahl vom Dezember 2000 wegen oder trotz der üblen Gerüchte, die gegen seinen Kontrahenten Wolfgang Bohnert (44 %) gezielt gestreut worden waren?

Albert Meder (CDU) musste bei der Konstanzer OB-Wahl im Juni/Juli 1996 befürchten, zu viele bürgerliche Stimmen an den parteilosen Mitbewerber Herbert Fuss zu verlieren. Fuss, damals Bürgermeister in Mengen, wurde als Alkoholiker denunziert, der seine Partnerin verprügele. Die Konstanzer Presse schrieb diese Schmutzkampagne Meders Wahltrupp zu, was (neben anderem) zur Folge hatte, dass Horst Frank mit 35,7 % als lachender Dritter erster grüner Oberbürgermeister einer baden-württembergischen „Groß"stadt wurde.

Als stockkonservative Altvordere zunehmend hilflos zusehen mussten, wie der bekennende Sozialdemokrat Alexander Guhl bei der Bad Säckinger Bürgermeisterwahl im Oktober 2011 Oberwasser gewann, machten immer mehr Gehässigkeiten in der Trompeterstadt die Runde: „Wir können doch keinen Behinderten wählen!" (Guhls „Behinderung" bestand darin, dass er lispelte – was er mit dem galanten Hinweis konterte, dass es ihm da nicht anders ergehe als Manfred Rommel, und die Bad Säckinger Wahl sensationell gewann.)

Es ist gar nicht so einfach für den Kreis- oder Landesvorstand einer Partei, eine „wild gewordene" Basis wieder zu bändigen, und das mitten im Wahlkampf. Roland Bürkle, Fraktionssprecher der CDU im Ravensburger Kreistag, weiß im Interview davon zu berichten. Wie stark soll oder darf eine Parteiführung sich einmischen, um offenkundig entstehenden Schaden von der Stadt und von der Partei abzuwenden? Was, wenn sich die Heißsporne im betreffenden Stadtverband partout nicht an die Leine nehmen lassen? Einer jeden Partei müsste zumindest daran gelegen sein, dass man aus Fehlern lernt. Dass gravierende Fehler, die an einem Ort gemacht wurden, mitgliederoffen analysiert und diskutiert werden, auf dass sich diese hausgemachten Fehler nicht unweigerlich und unaufhörlich andernorts wiederholen.

Ergo: Gerade angesichts rückläufiger Bewerberzahlen sind die Parteien und sonstige politische Vereinigungen gefordert und aufgefordert, sich im Vorfeld von Bürgermeisterwahlen in angemessener Weise zu engagieren. Indem sie erst qualifizierte Interessenten für ihre Kommune auftun und diese dann im Wahlkampf sachdienlich unterstützen. Örtliche Kommunalpolitiker sollten sich nicht in Bürgermeisterwahlen auf Kosten eines Bewerbers oder auf Kosten der Stadt oder Gemeinde zu profilieren suchen. Ganz bestimmt aber wird es sowohl ihrer Kommune als auch ihrer Partei dienen, wenn sie der Stadt erst zum richtigen Kandidaten und dem richtigen Kandidaten dann zum Wahlsieg verhelfen.

Thomas Strobl (CDU)

Elf Fragen an vier Landesparteichefs

Wie halten's die großen politischen Organisationen im Land mit ihren Bürgermeister(kandidate)n und mit den Kommunen? Die Landesvorsitzenden der vier im baden-württembergischen Landtag vertretenen Parteien – Thomas Strobl (CDU), Birgit Homburger (FDP), Chris Kühn (Bündnis 90/Die Grünen), Nils Schmid (SPD) – beantworteten elf gleich lautende Fragen. Ich richtete diese Fragen auch an den Landesverband der Freien Wähler Baden-Württemberg e. V. – leider vermochte dort weder Heinz Kälberer als Landesvorsitzender noch Landesgeschäftsführer Georg Hiller sie zu beantworten.

Frage 1: Wie stark beeinflusst Parteipolitik das Wohl und Wehe von Kommunen?

Thomas Strobl (CDU): In den Kommunen findet die Politik zu guten Teilen ohne größere parteipolitische Polarisierung statt. Dies ist auf dieser Ebene in einem Gemeinwesen überschaubarer Größenordnung nur zu begrüßen.

Birgit Homburger (FDP): Parteien haben wichtige Funktionen in der Politik vor Ort. Zum einen vereinigen sie Menschen, die sich zu den gleichen Zielen und Überzeugungen bekennen und die Partei als Möglichkeit des demokratischen Austauschs und Engagements erleben. Zum anderen haben sie die wichtige Funktion, auf allen Ebenen vertreten zu sein, und ermöglichen so die durchgehende Gestaltung von Politik aus einem Guss. Für uns Liberale beginnt Demokratie vor Ort. Unser Leitbild dafür ist die „Graswurzeldemokratie", die der erste Ministerpräsident Baden-Württembergs, Reinhold Maier, geprägt hat. Funktional bedeutet dies die konsequente Anwendung des Subsidiaritätsprinzips. Für die Kommunalpolitik bedeutet die Mitwirkung der Parteien konkret, dass sie das personelle und inhaltliche Angebot schaffen, Ansprechpartner für die Menschen in den Kommunen sind und kommunalpolitische Anliegen auf landes-, bundes- und europapolitischer Ebene einbringen können. Das Kommunalwahlrecht ist ein Persönlichkeitswahlrecht. Das prägt auch die Arbeit in den Kommunen.

Chris Kühn (Grüne): Beim Wort „Parteipolitik" schwingt die Unterstellung mit, dass Politik in erster Linie zur Profilierung der Partei gemacht wird und nicht zum Wohl der Allgemeinheit. Bei diesem Negativmuster von Parteipolitik besteht die Gefahr, dass Sachfragen danach entschieden werden, ob dadurch Wählerstimmen gewonnen werden können. Im wohl ver-

Birgit Homburger (FDP)

standenen Sinn kann Parteipolitik aber auch heißen, dass Kommunalpolitik sich an den Werten orientiert, die der Programmatik einer Partei zu Grunde liegen. Grüne Kommunalpolitik ist dann eine Politik, die sich am Erhalt der natürlichen Lebensgrundlagen orientiert, an sozialer Gerechtigkeit und an breiter Beteiligung der Bevölkerung an den politischen Entscheidungen.

Nils Schmid (SPD): Für die SPD geht es um das Gemeinwohl. Mit allen politischen Gruppierungen, die zu einer Wahl antreten, konkurrieren wir im demokratischen Wettstreit um die besten Lösungen für anstehende Aufgaben.

Frage 2: Viele Kommunen fühlen sich von der Landes- und Bundespolitik vernachlässigt. Was tut Ihre Partei zur Stärkung der Städte und Gemeinden?

Thomas Strobl (CDU): Wir sind eine Partei, die auf das Subsidiaritätsprinzip und auf die Einheit vor Ort setzt. Wir sind die Partei der kommunalen Selbstverwaltung. Insofern haben wir größtes Interesse an starken Kommunen. Wir sind auch stolz darauf, dass viele unserer Abgeordneten in Land, Bund und Europa kommunalpolitisch erfahren und aktiv sind. An konkreten politischen Entscheidungen möchte ich an dieser Stelle beispielhaft nur die von der CDU-geführten Regierungskoalition beschlossene stufenweise Kostenübernahme der Grundsicherung im Alter und bei Erwerbsminderung durch den Bund nennen, aus der sich alleine bis 2015 eine Entlastung der Kommunen von mehr als zwölf Milliarden Euro ergibt, sowie die Stärkung des Konnexitätsprinzips durch die CDU-geführte Landesregierung. An dieser und anderen Entscheidungen habe ich als überzeugter Kommunalpolitiker und in meiner Funktion als Bundestagsabgeordneter und etwa auch als Vorsitzender des Vermittlungsausschusses zwischen Bundestag und Bundesrat mitgewirkt.

Birgit Homburger (FDP): Die Stärkung der Kommunen und ihrer Mitwirkungsmöglichkeiten spielt bei uns auf allen Ebenen eine wichtige Rolle. Auf Landesebene haben wir 2007 erreicht, dass mit dem Konnexitätsprinzip in der Landesverfassung die Mehrkosten übertragener Aufgaben nicht mehr zu Lasten der Kommunen gehen. Dies zeigte sich im Bildungs- und Erziehungsbereich, wo von der Landesregierung unter Beteiligung der FDP eine faire Partnerschaft zwischen Land und Kommunen begründet werden konnte. In weiteren Bereichen, wie der Sozialpolitik, der inneren Sicherheit oder der Kulturpolitik, sind die Kommunen wesentliche Partner. Auf Bundesebene ist ein zentraler Punkt für uns, dass die Kommunen endlich

Chris Kühn (Grüne)

eine stabile finanzielle Grundlage erhalten. Die FDP hat sich stets für den Ersatz der Gewerbesteuer ausgesprochen, da die Kommunen in Krisenzeiten immer wieder unter deren Schwankungsanfälligkeit und Konjunkturanfälligkeit leiden. Verlässlichere Einnahmen und damit bessere Planbarkeit für die Kommunen bleiben unser Ziel.

Chris Kühn (Grüne): Wir Grünen haben mit unserem Koalitionspartner SPD einen Koalitionsvertrag beschlossen, der den Kommunen eine starke Stellung im Land einräumt: Die Kommunen sollen verlässlich die finanzielle Grundausstattung erhalten, die sie benötigen, um die vielfältigen Aufgaben der kommunalen Daseinsvorsorge erfüllen zu können: von der Kinderbetreuung über gute Bildung bis hin zu einem attraktiven Bus- und Bahnverkehr vor Ort.

Nils Schmid (SPD): Für die Daseinsvorsorge der Menschen sind die Städte und Gemeinden von zentraler Bedeutung. Daher ist für die SPD selbstverständlich, dass deren Handlungsfähigkeit gesichert werden muss. Ein aktuelles Beispiel, dass die SPD dieses Ziel sehr ernst nimmt, ist die erfolgreiche Verteidigung der Gewerbesteuer als wichtiges Element zur Sicherung kommunaler Einnahmen.

Frage 3: Wie viele baden-württembergische Rathauschefs gehören gegenwärtig – im Februar 2012 – Ihrer Partei an?

Thomas Strobl (CDU): Im Februar 2012 gehören 380 baden-württembergische Rathauschefs der CDU an.

Birgit Homburger (FDP): Derzeit sind 12 Bürgermeisterinnen und Bürgermeister in Baden-Württemberg Mitglieder der FDP.

Chris Kühn (Grüne): 7

Nils Schmid (SPD): 74

Frage 4: Wie viele baden-württembergische Rathauschefs gehörten 1995 Ihrer Partei an?

Thomas Strobl (CDU): Aus dem Jahr 1995 liegen uns keine Zahlen vor, aber im Jahr 1997 gehörten 411 baden-württembergische Rathauschefs der CDU an.

Birgit Homburger (FDP): 1995 gehörten 8 Bürgermeisterinnen und Bürgermeister in Baden-Württemberg der FDP an.

Chris Kühn (Grüne): 1

Nils Schmid (SPD): In etwa so viele wie 2012.

Nils Schmid (SPD)

Frage 5: Wie viele Bürgermeister und Oberbürgermeister gedenken Sie im Jahr 2020 landesweit zu stellen?

Thomas Strobl (CDU): Möglichst viele.

Birgit Homburger (FDP): Die Wahl zum Bürgermeister oder Oberbürgermeister einer Stadt ist eine Persönlichkeitswahl. Deshalb kann man nicht für das Jahr 2020 Zielgrößen vorgeben. Das hängt von einzelnen Konstellationen und der Verfügbarkeit geeigneter Bewerber ab. Wir werden auch weiterhin alle geeigneten Persönlichkeiten unterstützen, die der FDP als Kraft der Freiheit verbunden sind. Das ist eine Frage der Qualität, nicht der Anzahl. Und wir werden weiterhin gezielt geeignete Persönlichkeiten fördern und zur Kandidatur ermutigen.

Chris Kühn (Grüne): Diese Frage entzieht sich den politischen Trends und damit den Vorhersagemöglichkeiten, BM-Wahlen sind in hohem Maße auch Persönlichkeitswahlen.

Nils Schmid (SPD): Die SPD stellt keine (Ober-)Bürgermeister/-innen. Diese werden von den Bürgerinnen und Bürgern gewählt. Ich freue mich, wenn die Zahl derjenigen größer wird, die für eine soziale Demokratie und eine nachhaltige Entwicklung der Gesellschaft eintreten.

Frage 6: Wie schulen und vermitteln Sie potenzielle Bewerber/ -innen im Vorfeld von Bürgermeisterwahlen?

Thomas Strobl (CDU): Dies wird in unserer Partei dezentral gemacht, von den Bezirks-, Kreis- oder Stadtverbänden vor Ort.

Birgit Homburger (FDP): In Zusammenarbeit mit der Vereinigung Liberaler Kommunalpolitiker (VLK) in Baden-Württemberg ermitteln und ermutigen wir Persönlichkeiten mit liberaler Überzeugung zum kommunalpolitischen Engagement. Dies umfasst selbstverständlich auch Bürgermeisterwahlen. Gemeinsam mit potenziellen Bewerberinnen und Bewerbern erstellen wir ein strategisches und inhaltliches Profil (siehe Frage 7).

Chris Kühn (Grüne): Wenn örtliche Ratsfraktionen nach Kandidatinnen oder Kandidaten Ausschau halten, unterstützen wir dies über unser Internetportal. Gespräche mit amtierenden Bürgermeistern dienen im Vorfeld als Unterstützung.

Nils Schmid (SPD): Für alle Fragen und Wünsche zu (Ober-)Bürgermeisterwahlen gibt es in der SPD-Landesgeschäftsstelle einen Ansprechpartner. Dabei werden unter anderem Hilfestellungen zum Wahlkampf und Angebote zur Weiterbildung vermittelt.

Frage 7: Wie unterstützen Sie Ihre Parteigänger im Bürgermeisterwahlkampf?

Thomas Strobl (CDU): Auch das entscheiden die jeweiligen Verbände vor Ort und die Landespartei mischt sich nicht ein. Die Dezentralität, die breite Verankerung unserer Partei in den Kommunen unseres Landes, und die dortige Selbstständigkeit unserer Verbände sind etwas, auf das wir stolz sind! Wir leben das Subsidiaritätsprinzip auch innerparteilich.

Birgit Homburger (FDP): Aufgrund des Profils vermitteln wir wichtige Kontakte vor Ort, geben finanzielle Unterstützung, bieten Schulungen im persönlichen (z. B. Rhetorik und Auftritt) und inhaltlichen Bereich an und unterstützen die Kandidatur organisatorisch.

Chris Kühn (Grüne): Die Unterstützung kommt, wenn dies von den KandidatInnen gewünscht wird, vonseiten der örtlichen Grünen.

Nils Schmid (SPD): Wenn gewünscht durch Beratung.

Frage 8: Kandidiert es sich mit einem Parteibuch leichter oder schwerer?

Thomas Strobl (CDU): Dies kommt ein gutes Stück weit immer auf die konkreten Gegebenheiten – den Ort und den Kandidaten – an. Im Grundsatz ist es für einen Bewerber natürlich eine Hilfe im Wahlkampf, eine starke Parteiorganisation hinter sich zu haben.

Birgit Homburger (FDP): Kommunalwahlen sind in erster Linie Persönlichkeitswahlen. Also liegt es am jeweiligen Kandidaten, inwiefern er ein Bekenntnis zu seiner Partei in den Mittelpunkt des Wahlkampfes stellen möchte. Selbstverständlich bietet die FDP Bewerbern aus ihren Kreisen jede Unterstützung an, wenn diese gewünscht wird. In welcher genauen Form hängt natürlich von den jeweiligen Themen und lokalen Besonderheiten ab.

Chris Kühn (Grüne): Hier gibt es zum einen interessante, historisch gewachsene Unterschiede zwischen den badischen und den württembergischen Landesteilen. Außerdem hängt diese Frage auch davon ab, wie der Zuspruch für die jeweilige Partei am jeweiligen Ort ist. Je höher die allgemeine Parteienverdrossenheit ausgeprägt ist, desto leichter ist eine Kandidatur ohne Parteibuch.

Nils Schmid (SPD): Weder noch.

*Frage 9: Welchen Nutzen haben Stadtoberhäupter im Amt,
wenn sie Ihrer Partei angehören?*

Thomas Strobl (CDU): Ich glaube, dass es für einen politisch interessierten und vor allem engagierten Menschen grundsätzlich gut ist, eine politische Heimat zu haben. Und freilich haben in der CDU engagierte Kommunalpolitiker auch einen „guten Draht" zur Landes-, Bundes- und Europapolitik und konkrete politische Einflussmöglichkeiten auf Entscheidungen in den Parlamenten.

Birgit Homburger (FDP): Die FDP ist als moderne Partei auch eine Partei der „kurzen Wege". Die Einbindung unserer Mitglieder vor Ort in Entscheidungen auf Landes- und Bundesebene ist uns wichtig. Regelmäßige direkte Kontakte zwischen Parteivorständen und kommunalen Mandatsträgern sind daher eine Selbstverständlichkeit. Dadurch hat ein FDP-Stadtoberhaupt auch nicht nur während der Wahlkämpfe die Unterstützung seiner Parteifreunde aus den Führungsgremien, sondern hat einen direkten Draht zu Landes- und Bundespolitikern. Das ist für die Kommunen hilfreich, wenn sie für Projekte die Unterstützung von Landes- oder Bundesseite brauchen.

Chris Kühn (Grüne): Wie jedes andere Parteimitglied auch haben grüne „Stadtoberhäupter" den Vorteil des innerparteilichen Gedanken- und Ideenaustausches und die Chance, an der innerparteilichen Willensbildung teilzunehmen.

Nils Schmid (SPD): Vernetzung, Austausch, Weiterbildungsmöglichkeiten, die Möglichkeit, kommunale Interessen auf anderen Politikebenen einzubringen und eine Partei zu stärken, die die Aufgaben der Kommunen ernst nimmt.

*Frage 10: Was haben die jeweiligen Kommunen davon,
wenn deren Bürgermeister/-innen Ihrer Partei angehören?*

Thomas Strobl (CDU): Die Kommunen haben dann in aller, aller Regel gute Bürgermeister!

Birgit Homburger (FDP): Von den oben (Frage 9) geschilderten Kontakten zu allen Ebenen der FDP profitieren mit den Stadtoberhäuptern natürlich auch die Gemeinden als solche.

Chris Kühn (Grüne): Wir Grünen sind erst seit kurzer Zeit in der Landesregierung – wir haben nicht vor, ein System zu etablieren, bei dem die Zuwendungen des Landes an das grüne Parteibuch der Rathausspitze gekoppelt sind. Wir wollen keine grüne Vetternwirtschaft etablieren. Die

Kommunen profitieren davon, wenn ihre Bürgermeister die grünen Vorstellungen von nachhaltiger Politik in der Kommune voranbringen. Denn die nachhaltige Kommune ist auch eine lebenswerte Kommune.

Nils Schmid (SPD): Dass sie eine sozial verpflichtete Rathausspitze haben.

Frage 11: Parteien bekommen Wahlkampfkosten erstattet – Bürgermeisterkandidaten nicht. Finden Sie das richtig?

Thomas Strobl (CDU): Auch Parteien erhalten keine Wahlkampfkosten erstattet – ein Teil ihrer Finanzierung besteht aus der staatlichen Parteienfinanzierung, die sie erhalten, um ihre Aufgaben nach Artikel 21 zu erfüllen. Einen Teil davon setzen die Parteien nach eigenem Ermessen auch für Wahlkämpfe ein – wohlgemerkt für Wahlkämpfe auf allen Ebenen, von der kommunalen Ebene, für vom örtlichen Verband unterstützte Kandidaten, bis zur europäischen Ebene.

Birgit Homburger (FDP): Die Kosten für die Kandidatur für die Position eines hauptamtlichen Bürgermeisters können als vorgezogene Werbungskosten bei der Steuererklärung abgesetzt werden. Damit wird der Aufwand anerkannt und die Bürgermeisterkandidatur auch finanziell staatlich unterstützt.

Chris Kühn (Grüne): Auf kommunaler Ebene, also bei Gemeinderatswahlen und bei Kreistagswahlen, gibt es weder für Parteien noch für freie Wählervereinigungen eine Wahlkampfkostenerstattung. Analog dazu gibt es auch bei den BM-Wahlen keine staatliche Finanzierung. Es gibt in unserer Partei derzeit keine Pläne, dies zu verändern.

Nils Schmid (SPD): Wie gemeinnützige Organisationen dürfen weder Parteien noch die Gemeinschaft der Steuerzahler/-innen (der Staat) einzelne Personen begünstigen. Gäbe es eine Wahlkampfkostenerstattung bei (Ober-)Bürgermeisterwahlen, so könnte diese in Baden-Württemberg nur direkt an Privatpersonen fließen, da es nur Einzelbewerbungen gibt. Wie kann vor diesem Hintergrund eine Regelung aussehen, die sicherstellt, dass staatliche Mittel, die direkt in private Taschen fließen, korrekt verwendet und versteuert werden? Bei einer Einzelperson gibt es nicht wie bei Wählervereinigungen, Parteien etc. Instanzen, die über die Verwendung dieser Mittel verantwortlich wachen müssen.

Markus Ewald wurde 1964 in Villingen geboren. Der seit 2010 verpartnerte Protestant ist parteilos. Nach seiner Ausbildung zum Europäischen Betriebswirt an der Hochschule Reutlingen hat er 16 Jahre in Industrieunternehmen gearbeitet, unter anderem für die Deutsche Lufthansa und den schwedisch-schweizerischen Konzern ABB. Von 2004 bis 2008 war Ewald Bürgermeister von Bad Urach (Landkreis Reutlingen), im Juni 2008 wählte ihn Weingarten im Kreis Ravensburg zum Oberbürgermeister. Ewald ist Mitglied in zahlreichen Gremien und Verbänden und Mitglied der Fraktion der Freien Wähler im Kreistag Ravensburg.

Interview mit Markus Ewald und Matthias Burth

„Am 1.4.2013 wird der große Zahltag sein"

Zwei nicht alltägliche Erfolgsstorys aus Oberschwaben: Der eine führt die pleiteste Stadt Baden-Württembergs aus ihrer heillosen Verschuldung – der andere heiratet im Amt seinen gleichgeschlechtlichen Partner. Weil er in Bad Urach nicht effizient arbeiten konnte, wechselte Markus Ewald schon nach vier Jahren nach Weingarten. Als Matthias Burth in Aulendorf antrat, erwartete ihn dort eine Pro-Kopf-Verschuldung von 6.000 Euro!

Herr Ewald, nach nur vier Bürgermeisterjahren in Bad Urach wollten Sie dort weg, wollten Sie OB in Weingarten werden. Warum?

Markus Ewald: In Bad Urach war für mich klar, dass ich unter den dortigen Rahmenbedingungen nicht länger als eine Amtsperiode das Amt des Bürgermeisters ausüben wollte. Die Stadt Weingarten hatte ich schon länger im Fokus, und als der damalige Oberbürgermeister Gerd Gerber überraschend ankündigte, keine weitere Amtszeit mehr anzustreben, habe ich die Chance ergriffen.

Welchen Stellenwert hat die Zusammenarbeit mit dem Gemeinderat für Sie?

Ewald: Der erfolgreichen Zusammenarbeit mit dem Gemeinderat kommt ein besonders hoher Stellenwert zu. Als Vorsitzender des Gremiums prägt der Bürgermeister den Arbeitsstil des Gremiums. Man muss sich gegenseitig kennenlernen und von Anfang an die Spielregeln gemeinsam definieren. Das haben wir in Weingarten durch eine zeitnahe Klausurtagung gemacht. Dadurch ist es gelungen, frühzeitig die Erwartungen aneinander zu klären: Wie wollen wir zusammen arbeiten, wie können wir unsere Stadt langfristig voranbringen?

Matthias Burth wurde 1969 in Meßkirch geboren. Der verheiratete Vater dreier Töchter ist parteilos. Nach Ausbildung und Studium zum Diplom-Verwaltungswirt (FH) arbeitete er von 1997 bis 2002 für die Gemeinde Ilsfeld (Kreis Heilbronn), erst als stellvertretender Leiter des Bau- und Personalamtes, zuletzt als Hauptamtsleiter. Von 2002 bis 2008 hütete er den Talheimer Gemeindesäckel (Kreis Heilbronn). Am 6. Oktober 2008 übernahm er das Bürgermeisteramt in Aulendorf im Landkreis Ravensburg.

Entsprechen Gemeinderäte den Aufsichtsräten in Unternehmen?

Ewald: Aufsichtsräte werden zwar nicht direkt gewählt, aber auch sie haben wie jeder Gemeinderat eine Stimme im Gremium. Vielleicht stellt die Arbeit im Gemeinderat doch manchmal eine größere Herausforderung dar, da der Personenkreis erheblich heterogener ist ...

Matthias Burth: ... und in einem Gemeinderat ganz unterschiedliche Interessen vorhanden sein können. Im Aufsichtsrat dominiert das wirtschaftliche Interesse, in einem Gemeinderat gibt es noch ganz andere Interessen.

Ewald: Auf jeden Fall ist der Führungsspielraum, geregelt durch die Gemeindeordnung und das Beamtenrecht, erheblich geringer und herausfordernder als in der Industrie, da einige Führungsinstrumente nicht zur Verfügung stehen.

Wer hat mehr Macht und Gestaltungsfreiräume: Der Vorstandsvorsitzende, der Geschäftsführer einer Firma oder der Oberbürgermeister?

Ewald: Eine gute Frage. Macht ist vielleicht das falsche Wort. Wer hat mehr Einfluss? Mehr Einfluss, glaube ich, hat der Oberbürgermeister oder Bürgermeister qua Amt sozusagen aus der Kraft der Funktion und der Rolle auch in der Gesellschaft. Wir Bürgermeister können sehr viel gestalten. Das ist das Reizvolle an diesem Beruf – die Gestaltungs-, die Steuerungsmöglichkeiten, die vielleicht sogar über die Einflussmöglichkeiten von Vorständen in der Industrie hinausgehen. Auch ist die Bandbreite der Themen erheblich vielfältiger als in Unternehmen.

Was unterscheidet Bürgermeister von Oberbürgermeistern?

Ewald: Der Anteil an Repräsentationsaufgaben ist bei einem Oberbürgermeister höher. Es gibt erheblich mehr Termine außerhalb der Kommune. Ich bin zum Beispiel Mitglied im Europaausschuss des Deutschen Städtetages oder in der baden-württembergischen Krankenhausgesellschaft. Ein weiterer Unterschied ist die engere Begleitung durch die Presse, da eine Große Kreisstadt noch stärker im Blickpunkt der Presseöffentlichkeit steht.

Manchmal kommen Bürgermeister kleiner Gemeinden zu mir und sagen: Ich möchte Schultes in einer größeren Stadt werden, dann muss ich weniger arbeiten.

Ewald: Ja? Dann wissen sie nicht, wovon sie reden.

Ein Trugschluss?

Burth: In größeren Städten stehen die Repräsentationsaufgaben im Vordergrund. Dafür ist der Bürgermeister einer kleineren Stadt tiefer in der Sachbearbeitung mit drin. Ich will nicht sagen, dass man da mehr oder weniger arbeitet. Es ist eine andere Arbeit.

So genannte Quereinsteiger sagen mir: „Ich bin nicht vom Fach, ich bin Gastwirt oder Bäcker, da fange ich als ungelernter Bürgermeister besser in einer kleineren Gemeinde an."
Ich antworte dann: „Nein, andersrum. Je kleiner eine Gemeinde(verwaltung), desto weniger Fachleute umgeben einen, an die man Aufgaben delegieren könnte. Je größer eine Stadt, desto mehr ist man Politiker und von der Tagesarbeit entbunden.

Burth: Auch ein OB muss sich in die Themen einarbeiten, sonst kann er die Aufgaben im Gemeinderat nicht mehr steuern und lenken.

Ewald: Je größer eine Stadt, desto geringer wird der Anteil an „Sachbearbeitung" für einen Bürgermeister, außer in Krisenfällen oder politisch brisanten Situationen. Vielleicht kann man das so differenzieren. Ich hätte keine Chance in einer Stadt mit 3.000 Einwohnern gehabt. Als Betriebswirt hätten mir dazu die notwendigen fachlichen Voraussetzungen gefehlt. In meinem ersten Rathaus waren zahlreiche Verwaltungswirte, die mir, besonders in der Anfangszeit, sehr viel Wissen vermittelt haben. Trotzdem habe ich bald festgestellt, dass ein gewisses Grund-Know-how an Verwaltungswissen dringend erforderlich ist, um ein Rathaus erfolgreich führen zu können. Ich hatte das Glück, in Kehl ein Kontaktstudium für Verwaltung absolvieren zu können, und mit der einen oder anderen Fortbildung kann man auch als Quereinsteiger in das Amt hineinwachsen. Je größer eine Stadt, desto mehr spielt das Thema Politik und Gremienarbeit eine Rolle. Statt um Einzelfragen kümmert sich ein Oberbürgermeister vermehrt um die strategische langfristige Steuerung.

Mancher sagt, Weingarten sei leichter zu regieren, weil es keine Stadtteile gibt.

Ewald: Es reduziert auf jeden Fall die Anzahl der Gremiensitzungen. Die Verwaltung von Ortsteilen, häufig noch mit eigenen Ortsvorstehern und Ortschaftsräten, ist sehr zeitaufwendig.

Burth: Wir haben drei Ortsteile mit drei Ortschaftsverfassungen. Wir haben zwar gerade im Gemeinderat den Grundsatzbeschluss gefasst, diese aus

Kostengründen abzuschaffen, aber aufgrund des Eingemeindungsvertrages müssten die Ortsteile zustimmen. Gerade in Aulendorf herrscht in den Ortsteilen Misstrauen gegenüber der Kernstadt, das wir jetzt nur langsam abbauen können. In unseren Ortsteilen wird die Meinung vertreten, dass sie jahrzehntelang nicht berücksichtigt worden seien, das Geld sei nur in die Kliniken in Aulendorf geflossen, nicht in die Ortschaften. Die Gemeindeverbindungsstraßen und die Infrastruktur in den Ortsteilen sei vernachlässigt worden.

Was macht das Bürgermeistern so reizvoll?

Burth: Das Gestalten. Das hört sich in Aulendorf vielleicht seltsam an – was will man mit Schulden schon gestalten? Aber auch hier kann man lenken, steuern, eine Richtung vorgeben. Klar, bei uns geht's nicht darum, ob wir ein neues Hallenbad oder eine neue Kulturhalle bauen. Unsere Aufgabe lautet: Wie soll die Kommune Aulendorf in fünf bis zehn Jahren aussehen, damit sie sich wieder selber tragen kann und dennoch lebenswert bleibt?

Da gibt es noch Spielräume?

Burth: Würde man die Stadt zu Tode sparen, könnte sie nie wieder auf eigenen Beinen stehen.

Ewald: Für mich macht die Vielfältigkeit der Themen, an denen man arbeitet, den Reiz aus. Ich wollte nie Spezialist werden – ich wollte immer Generalist sein. Wenn ich mir überlege, wie viele unterschiedliche Themenfelder wir täglich bearbeiten: Personalfragen, Bauthemen, ein Wirtschaftsgespräch mit einem potenziellen Investor, ein abendliches Gespräch mit Vertretern des Einzelhandels oder auch dem touristischen Regionalverband: Man kann seine Kompetenzen auf vielen Feldern weiterentwickeln. Und der zweite Punkt, der mich motiviert hat, aus der Industrie in die Verwaltung zu wechseln, ist der Sinn, den unsere Tätigkeit stiftet: Unsere Arbeit hat unmittelbaren Einfluss auf das Leben der Bürgerinnen und Bürger in unseren Städten, eine besondere Herausforderung und eine manchmal auch belastende Verantwortung.

Burth: Es ist wirklich hochinteressant, dass man ganz verschiedene Menschen trifft, von denen man auch das eine oder andere lernen kann.

Wann bekommen Sie, Herr Burth, das Gefühl, Sie waren erfolgreich?

Burth: Erfolg ist unter anderem, wenn ein Thema abgearbeitet ist, die Presse hat nicht gemeckert und die Leute sind zufrieden.

Die geglückte Wiederwahl als absolute Form von Anerkennung?

Burth: Das ist dann ein deutliches Feedback, wie zumindest die Bevölkerung deine Arbeit der vergangenen acht Jahre bewertet hat. Wobei das auch eine gefährliche Sache ist. Man kann nach sechs, sieben tadellosen Jahren im achten Jahr über *ein* Thema stolpern. Man darf nach acht Jahren nicht nur schauen: Wie viele kulturelle Veranstaltungen wurden organisiert? Was wurde gebaut? Wie wurde repräsentiert? In so eine Gesamtbilanz sollten auch so Sachen wie Tiefbau, Kanalwasser, Abwasser, Daseinsvorsorge einfließen. Wird aber kaum gemacht, weil es die Leute gar nicht mitbekommen. Wichtig finde ich auch, dass ein Bürgermeister in seiner Gemeinde keine Gräben aufreißt und polarisiert, sondern für einen „Gemeindefrieden" sorgt. Ebenso empfinde ich es als wichtig, dass die Bürgerinnen und Bürger erkennen, dass man ihre Belange und Interessen ernst nimmt.

Ewald: Das Aufgabengebiet einer Verwaltung ist so komplex und vielfältig, dass es für einen durchschnittlich informierten Bürger nicht leicht ist, sich eine eigene fundierte und objektive Meinung dazu zu bilden – und die Bilanz am Ende einer Amtszeit beschränkt sich in der Wahrnehmung durch die Bevölkerung häufig auf wenige Themen oder Projekte.

Die Denkmale, die man sich setzte.

Ewald: Genau. Was sichtbar ist, ist leichter wahrnehmbar. Für den Bürger spielen in der Bewertung der Arbeit eines Bürgermeisters noch weitere Punkte eine wichtige Rolle: Ist mir der Bürgermeister sympathisch? Hält er seine Versprechen ein? Geht er auf die Menschen zu und hört sie an? An dem Ergebnis einer Wiederwahl sollte man jedoch nicht den Erfolg oder Misserfolg eines Bürgermeisters festmachen. Bei erfolgreichen Amtszeiten bewerben sich nur selten Gegenkandidaten zum aktuellen Amtsinhaber, und bedauerlicherweise führt dies im Regelfall dazu, dass die Wahlbeteiligung häufig die 30-Prozent-Marke kaum überschreitet, besonders in den größeren Städten.

Denken Sie beide nach zwei Jahren im Amt bereits an Ihre Wiederwahl?

Ewald und Burth: Nein.

So gar nicht?
Burth: Das ist viel zu weit weg. Da kann noch so viel passieren.

Legt man als Bürgermeister die Amtszeit strategisch an? Verlegt man erfreuliche Ereignisse bewusst ins letzte Halbjahr vor der Wiederwahl?
Ewald: Auf jeden Fall würde ich heftig umstrittene Themen nicht kurze Zeit vor der Wahl in Angriff nehmen. Aber wenn man sich diese Frage bereits zu Beginn der Amtsperiode stellt, dann wird man handlungsunfähig und verliert leicht seinen eigenen Kompass.

Burth: Das ist die richtige Antwort. Sechs Jahre sind einfach noch zu lange hin. Da würde man die Stadt blockieren, wenn man von Anfang an auf die Wiederwahl schielt. Es gibt da ein Sprichwort: Grausamkeiten muss man am Anfang machen, nicht am Schluss.

Sie sind beide parteilos. Im dunkelschwarzen Landkreis Ravensburg ist das nicht eben die Regel. Hätten Sie und Ihre Stadt es leichter, wenn der Rathauschef ein CDU-Parteibuch trüge?
Burth: Für Aulendorf, glaube ich, nein. Auch aus der Vergangenheit heraus. Die CDU stellte die beiden Bürgermeister vor mir und auch die Gemeinderatsmehrheit. Ich denke, für Aulendorf war ein Neuanfang ganz wichtig und dass der Bürgermeister parteiunabhängig agieren kann. Ich habe in den vergangenen drei Jahren allerlei Gespräche auf kommunaler und auf Landesebene geführt – da ist es für Aulendorf ein Vorteil, dass ich parteilos bin. Ich bin unbefangener.

Ewald: Wenn man in der Regierungspartei gut vernetzt ist, hat man es sicher bei manchen Themen, die die Unterstützung des Landes brauchen, leichter. Aber ich habe nur ganz selten meine Parteilosigkeit als Handicap erlebt.

Burth: Es spielt auch immer die persönliche Ebene eine Rolle. Ich denke, von den jetzigen Landtagsabgeordneten wird das als nicht negativ empfunden, dass der Bürgermeister von Aulendorf parteilos ist. Ich habe da bisher keine negativen Erfahrungen gemacht.

Kümmert sich die große Politik insgesamt um die Nöte der Kommunen?
Burth: Eher nicht. Der Gemeindetag versucht gegenzusteuern.

Mit Erfolg?

Ewald: Das Land und der Bund haben das gleiche Problem wie die Kommunen: zu wenig Geld in der Kasse und zu viele Schulden. Das Konnexitätsprinzip, inzwischen sogar in unserer Landesverfassung verankert, wird deshalb häufig außer Acht gelassen. Unser Städte- und Gemeindetag setzt sich hartnäckig und mit großem Engagement für die Interessen der Gemeinden ein. Die Oberbürgermeisterin von Reutlingen, Barbara Bosch, wird in ihrem neuen Amt als Städtetagspräsidentin eine im positiven Sinne streitbare und couragierte Verhandlungspartnerin – da bin ich mir ganz sicher.

Burth: Unterm Strich bin ich mit unserem Gemeindetag sehr zufrieden. Was ihn und auch den Städtetag neben der politischen Vertretung vor allem auszeichnet, das ist die Aufarbeitung der Sachthemen für Kommunen. Es werden Sachverhalte dargelegt, rechtliche Hinweise gegeben. Das ist nicht nur für einen Bürgermeister, sondern auch für leitende Verwaltungsmitarbeiter eine ganz wichtige Plattform zur Informationsbeschaffung.

Ewald: Die Dienstleistungspalette, die wir in Anspruch nehmen können, ist enorm groß. Viele Detailfragen sind dort geklärt und für die Verwaltungsmitarbeiter zugänglich.

Burth: Rechtliche Hintergründe werden aufgearbeitet. Man muss das Rad nicht jedes Mal neu erfinden. Irgendwo wurde das Thema schon aufgearbeitet, dann gibt es Ausarbeitungen für andere Städte und Kommunen, die man abrufen kann. Da finde ich den Gemeindetag wirklich vorbildlich.

Ewald: Auch was das Benchmarking betrifft. Wir hatten zum Beispiel ein Projekt zum Thema Erstwohnsitz von Studenten gestartet. Da veranlassten die sofort eine Umfrage in vielen Städten.

Was kostet die Mitgliedschaft?

Burth: Aulendorf ist Mitglied des Gemeindetages. Das Preis-Leistungs-Verhältnis stimmt.

Gibt es Kommunen, die darauf verzichten?

Burth: Ich meine, in der ersten Sparwelle 2002/2003 ist eine Gemeinde aus dem Gemeindetag ausgetreten. War es Weinsberg?

Ewald: Sie sind nicht gut beraten, wenn Sie austreten.

Als Sie, Herr Burth, Ihr Bürgermeisteramt antraten, war Aulendorf mit über 60 Millionen Euro verschuldet. Das sind mehr als 6.000 Euro pro Einwohner. Wie konnte es dazu kommen?

Burth: Die in der Presse genannte Verschuldung von 64 Millionen Euro war nur eine Darstellung, die sämtliche denkbaren Risiken einrechnete. Mögliche Inanspruchnahme von Bürgschaften, ausstehende Ausgleichszahlungen an die ZVK ...

Ein Worst-Case-Szenarium?

Burth: Ja. Wir liegen heute bei einer Verschuldung von rund 55 Millionen Euro einschließlich der Eigenbetriebe, im städtischen Haushalt beträgt die Verschuldung rund 45 Millionen Euro. Hinzu kam, dass es sehr komplexe Themen gab, die man aufarbeiten musste. Einen über hundertseitigen GPA-Bericht etwa, den es umzusetzen galt. Ein komplett veraltetes Satzungsrecht, teilweise 20, 30 Jahre alt, das wir jetzt komplett auf neue Füße gestellt haben.

Sie übernehmen eine Stadt mit 55 Millionen Euro Schulden?

Burth: Zum Amtsantritt am 6. Oktober 2008 konnte niemand den aktuellen Finanzstatus der Stadt sagen. Erst mit der Jahresrechnung 2010 konnten wir den Finanzstatus wirklich transparent darstellen. Vorher war das viel zu verworren. Buchhalterisch katastrophal dargestellt. Die ganzen Verflechtungen auseinanderzunehmen, hat eineinhalb Jahre gedauert.

Wer hat da missgewirtschaftet?

Burth: Das ist eine äußerst schwierige und komplexe Frage. Allein die Beantwortung dieser Frage würde ein Buch füllen. In erster Linie sind natürlich die damals handelnden Personen, das heißt die Bürgermeister, die Geschäftsführer der Kliniken, der Gemeinderat und die Aufsichtsräte in der Verantwortung. Generell hat man zu lange an einer Struktur festgehalten, die sich die Stadt nicht leisten konnte. Die Stadt hat zu lange auf das Pferd Gesundheitswesen und Kur gesetzt. Das Konstrukt an Gesellschaften hat in Aulendorf niemand mehr überblickt. Welche Gelder fließen wohin, welche Gesellschaft schuldet der anderen Mietzahlungen? Es gab eine Verflechtung von Gesellschaften mit einer Holding oben drüber ... ich bin überzeugt, das hat am Schluss niemand mehr geblickt.

Es waren städtische Betriebe?

Burth: Ja, städtische Kliniken.

Von wem kontrolliert?

Burth: Die Bürgermeister waren Aufsichtsratsvorsitzende. Im Aufsichtsrat saßen bis zum Schluss Gemeinderäte.

Also lauter Kur- und Bäder-Experten.

Burth: Ja, lauter Kur- und Bäder-Experten. Die natürlich auf den Aufsichtsratsvorsitzenden und den Geschäftsführer vertrauen mussten. Fachkenntnis konnte da gar nicht vorhanden sein. Das war sicher eine Lehre, die wir zogen: Dass sich eine Stadt auf ihr Kerngeschäft konzentrieren und nicht als Mischkonzern mit möglichst vielen Handlungsfeldern fungieren sollte. Energiebetrieb aufrechterhalten, Kliniken aufrechterhalten, sich an einer Therme beteiligen – das ist zu viel für eine Kleinstadt. Und man sieht ja: Bald nachdem die Kliniken privatisiert worden sind, konnte man mit ihnen wieder Geld verdienen. Geführt von Leuten, die das nötige Wissen haben und auch die nötigen Beziehungen. Die Synergie-Effekte erzielen können, weil sie mehrere Kliniken betreiben.

Die Stadt Aulendorf hat sich in eine Branche verirrt, von der sie eigentlich die Finger hätte lassen sollen?

Burth: Es gab sicher mal Zeiten, da haben Städte und Gemeinden mit dem Kurwesen Geld verdient. Man hätte aber erkennen müssen, dass die Politik die Weichen anders stellte, und rechtzeitig gegensteuern.

Wer hatte versäumt, die Reißleine zu ziehen? Irgendwann muss man doch sehen, dass es in die ganz falsche Richtung geht!

Burth: Die handelnden Organe hätten die Reißleine ziehen müssen. In erster Linie sicherlich ein Bürgermeister. Und dann, soweit möglich, auch ein Gemeinderat. Alle zusammen. Man darf da nicht nur einen herauspicken, wenn man dann auch die viel diskutierte Frage stellt, inwieweit die Rechtsaufsicht schuldig ist.

Rechtsaufsicht heißt Landratsamt?

Burth: Landratsamt, Regierungspräsidium, Innenministerium – das sind alles Rechtsaufsichtsbehörden. Ich möchte da keinen hervorheben. Alle zusammen hätten das in dieser Konsequenz, wie man jetzt in Aulendorf die Reißleine zieht, vor 15 Jahren machen müssen. Alle zusammen. Die Stadt allein schafft es nicht. Das Land allein ohne die Stadt hätte es auch nicht geschafft. Nur wenn Stadt und Land jetzt zusammenarbeiten, kann Aulendorf in ein paar Jahren wieder auf eigenen Beinen stehen. Hätte man die heutigen konsequenten Entscheidungen vor 15 Jahren getroffen, wären sie weniger hart ausgefallen, weil der Schuldenberg nicht so hoch aufgelaufen wäre. Da wären es statt der prognostizierten 64 Millionen Euro eventuell nur 40 Millionen gewesen.

Mit wem haben Sie Aulendorfs Entschuldung vereinbart und wie sieht diese Vereinbarung aus?

Burth: Nach meinem Amtsantritt haben wir Gespräche mit dem Land Baden-Württemberg über eine Finanzhilfe aufgenommen. Ende 2009 brachten wir diese Gespräche mit einem Finanzhilfevertrag zum Abschluss.

Fühlte sich das Land verantwortlich?

Burth: Es war eher die Erkenntnis, dass es so nicht weitergehen kann, dass es die Stadt ohne Hilfe von außen nicht schaffen kann. Aus dieser Erkenntnis heraus sah sich das Land gezwungen, für Aulendorf einen Ausweg aus der Schuldenfalle zu finden.

Die Schulden der Stadt Aulendorf lagen bei Banken?

Burth: Ausschließlich bei Banken.

Und nun?

Burth: Aulendorfs Einnahmen waren im Vergleich zu anderen Städten unterdurchschnittlich, die Ausgaben aber überdurchschnittlich. Die Stadt leistete sich Strukturen, die sie mit ihren laufenden Einnahmen nicht bewältigen konnte. Wir haben es durchgerechnet: Selbst bei einer Nullverschuldung hätte sich die Stadt diese Struktur nicht leisten können, nicht einmal bei einer guten Konjunktur. Deshalb besagt der Finanzhilfevertrag: Wenn Aulendorf Geld vom Land bekommen soll, muss es seine Einnahmen erhöhen und die Ausgaben senken. In Zahlen: Wir müssen im ersten Jahr unseren laufenden Haushalt um 800.000 Euro verbessern; im zweiten Jahr um insgesamt 1,3 Millionen Euro; im dritten Jahr um 1,9 Millionen Euro. Wenn wir das jedes Jahr schaffen, bekommen wir einen Zuschuss für den laufenden Haushalt in Höhe von 2,3 Millionen Euro. Praktisch als Bonus. Und wenn wir bis einschließlich 2012 wie vereinbart wirtschaften, winkt im Jahr 2013 ein großer Bonus: 18 Millionen Euro Tilgungshilfe für unseren Kernhaushalt. Die Schulden der Eigenbetriebe werden natürlich über den Gebührenzahler direkt abbezahlt. Alle Kredite werden auf den

Stichtag 1. April 2013 terminiert, um dann tatsächlich Kredite in Höhe von 18 Millionen Euro tilgen zu können.

Wird Aulendorf diese Vorgaben erfüllen?

Burth: Wir sind auf einem guten Weg. Ich bin guten Mutes, dass am 1. April 2013 der große Zahltag ist und 18 Millionen Euro fließen werden. Das ist aber nur der erste Teil des Vertrages. Man hat das bewusst überschaubar zweigeteilt. 2016 sollten wir auf eigenen Beinen stehen, vielleicht sogar schon 2015 oder 2014. Natürlich werden wir in den nächsten Jahren keinerlei große Sprünge machen können. Und wir werden abhängig sein von der Konjunktur, von der Einkommensteuer, von der Gewerbesteuer, von Schlüsselzuweisungen. Wenn es da nach unten geht, wird es Aulendorf besonders treffen.

Was, wenn Sie sich nicht mit dem Land geeinigt hätten?

Burth: Es gab keine Alternative. Es gab keinen Plan B. Es gab niemanden, der sonst hätte helfen können.

Gibt es weitere Städte und Gemeinden, denen das Wasser derart bis zum Hals steht?

Burth: Die Situation in Aulendorf war sicher besonders dramatisch. Aber natürlich hatte das Land im Blick, dass andere Städte in fast ähnlicher Lage sind wie Aulendorf. Das Land war darauf bedacht, mit seiner Hilfe für Aulendorf keine Präzedenzwirkung zu entfalten.

Darf das Beispiel Aulendorf Schule machen?

Burth: Es wird keine Schule machen. Weil Aulendorf doch viel abverlangt wird. In dem Vertrag geht's ja nicht nur um Zahlungen des Landes oder Konsolidierungsbeträge der Stadt. Da wurden auch klare Vorgaben gemacht, dass zum Beispiel zu einem gewissen Stichtag das Satzungsrecht der Stadt komplett überarbeitet werden muss. Alle abgabenrechtlichen Satzungen überarbeitet werden müssen. Alte Kalkulationen auf neue Grundlagen gestellt werden müssen. Das war in den letzten anderthalb Jahren eine Schweinearbeit für die Mitarbeiter der Kämmerei! Dass wir nun einen Hebesteuersatz von 800 von 100 haben, führte nicht gerade zu Begeisterungsstürmen. Es war durchsetzbar, weil man gewusst hat: Es gibt nur diesen Weg. Aber die harten Vorgaben sollten durchaus abschreckende Wirkung auf andere Kommunen haben. Wer will seinen Bürgern schon 800 von 100 in der Grundsteuer B zumuten?

Ewald: 800!

Burth: 800. Auch das Sterben ist in Aulendorf sehr teuer. Wir haben sämtliche Gebühren auf 100 Prozent Kostendeckung erhöht, auch das Friedhofswesen.

Ewald: Die Entwicklung in Aulendorf hat das Land verändert. Die Kontrollvorschriften durch die Aufsichtsbehörden wurden danach massiv gesteigert und sind heute erheblich engmaschiger. Diese unübersichtliche Vielzahl von Untergesellschaften zu gründen, wie in Aulendorf geschehen, wäre heute gar nicht mehr möglich.

Wurden tatsächlich Lehren aus der Aulendorfer Misere gezogen?

Burth: Ich bin überzeugt, dass die Rechtsaufsichtsbehörden im Land jetzt viel genauer überlegen, ob sie bei irgendwelchen Bürgschaftsgenehmigungen oder Gewährleistungsverträgen wirklich beide Augen zudrücken sollen.

Sind Sie, Herr Burth, mit der Hilfsvereinbarung für Aulendorf einverstanden oder haben Sie sich vom Land etwas anderes erhofft?

Burth: Ich bin damit einverstanden. Eine Zeitung zitierte mal den damaligen Staatssekretär im Finanzministerium, Gundolf Fleischer: „Wir verhandeln auf Augenhöhe." Das war so. Das war auch für die Aulendorfer Bevölkerung ganz wichtig, dass man die Stadt nicht von oben herab behandelte, sondern wirklich mit ihr verhandelte: Was ist eigentlich den Aulendorfern wichtig, was ist dem Land wichtig? Die Aulendorfer müssen sich viel anhören aufgrund der Finanzsituation. Man wird belächelt. Dadurch, dass der Finanzhilfevertrag wirklich auf Augenhöhe ausgehandelt worden ist, hat man der Stadt auch ein bisschen Würde zurückgegeben. Man hat sie nicht völlig demontiert. Es war wichtig, dass unsere Leute sagen können: „Jetzt helfen wir uns selber." Aulendorfer Bürger organisieren sich und übernehmen freiwillige Aufgaben, die die Stadt nicht mehr leisten kann und darf, auf die man aber Wert legt. Zum Beispiel das Freibad am Steger See. Ich habe eine Zusage auf die vier nächsten Jahre. Der Abmangel, der dort produziert wird, wird von einem Verein getragen werden. Die schaffen das. Innerhalb von drei Wochen fanden sie 200 Mitglieder. Die machen jetzt Veranstaltungen und bekamen Zusagen von Leuten im Hintergrund. Die werden dieses Freibad aufrechterhalten. Nächstes Beispiel: Aus Kostengründen haben wir die Ganztagesbetreuung abgeschafft und noch keine Betreuung U3 eingeführt – in heutiger Zeit! Da kam ein privater Träger und startet die U3-Betreuung vorerst auf eigene Kosten. Der bekommt von uns keinen Zuschuss. Erst ab 2013, wenn der Rechtsanspruch auf Betreuung besteht.

Wie zufrieden oder unzufrieden sind Sie mit der Rolle des Landkreises?

Burth: Seit ich hier bin, habe ich eine sehr vertrauensvolle und konstruktive Zusammenarbeit mit dem Landratsamt aufgebaut und auch erlebt. Stadt und Landratsamt haben es geschafft, eine sachliche Ebene zu finden und ein Vertrauensverhältnis aufzubauen.

Hatten die im Landratsamt vielleicht ein schlechtes Gewissen? Es gab kritische Stimmen aus der Bevölkerung.

Burth: Das müssen Sie das Landratsamt selber fragen.

Wer hat Sie hängen lassen?

Burth: Wo ich ein bisschen enttäuscht war: Wir haben im Vorfeld alle Gläubigerbanken angeschrieben, ob es Umschuldungsmöglichkeiten gibt, Möglichkeiten, die Schulden- oder Zinslast zu reduzieren. Da kam so gut wie kein Feedback. Nur eine einzige Bank erklärte sich zu einer wirtschaftlich sinnvollen Umschuldung bereit.

Die Kreissparkasse?

Burth: Nein, eine Bank weit außerhalb.

Herr Ewald, gönnen Sie Ihrem Kollegen Burth die Hilfe, die Aulendorf erfährt?

Ewald: Ich freue mich für meinen Kollegen und für die Stadt Aulendorf. Natürlich darf das keine Schule machen. Verwunderlich ist, dass bei der Aufarbeitung der Vergangenheit praktisch niemand die Verantwortung übernommen hat. Für einen Außenstehenden ist es nicht nachvollziehbar, wie es zu dieser für die Gemeinde katastrophalen Entwicklung kommen konnte. Hat der Gemeinderat versagt? Welche Rolle hat der damalige Bürgermeister gespielt?

Sie meinen den Herrn Eickhoff?

Ewald: Nach meinem Kenntnisstand ist dieses Thema öffentlich nicht aufgearbeitet worden. Man hat von außen den Eindruck, dass jede Partei mit dem Zeigefinger auf den Nachbarn verweist. Nach meiner Meinung haben die Bürger, die jetzt massiv von den Auswirkungen betroffen sind, auch einen Anspruch darauf, zu verstehen, wie es dazu gekommen ist.

Dann fragen wir doch den Herrn Burth: Wird es diese Aufarbeitung geben?

Burth: Schwierige Frage. Ich habe schon gesagt, dass wir von der Stadt nochmal alles aufrollen und aufarbeiten. Das ist auch rechtlich derart verworren, das sind komplexe Sachverhalte. Da beschäftigen sich natürlich auch Anwälte damit, um das überhaupt auseinanderdröseln zu können.

Schuldfragen werden noch vor Gericht geklärt werden?

Burth: Natürlich finden sich im Prüfungsbericht der GPA haftungsrechtliche Fälle, die wir prüfen und abarbeiten. Fälle, wo es darum geht, ob wir – Eigenschadensversicherung – einen Versicherungsschaden anmelden können. Das läuft alles. Um die grundsätzliche Schuldfrage juristisch zu klären – da werden sich die Juristen über Jahre hinweg eine goldene Nase verdienen.

Es geht nicht nur um eine juristische Betrachtung.

Burth: Ich kann Herrn Ewald verstehen. Der Großteil der Bevölkerung fragt: „War's das jetzt? Wer ist denn jetzt schuld? Der Bürgermeister? Hat der Gemeinderat versagt? Hat die Aufsicht versagt?" Ich weiß nicht, ob man einem einzelnen Organ oder einem Einzelnen eine Schuld geben kann. Natürlich hat erst einmal die Stadt agiert. Das ist unbestritten. Das muss sich die Stadt immer vorhalten lassen. Aber: Alle zusammen, auch die Aufsichtsbehörden, hätten nicht erst 2008/2009 die Sachen konsequent angehen dürfen, sondern bereits 1994. Dann wäre es nicht so weit gekommen. Da verstehe ich auch die anderen Kommunen, die sagen: „50 Prozent der Finanzhilfe werden durch kommunales Geld finanziert. Hätte man rechtzeitig gehandelt, dann hätten wir anderen Kommunen jetzt nicht diesen Solidarbetrag leisten müssen und könnten das Geld für andere Zwecke verwenden." Kann ich nachvollziehen.

Herr Ewald, was müsste passieren, dass Sie nicht mehr Oberbürgermeister sein wollen?

Ewald: Wenn sich die Balance zwischen Lust und Last dauerhaft zu Ungunsten der Lust entwickeln und ich die Begeisterung für meine Arbeit verlieren würde.

Herr Burth, sind Sie gerne Bürgermeister?
Burth: Ich bin gerne Bürgermeister. Was müsste passieren, dass sich das ändert? Wenn sich meine Tätigkeit als Bürgermeister sehr negativ auf meine Familie auswirken würde. Natürlich bin ich abends oft nicht zu Hause. Die Kindererziehung liegt fast komplett in den Händen meiner Frau. Aber was ich meine: Wenn meine Familie aufgrund von Entscheidungen, die ich als Bürgermeister zu verantworten habe, angesprochen werden würde, die Kinder in der Schule, meine Frau beim Einkaufen, dann wäre sicherlich eine Grenze überschritten.

Ist man als Bürgermeister eher eine gute Partie oder eher eine schwierige?
Burth: Das müssen Sie meine Frau fragen. Das kommt auf den Partner an. Der Partner braucht ein großes Maß an Toleranz. Weil einfach kurzfristig Amtstermine dazwischenkommen, die man nicht in den Familienkalender eingetragen hatte, und abends dann doch nicht zu Hause ist. Meine Frau muss damit umgehen können, dass sie beim Einkaufen erkannt wird, dass sie auch angesprochen wird. Von Leuten, die sie eigentlich gar nicht kennt. Sie muss auch damit umgehen können, dass sie gründlicher angeschaut wird als andere Frauen, wenn sie mit mir auf eine Veranstaltung geht.

Man darf in der ersten Reihe sitzen, wenn Künstlergrößen in der Stadt gastieren.
Burth: Man darf in der ersten Reihe sitzen. Man braucht aber auch einen Partner, der das möchte. Mancher sitzt lieber in der zweiten oder dritten Reihe.

Sie, Herr Ewald, haben einen männlichen Lebenspartner. Sie haben diesen vor der Wahl nicht verheimlicht und haben ihn nach der Wahl geheiratet. Mit welchen öffentlichen Effekten?
Ewald: Mit wenig öffentlichen Effekten. Dadurch, dass ich frühzeitig meine Partnerschaft öffentlich gemacht habe, wurde bereits im Wahlkampf nur am Anfang darüber diskutiert, soweit ich es mitbekommen habe – und es hat offenbar keine maßgebliche Rolle gespielt, sonst wäre ich heute nicht hier. Die Reaktionen auf meine Verpartnerung waren fast durchweg positiv.

Bewegt sich etwas im Umgang der Öffentlichkeit mit schwulen Bürgermeistern?
Ewald: Ich nehme es auf jeden Fall so wahr. Durch das Lebenspartnerschaftsgesetz, durch manche Fernsehserien oder prominentes Outing, von

Westerwelle angefangen über Wowereit bis von Beust, gehen die Medien mit diesem Thema immer entspannter um. Vor 10 Jahren wäre meine Wahl in Weingarten wahrscheinlich nicht möglich gewesen.

Erhoffen Sie sich da noch mehr?

Ewald: Ja. Ich hoffe, dass es eines Tages kein Thema mehr sein wird. Ich bin mir aber auch bewusst, dass das noch nicht morgen sein wird.

Wenn ich als Bürgermeister einmal ein persönliches Problem habe oder in einem Konflikt stecke – sei es mit der Presse, sei es mit besonders hartnäckigen Gegenspielern im Gemeinderat –, wem kann ich mich da anvertrauen?

Burth: In erster Linie natürlich meiner Frau. Und ich habe zwei wirklich gute Freunde, die ebenfalls Bürgermeister sind, mit denen ich so etwas diskret diskutieren kann.

Ewald: Im Gespräch mit wirklich guten Freunden, häufig Personen, die ich bereits vor meinem Amtsantritt kannte. In Einzelfällen arbeite ich mit einem eigenen Coach, um besonders kritische Situationen aufzulösen. Es ist aber auch unbedingt erforderlich, sich mit Kollegen oder Mitarbeiter(inne)n aus dem Führungskreis der Verwaltung offen austauschen zu können. In Weingarten habe ich Glück: Wir haben auf der Führungsebene ein loyales und gut zusammenarbeitendes Team, in dem ich alles offen und transparent ansprechen kann.

Herr Ewald, wie und warum haben Sie Ihre Wahl im Jahr 2008 gewonnen?

Ewald: Das ist eine gute Frage – und ich kann sie nicht genau beantworten. Es gab ein übersichtliches Bewerberfeld mit nur drei Kandidaten, deren Profil sehr unterschiedlich war. Die Wähler hatten eine wirkliche Wahl hinsichtlich des persönlichen Hintergrunds, der persönlichen und fachlichen Kompetenz wie auch der familiären Konstellation: Die Bürgerschaft hat sich sehr viel Zeit für die Prüfung der Kandidaten genommen.

Es war eine Persönlichkeitswahl?

Ewald: So würde ich die Wahl einschätzen, denn es gab kein aktuelles strittiges Sachthema. Kein Freibad, das geschlossen werden musste; keine Krisensituation wie in Aulendorf mit unterschiedlichen Rettungskonzepten. Deswegen stand der Mensch im Vordergrund – und offenbar ist es mir gelungen, mehr Bürgerinnen und Bürger von meiner Person und der Hoffnung zu überzeugen, dass ich dieses Amt erfolgreich ausüben würde.

In Aulendorf waren es nicht drei, sondern neun Kandidaten. Warum haben Sie, Herr Burth, auf Anhieb im ersten Rutsch gewonnen?

Burth: Mitentscheidend war sicher, dass ich als einziger Diplomverwaltungswirt zuvor schon zehn Jahre in leitenden Positionen in verschiedenen Städten und Gemeinden Erfahrung sammeln konnte und somit der einzige Fachmann war. Und dass die Bürger mir zugetraut haben, das Schiff Aulendorf in ruhige Gewässer zu bringen, die Themen ruhiger und sachlicher anzugehen als mein Vorgänger, mit weniger Schlagzeilen in der Presse.

Ewald: Auch die Qualität einer Wahlkampagne wirkt sich auf eine Wahl aus. Der Wahlkampf wird von vielen Bürgern als Visitenkarte für den Arbeitsstil eines Kandidaten gedeutet. Eine gute professionelle Begleitung ist unerlässlich, Fotos und Texte wie auch der Internetauftritt spielen eine wichtige Rolle. Es ist von großer Bedeutung, dass die Botschaft im Wahlkampf mit der Art und Weise, wie man den Wahlkampf gestaltet, übereinstimmt.

Allzu aufwändige Kampagnen können aber auch stutzig machen. Dann heißt es: Da legt einer viel Wert auf die Verpackung, um vom mangelnden Inhalt abzulenken.

Ewald: Verpackung und Inhalt müssen übereinstimmen. Der Bürger spürt, wenn dies nicht der Fall ist. Die Wahlkampagne muss auf die jeweilige Person zugeschnitten sein.

Also Glaubwürdigkeit und Authentizität?

Ewald: Ja genau, das sind die beiden Schlüsselwörter.

Wenn ein Kandidat Burth in Aulendorf auch nur Kugelschreiber verteilt hätte, hätte es bestimmt geheißen: Der haut das Geld raus, so einen können wir hier nicht brauchen. Führten Sie einen Sparwahlkampf?

Burth: Nein. Ich denke, er war richtig dosiert. Kugelschreiber zu verteilen, hätte nicht zu mir gepasst.

Fänden Sie es gerecht, dass Bürgermeisterkandidaten – ähnlich den Parteien – Wahlkampfkosten erstattet bekommen?

Ewald: Ich würde mich nicht dagegen wehren. Es wäre auf jeden Fall wünschenswert, wenn die nicht unbeträchtlichen Wahlkampfkosten noch besser steuerlich absetzbar wären. Wenn Sie davon ausgehen, dass Sie pro Einwohner einen Aufwand von einem Euro haben, dann wird ersichtlich, dass es für parteilose Kandidaten immer schwieriger wird, in größeren Städten anzutreten.

*Und Sie haben noch Glück – Sie haben gewonnen.
Ihre jeweiligen Kontrahenten nicht.*

Burth: Eine bessere steuerliche Absetzbarkeit wäre wünschenswert. Aber das schraubt die Kosten noch höher, weil jeder von vornherein die Steuererstattung einkalkuliert.

Gäbe es eine Partei für Bürgermeister, eine Partei für die Interessen der Kommunen – hätte eine solche Partei Chancen, in den Landtag oder in den Bundestag gewählt zu werden?

Ewald: Zahlreiche parteilose Bürgermeister engagieren sich bei den Freien Wählern ...

... die es in Bayern schon versucht ...

Ewald: ... und geschafft haben.

Burth: Ich glaube eher nicht, dass eine Bürgermeisterpartei Erfolg hätte. Sie würde zu einseitig Interessen vertreten.

Ewald: Die Themen im Landtag oder Bundestag sind dazu erheblich vielfältiger. Die Grünen kümmern sich heute um viel mehr Themen als zu Beginn, als ihr Fokus auf Umweltschutz und Antiatomkraftbewegung gerichtet war. Diese Partei der Kommunen müsste sich dann auch äußern zu Kriegseinsätzen in Afghanistan, zu Gesundheitspolitik und anderen Themen, die mit der kommunalen Welt nicht mehr viel zu tun haben. Es gibt sinnvollere und effektivere Wege, im Sinne der Kommunen auf die Politik Einfluss zu nehmen. Die Politik und die Parteien wissen, dass sie auf die Kommunen als Partner angewiesen sind, und ich habe persönlich den Eindruck, dass die Zusammenarbeit im Regelfall sehr gut funktioniert.

Michael Theurer, geboren 1967 in Tübingen, ist seit 2009 Abgeordneter des Europäischen Parlaments in Straßburg und Brüssel. Im Januar 2012 wurde Theurer zum Vorsitzenden des Ausschusses für Haushaltskontrolle und zum stellvertretenden Vorsitzenden der FDP im Europäischen Parlament gewählt. Er ist Sprecher der FDP für Regionalentwicklung und Kommunalpolitik. Theurer volontierte von 1988 bis 1990 beim Schwarzwälder Boten und arbeitete als Lokalredakteur, ehe er an der Uni Tübingen Volkswirtschaftslehre studierte. Seine Heimatstadt Horb am Neckar wählte ihn im Jahr 1994 27-jährig zum jüngsten Oberbürgermeister Deutschlands. 1995 schloss Theurer das Studium als Diplom-Volkswirt ab. Von 1989 bis 1994 gehörte Theurer dem Horber Gemeinderat an und führte die Fraktion Freie Demokraten/Freie Wähler. Von 2001 bis 2009 war Theurer Abgeordneter im baden-württembergischen Landtag, von 2006 bis 2009 als stellvertretender Vorsitzender der FDP/DVP-Landtagsfraktion und stellvertretender Vorsitzender des Europa-Ausschusses des Landtags. Theurer war von 1991 bis 1994 Landesvorsitzender der Jungen Liberalen, ist seit 1991 Mitglied des FDP-Landesvorstandes und gehörte von 2003 bis 2011 dem Bundesvorstand seiner Partei an.
Von 1999 bis 2011 war er stellvertretender Vorsitzender des FDP-Landesverbandes Baden-Württemberg. Seit 1999 gehört er als Kreisrat dem Kreistag des Landkreises Freudenstadt an.

Interview mit Michael Theurer
„Europa beneidet die deutschen Kommunen"

30 Jahre mussten vergehen, ehe mit dem damaligen Horber Oberbürgermeister der erste baden-württembergische Rathauschef ins Europäische Parlament einzog. Der Freidemokrat vermisst dort die kommunale Denke und mahnt Städte und Gemeinden, viel früher auf die EU-Legislative einzuwirken. Andere Staaten bewundern die hiesige kommunale Selbstverwaltung – die aber verpasse viele Chancen, die ihr Europa bietet.

Herr Theurer, wie weit sind Horb und Brüssel voneinander weg?

Michael Theurer: Eine Flugstunde, von Stuttgart nach Brüssel. Kilometermäßig ist Brüssel näher als Berlin, 526 zu 696 Kilometern. Mental ist allerdings bei vielen Bürgerinnen und Bürgern die EU viel weiter entfernt. Das ist schade, weil die EU täglich Entscheidungen trifft, die sich direkt vor Ort auswirken.

Kennen und nutzen Baden-Württembergs Kommunen die Chancen und Hilfen, die Europa für sie bereithält?

Theurer: Die baden-württembergischen Kommunen haben schon vor einigen Jahren erkannt, dass sie ihre Interessen aktiv in die EU einbringen müssen, denn die Gesetze auf europäischer Ebene fallen ja nicht wie Manna vom Himmel, sondern werden dort auch von Menschen gemacht, und zwar in einem ganz ähnlichen Verfahren wie auf Bundesebene. Es gibt die Kommission, also die Exekutive, die die Gesetzesinitiativen vorschlägt und zwei Kammern, den Ministerrat und das direkt gewählte europäische Parlament. Dass in der Vergangenheit kommunale Belange unterbelichtet waren, sieht man allerdings allein schon an der Tatsache, dass mit mir seit der Direktwahl des Europäischen Parlaments im Jahr 1979 der erste baden-württembergische Bürgermeister überhaupt ins Europäische Parlament eingezogen ist.

Michael Theurer

Weiß man im Europäischen Parlament um die Sorgen und Nöte der hiesigen Städte und Gemeinden?

Theurer: Das Europäische Parlament beschäftigt sich in verschiedenen Ausschüssen auch mit kommunalen Themen. Angesichts der Größe der EU mit 27 Mitgliedsländern und 500 Millionen Einwohnern ist es ganz normal, dass hier viele Interessen eine Rolle spielen. Deshalb ist es erforderlich, dass Städte und Gemeinden ihre Themen aktiv einbringen, und förderlich, dass Politiker mit kommunalem Hintergrund dort die Stimme erheben. Man kann das an Beispielen festmachen. Aus der Erfahrung als Oberbürgermeister wusste ich um das Problem der Breitbandversorgung im ländlichen Raum. Hier hat die EU lange verhindert, dass Kommunen Leerrohre verlegen, die es Anbietern erleichtern, zu noch auskömmlichen Kosten auch den ländlichen Raum mit Highspeed-Internet zu versorgen. Da sind wir auf EU-Ebene jetzt weiter gekommen. Wo wir noch an der Überzeugungsarbeit sind, ist die Frage der so genannten technikneutralen Versorgung. Das heißt, bei EU-Förderprogrammen müssen die Kommunen technikneutral ausschreiben, was in der Praxis dazu führt, dass sehr oft Funklösungen gewinnen, deren Übertragungskapazitäten oft nicht den Bürgerwünschen entsprechen. Es stellt sich auch das Problem des Elektrosmogs, das bei vielen Ängste auslöst. Hier sind Vertreter wie ich im Europäischen Parlament derzeit in Gesprächen mit der Kommission und haben auch Resolutionen vorbereitet und im Parlament verabschiedet, die hier eine Änderung der Förderrichtlinien der EU vorschlagen.

Sie sagen, es braucht im Europaparlament Leute mit kommunalem Hintergrund. Wie viele sind es denn bisher?

Theurer: Gezählt habe ich es nicht, von derzeit 754 Abgeordneten schätzungsweise 15 Prozent. Man merkt in der täglichen Parlamentspraxis, dass diejenigen, die aus der Kommune kommen, Themen anders anpacken als zum Beispiel ehemalige Minister oder langjährige Abgeordnete aus nationalen Parlamenten. Auch da ein Beispiel: In der Diskussion um die Griechenlandhilfe kreist die Diskussion ums Bezahlen, also um die Frage der Finanzhilfe. Zahlen oder nicht zahlen ist da allerdings die falsche Frage. Die richtige Frage lautet: Wie kommen wir in ganz Europa zu nachhaltig tragfähigen Strukturen? Und im Fall Griechenland hat das sehr viel mit den Kommunen zu tun. Als in einer Sitzung des Ausschusses Regionale Entwicklung der griechische Kollege Geldmittel für die Bekämpfung von Waldbränden eingefordert hat, habe ich, mit dem Erfahrungsschatz eines langjährigen Oberbürgermeisters ausgestattet, gefragt, wie die Freiwillige

Feuerwehr in Griechenland aussehe, weil Waldbrände ja nicht mit Geld bekämpft werden, sondern mit der Feuerwehr. Worauf er schwieg. Die Kommission hat auch geschwiegen. Nur ein österreichischer Kollege sprang auf und sagte: Endlich hilft mir mal einer! Denn als die österreichischen und deutschen Freiwilligen Feuerwehren anfingen, mit den Griechen Freiwillige Feuerwehren aufzubauen, mussten sie während der Brandkatastrophe die Mautgebühren aus eigener Tasche zahlen, um an die Brandherde zu kommen! Will sagen: Nachhaltig tragfähige Strukturen hängen nicht zuletzt mit kommunaler Selbstverwaltung, mit Ehrenamt, mit bürgerschaftlichem Engagement zusammen, auch mit Unternehmergeist, Existenzgründern und kleineren und mittleren Unternehmen. Und da kann eine EU schon einen Rahmen einfordern oder schaffen, der ein solches funktionierendes, lebendiges Gemeinwesen von unten ermöglicht.

Bestimmen Brüssel und Straßburg in wachsendem Maße die Geschicke der Kommunen im Musterländle?

Theurer: Überall in Europa ist es tägliche Praxis, dass Gesetze der Europäischen Union direkte Auswirkungen auf die Bürgerinnen und Bürger haben – und damit auch für die Kommunen, die diese Gesetze anwenden und umsetzen müssen.

Und das wird weiter zunehmen?

Theurer: Die Gefahr besteht, dass das weiter zunimmt, weil das ein täglicher Kampf ist, die Regelungsdichte zurückzudrängen. Wir brauchen mit Sicherheit eine starke EU. Allerdings darf sich die EU nicht in alle Lebensbereiche regulierend einmischen. Für Kommunen kommt es darauf an, im entscheidenden Augenblick die triftigen Argumente in diesen Meinungsbildungsprozess einzubringen. Wenn es etwa um Fragen des Ausschreibungs- und Wettbewerbsrechts geht, kann das direkte Auswirkungen auf die tägliche Verwaltungspraxis der Kommunen haben. Da sitzt der Teufel dann meistens im Detail, und man muss genau hingucken, auch mit den Experten der kommunalen Spitzenverbände, wie eine Regelung formuliert werden kann, dass sie hinterher auch in der Praxis funktioniert und die Rechte der Städte und Gemeinden wahrt.

Bedarf es dann mehr denn je einer Interessenvertretung der Kommunen in Brüssel?

Theurer: In jedem Fall!

Michael Theurer

Wie könnte die aussehen?

Theurer: Manchmal könnte man fast meinen, Deutschland verschläft Europa. Das lässt sich allein an der Vertretung von Verbänden und Institutionen ablesen. Während etwa die Wirtschaft – also IHK und BDI – mit zirka 20 Personen in Brüssel vertreten ist, sind die gleichen Organisationen mit einem fünffach stärker besetzten Stab in Berlin vertreten. Ähnlich sieht's bei den Kommunen aus. Da sitzen etwa 100 Leute beim Städtetag in Köln. Die Repräsentanzen in Brüssel sind oft nur Kopfstellen. Nun sage ich nicht, dass die fachliche Betreuung nicht auch aus dem Back-Office in Köln oder Berlin erfolgen kann. Allerdings zeigt das doch eine gewisse Gewichtung. Und angesichts der Tatsache, dass wohl mehr als die Hälfte aller Gesetze, die der Deutsche Bundestag oder die Landtage verabschieden, ihren Ursprung aus einer europäischen Gesetzgebung bezieht, besteht hier Handlungsbedarf. Alle Gesetzesinitiativen, die ja nur die Kommission machen kann, werden in Grünbüchern und Weißbüchern sehr frühzeitig angekündigt und angedeutet und in öffentlichen Konsultationen auch zur Diskussion gestellt. Um rechtzeitig „das Gras wachsen zu hören" und auf diese Meinungsbildung in der entscheidenden Phase Einfluss nehmen zu können, ist eine permanente Präsenz vor Ort nötig. Aber hier haben jedenfalls wir als Europaabgeordnete den Eindruck, dass im Bewusstsein die Deutschen noch zu stark berlinfokussiert sind und die europäische Ebene zu spät oder gar nicht auf den Schirm nehmen.

Lassen sich die Interessen aller deutschen Kommunen oder gar aller Kommunen Europas einfach nicht unter einen Hut bringen? Oder warum gibt es eine förmliche Interessenvertretung nicht?

Theurer: So pauschal stimmt das ja nicht. Fakt ist, dass viele Städte und Gemeinden in ganz Europa die deutschen Kommunen beneiden. Und das zurecht. Denn die kommunale Selbstverwaltung, wie wir sie kennen, ist in dieser Form fast einmalig. Insofern würde ich mir wünschen, dass wir da auch verstärkt als Deutsche auf Werbetour gehen, denn die kommunale Selbstverwaltung – starke Städte und Gemeinden mit eigenen Finanzquellen und einer ganz starken dezentralen funktionierenden Verwaltung – sind ja neben dem starken Mittelstand und unserem Bildungssystem eine Grundlage unseres wirtschaftlichen Erfolgs. Zu den Interessen ist zu sagen, dass Interessen in einem so großen Land wie der Bundesrepublik, dem einwohnerstärksten Land der Europäischen Union mit 82 Millionen Einwohnern, natürlich nicht gleichgerichtet oder parallel sind. Das ist völlig normal. Da gibt es Unterschiede. Und die Städte und Gemeinden in Deutschland müssen natürlich in längeren Meinungsbildungsprozessen erst mal auf eine deutsche Position kommen, bevor man die in Europa in der EU vertreten kann. Das ist eine Schwäche. Gleichzeitig verwendet man auch zu wenig Zeit und Energie auf das Suchen und Finden von europäischen Bündnispartnern, die man zur Mehrheitsbildung braucht. Bei 27 Mitgliedsstaaten zählt eine Mehrheit. Im Rat gilt die doppelte Mehrheit, also braucht man 14 Mitgliedsstaaten, die mehr als zwei Drittel der Einwohner umfassen. Und im Parlament wird abgestimmt. Die Mehrheit setzt sich durch. Da ist im Vorfeld hilfreich, wenn man zum Beispiel Kontakte zu den kommunalen Vertretern anderer Mitgliedsländer nutzen kann. Manchmal fehlen dann leider die Partner in den Ländern, in denen es eine andere Struktur gibt. Bei der Feuerwehr ist es augenfällig. Das sehr effektive System der Freiwilligen Feuerwehr, wie wir es kennen, gibt's in der Form nur noch in Österreich. Können wir das nicht zu einem institutionellen Exportschlager in der EU machen?

Sehen Sie die Interessen der Kommunen anderer EU-Länder besser vertreten?

Theurer: Das kann ich so nicht bestätigen. Klar, in Ländern, die deutlich kleiner sind, sind Kommunen unmittelbar beteiligt. In einem Land wie Luxemburg, das keine föderale Struktur, keine Bundesländer kennt, sitzt die Kommune bereits in der zweiten Reihe und damit dichter am Ratstisch dran. Die starke Stellung der deutschen Kommunen zeigt sich durchaus auch auf europäischer Ebene. Es ist sogar eher sogar so, dass die deutschen Städte und Gemeinden und auch die Landkreise eine Art konzeptionelle Führungsrolle innehaben. Unterrepräsentiert sind sie allerdings im Ausschuss der Regionen, weil dort die deutschen Bundesländer das Gros der Sitze beanspruchen. Das ist in Frankreich ohne diese Bundesländer-Struktur anders. Auch in den kleineren Mitgliedsländern wie Zypern, Slowenien oder mittleren wie Österreich bleiben mehr Plätze für Bürgermeister, Oberbürgermeister und Landräte frei, die deshalb unmittelbarer an der europäischen Gesetzgebung mitwirken können. Deshalb unterstütze ich Forderungen, dass im Zuge einer Reform des Ausschusses der Regionen den deutschen Kommunen mehr Vertreter eingeräumt werden.

Michael Theurer

Wo könnte man außerdem ansetzen?

Theurer: Der Lissabon-Vertrag räumt dem Europäischen Parlament erstmals ein Mitentscheidungsrecht bei praktisch allen europäischen Gesetzen ein. Darin sehe ich auch eine Stärkung der Interessenvertretung für die Kommunen. Jetzt kommt es darauf an, dass auch die Städte und Gemeinden, die Bürgerinnen und Bürger allgemein diese verstärkten Mitwirkungsrechte erkennen und der Dialog intensiver wird. Ich empfehle daher den Kommunen, ihre vorhandenen Vertretungen so auszubauen, dass der Informationsfluss optimal funktioniert, denn es ist entscheidend, dass Gesetzgebungsvorhaben schon in der Entstehungsphase auf ihre kommunalen Auswirkungen hin analysiert und von den Kommunen mitgeprägt werden. Dann besteht auch eine große Chance, dass man sie mehrheitsfähig bekommt.

Stand heute, attestieren Sie unseren Kommunen Bewusstseinslücken hinsichtlich der Chancen, die ihnen Europa bietet?

Theurer: In Deutschland allgemein ist das Bewusstsein und die Kenntnis auch der Abläufe europäischer Gesetzgebung noch unterentwickelt. Die Europafähigkeit der Städte und Gemeinden und der Landkreise muss erhöht werden. Für mich ist es ein absolutes Muss, dass Kommunalpolitiker regelmäßig auch in Brüssel sind, genauso regelmäßig wie in Berlin. Informationsaustausch als Zweibahnstraße.

Findet das kaum oder gar nicht statt?

Theurer: Das findet schon statt und ist auch im Wachsen. Die Bürgeranfragen sind sogar sehr stark am Steigen. Die Europafähigkeit der Kommunen beinhaltet darüber hinaus auch die Fortbildung der Mitarbeiterinnen und Mitarbeiter der Kommunalverwaltung. Diese sollten über die Fördermöglichkeiten und die Entscheidungsabläufe der Europäischen Union genauso Bescheid wissen wie über die innerdeutschen.

Wissen Baden-Württembergs Kommunen um die Geldquellen der EU?

Theurer: Nur zum Teil. Europäische Förderprogramme gelten – völlig zurecht – als kompliziert, und die Förderquoten sind oft doch so gering, dass viele den Aufwand scheuen. Das sind aber verpasste Chancen, weil mit den europäischen Förderprogrammen ja auch Netzwerke erschlossen werden können, die ganz andere Perspektiven eröffnen. Wenn man in Rathäusern in Baden-Württemberg Gespräche führt, dann ist die EU sehr oft negativ belegt, etwa, was das europäische Wettbewerbsrecht bei Ausschreibungen angeht. Und meistens wird Kritik erst geäußert, wenn es schon zu spät ist. Nehmen wir die Aufhebung des Anbaustopps für Weinbau. Da kamen die Proteste zu einem Zeitpunkt, als die Entscheidung auf europäischer Ebene schon Jahre zurücklag. Das grundsätzliche Problem ist, dass Entscheidungen erst dann ins Bewusstsein dringen, wenn sie in nationales Recht umgesetzt werden, aber dann ist die Messe meistens schon gesungen. Man muss da früher eingrätschen!

Wälzt die große Politik Probleme und Lasten von oben nach unten ab?

Theurer: Es ist ein beliebtes Spiel der vergangenen Jahre, das sogar zugenommen hat, dass die Politik in den Ländern, aber vor allen Dingen im Bund und in der EU Themen vorantreibt und Entscheidungen fällt, ohne an die Umsetzung durch die Kommunen zu denken.

Der Bund bestellt und das Land oder die Kommunen müssen bezahlen?

Theurer: Ja. Wie sehr die Zuständigkeiten vermischt werden, sieht man etwa, wenn Kommunen die Planungskosten für eine Bundesstraße tragen – wie etwa in Horb am Neckar bei der B 32 Hochbrücke –, obwohl das Aufgabe des Landes ist, dieses dafür aber nicht genügend Mittel bereitstellt, obwohl die Straße im vordringlichen Bedarf des Bundesverkehrswegeplans steht. Gleichzeitig beteiligt sich das Land an Stuttgart 21, obwohl die Bahninfrastruktur eindeutig die Aufgabe des Bundes ist, der sich hingegen in der Kinderbetreuung engagiert, die eindeutig Sache der Kommune ist. Ich würde mir wünschen, dass die Kompetenzen der jeweiligen Ebenen klarer abgegrenzt und eingehalten werden.

Wie steigern Kommunen ihren Einfluss in Stuttgart und Berlin?

Theurer: Das ist eine Daueraufgabe, dass die Vertreter der Kommunen dort ihre Interessen vortragen. Im Land Baden-Württemberg ist es gelungen, das Konnexitätsprinzip in die Landesverfassung aufzunehmen.

Jetzt muss es nur noch umgesetzt werden.

Theurer: Genau. In Österreich zeigt sich, dass viele ausgabenwirksamen Gesetze dann gar nicht mehr verabschiedet wurden. Das hatte also eine funktionierende Präventionswirkung. Dasselbe erhoffen sich die Städte und Gemeinden und Landkreise hier in Baden-Württemberg. Dasselbe brauchen wir auf Bundes- und Europaebene. Leider ist die Aufnahme des

Konnexitätsprinzips ins Grundgesetz mehrfach gescheitert. Es wurde von der FDP-Fraktion beispielsweise in der vergangenen Legislaturperiode beantragt.

Sie waren Oberbürgermeister in Horb. Sie saßen im Stuttgarter Landtag. Nun agieren Sie als Europaabgeordneter. Wo kann man mehr bewegen?

Theurer: Als Oberbürgermeister hat man das große Glück, die konkreten Ergebnisse der politischen Arbeit von der Entstehung der Idee bis zur Realisierung erleben zu können. Sie dürfen in lachende Kinderaugen blicken, wenn ein neuer Spielplatz eingeweiht wird.

Umgekehrt: Wenn man Mist baut, kriegt man es auch schnell zu spüren.

Theurer: Unmittelbarer, ja. Weil Bürgerinnen und Bürger eine direkte Rückmeldung geben. Diese Politik nah am Menschen hat etwas ganz Erfüllendes. Auf europäischer Ebene arbeitet man dafür an Gesetzgebungen für viel mehr Menschen, für 500 Millionen Menschen – immer noch der stärkste Wirtschaftsraum der Welt.

Sind da die Bretter dicker, die es zu bohren gilt?

Theurer: Ganz klar. Also, dort kann man nur etwas bewegen, wenn man sich auf wenige Punkte konzentriert, in denen dann auch ein einzelner Abgeordneter als Berichterstatter, als zuständiger Abgeordneter der jeweiligen Fraktionen sehr wohl Veränderungen durchsetzen kann, die dann zum Schluss den Weg in das Gesetzblatt finden.

Sehen Sie irgendwo in Europa das kommunale Dasein besser geregelt als bei uns?

Theurer: Die kommunale Selbstverwaltung in Deutschland ist sowohl in der Süddeutschen Ratsverfassung als auch in den norddeutschen Kommunen so stark ausgeprägt wie kaum in einem anderen Mitgliedsland. Gleichwohl finden sich etwa in skandinavischen Ländern schulische Autonomie, kommunale Bildungskompetenzen, die ich mir auch in Deutschland wünschen würde. Insgesamt sehe ich unsere Kommunen im europäischen Vergleich im vorderen Drittel.

Konkret: Wo raten Sie zu Veränderungen der Reformen?
Theurer: Vor allen Dingen in der Verwaltungsorganisation. Die niederländischen Kommunen haben mit dem Tilburger Modell das Vorbild für die neuen Steuerungsmodelle und die Einführung kaufmännischer Buchführung in den deutschen Kommunen geliefert. Das hat dazu geführt, dass Wirtschaftlichkeitsreserven gefunden werden konnten.

Stichwort Doppik.
Theurer: Stichwort Doppik. Da sehe ich in manchen deutschen Kommunen immer noch eine falsche Zurückhaltung, denn die Zeit knapper Kassen wird uns in den nächsten Jahren begleiten. Es wird in Zukunft vor allem die Frage geben: Wie können wir mit knappen Ressourcen kreativ umgehen? Und da kann Europa helfen, weil es da durchaus Beispiele gibt, wo Kommunen in finanziell schwächeren Ländern schon länger gezwungen waren, mit ihren Ressourcen sehr wirtschaftlich umzugehen. Die können Vorbilder für unsere Kommunen sein.

Genießen Bürgermeister irgendwo in Europa eine stärkere
Stellung als in Baden-Württemberg?
Theurer: Ich glaube nicht.

Immer mehr Politiker im Ländle, auch in der FDP, wollen die
Landräte direkt vom Volk wählen lassen – Sie auch?
Theurer: Die Direktwahl der Landräte ist eine sehr alte Forderung der FDP, die mit der CDU nie umzusetzen war. Wenn jetzt Grünrot die Direktwahl der Landräte anpackt, wird das von mir voll und ganz unterstützt. Das ist eine gute Entscheidung.

Aus Furcht vor allzu niedrigen Wahlbeteiligungen will mancher
eine Landratsdirektwahl mit Bürgermeisterwahlen koppeln.
Alle Rathauschefs sollen dann zeitgleich und zusammen mit dem
Landrat gewählt werden. Was halten Sie davon?
Theurer: Nichts! Weil dadurch die Gefahr besteht, dass nicht die örtlichen Themen der jeweiligen Kommune wahlentscheidend sind und damit auch nicht die Personalauswahl, sondern möglicherweise übergeordnete, zum Teil auch parteipolitisch motivierte Interessen in den Vordergrund treten könnten, wie wir das ja bei der Kombination von Kommunalwahlen mit Landtagswahlen schon erlebt haben.

Michael Theurer

Ist es richtig und gerecht, dass Bürgermeisterkandidaten keinerlei Wahlkampfkostenerstattung erhalten, während Parteien nach Landtags- und Bundestagswahlen erstattet werden?

Theurer: Es stellt sich schon die Frage, ob hier die Chancengleichheit für Kandidaten noch gewährleistet ist. Deshalb muss über die Frage sehr intensiv nachgedacht werden.

Finden Sie auch, dass die Zahl der Bürgermeisterkandidaten nachlässt?

Theurer: Die Zahl derer, die sich für öffentliche Ämter zur Verfügung stellen, nimmt tendenziell ab. Das hat viele Gründe. Das hängt sicher mit dem hohen Zeitansatz zusammen, der Bürgermeistern abverlangt wird. Das hängt mit dem Faktor Öffentlichkeit zusammen, den mitunter die ganze Familie zu spüren bekommt. Und es mag auch mit den Kosten und Beschwernissen der Wahlkämpfe in Verbindung stehen, so dass der eine oder andere Karrierebeamte mit hervorragender Verwaltungsausbildung sich genau überlegt, ob er den Sprung in die erste Reihe tatsächlich wagt. Schade, denn für die Bürgerinnen und Bürger reduziert sich dann die Auswahl.

Wie könnte man das Bürgermeisterdasein attraktiver gestalten, damit uns die guten Kandidaten nicht ausgehen?

Theurer: Das ist ein Thema, das insgesamt von der Gesellschaft angepackt werden muss. Ich sehe da Handlungsbedarf für alle staatlichen Ebenen, weil ein großer Ansehensverlust der öffentlichen Institutionen dazu führt, dass sich viele junge Menschen eher für eine Tätigkeit in der privaten Wirtschaft entscheiden und weniger eine Tätigkeit als Entscheidungsträger in der Politik anstreben. Die Lebensfähigkeit unserer Demokratie hängt davon ab, ob auch in Zukunft engagierte und talentierte junge Frauen und Männer bereit sind, die damit verbundenen Anstrengungen und Entbehrungen auf sich zu nehmen.

Sind es bereits zu wenige, die in ein Wahlamt streben?

Theurer: Mit Sicherheit.

Sind Sie dafür, dass Bürgermeister weiterhin den Kreistagen angehören dürfen?

Theurer: Ja, denn Bürgermeisterinnen und Bürgermeister in unseren Kreistagen haben durch ihren Sachverstand die Arbeit bereichert. Die Erfahrung anderer Bundesländer zeigt auch: Dort, wo das Bürgermeisteramt nicht kompatibel mit einem Kreistagsmandat ist, dort schreitet die Parteipolitisierung der Kreistage massiv voran. Das muss mit großer Sorge betrachtet und in Baden-Württemberg unbedingt verhindert werden.

Holger Knöferl, 1968 im hessischen Gelnhausen geboren, volontierte von 1991 bis 1993 beim Schwarzwälder Bote, wo er anschließend als Lokalredakteur und Redaktionsleiter in Calw und Horb tätig war. Von 1998 bis 2011 arbeitete Knöferl für die Pforzheimer Zeitung, seit 2010 als Chefredakteur Lokales. Bald nach dem Interview wechselte Knöferl zur Badischen Zeitung, wo er seit 2012 als Leiter der Heimatredaktion 17 Lokalredaktionen rund um Freiburg verantwortet.

Interview mit Holger Knöferl und Frank Krause

„Mogelpackungen sind zu entlarven"

Zwei erfahrene Journalisten beobachten immer bessere Wahlkampagnen mit immer schlechteren Bürgermeisterkandidaten. Beide sagen sie nein zu einer dritten Kammer in Berlin, nein zu einer Bürgermeisterpartei, nein zur Landratsdirektwahl, nein zu Rathauschefs im baden-württembergischen Landtag. Nur bei der Frage, ob Bürgermeister in die Kreistage gehören, widerspricht der damalige Chefredakteur der Pforzheimer Zeitung dem Chefreporter der Stuttgarter Nachrichten.

Wie spannend sind Bürgermeisterwahlen für Ihre Leser?

Holger Knöferl: Sie stoßen vor allem im ländlichen Raum auf riesiges Interesse. 2011 hatten wir eine Wahl in Birkenfeld mit rund 10.000 Einwohnern. Da kommen zu drei Vorstellungsveranstaltungen jeweils 800 bis 1.000 Leute, um sich die Kandidaten anzugucken.

Frank Krause: Ist nichts Überraschendes zu erwarten, läuft alles glatt in einem Ort, sinkt das Interesse an der Bürgermeisterwahl. Treten dagegen mehrere Kandidaten an, womöglich auch Prominente oder Bekannte, oder ist eine Kommune unzufrieden mit ihrem Bürgermeister, dann wird es natürlich stärker wahrgenommen.

Berichten die Zeitungen umfangreich über Wahlen oder mehr unter ferner liefen?

Knöferl: Wir haben die Berichterstattung ausgebaut und gute Erfahrungen damit gemacht, weil auch die Zeitung dann Gesprächsthema bleibt. Wir haben ja auch so was wie einen politischen Vermittlungsauftrag.

Häufig warten Zeitungsverlage bei Bürgermeisterwahlen mit eigenen Podien auf. Aus Eigennutz oder um die Wähler besser zu informieren?

Knöferl: Bei Bürgermeisterwahlen haben wir es noch nicht gemacht, aber regelmäßig bei Landtags- und bei Bundestagswahlen. Ich gewinne den Ein-

Frank Krause wurde 1966 in Freudenstadt geboren. Nach seinem Volontariat übernahmen ihn die Kreisnachrichten Calw als Lokalredakteur. Danach arbeitete er beim Badischen Tagblatt in Baden-Baden als Redakteur in den Ressorts Sport und Baden-Württemberg. Nebenbei studierte er Journalismus an der FU Berlin, um 1999 zu den Stuttgarter Nachrichten zu wechseln, erst als Redakteur, dann als Reporter. Seit 2007 ist Krause Chefreporter der Stuttgarter Nachrichten.

druck, dass sich das Publikum da auf neutralem Boden wähnt und bei den Moderatoren, in der Regel lokale Journalisten, eine gewisse Kompetenz verortet, die Themen anzusprechen, die sonst vielleicht nicht zur Sprache kämen.

Man geht etwas tiefer als bei der offiziellen, städtischen Bewerbervorstellung, wo vor allen Dingen Neutralität zählt.

Knöferl: Genau. Da würden strittige Punkte kaum kritisch hinterfragt werden.

Muss man Bürgermeisterwahlen etwas spannender gestalten? Gibt's auch deshalb solche von der Presse initiierte Veranstaltungen?

Krause: Spannend gestalten hängt natürlich immer auch von den Personen und von den Themen ab. Aber es ist schon die Aufgabe der Zeitungen vor Ort bei großen Dingen, da stimme ich zu, solche Podien aufzulegen. Da wird dann auch mal nachgefragt, gebohrt, da werden vielleicht auch unbequeme Fragen gestellt. Natürlich dienen solche Veranstaltungen immer auch der Imagepflege des jeweiligen Blattes.

Knöferl: Wenn „spannender gestalten" allerdings impliziert, dass die Zeitung durch Themensetzung für mehr Spannung im Wahlkampf sorgen soll, dann würde ich das für schlecht halten. Ich würde meine Zeitung in einem Wahlkampf ungern dem Vorwurf der Wahlbeeinflussung ausgesetzt sehen. Da kommen Sie relativ schnell hin, wenn Sie vielleicht sogar eine Art von Gewichtung vornehmen. Im Kern sehe ich die Aufgabe der Zeitung bei Bürgermeisterwahlen darin, Inhalte zu *vermitteln*, und die Leser sollen sich aus den Inhalten dann ihre Meinung bilden können.

Wenn die Böblinger Kreiszeitung Kandidaten auf der Bühne um die Wette Sackhüpfen lässt, ist das noch der Sache dienlich?

Knöferl: Nein.

Krause: Stimme ich völlig zu. Das hat nichts mit Sachinformation und Themen zu tun. Das ist reine Show und hat mit der Aufgabe einer Zeitung gar nichts zu tun.

Widmen Lokaljournalisten jeder Bürgermeisterwahl die erforderliche Sorgfalt und objektive Professionalität in der Berichterstattung?
Krause: Professionell geht's sicherlich nicht immer zu. Man kann es nicht verallgemeinern. Ich halte es schon für bedenklich, wenn der Lokaljournalist mit dem Bürgermeister per Du ist. Der hat im Wahlkampf einen anderen Blickwinkel als ein vollkommen neutraler Berichterstatter.

Knöferl: Ich bin der Auffassung, dass Lokaljournalismus, seit ich ihn mache – ich habe 1991 damit angefangen –, deutlich professioneller geworden ist. Weshalb ich glaube, dass bei vielen Qualitätstageszeitungen auch die Begleitung von Bürgermeisterwahlen professioneller geworden ist, aber verallgemeinern lässt sich das natürlich auch nicht.

Mancher Kandidat hat seine liebe Mühe mit Lokaljournalisten, die dann ein bisschen hemdsärmelig, schlecht recherchiert, gerüchteweise berichten und häufig nicht ahnen, was sie damit anrichten, weil natürlich das, was die Wähler dann in der Zeitung lesen, erst einmal für bare Münze genommen wird.
Krause: Da ist vieles professioneller geworden. Es gibt aber nach wie vor Strukturen, gerade in ländlichen Gebieten, wo es halt eine sehr enge Nähe zwischen Lokalredaktion, Lokalreporter und Bürgermeister gibt. Und das kann im entscheidenden Punkt schon bedenklich werden. Da ist es ganz normal, dass der Bürgermeister anruft: Komm mal geschwind rüber, wir machen noch ein Bild zu irgendwas. Ob derjenige, der mit dem Bürgermeister schon in der Sauna saß, vielleicht in der gleichen Fußballmannschaft spielt, bei der Wahlberichterstattung noch die nötige Distanz wahrt und bei allen Kandidaten den gleichen professionellen Maßstab anlegt?

Dürfen Redaktionen gar einen freien Mitarbeiter, der hobbymäßig für 20 Cent die Zeile schreibt, nach Feierabend auf eine Kandidatenvorstellung loslassen?
Krause: Wenn der gut ist und alle Kandidaten mit der nötigen Distanz und Neutralität sieht, kann das gut gehen. Wenn er dagegen voreingenommen ist aufgrund privater, beruflicher, verwandtschaftlicher Verstrickungen, wird er diese nötige Neutralität kaum wahren können.

Knöferl: Das Jahr über werden bei uns viele Gemeinden von freien Mitarbeitern betreut. Aber genau aus dem Grund, um die nötige Distanz zu bewahren, werden Bürgermeisterwahlen immer von einem Redakteur betreut.

Mancher Zeitungsverlag lässt sämtliche Lokalredaktionen bei sämtlichen Bürgermeisterwahlen die ewig gleich lautenden Fragebögen an sämtliche Kandidaten verschicken.

Krause: Ich glaube, ein Fragebogen, der über 15 Jahre nicht verändert wird, ist kein guter Fragebogen.

Die Schwäbische Zeitung ließ zum Beispiel die Bewerber fragen: „Was soll einmal auf Ihrem Grabstein stehen?"

Knöferl: Ja, wenn die Kandidaten da genug Humor haben ...

Krause: ... dann antworten sie entsprechend.

Sie berichten beide seit 20 Jahren über Bürgermeisterwahlen – sind die Wahlkampagnen in dieser Zeit besser geworden?

Knöferl: Die Qualität der Kampagnen ist gestiegen. Da ist mehr Know-how unterwegs. Allerdings ist die Qualität der Bewerberfelder deutlich schlechter geworden. Ich habe nicht den Eindruck, dass es die Leute, die meiner Meinung nach von der Ausbildung her die Voraussetzungen für das Bürgermeisteramt haben, reihenweise in dieses Amt zieht. Ich erlebe das immer wieder in unserem Verbreitungsgebiet, das sind in der Regel schuldenfreie, top aufgestellte Gemeinden, auch kleine, vom Arbeitsaufwand her überschaubare Gemeinden. Trotzdem findet sich im Bewerberfeld maximal noch ein klassischer Verwaltungsfachmann mit Ausbildung im gehobenen Dienst. Und dann kommen noch zwei, drei Leute aus der mehr oder weniger freien Wirtschaft daher, die einfach kein Verwaltungsfachwissen haben, die sich auch im Politischen nicht auskennen, und wollen auf einmal Bürgermeister werden. Da nützt auch ein professioneller Wahlkampf einfach nichts mehr.

Das war schon anders?

Knöferl: Früher waren es halt vier oder fünf, die wirklich die fachliche Qualifikation mitgebracht haben.

Krause: Die Professionalität der Kampagnen nahm zu, während das Bewerberfeld nicht im gleichen Schritt mithalten konnte. Vor zehn, fünfzehn Jahren lief ein Wahlkampf noch nach dem Schema ab: Der Kandidat stand auf dem Wochenmarkt, hat Handzettel verteilt und in die Briefkästen geworfen, hat hier und da persönliche Gespräche geführt, bei Hauptversammlungen oder sonst wo. Heute gehört zu einer guten Kampagne ein perfekter Internetauftritt, der permanent aktualisiert wird. Es gehören ganz gezielte

Projekte dazu, mit denen man den Kandidaten verbindet. Ich glaube, von einem Bewerber und damit auch von seiner Kampagne wird heute weit, weit mehr erwartet, als das noch vor einigen Jahren der Fall war.

Was erwartet die Presse von guten Bewerbern und was dürfen die Wähler erwarten?

Krause: Kandidaten müssen ein schlüssiges Konzept mitbringen, auch ein paar Visionen. Verwaltungserfahrung sollten sie schon mitbringen oder sich zumindest in diesen Dingen auskennen. Und sie sollten so authentisch sein, dass der Bürger das Gefühl bekommt, mit dem können wir warm werden. Die Chemie sollte relativ schnell stimmen. Der Bürger merkt sehr schnell, ob sich einer wirklich um den Ort Gedanken gemacht hat, informiert hat, ob er weiß, was ansteht.

Was erwartet die Pforzheimer Zeitung von einem guten Bewerber?

Knöferl: Einfach eine professionelle Informationsstrategie. Dass er zunächst mal klar sagen kann: Wer bin ich, was will ich und wie stelle ich mir das vor.

Ordentliche Pressemitteilung, ordentliches Auftreten im Redaktionsgespräch, gescheite Drucksachen und dann noch ein bisschen online?

Knöferl: Ja, genau. Und dann erwarte ich einfach ein gewisses Grundverständnis für die Kommunikation mit Medien. Eine gewisse Erreichbarkeit. Dass ich da nicht ewig hinterhertelefonieren muss und die Leute nicht an die Strippe kriege.

Jetzt gibt's Bewerber, die können nicht viel, aber sie können sich gut verkaufen. Lassen sich die Wähler da bluffen?

Knöferl: Zumindest in den ländlichen Gebieten kaum. Da fühlen die Menschen den Kandidaten einfach den Puls. Natürlich hat eine Mogelpackung in einer Gemeinde, in der es nur eine große Veranstaltung gibt, bessere Chancen durchzukommen. Das ist wie bei einem Bewerbungsgespräch, das auch nur eine halbe Stunde dauert ...

Krause: Das ist dann der Punkt, an dem die Medien vor Ort etwas leisten können, indem sie den Kandidaten eine Weile begleiten, hinterfragen und mit der nötigen Neutralität über ihn berichten. Dann wird sich sehr schnell rausstellen, ob er auf bestimmte Fragen tatsächlich Antworten weiß.

Knöferl: Man darf auch nicht vergessen: Die sozialen Netzwerke funktionieren hier tatsächlich immer noch ohne Facebook oder Twitter. Die Menschen unterhalten sich miteinander und sind, glaube ich, auch sensibler geworden. Ihre Angst, in ihrem täglichen Leben, in ihrem täglichen Umfeld einem unfähigen Menschen ausgesetzt zu sein, ist ziemlich groß. Das wollen die Leute nicht mehr haben. Davon haben sie die Nase voll. Sie wollen das Gefühl haben, dass sie von kompetenten Menschen geführt werden.

Krause: Die Leute fragen auch eher nach. Wenn früher etwas unklar war, hieß es: Der wird es schon machen. Heute wird nachgebohrt: Was wird mit dem Kindergarten, mit der Schule, mit dem Infrastrukturprojekt?

Finden Sie es dann berechtigt, dass die Presse bereits vor der Wahl einzelne Bewerber kommentiert, also bewertet? Wenn eine Zeitung vier Tage vor der Wahl einen Bewerber verreißt, ist er erledigt.

Krause: Es ist Aufgabe der Medien, kritisch zu beobachten. Und wenn Bewerber bei einer Kandidatenvorstellung etwas Falsches behaupten oder sich mit fremden Federn schmücken, darf man das schreiben. Ich rate dazu, dass sich das Medium vor der Wahl so neutral wie möglich verhält und eine Gesamtbewertung der Bewerberlage macht. Aber ich würde davor warnen, irgendjemanden zu schonen, wenn er erwiesenermaßen die Unwahrheit sagt oder dem Bürger irgendetwas vormachen will.

Knöferl: Wenn die Zeitung sich denn zu einer Meinung hinreißen lässt, muss diese Meinung einer gewissen Überprüfbarkeit standhalten, dann geht es schon.

Sie können ein Foto veröffentlichen, das einen Kandidaten überaus unvorteilhaft zeigt, oder aber Sie lassen ihn sympathisch-siegesgewiss in die Kamera strahlen.

Knöferl: Jetzt spielen Sie natürlich an eher subtile Methoden an, einen Kandidaten in die Pfanne zu hauen. Davon sollten wir die Finger lassen, auch wenn das manchmal verlockend ist.

Umgekehrt gibt es Lokalredaktionen, die über Kandidatenvorstellungen nach dem Motto berichten: Jeder Bewerber bekommt seine zehn Zeilen, alle kommen gleich gut weg. Und nennen das dann objektiv und ausgewogen.

Krause: Ich bin kein Freund davon, dass jeder Kandidat exakt 15 Zeilen bekommt. Wenn der eine etwas Sinnstiftendes gesagt hat, kann er auch fünf

Zeilen mehr bekommen. Natürlich darf nicht einer 50 Zeilen bekommen und die anderen beiden jeweils zehn.

Knöferl: Besser, die Bürger besuchen selber die Veranstaltung, bevor sie uns vorwerfen, wir hätten den oder den bevorzugt oder benachteiligt.

Inwieweit beeinflusst Parteipolitik das Wohl und Wehe von Kommunen?

Knöferl: Je kleiner eine Kommune, desto weniger. Bei 3.000 Einwohnern spielt Parteipolitik im Gemeinderat überhaupt gar keine Rolle mehr. Da streiten die um Sachthemen und bilden sich auch Lager, aber nicht parteipolitisch motiviert.

Erleben Sie Bürgermeister(kandidaten), die sich ihrer vermeintlich hilfreichen parteipolitischen Verbindungen rühmen?

Knöferl: Das nehme ich so nicht wahr, dass da auf der parteipolitischen Schiene nennenswerte Erfolge zu verzeichnen sind. Auch nicht in einer Stadt mit 120.000 Einwohnern. Wie es in Stuttgart ist, kann ich nicht beurteilen. Da ticken die Uhren wahrscheinlich wieder anders. In unserer Region habe ich nicht den Eindruck, dass Parteipolitik dazu nutzt, über die Parteischiene irgendwelchen Profit für die Kommune rauszuschlagen.

Krause: Im Gegenteil. Wenn ein Bewerber in einer kleinen Gemeinde sein Parteibuch besonders hervorhebt, kann ihm das eher schaden. Es sind Persönlichkeitswahlen.

Knöferl: Das läuft dann ja eher andersherum. Klassische Pressemitteilung: Der Herr Landtagsabgeordnete aus der Regierungsfraktion XY teilt mit, dass er jetzt für die Gemeinde soundsoviel Geld für die Ortskernsanierung rausgeholt hat. Da versuchen Parteien auf übergeordneter Ebene für sich zu punkten, aber das scheint mir eher eine Einbahnstraße zu sein.

Krause: Dazu passt vielleicht: Die Landes-CDU hat seit Jahren versucht, durch einen kleinen Arbeitskreis auf Landesebene unter Vorsitz des früheren Sozialministers Andreas Renner bestimmte Bewerber zu finden, die man als Kandidat auf dem CDU-Ticket in eine Kommune schicken kann. Ich will nicht sagen, das Projekt ist gescheitert, aber es ist nie wirklich was dabei rausgekommen. Entweder wollte sich niemand vor diesen Karren spannen lassen, sondern mehr oder weniger neutral antreten. Oder aber die haben von vornherein niemanden gefunden, der sich für eine bestimmte Kommune, wo sie ihn gerne hingehabt hätten, interessiert.

Wie geschickt oder ungeschickt verhalten sich die jeweiligen Ortsverbände der Parteien vor und während Bürgermeisterwahlen?

Knöferl: Bei den letzten Wahlen hier waren die örtlichen Parteiverbände sehr vorsichtig. Ich glaube, denen wäre am liebsten, wenn sie von einem Kandidaten wissen, er ist einer von uns, aber er geht so neutral wie irgendmöglich durch.

Krause: Immer öfter legen die Kandidaten Wert darauf, dass sie neutral sind. Immer seltener passiert es doch, dass jemand sagt: Ich bin CDU- oder ich bin SPD-Mitglied. Oder besser gesagt, er stellt das nicht ins Schaufenster. Weil sie genau wissen, dass bei den Leuten sonst der Eindruck entstehen könnte, der wird von Stuttgart oder von Berlin geschickt.

Man hört immer häufiger: Ich bin zwar Mitglied einer Partei, aber ich trete hier als Mensch soundso an, um unabhängig zu erscheinen.

Krause: Die Parteizentralen versuchen natürlich bei Großstädten, wie demnächst in Stuttgart, oder in Mannheim oder Ulm oder Freiburg, die Finger ins Spiel zu bekommen. Aber je kleiner die Kommunen werden, desto schädlicher kann so eine Einflussnahme sein.

Knöferl: Als es bei der OB-Wahl in Pforzheim 2009 in den zweiten und entscheidenden Wahlgang ging, war mein Eindruck der, dass die Amtsinhaberin, Frau Augenstein (FDP), für diesen zweiten Wahlgang plötzlich eine sehr durchschlagskräftige Unterstützung aus der CDU und der FDP bekommen sollte. Hans-Ulrich Rülke und Stefan Mappus hatten sich eindeutig für sie positioniert. Ich glaube, dass das bei den Wählern in Pforzheim sehr negativ angekommen ist und mit ausschlaggebend war, dass sie abgewählt wurde. Die Leute wollten nicht den Eindruck haben, dass ihr Ortsoberhaupt fremdbestimmt ist.

Wahlempfehlungen werden gerne als Bevormundungen empfunden.

Knöferl: Ich stelle mir vor, dass das natürlich für die CDU immens wichtig ist, den Stuttgarter Oberbürgermeister zu stellen ...

Krause: Absolut!

Knöferl: ... und dass die CDU wahrscheinlich nach allen Regeln der Kunst im Hintergrund schaltet und waltet und auch finanzielle Mittel in hohem Umfang zur Verfügung stellt.

Krause: Ich bin sicher, wir werden dort nach alldem, was jetzt zuletzt in der Politik in Baden-Württemberg passiert ist, einen extremen Wahlkampf erleben. Extrem, weil Fronten richtig aufeinanderprallen, nicht zuletzt ausgelöst durch das Thema Stuttgart 21. Die CDU wird alles versuchen, zumindest die Landeshauptstadt für sich zu halten. Und andere werden dagegenhalten. Das wird ein OB-Wahlkampf werden, der seinesgleichen in Baden-Württemberg sucht. *(Anm. des Autors: Das Interview wurde im Frühsommer 2011 geführt.)*

Wäre es überhaupt vorstellbar, dass ein Kandidat ohne handfeste Parteiunterstützung eine Stadt wie Stuttgart als Oberbürgermeister erobern kann?

Knöferl: Ich kann es mir schwer vorstellen.

Das müsste dann schon ein Millionär sein, der sich seine Truppen einkauft?

Knöferl: Ja, oder einen Stuttgarter Halbhöhenlagler als Unterstützer hat. Sie brauchen halt auch die Infrastruktur. Sie brauchen die Ortsvereine, die Plakate kleben und Veranstaltungen vorbereiten und selber nochmal die Werbetrommel rühren. Auf dem Dorf kriegt das ein Kandidat noch alleine gebacken, von Haustür zu Haustür zu marschieren und seine Prospekte zu verteilen, seine Plakate aufzuhängen. Aber schon in Pforzheim geht das nicht mehr.

Ab 2016 dürfen Rathauschefs und Landräte nicht mehr dem Stuttgarter Landtag angehören. Was halten Sie davon?

Knöferl: Gut! Die haben zu Hause genug zu tun.

Krause: Gut so! Ich erlebe es immer wieder, dass Landräte oder Oberbürgermeister diese Funktion eines Landtagsabgeordneten insofern missverstehen, als sie sich als alleinige Interessenvertreter ihrer Stadt oder ihrer Region sehen und das Wohl des Landes, dem sie als Abgeordnete verpflichtet sind, aus dem Blick verlieren. Außerdem ist es gut, wenn in diesem Landtag mehr Interessengruppen vertreten sind, als das bisher der Fall ist.

Kümmert sich die große Politik hinreichend um die Nöte der Kommunen?

Knöferl: Sie tut es definitiv nicht. Das kann man in jeder Haushaltsberatung beobachten.

Krause: Sie tut es zu wenig.

Knöferl: Selbst im kleinsten Dorf kämpfen die Kommunalpolitik und die Verwaltung mit dem Bruch mit dem Subsidiaritätsprinzip, nämlich, dass der bezahlt, der bestellt. Das funktioniert einfach nicht mehr vernünftig. Aber die Möglichkeiten der Einflussnahme von Kommunen auf die Landespolitik sind relativ überschaubar.

Krause: Die Frage ist ja, wie gut Gemeindetag, Städtetag oder Landkreistag Lobbyarbeit machen. Ich denke, auf ihre Weise machen sie's hier und da ganz gut. Nur letztendlich sind sie eine von vielen Lobbygruppen, denn es gibt natürlich alle möglichen Gruppen, die was vom Land wollen. Das Grundproblem ist, dass der Kuchen irgendwann verteilt ist. Ich behaupte, viele Kommunen haben über viele Jahre hinweg völlig über ihre Verhältnisse gelebt. Und jetzt, da bestimmte Aufgaben erfüllt werden müssen und zudem Sparzwänge vorhanden sind, fehlt das Geld.

Dürfen die Kommunen mit der politischen Einflussnahme ihrer Spitzenverbände im Land und im Bund zufrieden sein?

Knöferl: Die Spitzenverbände artikulieren da schon relativ deutlich ihre Position. Sie nehmen kein Blatt vor den Mund.

Werden sie nur gehört oder wird es dann auch beherzigt?

Knöferl: Die werden nur gehört.

Krause: Natürlich trommeln sie immer wieder und versuchen, noch weitere Finanzmittel locker zu machen. Nur alles ist halt nicht zu leisten.

Steht die grünrote Regierung um Kretschmann und Schmid den Kommunen näher als die alte schwarzgelbe unter Stefan Mappus?

Knöferl: Ich würde das wohl abwarten wollen.

Herr Krause, was lesen Sie aus dem Koalitionsvertrag raus?

Krause: Das ist ein Sammelsurium von sehr vielen Ankündigungen ...

Absichtserklärungen.

Krause: ... von denen vieles noch nicht finanziert ist. Es gibt da etliche offene Fragen, auf die der Koalitionsvertrag bisher noch keine Antworten gibt: bildungspolitische Fragen, Sanierung des Landeshaushalts, Kürzungen bei den Personalausgaben, Auswirkungen des EnBW-Deals auf die Energieversorgung im Land.

Knöferl: Es steht und fällt mit der Finanzausstattung der Kommunen. Wie viel Geld haben sie zur Verfügung, um vor Ort zu tun, was sie für richtig halten? Ich erlebe es übrigens an fast allen Stellen als sehr verantwortungsbewusst, wie die Kommunen ihr Geld ausgeben. Da wird vernünftig gearbeitet. Deswegen wäre ich eher dafür zu sagen: Lasst den Kommunen genug Geld, damit die entscheiden, was sie damit maßgeschneidert machen. Das können die ganz gut selber.

Vermissen Sie eine dritte Kammer mit Anhörungsrecht für die Kommunen in Berlin?

Knöferl: Kein bisschen.

Krause: Das bringt in der Sache nichts. Dann haben wir *noch* eine Instanz. Noch jemand, der Lobbyarbeit betreibt. Ein weiterer aufgeblähter Apparat. Wir brauchen weniger Bürokratie, schnellere Entscheidungen und nachvollziehbare Strukturen. Bitte keine weitere Kammer.

Knöferl: Bloß nicht!

Wenn sich nun eine Bürgermeisterpartei gründen würde, eine Partei der Kommunen – hätte die Chancen, in den Landtag einzuziehen?

Knöferl: Ich glaube das nicht. Nehmen Sie das Beispiel der Freien Wähler in Baden-Württemberg. Die kriegen landespolitisch keinen Fuß auf den Boden. Die kommen, glaube ich, nicht mehr über die Phase hinaus, sich zu überlegen, ob sie denn sollen oder nicht.

Die haben eine Weile nach Bayern geschielt.

Krause: Ich stimme zu. Es würde keinen Sinn machen, weil sie letztendlich in den gleichen Mechanismen und Strukturen gefangen wären wie alle anderen Parteien. Ich glaube einfach, der Bürgermeister ist vor Ort gefordert. Dort soll er seinen Job machen.

Michael Theurer warnt: Deutschland verschläft Europa. Kennen und nutzen Baden-Württembergs Kommunen die Chancen und Hilfen, welche die EU ihnen bietet?

Krause: Absolutes Nein. Es gibt ganz wenige Ausnahmen, wo Kommunen das wirklich nutzen.

Brüssel ist ganz weit weg?

Krause: Für mich drängt sich immer wieder der Eindruck auf, die Kommunen bewegen sich in ihren Grenzen – im wahrsten Sinne des Wortes. Schauen vielleicht mal, wenn es um Fördermittel vom Land oder vom Bund geht, aber Europa ist für viele Kommunen nach wie vor ein Fremdwort. Da wird vieles nicht genutzt oder nicht abgerufen – ob Mittel oder Informationen. Da besteht ein großes Informationsdefizit, unter Bürgermeistern, aber auch unter den Gemeinderäten.

Knöferl: Ich würde da widersprechen. Ich nehme es schon so wahr, dass zumindest die Botschaft „aus Brüssel gibt's Geld" auch auf der kommunalen Ebene ankommt; dass sich die Rathäuser zumindest der Großen Kreisstädte Fachleute leisten, die nach EU-Mitteln gucken. Da fließt auch ordentlich Geld. Beispielsweise in den Sozialbereich. Das sehe ich hier bei der Stadt Pforzheim genauso wie bei der Kreisverwaltung.

Europa befüllt wundersame Fördertöpfe, die gerade auch den kleinen ländlichen Kommunen zugutekämen.

Knöferl: Rein strukturell ist für dieses Thema bei den kleineren Gemeinden das jeweilige Landratsamt zuständig. Schauen Sie in die Landwirtschaftsämter rein – wie viel EU-Bürokratie da schon zu leisten ist! Ein Freund von mir ist genau dafür zuständig, diese Äcker zu vermessen und zu gucken, ob da ein Apfelbaum steht oder nicht und wie viele Stückle Vieh und ob das jetzt ein Schaf ist oder ein Pony oder ein Hund. Und dementsprechend gibt's dann Geld.

Krause: Es müsste vieles sehr viel transparenter werden.

Liegt ein Dorfgasthof an einem Wanderweg, lauern EU-Zuschüsse.

Krause: Aber wenn's der Gemeinderat nicht weiß, weil man sich nicht darum kümmert, dann kann es auch den Zuschuss nicht geben.

Wer müsste das den Leuten und den Kommunen näher bringen? Sie sich selber?

Krause: Das ist sicherlich eine Hol- und eine Bringschuld. Der Bürgermeister oder der Gemeinderat müssen schauen, wo man etwas abrufen kann, wo man über den Europaabgeordneten vielleicht auch mal eine zweitägige Informationsreise nach Brüssel organisiert, die werden ja nun zuhauf angeboten. Andererseits sind da auch Gemeindetag, Städtetag und Landkreistag gefordert, die Kommunen ausreichend zu informieren.

Bewähren sich die baden-württembergische Gemeindeordnung und die Süddeutsche Ratsverfassung?

Knöferl: Ja, absolut. Da bin ich überzeugt davon. Das gibt stabile Verhältnisse. Auch die viel kritisierte starke Stellung der Bürgermeister, die halte ich im Großen und Ganzen so für in Ordnung. Auch aufgrund der ehrenamtlichen Strukturen in den Gemeinderäten brauchen wir einen Verwaltungsleiter und Ratsvorsitzenden, der da einfach fest und zunächst mal sicher im Sattel sitzt.

Krause: Sobald seine Position aufgeweicht wird, gehen die Strukturen, die auch notwendig sind, verloren. Insofern volle Zustimmung.

Raten Sie dennoch punktuell zu Veränderungen oder zu Reformen?

Knöferl: Man könnte natürlich bei dem Thema Volksbegehren, Bürgerentscheide von Landesseite her die Quoren etwas niedriger ansetzen, um so die Bürgerbeteiligung etwas zu vereinfachen. Allerdings: Man braucht das nicht über Quoren regeln. Eigentlich funktioniert das, zumindest auf dem Land, sehr oft über gesunden Menschenverstand. Ich kann mich an eine Diskussion erinnern in der kleinen Gemeinde Mönsheim, da hat sich der Bürgermeister mit einer Planung für die Ortsmitte aus der Deckung gewagt. Als er dann gemerkt hat, dass der Widerstand dagegen so groß wird, hat er die Leute einfach übers Ortsblättle mit einem Zettel abstimmen lassen: Wollt ihr das – ja oder nein? Und dann ist die Planung wieder kassiert worden. Quorum hin, Quorum her.

Krause: Wenn es einen funktionierenden Gemeinderat gibt, glaube ich, braucht man kein Quorum in dem Sinn. Wenn Kommunalpolitik wirklich vor Ort gemacht und gelebt wird, dann kann da schon sehr viel gelöst werden. Die Gemeinderäte sitzen doch am Stammtisch, sind im Sportverein, sind im Kirchenchor aktiv, die kriegen doch die Stimmung der Bürger mit und bringen dies in ihre Entscheidungsfindung mit ein.

Sind die Bürgermeister ihrer Aufgabe gewachsen?

Knöferl: Das kommt auf die Voraussetzungen an, die einer mitbringt. Ich bin überzeugt davon, man braucht auch für den Beruf des Bürgermeisters eine spezifische Ausbildung. Mein Kandidat erster Klasse ist immer dieser gut ausgebildete Verwaltungsfachmann im gehobenen Dienst, verheiratet, zwei kleine Kinder. Das ist der Idealtyp. Warum? Der bringt die nötigen fachlichen Voraussetzungen und wohl auch als Mensch die notwendige Reife mit, um so einem Amt gerecht zu werden. Wenn nun jemand gewählt wurde, der das nicht mitbringt, ist es nach meiner Wahrnehmung immer eng geworden. Mir ist kein Fall erinnerlich, wo ein Nichtverwaltungsfachmann mal erfolgreich als Bürgermeister agiert hat.

Krause: Es ist richtig und gut, wenn Leute antreten, die Verwaltungserfahrung haben. Andererseits würden manchmal in manchen Kommunen auch Quereinsteiger gut tun, die, ergänzt durch gutes Fachpersonal, auch mal ein paar neue Ideen reinbringen. Aber der Bürger merkt schon relativ schnell, wen es braucht und wen nicht.

Wenn nun ein Bürgermeister seiner Aufgabe nicht gerecht wird, kann er sich länger als acht Jahre durchmogeln?

Krause: Nein.

Knöferl: Glaube ich auch nicht.

Krause: Das merken die Bürger.

Knöferl: Siehe die vielen Abwahlen letztens. Die Zeiten sind vorbei.

Wobei es dann nicht immer besser werden muss. Mancher Flecken wählte sich schon vom Regen in die Traufe. Sie sagten vorhin, gute Bewerber werden seltener – woran liegt das?

Knöferl: Ein guter Bürgermeister wird sehr stark in Anspruch genommen. Er soll ja teilnehmen am öffentlichen Leben einer Gemeinde. Soll das Vereinsleben pflegen. Soll Präsenz zeigen. Soll auch bürgernah sein. Soll für die Bürger greifbar und ansprechbar sein. Das hat natürlich auf das Privatleben massive Einflüsse. Das muss die Frau vom Bürgermeister mittragen wollen. Die ist ja dann ein bisschen die First Lady am Ort. Die Rückzugsräume werden da geringer. Bürgermeister haben eine 50-, 60-, manchmal auch 70-Stunden-Woche, je nachdem, was am Wochenende noch auf sie zukommt.

Wenn es nur reicht.

Knöferl: Da steht die Bezahlung dann nicht mehr in einer vernünftigen Relation zur Arbeitszeit. Da muss dann jemand wirklich den Wunsch haben, den Beruf auszuüben. Sich berufen fühlen.

Krause: Ich kann das nur unterschreiben. Früher war es im Regelfall so, dass die Partnerin eines Bürgermeisters quasi alles mitgemacht hat. Heute haben Familien andere Wünsche und auch Ansprüche. Und wenn eine Kommune klamm ist, kann ein Bürgermeister lediglich den Mangel verwalten, hat kaum Gestaltungsmöglichkeiten, muss sich vielleicht mit einem völlig verstrittenen Gemeinderat herumärgern. Für das bisschen Gehalt. Ich glaube, das schreckt viele ab.

Wenn Bürgermeister mehr verdienen würden, gäbe es dann wieder mehr Kandidaten?

Krause: Ich glaube, es ist eine Gemengelage der genannten Gründe. Es sind inhaltliche, es sind finanzielle, es sind strukturelle Aspekte. Man darf nicht vergessen, so ein Bürgermeister oder eine Bürgermeisterin stehen eigentlich sieben Tage die Woche unter Dauerbeobachtung. Wenn der samstagmorgens zum Bäcker geht und vielleicht noch nicht rasiert ist oder ungekämmt, dann heißt es sofort: Was hat denn der gemacht? Die Ehefrau, die einfach nur ungestört ins Schwimmbad gehen will, dort aber nur wieder von jedem auf Dinge angesprochen wird, die ihr Mann im Rathaus veranlasst hat.

Knöferl: Und das in Zeiten übrigens von sozialen Netzwerken. Ich habe mit großem Erschrecken verfolgt, was sich während der Landtagswahl im Internet abgespielt hat. Man kann da politisch stehen, wo man will, aber was da an Dauerbeschuss auf die Parteien geboten war, das ist eigentlich jenseits dessen, was man aushalten kann!

Krause: Immer wieder werden Bürgermeister abgewählt oder aber die Wahlbeteiligung bei einer Wiederwahl ist so hundsmiserabel, dass sich dann der Bürgermeister und seine Familie fragt: „Wofür machen wir das hier eigentlich? Warum verzichten wir auf so viel Privatleben, das für andere Familien oder Partnerschaften selbstverständlich ist?" Dass die Wahlbeteiligung so abnimmt, ist ein sehr, sehr bedenklicher Trend. Viele Bürgermeister sagen dann: Dafür tue ich mir diese 50-, 60-, 70-Stunden-Woche nicht mehr an.

Hätten Sie Vorschläge, wie sich das Bürgermeisterdasein attraktiver gestalten ließe?

Knöferl: Wir müssten versuchen, den Bürgern zu erklären, dass sie sich da ein Stück weit zurücknehmen müssten. Aber das wird nicht mehr funktionieren. Die Zeiten sind vorbei. Im Moment stehen Bürgernähe und Transparenz so hoch im Kurs, das würde ja völlig missverstanden werden. Wenn jetzt dieser Bürgermeister morgens beim Bäcker andere abblitzen lassen würde mit dem Hinweis: „Guter Mann, Sie sehen doch, ich hole jetzt hier die Brötchen, daheim hocken zwei Kinder und meine Frau und wir wollen frühstücken" – da wäre es doch schon passiert. Das würde ihm doch total negativ ausgelegt.

Krause: Der Trend ist eindeutig so, dass die Bürger immer mehr mitreden und an Entscheidungen rechtzeitig beteiligt werden wollen.

Knöferl: Man müsste eigentlich sagen, die betroffenen Bürger. Es kommen ja auch immer nur die aus der Ecke, die direkt betroffen sind. Sie finden, ihr Anliegen muss dann höchste Priorität erlangen und sofort erledigt werden.

Krause: Was ist denn die Realität? Wenn der Bürgermeister eine Gruppierung besucht und einen anderen Verein nicht, heißt es sofort: Warum war er bei denen, aber nicht bei uns? Die Erwartungshaltung einzelner Bürger oder Interessenkreise ist immens. Der Bürgermeister kann dem nur bedingt entsprechen, er ist doch auch nur ein Mensch!

Bürgermeistern Frauen anders als Männer?

Krause: Ich würde sagen, in Teilen ja. Sie gehen bestimmte Themen sicherlich anders an.

Beispiel?

Krause: Sie sind vielleicht weniger machtgeleitet, agieren integrierender. Das gilt sicherlich nicht für alle. Frauen entwickeln aber im Regelfall ein etwas anderes Gespür für Themen.

Knöferl: Ich würde die Frage von der anderen Seite her beantworten. Geht man mit einem Bürgermeister oder einer Bürgermeisterin anders um?

Krause: Das kommt noch hinzu.

Knöferl: Bedauerlicherweise ist es immer noch so, dass es Männer gibt, die einfach ihre Schwierigkeiten haben, mit Frauen zusammenzuarbeiten. Das macht dann Bürgermeisterinnen die Arbeit schwerer. Eigentlich müssten die Zeiten längst vorbei sein.

Drei von vier Absolventen der Fachhochschulen für öffentliche Verwaltung sind weiblich, aber der Frauenanteil unter Bürgermeistern bewegt sich deutlich unter zehn Prozent.

Knöferl: Die Frauen kandidieren erst gar nicht.

Warum nicht?

Knöferl: Weiß ich nicht. Sicherlich sind Familie und Beruf für Bürgermeister(innen) ganz besonders schwer vereinbar.

Ich erinnere mich an eine schwangere Kandidatin bei der Bürgermeisterwahl in Tettnang. Da sagten die Leute: Wie kann man nur?

Krause: In der Landes- und Bundespolitik wird zwar viel über die Vereinbarkeit von Familie und Beruf gesprochen, aber die Umsetzung in der Praxis ist nach wie vor extrem schwierig.

Knöferl: Für eine Kandidatin darf das Thema Familie entweder keine große Rolle spielen ...

Sprich: keine Kinder.

Knöferl: ... genau, oder sie braucht ein komplett umgedrehtes Familienbild als das traditionelle: Sie braucht einen starken Mann daheim, der ihr den Rücken freihält.

Krause: In ländlichen Gebieten kann es dann schnell heißen: Wie kann sie nur als Mutter ihr Kind allein lassen!

Knöferl: Wir haben das in Pforzheim ja gehabt bei der Sozialbürgermeisterin, die 2011 angefangen hat. Sie hat drei Kinder. Der Mann war zu diesem Zeitpunkt SPD-Bundestagsabgeordneter. Da war sofort die Diskussion da: Wie wird denn das funktionieren?

Was halten Sie davon, die Landräte direkt vom Volk wählen zu lassen?

Knöferl: Gar nichts. Weil es in Baden-Württemberg überhaupt keine direkte Beziehung zwischen Bürger und Landrat gibt. Sie müssen einen exorbitant aufwändigen Wahlkampf führen für eine Wahlbeteiligung, die kaum 20 Prozent betragen wird, wenn diese Landratswahl nicht an irgendeine andere Wahl gekoppelt wird.

Krause: Wenn überhaupt. Das Interesse an einer Landratswahl wird minimal sein. Ich habe auch ein bisschen die Sorge, dass dann da die Parteien eine noch größere Rolle spielen würden, als sie jetzt schon spielen, weil sie dann irgendjemanden als Landrat installieren wollen. Ich gebe dem keine große Zukunft.

Knöferl: Ich halte es auch nicht für sinnvoll, weil die Landratsämter ja nichts anderes als das Back-Office der Kommunen sind. Da braucht Parteipolitik überhaupt keine Rolle zu spielen. Die Landräte sehen sich natürlich gerne in einer anderen Position, aber im Prinzip ist ihre Funktion zu reduzieren auf eine Dienstleisterfunktion für die Kommunen in ihren Kreisen. Landräte sind im Prinzip Leiter einer ziemlich großen Behörde, aber die Gestaltungsspielräume lassen sich reduzieren auf ein bisschen Sonderschulwesen, teilweise ein bisschen Berufsschulwesen …

Krause: … ab und zu eine Straße einweihen …

Knöferl: … die Müllabfuhr organisieren, den Sozialbereich sauber und wirtschaftlich abwickeln. Aber wirklich große Gestaltungsspielräume sind da nicht vorhanden.

Krause: Und deswegen werden sie vom Bürger nicht in dem Maße wahrgenommen und der Bürger würde sich für eine Direktwahl des Landrates längst nicht so interessieren wie für eine Wahl seines Bürgermeisters.

Knöferl: Die meisten Landräte, die ich kenne, sind in der Regel Juristen und dann aber in ihrem Zuständigkeitsbereich wirklich enorm sattelfest. Das ist gut so.

Krause: Hier – es steht ja zumindest in der Koalitionsvereinbarung drin – liegt Grünrot mit dem Ansatz der Direktwahl völlig falsch. Wenn es denn so kommen sollte, kommen wir dem Ziel von einer direkten Demokratie und von Bürgerbeteiligung auf dieser Ebene ganz bestimmt nicht näher.

Würden die Wähler Gefahr laufen, den falschen Landrat zu wählen, weil sie die falschen Kriterien anlegen?

Knöferl: Da ist zunächst mal die Frage, wie Sie überhaupt Ihre Inhalte an die Leute rankriegen. Wie soll das laufen?

Krause: Mit einem Landratswahlkampf lockt man keinen hintern Ofen hervor. Die Kandidaten müssten ein riesiges Gebiet bedienen. Schon logistisch würde das wirklich schwierig.

Ich war bisher an einer Landratsdirektwahl beteiligt, im Kreis Lindau in Bayern. Lindau ist ein ganz, ganz kleiner Landkreis, und dennoch war es für die Kandidaten richtige Knochenarbeit, diese Fläche zu bedienen.

Krause: Bedenken wir die Strukturen im Land. Was haben wir denn? Wir haben eine Landesregierung, wir haben Landtagsabgeordnete, wir haben Regierungspräsidenten, wir haben die Bürgermeister. Und irgendwo dazwischen schwebt noch dieser Landrat. Ich finde, er wird in seiner Bedeutung meist überschätzt. Im Regelfall hat der Bürger von seinem „Kreisfürsten" doch relativ wenig. Er muss bestimmte Strukturen bedienen und pflegen, er darf hier und da ein rotweißes Band durchschneiden.

Knöferl (lacht): Aber er darf Oberklasse-Dienstwagen fahren, im Gegensatz zum Regierungspräsidenten und zum Staatssekretär! Der Landrat darf den gleichen Wagen fahren wie ein Minister!

Krause: Aber die Bürger haben, außer bei der Kfz-Zulassung, an sich sehr, sehr wenige Berührungspunkte mit dem Landratsamt.

Also doch die Landratsdirektwahl an Bürgermeister- und Oberbürgermeisterwahlen eines gesamten Landkreises, wenn nicht gar des gesamten Landes koppeln? Alle Wahlen an einem Tag?

Krause: Es könnte zumindest helfen, die Wahlbeteiligung bei der Landratswahl von 18 Prozent auf 22 Prozent zu heben, aber mehr auch nicht.

Knöferl: Sie kriegen dann noch miesere Bewerbungsfelder zusammen. Auch journalistisch hätten wir mit der Vermittlung der Inhalte riesige Schwierigkeiten, wenn das alles zeitgleich läuft. Und nochmal: Die Bewerberfelder würden noch schwächer werden, als sie eh schon geworden sind.

Krause: Diese Koalitionsvereinbarung von Grünrot hat sicherlich in einigen Punkten gute Ansätze, aber hier geht sie völlig an der Realität auf kommunaler Ebene vorbei.

Knöferl: Da kann eigentlich nur der Wunsch hinterlegt sein, auch mal aus den eigenen Reihen einen Landrat durchzubringen.

Krause: Das scheint der eigentliche Punkt zu sein.

Sollten Rathauschefs denn weiterhin in Kreistage gewählt werden dürfen?

Krause: Ein Kreistag sollte verschiedene Interessengruppen haben und nicht ein Gremium von Bürgermeistern oder Oberbürgermeistern sein. Zumal es das rechtliche Problem gibt, dass das Landratsamt die Aufsichtsbehörde der Bürgermeister ist.

Knöferl: Ich sehe die Problematik auch, trotzdem bin ich anderer Meinung. Mich stört das nicht. Der Sachverstand, den die Bürgermeister und Oberbürgermeister in den Kreistag einbringen aus ihrem täglichen Erleben, den finde ich schon wertvoll. Wenn ich jetzt die Kreistage so durchgehe, dann sind die klassischen ehrenamtlichen Kommunalpolitiker nicht eben jene, die eine Kreistagsdebatte entscheidend voranbringen. Eher im Gegenteil.

Krause: Der Sachverstand ist wichtig, ohne Zweifel. Die Entwicklung der letzten Jahre belegt nur zunehmend, dass die wirklich wichtigen Plätze auf Kreistagswahllisten von vornherein durch Bürgermeister besetzt werden. Sprich: Da kommen kaum mal ein Architekt oder ein erfahrener Lehrer mit ihrem Sachverstand mit rein.

Es geht ja weiter. Wenn die Parteien auf der Suche nach Kandidaten für Bürgermeister- und Oberbürgermeisterwahlen sind, dann werden die Interessenten zuerst gefragt, auf wessen Liste sie später für den Kreistag kandidieren würden. Parteifürsten auf Kreisebene suchen Bürgermeisterkandidaten danach aus, ob sie als Stimmvieh für die nächste Kreistagswahl taugen.

Krause: Das wird dann sozusagen untereinander ausgewürfelt. So wichtig der Sachverstand von Bürgermeistern für bestimmte Entscheidungen ist – die Berufsstruktur eines Landkreises spiegelt sich in den seltensten Fällen im Kreistag wider.

Was machen Rathauschefs gerne falsch? Welche verbreiteten Fehler oder Unarten beobachten Sie?

Krause: Es gibt immer noch viele, die zu sehr nur in ihren Grenzen denken und nicht darüber hinaus. Es gibt viele, die eine schlechte oder nur mangelhafte Presse- und Öffentlichkeitsarbeit machen. Dieses berühmte Wort vom Kirchturmdenken gilt vielleicht nicht für alle, aber ich denke, die Zukunft wird schon sein, dass sich zum Beispiel beim Thema Tourismus bestimmte Kommunen in einem Tal oder in einer Region zusammentun, Allianzen schmieden. Da gibt's nach wie vor Kommunen, die schauen, dass sie *ihre* Fördermittel bekommen, *ihr* Thema abdecken.

Knöferl: Manche sind nicht gerade die größten Kommunikationstalente. Und manchmal sind sie vielleicht zu eigenwillig. Wenn sich ein Bürgermeister irgendwas in den Kopf gesetzt hat und es dann auf Biegen und Brechen durchsetzen will – das halte ich für falsch.

Wird das schlimmer mit den Amtsjahren?

Knöferl: Kann man nicht verallgemeinern. Es gibt Bürgermeister auf der Zielgeraden, die beratungsresistenter werden. Es gibt die Bürgermeister, die es auf der Zielgeraden in aller Ruhe auslaufen lassen. Es gibt andere, die gegen Ende ganz mächtig Gas geben, weil sie einfach sagen: Ich will das und das noch fertig kriegen. Die nehmen die letzten zwei Jahre praktisch keinen Urlaub mehr, um all ihre Ziele auch zu erreichen.

Manchen Bürgermeistern muss man nach 32 Jahren Rathausverbot erteilen, weil sie es nicht lassen können, obwohl sie längst pensioniert sind.

Knöferl: Ja, genau.

Was bewundern Sie an guten Bürgermeistern?

Krause: Gute zeichnen sich aus durch Bürgernähe, Verlässlichkeit, Fleiß. Bürgernähe so verstanden, dass sie nicht bei jeder Hauptversammlung sein müssen, aber durchaus die Sorgen der Leute ernst nehmen, ein offenes Ohr haben. Dass sie es schaffen, die Bürgerschaft zur Mitarbeit zu aktivieren. Die Bürger merken schon sehr schnell, ob der da vorne eine Vision hat, ein Konzept. Ob der nicht ins Blaue rein arbeitet, sondern klar vorgibt: Das ist mein Ziel, auf diesen Weg will ich euch mitnehmen.

Wer waren oder sind Ihre Bilderbuchbürgermeister?

Krause: Rommel in Stuttgart hatte einfach diese Gabe, auf die Leute zuzugehen, sie mitzunehmen, populär zu sein, auch wenn er hier und da unpopuläre Entscheidungen treffen musste. Aber solche Bürgermeister werden mutmaßlich immer seltener, weil der Bürgermeisteralltag schwieriger geworden ist.

Knöferl: Bei uns im Verbreitungsgebiet gibt's eine mittelgroße Gemeinde um 10.000 Einwohner, Straubenhardt. Der Bürgermeister dort ist ein richtiges Urgestein. Ich denke, der geht auf die 30 Jahre Amtszeit zu. Willi Rutschmann heißt der Mann. Der hat da oben eine richtige Bilderbuchgemeinde geschaffen. Straubenhardt ist ja auch so ein Konstrukt der Kommunalreform aus den 1970er Jahren. Es gibt dort vernünftige Schulen, es gibt seit Jahr und Tag vernünftige Kinder- und Kleinkinderbetreuung. Das bürgerschaftliche Engagement wird ganz bewusst und gezielt gefördert. Das ist eine Kommune mit einem richtigen Mitmachcharakter, und das kriegt der einfach so hin, in einem ganz unaufgeregten Stil nimmt er die Leute mit. Menschen aus unserem Verbreitungsgebiet sagen: „Ich ziehe nach Straubenhardt, weil ich finde, da kann man gut leben." Der Willi Rutschmann hat das einfach hingekriegt!

Wahlkampfkostenerstattung auch für Bürgermeisterkandidaten?

18 Cent gegen den Bewerberschwund

Die Forderung ist alt, aber aktueller denn je: Wenn Parteiwahlkämpfe öffentlich bezuschusst werden, warum dann nicht auch die Kampagnen von Bürgermeisterkandidaten? Allerspätestens, wenn Baden-Württembergs Landräte direkt gewählt werden sollen, braucht es eine Kostenerstattung für Kampagnen um kommunale Spitzenwahlämter, sonst ist es um deren Unabhängigkeit geschehen.

Als Norbert Roth, langjähriges Stadtoberhaupt von Hechingen (1967–1995) und altgedienter Vorsitzender des Verbandes der Baden-Württembergischen Bürgermeister (1979–1996), kurz vor der Jahrtausendwende in Buchform über die „Position und Situation" seiner Zunft räsonierte, beschäftigte ihn bereits die Frage, was es wohl kostet, ins Amt zu gelangen. Er rechnete vor: Schon damals wurden in Gemeinden mit 2.000 bis 5.000 Einwohnern durchschnittlich 1,86 D-Mark „pro Kopf" aufgewendet, um die Chefsessel in den betreffenden Rathäusern zu erobern. In Kommunen zwischen 5.000 und 10.000 Einwohnern waren es immerhin 1,35 D-Mark je Bürger.

Dass sich die Pro-Kopf-Kosten mit steigender Einwohnerzahl verringern, gilt damals wie heute. Je höher die Auflage einer Drucksache, desto niedriger ihre Stückkosten. Ohnehin übersteigen die Fixkosten für Text, Illustration und Gestaltung eines Prospektes in der Regel dessen Druckkosten, was in kleinen Gemeinden besonders zu Buche schlägt. Auch der Preis je tausend Kontakte (TKP), eine wichtige Werbewährung, gestaltet sich, wenn die verkaufte oder verbreitete Auflage eines Printmediums zunimmt, immer günstiger. (Von einigen wenigen Amtsblattverlagen, die Mondpreise verlangen, einmal abgesehen.) Und wenn ich eine zwanzigminütige Rede für die Kandidatenvorstellung verfasse, dann berechne ich dafür acht oder neun Beraterstunden, ob diese Rede nun vor 80 Leuten gehalten wird oder vor 800.

Frühe Rufer in der Wüste

Bereits im Bürgermeisterbüchlein von Norbert Roth* plädierte Prof. Dr. Hans-Georg Wehling, damals Abteilungsleiter der Landeszentrale für politische Bildung, für die Erstattung entstandener Kosten bei dieser Art von Plebisziten: „Mit dem Einsatz von Geld ließe sich unter Umständen auch das Kandidatenangebot bei Bürgermeisterwahlen verbessern. Gerade in größeren Gemeinden werden Kandidaten nicht zuletzt durch den zu erbringenden Wahlkampfkostenaufwand abgeschreckt. Nur der Gewinner wird ja ‚entschädigt', indem er durch vergleichsweise gute Einkünfte seine Schulden relativ schnell begleichen kann. Parteien, Interessengruppen und finanziell potente Einzelpersonen in beträchtlichem Umfang um Unterstützung anzugehen, bringt allzu viel Abhängigkeit mit sich, die im Interesse einer – gerade auch vom Bürger erwünschten – unabhängigen Amtsführung nicht bezweckt sein kann."

Schon damals sah der Politikwissenschaftler die Bewerberflaute kommen und machte gestiegene Kampagnenkosten dafür mitverantwortlich: „Jedenfalls möchte ich vorschlagen, einen Teil der Wahlkampfkosten zu erstatten, und zwar in bescheidenem Umfang, etwa indem die Gemeinde ab einer Größe von 10.000 Einwohnern ein Plakat und ein Werbeprospekt als Beilage für die Lokalzeitung auf ihre Rechnung übernimmt."

In den 1990er Jahren (verun)zierten praktisch jeden Bürgermeisterwahlzettel in Kommunen bis 20.000 Einwohnern die Namen von Werner Tereba, Florian Burlafinger oder ähnlichen Manischen, deren Aufwand den Versand einer Postkarte selten überstieg, um dann in Abwesenheit Stimmanteile meist im Promillebereich zu erzielen. Aber auch Rechtsextreme wie der zeitweise NPD-Landesvorsitzende Günter Deckert aus der Kurpfalz missbrauchten Bürgermeisterwahlen als Forum, um in proppenvollen Stadthallen ihre braune Propaganda verbreiten zu können. Um solchen Spuk (den unsere Demokratie aushält) nicht auch noch zu beflügeln, wollte Professor Wehling für eine nachträgliche Kostenerstattung das Erreichen einer Mindeststimmenzahl – „sagen wir 12 Prozent" – vorschreiben.

Waren die Vorschläge von Roth und Wehling vor 14 Jahren berechtigt, dann sind sie es heute erst recht: Die qualifizierten Bewerber sind seit der Jahrtausendwende noch weniger geworden, die Kosten für Bürgermeisterkampagnen sind weiter gestiegen. Wurden „Werbebüros oder andere professionelle Berater" ausgangs der 1990er Jahre laut Roth „in verschiedenen

---

* *Roth*, Position und Situation der Bürgermeister in Baden-Württemberg, 1998.

Fällen, allerdings in unterschiedlicher Intensität eingeschaltet", was „selbstverständlich die Kosten erhöht", so ist dies mittlerweile zur Regel geworden.

Wahlkämpfe werden immer professioneller

Kannte die Presse um die Jahrtausendwende mit Bernd Richard Hinderer („Deutschlands erste und erfahrenste Agentur für Ober-/Bürgermeisterwahlen, seit 1995") und mir landesweit zwei Berater, die sich auf dieses Metier spezialisiert hatten, kann heute ein geschätztes Dutzend einschlägiger Kampagneros davon leben. Konkurrenz belebt auch dieses Geschäft – der Aufwand, der getrieben wird oder getrieben werden sollte, schaukelt sich gegenseitig hoch. Je gekonnter sich jemand um eine Stadt bemüht, desto professioneller müssen dessen Sparringspartner dagegenhalten, um nicht abgehängt zu werden. Das geht natürlich ins Geld.

Ganz ohne Zweifel sind Bürgermeisterwahlkampagnen im Laufe der letzten 15 Jahre anspruchsvoller geworden. Davon profitieren nicht nur die Wahlkampfberater, sondern das erleichtert den Bürgerschaften die Auswahl des jeweils geeigneten Oberhauptes für ihre Stadt. Wir politischen Marketer sind ja nicht dazu da, den Kommunen Mogelpackungen unterzujubeln – zumindest ich begreife meine Aufgabe ganz anders –, sondern helfen mit, dass die wesentlichen Botschaften der einzelnen Bewerber bei der „Zielgruppe" ankommen. Wähler wollen und sollen keine Katze im Sack kaufen müssen, sondern beizeiten erfahren und erkennen, wer sich ihnen um das wichtigste öffentliche Amt, das sie alle acht Jahre zu vergeben haben, andient.

Steigende Nachfrage

Toi toi toi, ich habe mehr als genug zu tun. Einigen meiner Kollegen geht es anscheinend genauso. Und die Nachfrage nach den Diensten, die wir leisten, wächst weiter. Es soll daher weniger der Steigerung unserer Erträge dienen, wenn ich nun nachdrücklich einer Kostenerstattung auch bei Bürgermeisterwahlen das Wort rede, sondern schlicht der Sache:
- Würden Bürgermeisterkampagnen bezuschusst, kann deren Qualität weiter steigen (muss nicht, aber kann).
- Die Chancen für vergleichsweise mittellose Bewerber, gegen vermögendere Kontrahenten zu gewinnen, würden steigen.

- Der Einfluss von ortsansässigen Unternehme(r)n und anderen zahlungskräftigen Sponsoren auf Bürgermeister(kandidaten) geht zurück, wenn Bewerber deren finanzielle Hilfe weniger nötig haben.
- Kandidaten werden auch unabhängiger von Parteien, die solche „Big Spender" zu vermitteln pflegen.
- Die Zahl qualifizierter Kandidaten bei Bürgermeisterwahlen ist seit Jahren rückläufig – spürbar reduzierte Wahlkampfkosten könnten diesem Negativtrend entgegenwirken.
- Bessere Kandidaten mit besseren Auftritten würden mehr Bürger ansprechen und dadurch die Demokratie stärken.
- Werden mehr Bürger angesprochen und mobilisiert, steigen die Wahlbeteiligungen.
- Höhere Wahlbeteiligungen legitimieren den Wahlsieger und stärken so das Gemeindeverfassungsorgan Bürgermeister.

Wie ließe sich eine solche Wahlkampfkostenerstattung denkbar demokratisch und unbürokratisch, möglichst praktikabel und doch verfassungskonform bewerkstelligen? Ganz einfach. Ich schlage einen öffentlichen Zuschuss für nachgewiesene Kampagnenkosten in Bürgermeisterwahlen vor, der die Kandidaten um 10 bis 50 Prozent ihrer getätigten Ausgaben entlastet, abhängig von ihrem persönlichen Wahlergebnis.

Bis zu 50 Prozent Geld zurück

Im Klartext: Dem Kandidaten, der 25 Prozent Wählerstimmen einheimst, würde ein Viertel seiner tatsächlichen getätigten Ausgaben ersetzt. Wer 75 Prozent Wählerstimmen erntet, dem werden 50 Prozent zurückerstattet. 50 Prozent sind der Höchstsatz. Weil dies eine absolute Mehrheit an Wählerstimmen voraussetzt, können diesen Höchstsatz nur Wahlsieger geltend machen, die ja bereits mit dem Bürgermeistersalär belohnt werden und durch dieses Gehaltsplus ihre Bewerbungskosten vollends refinanzieren. Mehr als 50 Prozent Erstattung müssen wirklich nicht sein – zumal für Bewerber, die praktisch konkurrenzlos ins Bürgermeisteramt gelangen, oder aber für unangefochtene Amtsinhaber, gegen die niemand ernsthaft anzutreten wagt.

Um Juxkandidaten und jenen, die Bürgermeisterwahlen nur als Forum für nicht dem Anlass dienliche Zwecke benutzen, kein Geschäftsmodell zu eröffnen, erhält Kosten nur erstattet, wer mindestens zehn Prozent der Wählerstimmen auf sich zu vereinen vermag.

Damit aber Zweitplatzierte künftig nicht mehr vollkommen leer ausgehen, sollen sie einen stattlichen Anteil ihrer Kosten erstattet bekommen. Wer –

bitter genug! – in einem Wimpernschlagfinale mit 49 zu 51 Prozent hauchdünn unterliegt, bekäme fast die Hälfte seiner Ausgaben zurück. Das wäre erstens fair und würde zweitens dem Betroffenen, der seine prinzipielle Wählbarkeit unter Beweis stellte, eine erneute Kandidatur an einem anderen Ort ermöglichen. Wie lange muss ein Amtsleiter sich und seiner Familie Teile seines A-12-Gehalts (monatlich 2.400–2.800 Euro netto) vom Mund absparen, bis er 10.000 Euro für eine Bewerbung als Bürgermeister übrig hat? Und wenn er dann im ersten Anlauf scheitert – würde er es überhaupt ein zweites Mal wagen?

Immer mehr Monowahlen

Solange Zweit- oder Drittplatzierte, von die Einkommensteuer mindernden Werbungskosten einmal abgesehen, die Zeche ihrer Nichtwahl komplett selbst zahlen müssen, werden wir immer häufiger Monowahlen erleben: Wahlzettel mit nur einem wirklich wählbar erscheinenden Kandidaten. Sobald *ein* aussichtsreicher Kandidat seine Bewerbung einreicht, lassen weitere qualifizierte Interessenten lieber die Finger davon und suchen andernorts nach günstigeren Gelegenheiten. Diese Zurückhaltung ist ebenso verständlich wie inzwischen verbreitet. Auch ich rate hochkarätigen Interessenten eindringlich, lange im Vorfeld einer Bürgermeisterwahl sorgfältig auszukundschaften, ob allzu gefährlich anmutende Konkurrenz, an der wir uns die Zähne ausbeißen könnten, bereits im Verborgenen, hinter den Kulissen mit den Hufen scharrt. Zumal hochkarätige Interessenten oft mehr als nur Geld zu verlieren haben: Man kann sich gut vorstellen, dass es seine Chance, im Amt bestätigt zu werden, nicht eben steigert, wenn ein Bürgermeister zwei Jahre zuvor bei einer OB-Wahl drei Städte weiter fremdging und durchfiel.

Um Missbrauch – etwa durch fingierte Rechnungen – vorzubeugen, müssen Bewerber, die den Kostenzuschuss beim Landratsamt als Wahlaufsichtsbehörde beantragen, ihre Ausgaben glaubhaft darlegen. Und: Eingehende Zuschussanträge werden im Internet veröffentlicht. Dies schafft auch für die Wähler Kostentransparenz.

Werden Bürgermeisterwahlen im ersten Durchgang entschieden, kann jeder Bewerber (der über 10 Prozent landete) maximal 2 Euro pro Einwohner geltend machen, von denen er dann maximal die Hälfte, also höchstens 1 Euro pro Einwohner, erstattet bekommt. Kommt es zu einem zweiten Wahlgang, können Bewerber, die im Rennen bleiben, für bis zu 2,50 Euro pro Einwohner an getätigten Ausgaben einen Zuschussantrag stellen. Sollten Bewerber erst in einer zweiten Runde einsteigen, können sie lediglich

50 Cent pro Einwohner entsprechend ihrem persönlichen Abschneiden erstattet bekommen. Voraussetzung für die öffentliche Bezuschussung von in einem Wahldurchgang entstandenen Kampagnenkosten ist die förmliche Zulassung des jeweiligen Antragstellers zum betreffenden Wahlgang, das heißt, er muss als Wahlvorschlag auf dem Wahlzettel gestanden haben.

Maximal 2,50 Euro pro Einwohner

Die Obergrenze von 2 Euro/2,50 Euro vermeidet, dass die Ausgaben ungehemmt ins Kraut schießen. Wer mehr als diese erstattungsrelevanten 2 Euro/2,50 Euro in seine Kampagne investieren würde, könnte diese Mehrkosten lediglich, wie bisher auch schon, als Werbungskosten in der Einkommensteuer gelten machen.

Für die (selteneren) Fälle, da Bürgermeisterwahlen erst im zweiten Durchgang entschieden werden, wäre zu überlegen, ob Bewerber, die beide Male auf dem Wahlzettel stehen, dann auch zwei Anträge stellen müssten: Zwei Anträge über Kosten in unterschiedlicher Höhe für zwei Wahlgänge, die dann auch unterschiedlich hoch bezuschusst werden, weil der Antragsteller ja zwei voneinander abweichende Wahlergebnisse erzielt. Dieser Abrechnungsmodus würde das Ganze verkomplizieren, den bürokratischen Aufwand verdoppeln und zu Tricksereien verleiten: Kandidaten wären vielleicht versucht, Ausgaben aus dem für sie weniger glücklich verlaufenen Wahlgang in den anderen zu verschieben, in dem sie besser abschnitten. Erst recht, wenn ein Bewerber nur in einem der beiden Wahlgänge über zehn Prozent landete, im anderen Durchgang aber keinen Anspruch auf Zuschüsse erlangte.

Einfacher und praktikabler erscheint mir, wenn sich die Höhe des Kostenzuschusses für Bewerber, die an zwei Wahlgängen teilnehmen, am Durchschnitt ihrer beiden Einzelergebnisse bemisst: Wer erst 30 Prozent einheimst und danach 50, bekommt insgesamt 40 Prozent von zusammen 2,50 Euro pro Einwohner erstattet. (Weil sich die Einwohnerzahl zwischen den beiden Wahltagen verändern könnte, legen wir die Einwohnerzahl vom Tag der Ausschreibung der Erstwahl zugrunde.) Hätte dieser einfachere Modus zur Folge, dass mäßig aussichtsreiche Kandidaten nur pro forma im zweiten Rennen bleiben, um dann einen Kostenzuschuss für 2,50 Euro statt 2 Euro je Einwohner beantragen zu können? Wohl kaum – müssten sie doch befürchten, dass sie in Runde zwei deutlich schlechter abschneiden als in Runde eins, was ihren Erstattungssatz, der sich aus dem Durchschnitt beider Wahlergebnisse berechnet – $(20\,\% + 8\,\%) \times 0{,}5 = 14\,\%$ – und damit die Erstattungssumme insgesamt verschlechtern würde.

Das Land bezahlt

Und wer soll den Zuschuss aufbringen? Das Land Baden-Württemberg. Weil das Land insgesamt von erstklassig geführten Kommunalverwaltungen profitiert. Würde man die Kosten der jeweiligen Kommune aufbrummen, deren Rathauschef zur Wahl steht, würden attraktive Städte und Gemeinden oder solche, die sich aktiv um mehrere gute Bewerber bemühen, bestraft werden: Tritt höchstens ein wählbarer Bewerber an, müssen am Ende maximal 2 Euro pro Einwohner an einen einsamen Sieger erstattet werden. Treten dagegen mehr Bewerber an, könnte sich die Erstattungssumme fast verdoppeln, falls jemand auf Anhieb denkbar knapp mit 50,1 Prozent gewinnt, oder sich um ein weiteres Viertel verteuern, wenn es in eine zweite Runde geht.

Wenn pro Einwohner maximal 4 Euro (sollte eine Bürgermeisterwahl sofort entschieden werden) beziehungsweise 5 Euro (bei Verlängerung) an Kostenerstattungsansprüchen entstehen können, dann müsste das Land Baden-Württemberg bei derzeit 10,83 Millionen Einwohnern* in acht Jahren allerhöchstens 43,3 (54,15) Millionen Euro Wahlkampfkosten erstatten. Dafür müssten sich dann aber fortan bei jeder Wahl mehrere Topbewerber ein Kopf-an-Kopf-Rennen liefern, so eng, dass kein Wahlsieger jemals mehr als 50,1 Prozent der abgegebenen Stimmen einfährt und umgekehrt kein zugelassener Kandidat unter 10 Prozent landet. Das ist äußerst unwahrscheinlich.

Nehmen wir stattdessen einmal an, dass durchschnittlich zwei von drei Wahlen im ersten Rutsch entschieden werden – die eine 60:20:15:5, die andere 70:30 – und die dritte Wahl wegen einer Stimmverteilung von zunächst 40:30:20 in die Verlängerung geht, die dann 60:40 endet. Wir setzen voraus, dass ab sofort alle Kandidaten in sämtlichen Wahlen den jeweils maximal erstattungsfähigen Kostenrahmen ausreizen. Dass also jeder Kandidat, egal wo er antritt, mindestens 2 Euro (ein Durchgang) beziehungsweise 2,50 Euro (zwei Wahlgänge) einsetzt. Weil dem noch lange nicht so ist, dürfen wir umgekehrt getrost vernachlässigen, dass Chefsessel in Rathäusern vereinzelt bereits nach weniger als acht Jahren frei werden (weil Amtsinhaber frühzeitig verzichten, frühzeitig andernorts gewählt werden oder sterben).

---

* Stand: 3. Quartal 2012, Quelle: Statisches Landesamt.

Knapp 2 Millionen Euro p. a.

Würde unser – konservativ kalkuliertes – Szenario tatsächlich eintreten, müsste das Land Baden-Württemberg alle acht Jahre bis zu 20,9 Millionen Euro an Wahlkampfkosten berappen. Pro Jahr würden sich diese Zuschüsse auf 2,6 Millionen Euro summieren. Weil aber jeder Euro, der als Wahlkampfkostenzuschuss an Bürgermeisterkandidaten zurückfließt, zugleich deren Werbungskosten reduziert, hätten bezuschusste Bewerber dafür mehr Einkommensteuer zu entrichten. Wenn wir also, wiederum vorsichtig kalkuliert, allen Bürgermeistern, darunter viele amtierende Rathauschefs, die nicht so schlecht verdienen, eine mittlere Steuerprogression von 25 Prozent unterstellen, dann reduziert sich die Erstattungssumme für die öffentliche Hand von 2,6 Millionen Euro per annum um ein Viertel auf 1,95 Millionen Euro.

Ob die Aussicht darauf, dass im Musterländle nicht länger gute Bürgermeister und Oberbürgermeister aus Wahlkampfkostengründen kneifen, dem baden-württembergischen Steuerzahler wohl 18 Cent[*] jährlich wert wäre? Sechs Musterrechnungen sollen die Auswirkungen einer Wahlkampfkostenerstattung durch öffentliche Zuschüsse beispielhaft illustrieren.

Rechenbeispiel 1

Kandidat 1 gewinnt die Oberbürgermeisterwahl in Bruchsal mit 43.000 Einwohnern im ersten Wahlgang mit 60 Prozent, seine Kampagne kostete 56.000 Euro.

Kandidat 1	*bisher*	*bei Kostenerstattung*
Einwohnerzahl	43.000 Ew	43.000 Ew
Anzahl Wahlgänge	1	1
Stimmenanteil 1. Wahlgang	60,0 %	60,0 %
Stimmenanteil 2. Wahlgang	–	–
Abschneiden im Mittel	–	–
nachweisliche Kampagnenkosten	**€ 56.000,00**	**€ 56.000,00**
Kosten pro Einwohner	€ 1,30	€ 1,30
erstattungsrelevante Ausgaben	–	**€ 56.000,00**
Erstattungssatz	–	**50 %**
Kostenerstattung (Landeszuschuss)	–	**– € 28.000,00**

---

[*] 1,95 Mio. Euro dividiert durch 10,75 Mio. Einwohner; Einwohner = durchschnittlicher Steuerzahler.

Werbungskosten vor Steuern	€ 56.000,00	€ 28.000,00
Einkommensteuersatz	30 %	30 %
Einkommensteuerminderung	− € 16.800,00	− € 8.400,00
effektive Kampagnenkosten	**€ 39.200,00**	**€ 19.600,00**

Rechenbeispiel 2

Kandidat 2 verliert eine Bürgermeisterwahl in Isny, 14.500 Einwohner, mit 48 (35) Prozent und gab dafür 21.000 Euro aus.

Kandidat 2	*bisher*	*bei Kostenerstattung*
Einwohnerzahl	14.500 Ew	14.500 Ew
Anzahl Wahlgänge	2	2
Stimmenanteil 1. Wahlgang	35,0 %	35,0 %
Stimmenanteil 2. Wahlgang	48,0 %	48,0 %
Abschneiden im Mittel	41,5 %	41,5 %
nachweisliche Kampagnenkosten	**€ 21.000,00**	**€ 21.000,00**
Kosten pro Einwohner	€ 1,45	€ 1,45
erstattungsrelevante Ausgaben	–	**€ 21.000,00**
Erstattungssatz	–	41,5 %
Kostenerstattung (Landeszuschuss)	–	− € 8.715,00
Werbungskosten vor Steuern	€ 21.000,00	€ 12.285,00
Einkommensteuersatz	26 %	26 %
Einkommensteuerminderung	− € 5.460,00	− € 3.194,10
effektive Kampagnenkosten	**€ 15.540,00**	**€ 9.090,90**

Rechenbeispiel 3

Kandidat 3 verteidigt in der 4.200-Seelen-Gemeinde Empfingen sein Bürgermeisteramt ohne namhafte Konkurrenz, setzt 2.600 Euro ein und erntet sofort 96 % aller abgegebenen Stimmen.

Kandidat 3	*bisher*	*bei Kostenerstattung*
Einwohnerzahl	4.200 Ew	4.200 Ew
Anzahl Wahlgänge	1	1
Stimmenanteil 1. Wahlgang	96,0 %	96,0 %
Stimmenanteil 2. Wahlgang	–	–
Abschneiden im Mittel	–	–
nachweisliche Kampagnenkosten	**€ 2.600,00**	**€ 2.600,00**
Kosten pro Einwohner	€ 0,62	€ 0,62
erstattungsrelevante Ausgaben	–	**€ 2.600,00**

Wahlkampfkostenerstattung auch für Bürgermeisterkandidaten?

Erstattungssatz	–	50 %
Kostenerstattung (Landeszuschuss)	–	– € 1.300,00
Werbungskosten vor Steuern	€ 2.600,00	€ 1.300,00
Einkommensteuersatz	28 %	28 %
Einkommensteuerminderung	– € 728,00	– € 364,00
effektive Kampagnenkosten	**€ 1.872,00**	**€ 936,00**

Rechenbeispiel 4

Kandidat 4, ein wohlhabender Privatier, verirrt sich in die Stuttgarter OB-Wahl (580.000 Einwohner), verpulvert dafür 81.000 Euro und erntet magere 2,5 (4,3) Prozent.

Kandidat 4	bisher	bei Kostenerstattung
Einwohnerzahl	580.000 Ew	580.000 Ew
Anzahl Wahlgänge	2	2
Stimmenanteil 1. Wahlgang	4,3 %	4,3 %
Stimmenanteil 2. Wahlgang	2,5 %	2,5 %
Abschneiden im Mittel	3,4 %	3,4 %
nachweisliche Kampagnenkosten	**€ 81.000,00**	**€ 81.000,00**
Kosten pro Einwohner	€ 0,14	€ 0,14
erstattungsrelevante Ausgaben	–	**€ 81.000,00**
Erstattungssatz	–	0 %
Kostenerstattung (Landeszuschuss)	–	– € 0,00
Werbungskosten vor Steuern	€ 81.000,00	€ 81.000,00
Einkommensteuersatz	41 %	41 %
Einkommensteuerminderung	– € 33.210,00	– € 33.210,00
effektive Kampagnenkosten	**€ 47.790,00**	**€ 47.790,00**

Rechenbeispiel 5

Obwohl Kandidat 5 sage und schreibe eine Viertelmillion Euro ausgibt, die ihm ein örtliches Unternehmen zusteckt, bleibt er bei der Emmendinger OB-Wahl mit 33 Prozent auf der Strecke und muss zusehen, wie ein Mitbewerber die Mehrheit der 26.500 Bürger auf Anhieb für sich gewinnt.

Kandidat 5	bisher	bei Kostenerstattung
Einwohnerzahl	26.500 Ew	26.500 Ew
Anzahl Wahlgänge	1	1
Stimmenanteil 1. Wahlgang	33,0 %	33,0 %
Stimmenanteil 2. Wahlgang	–	–

Abschneiden im Mittel	–	–
nachweisliche Kampagnenkosten	€ 250.000,00	€ 250.000,00
Kosten pro Einwohner	€ 9,43	€ 9,43
erstattungsrelevante Ausgaben	–	€ 53.000,00
Erstattungssatz	–	33 %
Kostenerstattung (Landeszuschuss)	–	– € 17.490,00
Werbungskosten vor Steuern	€ 250.000,00	€ 232.510,00
Einkommensteuersatz	24 %	24 %
Einkommensteuerminderung	– € 60.000,00	– € 55.902,40
effektive Kampagnenkosten	€ 190.000,00	€ 176.707,60

(Dass Kandidat 5 zuvor die Spende als Einkommen versteuern müsste, sei hier der Vereinfachung halber vernachlässigt.)

Rechenbeispiel 6

Eine flammende, eigenhändig verfasste Rede bei der Kandidatenvorstellung und 45 Euro Spritgeld – mehr braucht Kandidat 6 nicht, um Bürgermeister von Unterreichenbach zu werden, dessen 2.200 Einwohner sogleich zu 70 Prozent für ihn votieren.

Kandidat 6	*bisher*	*bei Kostenerstattung*
Einwohnerzahl	2.200 Ew	2.200 Ew
Anzahl Wahlgänge	1	1
Stimmenanteil 1. Wahlgang	70,0 %	70,0 %
Stimmenanteil 2. Wahlgang	–	–
Abschneiden im Mittel	–	–
nachweisliche Kampagnenkosten	€ 45,00	€ 45,00
Kosten pro Einwohner	€ 0,02	€ 0,02
erstattungsrelevante Ausgaben	–	€ 45,00
Erstattungssatz	–	50 %
Kostenerstattung (Landeszuschuss)	–	– € 22,50
Werbungskosten vor Steuern	€ 45,00	€ 22,50
Einkommensteuersatz	30 %	30 %
Einkommensteuerminderung	– € 13,50	– € 6,75
effektive Kampagnenkosten	€ 31,50	€ 15,75

Wahlkampfkostenerstattung auch für Bürgermeisterkandidaten?

Wozu Landräte direkt wählen?

Ich halte nichts davon, wenn baden-württembergische Landräte künftig ähnlich wie in Bayern vom Volk direkt gewählt werden sollen. Wie oder womit soll sich ein Landrat, großteils mit dem Leiten einer Staatsbehörde beschäftigt, bitteschön nach einem regionalen Wählerwillen richten können? Barbara Bosch argumentiert im Interview überzeugend dagegen.

Ich kann mir schwer vorstellen, dass sich die Bürger plötzlich mit ihrem Landrat identifizieren, nur weil sie ihn wählen sollen. Wenn bisher vermutlich zwei von drei Bürgern den Chef ihrer Landkreisverwaltung noch nicht einmal beim Namen kennen, steht zu befürchten, dass sie einer Landratsdirektwahl fernbleiben würden. Dann allerdings bekäme jeder Kreis"fürst" ein handfestes Legitimationsproblem. Auch würden plebiszitäre Landratswahlen den parteipolitischen Einflüssen auf die Kreisverwaltungsspitzen Vorschub leisten – die Bevölkerung sähe das nicht gern. Das Wesensprofil der Landräte würde sich nachteilhaft verändern. Der Mut zu nötigen, aber unpopulären Entscheidungen, in heutigen Zeiten wichtiger denn je, würde stark nachlassen.

Die Rechnung ohne den Wirt gemacht

Der widersinnigste Vorschlag, der in diesem Zusammenhang kursiert, ist folgender: Man könnte ja, um eine höhere Wahlbeteiligung zu erzielen, die Landratsdirektwahl an Bürgermeisterwahlen koppeln, am besten kreisweit oder sogar landesweit. Bloß nicht! Wer immer diese Rechnung aufmachte, er hat sie komplett ohne den Wirt gemacht, genauer: ohne unsere Diplom-Verwaltungswirte, welche die überwiegende Mehrheit der baden-württembergischen Rathauschefs stellen. Der gefährliche Vorschlag geht auch an den berechtigten Eigeninteressen oder Bedürfnissen aller übrigen Gemeinde- und Stadtoberhäupter vorbei. Würde man Bürgermeisterwahlen, die sich bisher gleichmäßig räumlich und zeitlich verteilen, auf wenige Superwahltage konzentrieren, würde sich die ohnehin schon bedenkliche Bewerberflaute dramatisch verschlimmern!

Wer flügge ist, muss nicht lange warten

Bisher werden binnen acht Jahren, während der Dauer einer Amtsperiode, die landesweit derzeit (noch) 1.101 Bürgermeisterstellen mehr oder weniger kontinuierlich ausgeschrieben und besetzt. Das ist gut so. Durchschnittlich wird jeden Sonntag in drei Kommunen gewählt. Irgendwo herrscht immer akuter Bedarf an interessierten Anwärtern auf den Chefsessel einer

Stadt- oder Gemeindeverwaltung. Gerade dank dieser gleichmäßigen zeitlichen Verteilung der Wahltermine müssen Interessenten, sobald sie sich berufen fühlen, nicht lange warten, bis ein Ort sie einlädt, ihren Berufswunsch Bürgermeister zu verwirklichen. Wer reif und flügge ist, muss nicht lange auf Inserate im Staatsanzeiger warten, die ihn zur Bewerbung auffordern.

Würden sich dagegen die Bürgermeisterwahlen an einigen wenigen Terminen häufen, gingen den zeitgleich ausschreibenden Kommunen ganz schnell die ernsthaft wählbaren Kandidaten aus! Viel mehr Städte und Gemeinden als jetzt schon müssten notgedrungen mit zweit- oder drittklassigen Personalvorschlägen vorliebnehmen, weil nicht genügend Topleute zeitgleich verfügbar sind. Will man das? Würde an einem Tag an zu vielen Orten gleichzeitig gewählt, wären auch geübte Wahlhelfer von meiner Sorte Mangelware, so wie das bereits der Fall ist, wenn ganz Baden-Württemberg synchron seine Ortschafts-, Gemeinde- und Kreisräte bestimmt.

Wenn 13 von 51 Kommunen in der Ortenau anno 2001, anno 2009, anno 2017 ihre Bürgermeister wählen, die meisten im September/Oktober, dann sind dort gute Kandidaten spärlicher gestreut als sonst. Gleiches lässt sich im Bodenseekreis beobachten, wo 10 von 23 Städten und Gemeinden dem genau gleichen Zyklus unterliegen. Im Kreis Göppingen standen/stehen 15 von 38 Rathauschefs in den Jahren 2002, 2010, 2018 zur Disposition, was deren Bewerberfelder ähnlich ausdünnt. Wie eng würde es da erst werden, wenn komplette Landkreise oder Regierungsbezirke an ein und demselben Tag ihre Bürgermeister wählen?

Rathauschefs würden auf ihren Sesseln kleben

Die jetzt schon übersichtlichen Wahlzettel würden sich noch weiter lichten. Das wäre nicht im Sinne der Erfinder. Eine weitere negative Auswirkung wäre: Amtsinhaber würden viel länger auf ihren einmal erklommenen Chefsesseln auszuharren versuchen. Eine flächendeckende Synchronisierung von Bürgermeisterwahlen würde ihnen die Gelegenheiten und den Mut nehmen, sich wegzubewerben.

Wenn einen Dorfschultes nach zehn erfolgreichen Amtsjahren der OB-Posten in der Nachbarstadt reizt, wird er es dennoch kaum wagen, dort anzutreten, falls beide Kommunen am gleichen Sonntag wählen. Er kann sich ja nicht absichern, indem er sich parallel bewirbt. Würde er alles auf die Karte Oberbürgermeister setzen, aber verlieren, hätte sein jetziger Arbeitgeber unterdessen seinen Nachfolger gewählt. Die Folge wäre: Unser verdienter Dorfbürgermeister wäre arbeitslos und müsste, würden alle Kommunen parallel wählen, acht Jahre auf den nächsten Urnengang warten! Weil das sowieso schon beträchtliche Abwahlrisiko für Bürgermeister sich noch verschärfen würde, wenn sich nach einem Rauswurf aus einem Rathaus keine zweite Chance mehr bietet, da danach acht Jahre lang ringsum keine Wahl stattfindet, würden sich noch sehr viel mehr qualifizierte Zeitgenossen tunlichst davor scheuen, das Wagnis eines befristeten Wahlamtes überhaupt einzugehen. Deshalb: Finger weg von der Synchronisierung von Bürgermeisterwahlen, auch nicht zugunsten eines mutmaßlichen Rohrkrepierers Landratsdirektwahl! Es würde die starken Schultern des Südwestens massiv schwächen. Das kann niemand wollen.

Kostspielige Direktwahl

Eigentlich müsste ich hellauf begeistert sein. Welch lukrative Aufträge winken mir und meinesgleichen, wenn Landratskandidaten künftig kreisweite, gar kostspielige Kampagnen nötig hätten, um die Gunst Hunderttausender Wähler zu gewinnen! Aber genau diese immensen Kosten sind der Kern des Problems.

Wenn schon die meisten OB-Kandidaten in Städten ab 30.000 Einwohnern allergrößte Mühe haben, ihre Kampagnen aus eigener finanzieller Kraft zu stemmen – wie soll es dann in ganzen Landkreisen funktionieren, die zehnmal mehr* Einwohner zählen? Man bedenke auch die räumliche Ausdehnung der Kreise: Es ist wesentlich aufwändiger, eine Raumschaft mit 500 oder 1.000 oder noch mehr** Quadratkilometern flächendeckend zu beackern als eine dicht besiedelte Stadt. Landtags- und Bundestagskandidaten in ländlichen Wahlkreisen wissen ein Lied zu singen von diesen schier endlosen Weiten. Dabei verfügen Parteikandidaten über etliche mitdenkende Köpfe und helfende Hände, um die logistische Herausforderung (Plakatieren, Haushaltsverteilungen, Veranstaltungen, öffentliche Auftritte

---

* Böblingen 372.334 Einwohner, Esslingen 517.205, Heilbronn 328.731, Karlsruhe 432.977, Ludwigsburg 521.014, Ortenau 417.875, Ostalb 310.365, Rems-Murr 415.719, Rhein-Neckar 539.132 (Stand Dezember 2012, Quelle: Statistisches Landesamt).

** Alb-Donau 1.358 km², Biberach 1.409 km², Breisgau-Hochschwarzwald 1.378 km², Heilbronn 1.100 km², Karlsruhe 1.085 km², Main-Tauber 1.304 km², Neckar-Odenwald 1.126 km², Ortenau 1.850 km², Ostalb 1.511 km², Ravensburg 1.631 km², Reutlingen 1.094 km², Rhein-Neckar 1.061 km², Schwäbisch-Hall 1.484 km², Schwarzwald-Baar 1.025 km², Sigmaringen 1.204 km², Waldshut 1.131 km², Stand 2010 (Stand Dezember 2012, Quelle: Statistisches Landesamt).

organisieren, Pressearbeit, Informationsbesuche in Betrieben und Einrichtungen ...) zu bewältigen.

Und Landratskandidaten? Wer steht *ihnen* zur Seite? Die Bürger wünschen sich von jenen, denen sie ihre wichtigsten Wahlämter anvertrauen, ganz besonders eines: Unabhängigkeit. Bürgermeister, Oberbürgermeister und Landräte sollen vor allem unabhängig sein. Unabhängig von politischen Parteien, aber auch unabhängig von Unternehme(r)n und anderen Personen oder Körperschaften mit Geld. Um diese Unabhängigkeit aber wäre es allerspätestens, wenn Landräte direkt vom Volk zu wählen sind, geschehen.

Landratskandidat powered by Mercedes-Benz?

Wenn sich wenigstens zwei ernsthafte Anwärter um die (sehr befristete) Stelle des Böblinger Landrates bewerben sollen, dann kostet der Spaß eine Million Euro. Man kann sich an zwei Fingern ausrechnen, wer im Landkreis dann noch willens und in der Lage wäre, die Kandidaten mit so viel Geld auszustatten! Und was diese Sponsoren als Gegenleistung erwarten. Leuchtet dann vielleicht ein Stern über der Kreisverwaltung in der Parkstraße 16 in Böblingen bald besonders hell? Und der Ludwigsburger Landrat wird von Porsche oder Bosch präsentiert?

Die Direktwahl von Landräten ist entschieden abzulehnen – weil die Zwangsläufigkeit, dass dann kein Kandidat eine gute Kampagne selbst finanzieren könnte, zu Abhängigkeiten führen muss, die kein Demokrat gutheißen kann. Sollte Baden-Württemberg seine Landräte tatsächlich direkt wählen lassen, dann allerdings führt an der öffentlichen Bezuschussung von Landrats- und Bürgermeisterkampagnen allein schon aus Gründen der politischen Hygiene so gar kein Weg mehr vorbei.

Dr. Wolfgang G. Müller, geboren 1951 in Bruchsal, wurde 1997 zum Oberbürgermeister der Stadt Lahr gewählt und im Herbst 2005 im Amt bestätigt. Zuvor war er Referent in der Grundsatz- und Internationalen Abteilung im Bundesministerium für Wirtschaft in Bonn. Nach seinem Studium und der Promotion in Heidelberg und Konstanz arbeitete der Diplom-Verwaltungswissenschaftler beim Institut für Südwestdeutsche Wirtschaftsforschung in Stuttgart und als Dozent an der Fachhochschule des Bundes für Öffentliche Verwaltung. Internationale Erfahrung sammelte er als Wirtschaftsattaché an der Deutschen Botschaft in Brasília, als Ausschussvorsitzender bei der Wirtschaftskommission für Europa, der Vereinten Nationen (ECE/UN) in Genf und als Berater der GIZ (Gesellschaft für Internationale Zusammenarbeit). Müller ist Kreisrat (SPD) für den Ortenaukreis, Vorsitzender der Wirtschaftsregion Offenburg/Ortenau und des Zweckverbandes Industrie und Gewerbepark Raum Lahr, Stiftungsratsvorsitzender des Hospital- und Armenfonds, Verwaltungsratsmitglied und Trägerabgeordneter der Sparkasse Offenburg/Ortenau, Vorsitzender des grenzüberschreitenden Zweckverbands Vis-à-Vis, Vorstandsmitglied des Eurodistrikt Strasbourg/Ortenau. Im Ehrenamt ist Müller Vizepräsident der Deutsch-Brasilianischen Gesellschaft (DBG).

Interview mit Dr. Wolfgang G. Müller und Thomas Sprißler

„Du musst raus auf den Marktplatz"

Viele Kommunalpolitiker wechseln nach Stuttgart oder Berlin – der Lahrer OB ging den umgekehrten Karriereweg. Wäre nicht der Zölibat, könnte ihn auch eine Tätigkeit als Pfarrer reizen. Herrenbergs Stadtoberhaupt singt das Hohelied auf die Bürgerbeteiligung besonders laut und erfährt beim Bäcker, ob die Chemie zwischen ihm und der Bevölkerung stimmt. Beide Kommunalpolitiker finden: Wahlen gewinnt man mit Authentizität.

Stimmt Sie der Stuttgarter Regierungswechsel eher skeptisch oder eher hoffnungsfroh?

Dr. Wolfgang G. Müller: Die CDU hat sich auf der einen Seite als stärkste politische Kraft in diesem Land mit 39,1 Prozent behauptet. Das belegt ihre gute Vernetzung im Land, gerade auch im vorpolitischen Raum. Aber Fakt ist, dass die CDU bei den Wählern in Baden-Württemberg nicht mehr die Mehrheit hat. Als SPD-Mitglied habe ich mich natürlich über dieses Wahlergebnis gefreut und ich bin auch sehr optimistisch, was die Regierungskunst dieser Koalition angeht. Zum einen, weil beide Parteien über die Personen und die Programme verfügen, um das Land fünf Jahre und mehr zu regieren. Zum anderen glaube ich, dass es richtig und notwendig war, dass wir diese Konstellation jetzt bei uns in Baden-Württemberg bekommen haben.

War die alte Regierung verbraucht?

Müller: Bei den Vertretern der alten Regierung – Minister, Staatssekretäre, bis hin zum Ministerpräsidenten – hatte doch ein sehr hohes Maß an Selbstsicherheit geherrscht, dass dieses Land halt CDU-Land sei. So möchte ich das mal euphemistisch beschreiben. Deren Personaldecke hat gezeigt, dass 58 Jahre Regierungszeit nicht spurlos an der CDU vorbeigegangen sind. Obwohl es bisher ein großer Wettbewerbsvorteil war, als politischer Mensch bei der CDU zu sein, insbesondere, wenn man ein Mandat erringen oder Oberbürgermeister werden möchte, hatte das in den letzten

Thomas Sprißler, geboren 1966 in Sigmaringen, geschieden, drei Kinder, ist parteilos und katholisch. Nach seiner verwaltungspraktischen Ausbildung bei der Stadt Hettingen (Kreis Sigmaringen) und dem Studium an der Fachhochschule für öffentliche Verwaltung und Finanzen in Ludwigsburg fand er 1990 eine Anstellung als Kämmerer in Mötzingen (Kreis Böblingen). Vier Jahre später wählte ihn die Gäugemeinde zum Bürgermeister und bestätigte ihn 2002 im Amt. Im Dezember 2007 bewarb sich Sprißler im benachbarten Herrenberg erfolgreich als Oberbürgermeister. Seit 1999 gehört er dem Böblinger Kreistag (Fraktion Freie Wähler) an, seit 2009 zudem dem Regionalparlament der Region Stuttgart.

Jahren doch deutlich nachgelassen. Und der dritte Punkt, vielleicht der wichtigste: Gewisse Themenstellungen verlangen auch mal eine andere Perspektive und Vorgehensweise als die einer permanent CDU-geführten Landesregierung.

Herr Sprißler, hatte die schwarz-gelbe Landesregierung abgehoben, nach soundsovielen Jahren?

Thomas Sprißler: Ich glaube nicht, dass sie abgehoben hat. Aber es kamen viele Umstände zusammen. Nun können wir alle gespannt sein, ob durch den Wechsel in den einen oder anderen Punkt Bewegung reinkommt, gerade was die kommunale Seite anbelangt, wo sicher Handlungsbedarf besteht.

Hatte die alte Landesregierung die Kommunen vernachlässigt?

Sprißler: Das kann ich nicht generell beklagen. Aber es gibt Einzelpunkte, wo wir Kommunen mit Bund und Land nicht zufrieden sein können. So herrscht unter dem Aspekt der Konnexität ein gewisses Missverhältnis. Da fehlen auch gewisse Mechanismen sowie die Überprüfung aller Regelungen, Gesetze und Verordnungen daraufhin, welche Folgekosten die jeweiligen Regelungen oder Gesetze auf kommunaler Seite aufwerfen. Da sollte sich etwas ändern.

Müller: Zunächst muss man sagen, dass Politik in der Bundesrepublik insgesamt sehr kommunalorientiert läuft. Wir Kommunen haben sehr häufig die Landtags- und die Bundestagsabgeordneten bei uns, Landes- und Bundesminister besuchen uns. Bei uns in der Ortenau, in der Nähe von Straßburg, bekommt man mitunter sogar Europapolitiker her. Eine ganze Reihe von Politikern war ja früher selber Kommunalpolitiker, war selber Bürgermeister: Erwin Teufel, Willi Stächele. Das ist sozusagen Beleg auch dafür, dass man schon weiß, wo sich das gesellschaftliche und politische Leben abspielt, nämlich in den Kommunen. Aber bei Themen wie Kinderbetreuung oder Schulsozialarbeit sitzen Bund und Land oben und die Kommunen eben unten. Zuerst bringt der Bund, dann bringen die Länder ihre Schäfchen ins Trockene, nur die Kommunen haben da weniger Möglichkeiten, Dinge zu verlagern. Unsere Steuerkompetenzen sind doch sehr limitiert. Nehmen Sie den Amoklauf von Winnenden. Natürlich ist es nachvollziehbar, wenn das Land dann sagt: Wir brauchen eine bessere Waffenkontrolle. Aber wer bitte macht die Kontrolle? Das örtliche Rathaus bzw. die dortigen Mitarbeiter. Nur dass das Herrn Sprißler und mir keiner bezahlt.

Dr. Wolfgang G. Müller und Thomas Sprißler

*Die Kommunen werden nicht rechtzeitig gefragt,
wenn Gesetze gemacht werden?*

Sprißler: In Teilen ja. Es gibt die Anhörung. Immer dringen wir jedoch nicht durch.

Wie zufrieden sind Sie mit ihren kommunalen Spitzenverbänden?

Sprißler: Meines Erachtens werden sie ihren Aufgaben gerecht. Da gibt es ja zwei Stoßrichtungen, die interne und die externe. Intern heißt: Gemeindetag, Städtetag und Landkreistag beraten und informieren ihre Mitglieder, und da glaube ich, sowohl Gemeinde- als auch Städtetag machen ihre Arbeit sehr gut. Bei der externen Vertretung unserer Anliegen auf höherer Ebene leisten beide Verbände ebenfalls eine gute Arbeit. Nur ist es nicht ganz so einfach, immer auch 100 Prozent Zielerreichung zu erlangen. Das wäre wahrscheinlich der falsche Anspruch.

Müller: Auch ich fühle mich mit Informationen und Beratung gut bedient. Auch wenn man eine konkrete Frage hat, kann man sich dorthin wenden.

Und die politische Interessenvertretung?

Müller: Man kann ja nicht sagen, dass wir in der Vergangenheit Städtetagspräsidenten hatten, die kein Gewicht mitgebracht haben. Ivo Gönner oder vorher Bernd Doll, das sind ja gestandene Kommunalpolitiker, und dies gilt auch für Frau Bosch! Trotzdem ist es vom Ergebnis her für uns eher suboptimal gelaufen. Das bedeutet: Selbst Persönlichkeiten wie einem Ivo Gönner ist es nicht gelungen, einer Landesregierung den finanziellen Anteil abzuringen, den die Kommunen tatsächlich bräuchten. Gönner wusste das. Doll wusste das. Da sitzt dann eben auf der einen Seite der Städtetag mit seinen Repräsentanten und auf der anderen Seite der Ministerpräsident mit der Macht und dem Beharrungsvermögen der Landesregierung.

*Verstehe ich Sie richtig? Sie attestieren Herrn Gönner,
dass er seine Arbeit richtig gemacht hat, dennoch gingen
die Interessen der Kommunen teilweise unter?*

Müller: Ja.

Haben wir dann einen Systemfehler?

Müller: Wenn es selbst solch alten Hasen mit einem hohen persönlichen und politischen Gewicht, ergänzt durch eine gute Verwaltung, nicht gelingt, die kommunale Seite zufriedenzustellen, dann muss ich konstatieren, dass da ein verfassungsmäßiges Ungleichgewicht herrscht.

Muss man das zähneknirschend hinnehmen oder kann man es ändern?

Müller: Vielleicht vergessen Landes-, Bundes- oder Europapolitiker, deren politische Wiege auf kommunaler Ebene stand, allzu schnell, wo sie herkamen. Viele unserer Abgeordneten waren Bürgermeister, waren oder sind Gemeinde- oder Kreisräte. Das muss man ins Spiel bringen!

Ihre Karriere, Herr Dr. Müller, verlief andersherum. Sie arbeiteten im Bundeswirtschaftsministerium, ehe Lahr Sie 1997 zum Oberbürgermeister wählte. Sind die Kommunen aus Sicht des Bundeswirtschaftsministeriums sehr weit weg?

Müller: Ja. Wie ich es seinerzeit als junger Regierungsrat und später Regierungsdirektor erlebt habe, ist die kommunale Ebene ein ganzes Stück weg.

Gilt der berufliche Wechsel von einem Bundesministerium ins Rathaus einer Großen Kreisstadt als Aufstieg oder als Abstieg?

Müller: Unterschiedlich. Manche werden sagen, der ist in die Provinz abgetaucht, viele andere werden sagen: Im Ministerium leistet man seine Beiträge, aber die wenigsten stehen ganz vorne, nicht jeder ist Minister, Staatssekretär. Die allermeisten arbeiten als Ideengeber zu. Die Mehrzahl meiner ehemaligen Kollegen weiß, als OB steht man selber an der Spitze, ist Ideengeber und Umsetzer zugleich. Man steht in der politischen Verantwortung und repräsentiert das nach außen. Ich habe diesen Schritt noch keine Minute bedauert.

Wer ist wirksamer – ein Bundesminister oder ein Oberbürgermeister?

Müller: Es kommt auf die Themen an. Wir als Kommunale lassen uns bestimmt nicht übertreffen, wenn's drum geht, konkret auftretende Sachverhalte in einer kommunalen Problemlage sehr schnell, problemadäquat, bürgernah und überzeugend zu lösen. Das kann ein Minister in dieser Form nicht. Er hat ganz andere Probleme, die sich nicht so einfach „regeln" lassen. Der Abstimmungsbedarf ist ein ganz anderer, die politischen Komplikationen sind andere. Ein falsches Wort eines Wirtschafts- oder Finanzministers auf Bundesebene hat eine ganz andere Konsequenz, als wenn Herr Sprißler oder ich bei der regionalen Wirtschaftsförderungsgesellschaft eine politische Aussage machen.

Oberbürgermeister können ungestraft Mist rausreden?

Müller: Nein, das nicht. Die Leute registrieren das ja auch. Nur bringen wir dadurch keine Aktienmärkte durcheinander.

Es gibt Rathauschefs, die sagen: Wenn wir in den Parlamenten durch unsere Vertretungen nicht hinreichend Gehör finden, dann gründen wir eine Partei der Kommunen oder eine Partei der Bürgermeister und lassen uns selber in die Parlamente wählen. Ist das realistisch?

Sprißler: Um eine Partei zu gründen, bedarf es relativ wenig. Die Stimmzettel der letzten Wahlen waren schon recht lang. Ich würde einer Partei, die sich im Wesentlichen kommunalen Zielen verpflichtet, gewisse Chancen einräumen. Aber es genügt nicht, auf Landesebene nur mit kommunalen Themen anzutreten. Wenn ich landes- oder bundespolitisch aktiv sein will, muss ich die gesamte Klaviatur spielen. Deshalb halte ich das nicht für den richtigen Ansatz und warne davor.

Müller: Denen, die das versuchen würden, kann ich nur hohe Frustrationstoleranz wünschen beim Betrachten des ersten Wahlergebnisses. Das greift einfach zu kurz. Zwar wissen die Wählerinnen und Wähler, dass die Kommune im Wesentlichen für die Daseinsvorsorge verantwortlich ist, aber sie wollen auch Politiker, die das große Ganze verfolgen. Auch das ist das Wesen von Politik und übrigens auch von Parteien, dass die Transmissionsriemen zwischen Kommune, Land und Bund stimmen. Wir wollen ja auch, dass politische Erkenntnisse und Einflüsse dann von den Kommunen bis nach oben getragen werden. Deswegen glaube ich nicht, dass es erfolgreich wäre. Was alle Parteien brauchen, ist eine gewisse kommunale Erdung – die haben sie. Fragen wir uns lieber, ob wir im Städtetag unseren Verantwortlichen immer genug Feedback geben. Ich habe nicht den Eindruck, dass wir denen, die für uns das Verhandlungsgeschäft führen, von unten kräftig den Rücken stärken, sondern sie oft auch einfach machen lassen.

Sprißler: Der wesentliche Teil der Arbeit, was die politische Vertretung anbelangt, läuft ja nicht in den Sprengeln, sondern in den Fachausschüssen. Gemeindetag und Städtetag haben Fachausschüsse, die sich um spezielle Themen kümmern. Dort wird intensiv diskutiert. Da bekommen die Spitzenvertreter auch ordentlich Input.

Herr Sprißler, Sie führen ganz ohne Parteibuch eine Stadt mit gut 30.000 Einwohnern. Hätten Sie es mit Parteibuch leichter?

Sprißler: Weder schwerer noch leichter. Eigentlich führen alle Kollegen, die ich kenne, ihr Bürgermeister- oder Oberbürgermeisteramt nicht parteipolitisch. Ich bin gewählt worden als Person Thomas Sprißler. Ob ich jetzt den Freien Wählern oder einer Partei angehöre, spielt nicht die Rolle. Die BMs und OBs wissen, dass sie ihr Amt für alle Bürger wahrnehmen müssen.

CDU-Kandidaten haben in der Vergangenheit immer mal wieder mit ihren vermeintlich kurzen Drähten zu den Fleischtöpfen in der Landesregierung geworben.

Sprißler: Diese CDU-Kandidaten hätten es dann zumindest in den nächsten Jahren schwerer. Es war bisher ein gern genutztes Argument. Man braucht gute Kontakte in die Landesregierung. Aber die Abgeordneten sind auch ihrem Wahlkreis und nicht nur ihrer Partei verpflichtet. Bürgermeister sollten über die persönliche Schiene die notwendigen Netzwerke knüpfen und in den Regierungspräsidien oder Ministerien die richtigen Sachargumente platzieren. Das fruchtet.

Herr Dr. Müller, Sie haben ein rotes Parteibuch. Wie lässt es sich da inmitten sozialdemokratischer Diaspora oberbürgermeistern?

Müller: Zunächst einmal wählen die Bürger einen Oberbürgermeister oder eine Oberbürgermeisterin aufgrund der Persönlichkeit, aufgrund klarer Aussagen. Die Wahlentscheidung hat prima vista nichts mit Partei zu tun. Wobei ein Kandidat, der in die jeweilige politische Präferenz fällt, es bei vielen Wählern sicherlich leichter hat. Das ist normal. Die Abgeordneten werden sicherlich mit jedem Bürgermeister, egal welcher Couleur, gut zusammenarbeiten, weil das ja dann auch gegenseitig Vorteile bringt. Auf den ersten Blick bestehen keine Unterschiede in der Behandlung von „oben". Wenn es Unterschiede gibt, dann spielen die sich subtiler ab. Zu diesem Komplex gibt es ein schönes Beispiel: Bei uns in Südbaden hat ein Bürgermeister angekündigt, der CDU beizutreten, weil er so bei der Landesregierung besser zu Zuschüssen käme. Die CDU hat ihn dann nicht aufgenommen, weil sie sozusagen dieser Denke nicht Vorschub leisten wollte. Ungeachtet dessen gibt es so was wie eine politische Familie, bei der SPD genauso wie bei der CDU, und ich kann mir nicht vorstellen, dass das in der Denke keine Rolle spielt.

Werden Bewerber durch ihr Parteibuch politisch berechenbarer?

Müller: Vielleicht auch. Ich bin ja aus Überzeugung Parteimitglied, weil es ganz wichtig ist, dass wir Politik aus einer ganzheitlichen Perspektive heraus machen – Kommunen, Land, Bund, international.

Haben Sie es als Bürgermeister schon bereut oder sich geärgert, das SPD-Parteibuch zu tragen?

Müller: Man ärgert sich über die eigene Partei wie über die anderen.

Ab 2016 dürfen Rathauschefs und Landräte nicht mehr dem Stuttgarter Landtag angehören. Was halten Sie davon?

Müller: Das ist in Ordnung. OB oder Bürgermeister ist kein Halbtagsjob. Ich kann mir nicht vorstellen, mein Geschäft für die Stadt Lahr halbtags zu machen und halbtags in Stuttgart zu sein. Ein Bürgermeister oder Oberbürgermeister ist in der eigenen Stadt gefragt und weniger in Stuttgart.

Aber droht die kommunale Sicht der Dinge im Landesparlament dadurch nicht verloren zu gehen?

Sprißler: Das könnte schon ein Punkt sein. Natürlich hat es dem Landtag in der Vergangenheit nicht geschadet, wenn kommunaler Sachverstand direkt eingeflossen ist. Aber wenn der Landtag zum Vollzeitparlament wird, können Abgeordnete eben nicht mehr gleichzeitig bürgermeistern.

Wenn diese direkte Einflussnahme nun wegfällt, muss Lobby-Arbeit dann auf anderem Wege intensiviert werden?

Sprißler: Da werden wir schauen müssen, dass wir es auf anderem Wege wieder egalisieren. Ja.

Sollten Rathauschefs weiter in Kreistage gewählt werden dürfen? Der Bürgermeister, der dann mit dem Landrat seinen eigenen Kontrolleur wählt – ist das problematisch?

Sprißler: Das sehe ich nicht so problematisch. Der Landkreis hat zwei unterschiedliche Funktionen: Die eine ist die staatliche Behörde und die andere ist der Bereich, wo der Kreistag wirkt. Staatliche Aufsicht ist nur der Landrat und nicht der Kreistag. Ich glaube, der Staatsgerichtshof hat auch bestätigt, dass die Bürgermeister im Kreistag ihren Sachverstand einbringen können. Große Kreisstädte betrifft das Thema Aufsicht sowieso nicht, und ansonsten ist diese Aufgabentrennung da.

Müller: Ganz praktisch und von der Produktivität her betrachtet, die das dem politischen und administrativen Prozess im Landkreis einbringt, birgt das „Bürgermeisterparlament" große Vorteile. Den Aspekt mit der Rechtsaufsicht gegenüber den Bürgermeistern muss man sehen, aber ich glaube, dass er insgesamt nicht nachteilig durchschlägt, aber insbesondere ausländischen Kommunalpolitikern ist diese Spezialität eher nicht zu vermitteln.

Sie sind beide Kreisräte?

Müller/Sprißler: Ja.

Bewähren sich die baden-württembergische Gemeindeordnung und die Süddeutsche Ratsverfassung?

Müller: Die bewähren sich so sehr, dass andere sie nachmachen. Gucken Sie NRW an, die das jetzt praktisch 1:1 kopiert haben. Und wenn man sieht, wie unsere Kommunen dastehen, bedarf es da auch keiner weiteren Überlegung, den Bürgermeister oder die Bürgermeisterin so stark zu machen. Der Erfolg, den wir hier haben, und die Tatsache, dass es kopiert wird, sind der beste Qualitätsbeweis.

Sprißler: Eindeutig, ja. Seit ein paar Jahren beobachte ich völlig andere Systeme in unseren Partnerstädten. Da können wir sehr froh sein, dass wir unsere Verfassung haben.

Raten Sie dennoch irgendwo zu Veränderungen?

Müller: Die Zeiten und die Gesellschaft ändern sich. Die Bevölkerung ist heterogener geworden. Die Erwartungen an die Kommunalpolitik und an die handelnden Personen verändern sich. Bürgerbeteiligung liegt im Trend. Die Frage der Öffentlichkeit oder Nichtöffentlichkeit beantwortet sich inzwischen vielleicht anders. Es gilt zu fragen, inwieweit die modernen Kommunikationstechniken – Internet, Facebook – stärker in den kommunalen Prozess einbezogen werden können. Letztere werden sich ihren Weg bahnen, aber von den Grundsätzen her sehe auch ich keinen Änderungsbedarf.

Ivo Gönner fragt, ob die Gemeinderäte in ihrer immer komplexer werdenden ehrenamtlichen Arbeit stärkere Unterstützung finden sollten, damit sie das als Feierabendpolitiker überhaupt noch sachdienlich bewältigen können.

Müller: Unbestritten könnten die Stadträte, die Fraktionen eine bessere Unterstützung gebrauchen. Das könnte vielleicht auch manche Diskussionen auf kommunaler Ebene etwas fruchtbarer und tiefer gestalten. Vielleicht kommt das auch so, wie es im Landtag und Bundestag gang und gäbe ist, dass die Fraktionen ihre Mitarbeiter haben. Ich möchte da aber zu großer Vorsicht raten, auf kommunaler Ebene analog zur Landes- und Bundespolitik durchgängig Apparate aufzubauen.

Sind die Bürgermeister von heute ihrer Aufgabe gewachsen?

Sprißler: Die Bürgermeister, die ihrem Amt offensichtlich nicht gewachsen sind, bewegen sich, glaube ich, im Promillebereich. Aber das findet sich in jeder Berufsgruppe.

Müller: Wenn Sie die geringe Zahl derjenigen ansehen, die aufgeben, und wenn Sie die letztlich immer noch hohe Wiederwahlquote ansehen, muss man sagen: Ja, Bürgermeister sind ihrer Aufgabe gewachsen. Sie wissen heute auch mehr als vielleicht in der Vergangenheit, dass man in diesem Amt nicht automatisch wächst, sondern dass man für das Wachsen im Amt selber etwas tun muss! Dass man am Ball bleibt, dass man sich über die wichtigsten Themen informiert, informieren lässt.

Die Zahl der Bewerber lässt nach?

Sprißler: Ich habe keine Statistik geführt. Ich kann nur immer wieder Berichte darüber lesen. Im Vergleich zu vor 20 Jahren bin ich der Überzeugung: Ja, es werden weniger.

Der Anspruch der Bevölkerung, mitreden zu dürfen, steigt.

Sprißler: Ja, aber ich finde Bürgerbeteiligung spannend. Die Bevölkerung sollte bei kommunalen Themen mitgenommen werden, damit die Identifikation mit ihrer Stadt steigt. Das kann gelingen, wenn man diese Beteiligung positiv unterstützt. Natürlich kann es von einer Idee bis zur Entscheidung dann auch etwas länger dauern und komplexer werden.

Sagt der König der Bürgerbeteiligung im Gäu und drum herum.

Sprißler: Ja, ich habe ein Faible für Bürgerbeteiligung, mache das mittlerweile schon siebzehn, achtzehn Jahre und habe unendlich positive Erfahrungen damit gemacht. Es ist sehr aufwändig auf der einen Seite, aber macht unheimlich Spaß, wenn Sie sehen, was entstehen kann. Es funktionierte in Mötzingen. Aber auch hier in Herrenberg spüre ich, wie sich die Stadt verändert und in sich zusammenwächst.

Müller: Die Bevölkerung wird heterogener, was mehr Erwartungen oder unterschiedliche Erwartungen gegenüber Oberbürgermeister und Verwaltung zur Folge hat. Und dann ist natürlich auch bei uns in den Kommunen die Medialisierung von Politik sehr weit fortgeschritten.

Macht die Presse Ihnen das Leben schwerer?

Müller: Nein – oft leichter. Wir haben in Lahr glücklicherweise drei Tageszeitungen und noch zwei Wochenzeitungen. Die machen mir Arbeit, weil die gut bedient werden sollen. Ich mache das gerne und weiß um den Wert einer guten Presse. Gleichzeitig wird erwartet, dass der Internetauftritt der Stadt exzellent ist, dass die Bürgerbeteiligung, die Gemeinderatsvorlagen, die Beschlüsse und Protokolle da drin sind. Ein Oberbürgermeister, der sich heute zu sehr als Schreibtischarbeiter, als Manager versteht, der in einem abgeschotteten Raum wirkt und nicht stark in die Öffentlichkeit geht, hat es schwer. Zwei Stunden auf dem Marktplatz in Lahr plus Pressemitteilung bringen im Zweifelsfall mehr als zwei Wochen am Schreibtisch. Die Gesellschaft wird immer weniger obrigkeitshörig. Die Leute haben immer mehr eine eigene Meinung oder wollen sich artikulieren. Dem sollte man Rechnung tragen. Für den, der die Bürger sozusagen abholt, ist es, glaube ich, nicht schwieriger geworden. Schwieriger wird es für denjenigen, der einen zu stark rathausorientierten Verwaltungs- und Führungsstil hat. Kommunikationsfähigkeit ist immer stärker gefordert. Das mag physisch und psychisch anstrengender sein, diesen offenen Stil zu praktizieren, immer unterwegs, persönlich bei den Leuten zu sein. Insofern ist es vielleicht etwas komplizierter geworden als zu Zeiten, da die Ultima Ratio im Rathaus lag und es in einer Stadt neben dem Fußballverein nur noch die Messbuben gab.

Wer sagt Ihnen eigentlich, ob Sie richtig liegen und handeln oder falsch? Wer korrigiert Sie in Ihrem Tun?

Sprißler: Korrigieren ist für mich immer wieder auch eine Frage der Selbstreflexion. Dabei sollte man das urpersönliche Umfeld immer wieder befragen. Wer den Kontakt mit seiner Bürgerschaft pflegt, kriegt ein Gespür dafür: Bin ich auf dem richtigen Weg? Man muss da auch sensibel sein.

Aber wenn Sie drei Leute fragen, hören Sie fünf Meinungen, womöglich eigennützig motiviert.
Sprißler: Das kann man herausfiltern. Man spürt sehr genau, ob jemand eine individuell gefärbte Meinung kundtut. Ich gehe ja nicht auf die Bevölkerung zu und frage: Wie finden Sie Ihren OB? Es geht um alltägliche Begegnungen, beim Bäcker oder in der Pizzeria, wo Sie ganz kurz ins Gespräch kommen und dann sehr schnell spüren: Stimmt die Chemie? Stimmt die Art und Weise oder wenden sich die Menschen von mir ab, wenn sie mir als „Privatperson" begegnen? Wenn da einer Antennen hat, und die braucht er einfach, dann gelingt das.

Wenn ein Bürgermeister ein echtes Problem hat, persönlich oder beruflich – wem kann er sich wirklich anvertrauen?
Müller: Dem Freundeskreis, den ich seit Ewigkeiten habe. Bei bestimmten kommunalen Geschichten kann ich Kollegen aus unserem Sprengel fragen, ältere und weniger alte Hasen. Ich finde, da kriegt man sehr gute Hinweise. Das ist wichtig. Und dann habe ich gute Erfahrungen damit gemacht, bei bestimmten Themen vertraute Leute aus der Stadt zu fragen – Sie lernen ja über die Zeit Personen kennen und fassen Vertrauen. Mein Vertrauen ist diesbezüglich auch noch nie enttäuscht worden.

Ist die Zahl Ihrer wirklichen Freunde in 14 OB-Jahren größer oder kleiner geworden?
Müller: Die tiefen Freundschaften aus der Jugendzeit konnte ich beibehalten. Dafür bin ich dankbar. Auch neue Freundschaften sind hinzugekommen, die immer fester werden.

Lassen sich Familie und Privatleben mit dem Amt eines Oberbürgermeisters vereinbaren?
Müller: Ich könnte jetzt einfach sagen: nein. Wenn Sie es mal ganz apodiktisch darstellen wollen, ist es ein Berufsfeld, das wenig anderes zulässt. Zeitaufwändige Hobbys lässt es zum Beispiel nicht zu. Und wenn Sie das Familienleben ernst nehmen, ist das auch nicht beim Frühstück morgens zu machen oder beim Sonntagsspaziergang. Da wird an sich mehr verlangt, und da sind die wenigsten in der Lage, das alles unter einen Hut zu bringen. Ich gehöre zu den meisten, die es nicht so gut hinbringen.

Gelingt Oberbürgermeistern die berühmte Work-Life-Balance?

Sprißler: Work-Life-Balance ist eher ein akademisches Thema. Aber ich denke, es gibt sie. Das Privatleben ist natürlich extrem eingeschränkt. Ich lebe seit etlichen Jahren von meiner Frau getrennt, zwischenzeitlich sind wir geschieden, unsere drei Kinder sind bei ihr, aber es funktioniert. Ich kann nicht behaupten, dass es gar nicht geht oder dass ich viel zu wenig Zeit für meine Kinder habe – ich nehme sie mir einfach.

Müller: Wir sind politisch so trainiert zu sagen: Natürlich machen wir noch genügend Familie, keiner kommt unter die Räder. Aber jetzt mal wirklich: Wir leben zusammen, meine Familie und ich. Meine Tochter ist in der Zwischenzeit 15 geworden. Das heißt, sie war anderthalb Jahre alt, als ich gewählt worden bin. Sie sagt mir schon, was sie von mir hat und was ihre Freundinnen von ihren Vätern haben.

Sprißler: Ich möchte das nicht beschönigen. Das ist vollkommen richtig. Es bleibt nur ein Bruchteil der Zeit, die andere Familien miteinander verbringen können. Es bleibt auch keine Zeit, um ein, zwei Mal in der Woche Sport zu treiben – man muss sie sich einfach nehmen, und das tue ich auch ab und zu, weil es mir guttut.

Wer sich nicht wehrt, könnte in diesem Amt auch 36 Stunden täglich schuften.

Sprißler: Da müssen wir an uns selbst arbeiten. Auf Dauer sind wir auch nur leistungsfähig, können nur kreativ sein, wenn diese Balance zwischen Arbeit und Erholung einigermaßen gegeben ist. Das wird aber auch zunehmend akzeptiert.

Werden Oberbürgermeister angemessen entlohnt?

Müller: Wir sollten da nicht klagen.

Sprißler: Das Gehalt ist gut, der Stundenlohn weniger. Es gibt vergleichbare Positionen, die mit Sicherheit besser bezahlt sind. Aber das ist eine bekannte Tatsache und okay so.

Parteien bekommen nach Wahlen Wahlkampfkosten erstattet. Ihrereins nicht. Finden Sie das gerecht?

Müller: Da ist so ein bisschen ein Bruch im System. Wenn man pro Einwohner in etwa mit einem Euro rechnen muss. In meinem Fall rund 45.000 Euro. Vielleicht ein Drittel bekommen Sie durch Spenden und die lokale Partei zusammen. Zwei Drittel der Kosten verbleiben bei Ihnen. Und wenn

Sie nicht gewählt werden, gehen Sie mit 30.000 Euro Kosten an Ihren alten Arbeitsplatz zurück. Das kann sich dann mancher schlichtweg nicht leisten. Es könnte sein, dass Kandidaturen deshalb nicht zustande kommen.

Sie, Herr Sprißler, mussten im Jahr 2007 einige Register ziehen, um in der zweiten Runde gewählt zu werden. Der Wahlkampf war nicht ganz billig. Hätten Sie da eine Kostenerstattung begrüßt?

Sprißler: Aus persönlicher Sicht ja, gar keine Frage. Zumal ich diese Kosten persönlich getragen habe und heute noch trage. Ein Euro pro Einwohner, das sind Größenordnungen, die lassen sich oftmals nicht einmal in einer Amtsperiode erwirtschaften. Von daher wäre eine Erstattung sicher zu begrüßen. Wir dürfen, wie ich finde, einen sehr schönen Beruf ausüben. Aber unser Bewerbungsaufwand ist im Verhältnis zu anderen, die eine Bewerbungsmappe schreiben und keine zwei Euro an Briefmarken draufkleben, schon immens.

Ihre Gegenkandidatin im Herbst 2007, Dr. Anja Dietze, hat objektiv betrachtet einen höheren Aufwand betrieben, hat mehr Werbematerial rausgehauen als Sie und dennoch verloren. Worauf kommt es im Wahlkampf an?

Sprißler: Dazu bekommen Sie eine extrem kurze Antwort von mir, weil das eine meiner besten, gewinnbringendsten und reichsten Erfahrungen in diesem langen Wahlkampf war: auf Authentizität. Sich selbst zu bleiben und ich zu sein – darauf kommt es an.

Herr Dr. Müller, worauf kommt es an?

Müller: Erstens auf Authentizität. Zweitens darauf, dass man in diesem Moment zur Stadt passt. Dabei spielt auch eine Rolle, welcher Charakter vorher die Stadt führte. Ich stelle fest, dass nach 16 Jahren gerne auch mal ein anderes Modell gewählt wird. Und drittens braucht man eine gute Organisation.

Wann und warum haben Sie, Herr Sprißler, gemerkt, dass Sie der Richtige für Herrenberg sind?

Sprißler: Man spürt das, wenn man mit den Menschen spricht. Entweder die Chemie stimmt oder Sie entwickeln das Gefühl: Nein, die wollen etwas anderes.

Braucht es dann überhaupt den Wahlkampf?

Sprißler: Solange mehrere Alternativen da sind, braucht es natürlich einen Wahlkampf.

Was machen Bürgermeister gerne falsch?

Müller: Vielleicht redet man mit der Zeit zu viel und hört zu wenig zu. Oder dass man sich um die falschen Details kümmert, dass man sich mitunter in falschen Details verliert. Dass man sich vielleicht zu sehr einfangen lässt von den lokalen Gegebenheiten.

Wie schützt man sich davor?

Müller: Indem man sich den Spiegel vorhält. Mit anderen sprechen, aber dann nicht zu viel reden, sondern verstärkt zuhören. Sich fragen: Bin ich in meiner Kommunikationsfähigkeit noch auf dem richtigen Weg? Und sich den Blick über den Tellerrand der eigenen Stadtgrenze hinaus bewahren. Ich habe mir ganz am Anfang vorgenommen, in der Zeitung nicht zuerst den Kommunalteil zu lesen. Ich lese den Mantelteil mit der gleichen Akribie und mit der gleichen Neugier wie den Kommunalteil. Das halte ich für sehr wichtig, dass wir uns offen durch die Welt bewegen.

Welche Fehler unterlaufen Bürgermeistern?

Sprißler: Dass die Meinung entsteht, der Bürgermeister sollte einziger Initiator, einziger Motor oder einziger Entscheider sein. Stattdessen sollten Menschen im Umfeld motiviert werden, die eigene Verwaltung. Das erachte ich für sehr gewinnbringend. Es ist auch ein Gewinn, wenn aus dem Gemeinderat heraus eine Idee kommt. Zu meinen, man müsse selbst immer vorausgehen, der alles allein Entscheidende und Gebärende zu sein, das halte ich für eine Gefahr.

Aber wie schwer muss es einem fallen, der schon 100 Mal von Mitarbeitern, von Gemeinderäten, von Bürgern enttäuscht wurde, auch noch ein 101. Mal Verantwortung zu übertragen und zu vertrauen?

Sprißler: Erfolg hat der, der einmal häufiger aufsteht, als er hinfällt.

Jedes Berufsbild bildet ihre Déformations professionelles aus. Welche sind unter Bürgermeistern verbreitet?

Müller: Unser Vertrag wird ja verlängert durch Wahlentscheidung. Und Entscheidungen im Gemeinderat bringen wir dadurch zustande, dass wir unsere Sichtweise gut nach außen tragen, dass wir überzeugen können, überzeugend sind. Deswegen haben wir, glaube ich, alle so ein bisschen den Hang, immer gut im Rampenlicht zu stehen und unsere Sichtweisen gut rüberbringen zu können. Das kann dann auch als Berufskrankheit gesehen werden, dass man zu oft das Rampenlicht sucht.

Gefällt Ihnen Ihr Beruf?

Müller: Uneingeschränkt ja.

Welche andere Tätigkeit käme für Sie in Frage?

Müller: Wenn, dann würde ich gerne wieder etwas mit Gemeinschaftsbezug machen, was ich vorher gemacht habe – eben Dienst in internationalen Organisationen und Diplomatie. Das Leben eines Oberbürgermeisters ist ja zum Teil auch von Diplomatie geprägt. Ansonsten: Ich bin jetzt nicht so ganz kirchennah und wäre nicht für den Zölibat zu gewinnen – aber die Aufgabe eines Pfarrers, eines Dekans hat doch sehr viel Ähnlichkeit mit der Aufgabe eines Bürgermeisters. Es geht jeweils um Gemeinschaft und Zusammenhalt und um eine gewisse Führung.

Herr Sprißler, gefällt Ihnen Ihr Beruf?

Sprißler: Ja. Eindeutig ja.

Was käme für Sie stattdessen in Frage?

Sprißler: Irgendetwas, wo ich auch mit vielen Menschen zu tun habe. Aber ich möchte gerne noch eine Weile in diesem Geschäft bleiben dürfen.

Hans Zellner, geboren 1954 in Schönau bei Heidelberg, ist parteilos und katholisch. Der verheiratete Vater zweier erwachsener Söhne amtiert seit 1985, mittlerweile in der vierten Dienstperiode, als Bürgermeister der Gemeinde Wilhelmsfeld. Davor arbeitete der Diplom-Verwaltungswirt (FH) als Kämmerer beim Gemeindeverwaltungsverband Schönau. Für die Freien Wähler gehört er seit 1989 dem Kreistag des Rhein-Neckar-Kreises an. Im Verband Metropolregion Rhein-Neckar führt er als Vorsitzender die Fraktion der Freien Wähler. Seit 1996 ist Zellner Präsident des Verbandes Baden-Württembergischer Bürgermeister.

Interview mit Hans Zellner

„Laufen und schwimmen machen den Kopf frei"

Lesen, Sport oder Musik helfen gegen Rathausstress. Steuerschwankungen, ausufernde Bürgerbeteiligung und statistischer Irrsinn machen dem Chef der Bürgermeistergewerkschaft und seinen zweitausend Verbandsmitgliedern das Leben schwer. Weil Kommunen selbst wissen, was gut für sie ist, fordert Hans Zellner feste Budgets anstelle der staatlichen Förderprogramme.

Herr Zellner, Sie sind Präsident des Verbandes Baden-Württembergischer Bürgermeister e.V. – was macht dieser Verband?

Hans Zellner: Im Jahr 1979 gingen die badischen und württembergischen Bürgermeistervereinigungen daran, einen einheitlichen Bürgermeisterverband zu gründen. Der Verband berät laut Satzung seine Mitglieder in berufsständischen, in sozialen Belangen und vertritt die Mitglieder gegenüber den Behörden, Versorgungsämtern und der Landesregierung. Man könnte quasi sagen, es ist eine …

… eine Bürgermeistergewerkschaft?

Zellner: Es ist ein gewerkschaftsähnliches Verhältnis, ja. Wobei wir natürlich frei und ungebunden sind auch gegenüber den Konfessionen.

Wer sind Ihre Mitglieder?

Zellner: Alle, die in freien kommunalen Wahlen gewählt werden: Ortsvorsteher, Beigeordnete, Bürgermeister, Oberbürgermeister und Ruhestandsbeamten, also ehemalige Bürgermeister. Rund zweitausend Mitglieder insgesamt.

Wie hoch ist Ihr Organisationsgrad?

Zellner: Der liegt bei 95 bis 97 Prozent.

Wofür setzen Sie sich gegenwärtig ein?

Zellner: Die Dienstrechtsreform war lange das beherrschende Thema. Da waren wir sehr stark involviert, weil dort auch einige politische Veränderungen anstanden. Leider sind nicht alle unsere Wünsche in Erfüllung gegangen. Eine unserer Hauptaufgaben ist es eigentlich, den jungen Menschen den Beruf des Bürgermeisters schmackhaft zu machen. Uns liegt sehr daran, dass wir qualifizierte Nachwuchsbewerber haben, die in das Amt des Bürgermeisters streben, denn der Wahlbürger soll ja auch eine Auswahl haben. Es gibt nichts Schlimmeres als schlecht ausgebildete Bürgermeisterbewerber, die dann vielleicht auch aus Versehen in so ein Amt gewählt werden.

Wie und wo werben Sie für den Bürgermeisterberuf?

Zellner: Wir werben sehr viel intern. Wenn man sieht, dass man einen qualifizierten Mitarbeiter in einem Rathaus hat, dann kann man den jungen Mann oder auch die junge Frau – die wird noch viel zu wenig angesprochen – darauf hinweisen, dass das Amt sehr viele Reize hat.

Sind die baden-württembergischen Rathauschefs ihrer Aufgabe gewachsen?

Zellner: Im Bundesvergleich steht Baden-Württemberg zusammen mit Bayern mit am besten da, und das hat aus meiner Sicht zwei Gründe: Die wirtschaftliche Lage ist dadurch gut, dass wir unsere Wirtschaft nach dem Zweiten Weltkrieg diversifiziert haben. Das heißt, sie ist breit gestreut, und wir haben auf neue Technologie gesetzt, haben wunderschöne Landschaften mit einem hohen Freizeitwert. Und der zweite Grund ist meines Erachtens, dass wir gut ausgebildete Bürgermeister haben, auch gute Gemeinderäte, die Kommunalpolitik mit Augenmaß gestalten. Deswegen denke ich, dass wir, von einigen Ausnahmen abgesehen, durchaus zufrieden sein können mit der Gattung der Bürgermeister.

Kennen und nutzen Baden-Württembergs Bürgermeister die Chancen und Hilfen, die Europa für sie bereithält?

Zellner: Ich denke, die Programme sind bekannt. Dafür gibt's ja genügend Schulungen und Treffpunkte für Bürgermeister, sich da fortzubilden. Es ist auch abhängig von der Gemeindegröße. Wenn Sie mal gesehen haben, was notwendig ist, um so einen Antrag bei der EU in drei Sprachen zu stellen, dann wird sehr schnell klar, dass das für eine kleine Gemeinde oftmals gar nicht in Frage kommt und sich oft auch gar nicht lohnt. Aber das Programm Leader 2 für den ländlichen Raum wird zum Beispiel sehr stark genutzt, oftmals unter Federführung der Landratsämter, die dann behilflich sind, um solche größeren Projekte dann auch durchzubekommen.

*Aber würden Sie sagen, es herrscht Nachholbedarf,
um den Kommunen Europa stärker bewusst zu machen?*

Zellner: Ja. Ich denke, dass es da noch einiges zu tun gibt. Landläufig herrscht ja die Meinung vor, alles, was von der EU, was von Brüssel kommt, sei mit Vorsicht zu genießen. Ich denke, da wäre noch einiges zu verbessern.

Wie zufrieden dürfen Städte und Gemeinden mit der Arbeit ihrer kommunalen Spitzenverbände sein?

Zellner: Sie sprechen jetzt den Landkreistag, den Gemeindetag und den Städtetag an. Ja, wir sind eine kommunale Familie und sprechen in erster Linie mit einer Sprache. Aber jetzt kommt das ganz große Aber. Natürlich haben die Landkreise ganz andere Probleme als die Kommunen. Die Landkreise haben ihre Kreiskrankenhäuser und beruflichen Schulen; der Gemeindetag vertritt eher die kleineren Gemeinden; die großen Städte haben mit sozialen Brennpunkten wieder andere Nöte. Leider ist dann die Sprache der kommunalen Spitzenverbände gegenüber der Landesregierung nicht immer so einstimmig, wie man das gern hätte.

Werden die Kommunen übervorteilt von der großen Politik?

Zellner: Wir erleben ja seit vielen Jahren, dass die Aufgaben von oben nach unten verlagert werden. Wenn ich an die Kleinkindbetreuung denke; wenn ich an die verlängerten Öffnungszeiten im Kindergarten denke; wenn ich an den Mittagstisch in den Grundschulen in jeder kleinen Gemeinde denke; wenn ich an die Standards bei den Feuerwehren denke – um nur ein paar Beispiele zu nennen. Diese neuen Aufgaben wurden verlagert, ohne uns den entsprechenden finanziellen Ausgleich zu geben. Das Konnexitätsprinzip ist ja das große Schlagwort, aber auch da versucht man sich zu drücken. Ich bin mal gespannt, wie das jetzt die grün-rote Landesregierung sieht. Die haben uns da mehr versprochen.

Sind Sie da zuversichtlich?

Zellner: Ich habe große Hoffnung, dass das jetzt besser wird, denn die Gemeinden bluten aus. Sie brauchen ja nur mit offenen Augen durch unsere Dörfer abseits der Ballungszentren zu fahren. Dann sehen Sie, dass erstens wieder die Landflucht einsetzt. Das heißt: Die Gemeinden verlieren immer mehr Bürger. Dabei bringt jeder Bürger einen gewissen Steueranteil, der notwendig ist zur Aufrechterhaltung der Infrastruktur. Zweitens bekommen wir neue Aufgaben. Und drittens ist es einfach so, dass das Geld nicht mehr vorhanden ist. Wir haben viele Investitionen in der Vergangenheit getätigt. Straßenbau, Hochbau. Jetzt muss das alles unterhalten werden. Es ist sehr viel Geld notwendig für die Aufrechterhaltung der Infrastruktur, aber die Fördertöpfe geben ja nur Gelder für neue Maßnahmen. Das heißt: Die Unterhaltung verbleibt bei den Gemeinden. Ich sehe da große Kostenlawinen auf die einzelnen Gemeinden zukommen.

Müsste man dann das Förderwesen umstellen, dass es eben auch Zuschüsse für Instandhaltung gibt?

Zellner: Ich sag's anders: Uns wär's lieber, wenn man statt dieser vielen Fördertöpfe, die es da gibt und die Minister bei Rathausempfängen Bewilligungsbescheide verteilen lassen und ihnen schöne Pressefotos bescheren, wenn man diese Gelder stattdessen von Anfang an auf alle Gemeinden verteilen würde, dann könnte jede Gemeinde mit dem Geld das tun, was notwendig ist.

Sie wollen eine Budgetierung?

Zellner: Ja. Wir haben überall verantwortungsvolle Gemeinderäte, die mit dem Geld sehr sinnvoll umgehen können. Und ich denke, es ist einfach besser, wenn ein Gemeinderat selbst zu entscheiden hat, für was er das Geld verwendet, als wenn er ständig schaut, welcher Fördertopf das meiste hergibt, und dann unter Umständen falsch investiert.

Inwieweit beeinflusst Parteipolitik das Wohl und Wehe der Kommunen? Wie ist da Ihr Eindruck?

Zellner: Meine persönliche Meinung ist, dass Parteipolitik im Rathaus nichts zu suchen hat.

Sie sind parteilos?

Zellner: Ich bin parteilos. Das heißt, ich sitze für die Freien Wähler im Kreistag, weil es die einzige Möglichkeit ist, auch an der politischen Willensbildung im Landkreis teilzunehmen.

Bis zu welcher Gemeindegröße?

Zellner: Ich würde sagen bis 50.000 Einwohner. In den größeren Städten hat Parteipolitik seine Berechtigung. Aber in kleineren Gemeinden? Es gibt ja das schöne Wort, wonach es keine sozialdemokratischen Latrinen gibt. Genauso wenig gibt's christdemokratische Straßenleuchten. Also, was soll das? Probleme vor Ort müssen wir gemeinsam lösen. In meinem Gemeinderat in Wilhelmsfeld haben wir vier Fraktionen, die alle in etwa gleich stark sind. Das ist wunderbar. Es ist gut, dass der Bürgermeister mindestens noch zwei Fraktionen braucht, um eine Maßnahme im Gemeinderat durchzubringen. Wobei Beschlüsse in aller Regel mit großer Mehrheit gefasst werden. Wenn Sie das mal landesweit durchforsten, dann ist es so, dass der Großteil der Beschlüsse mit großer Mehrheit gefasst wird.

Wann erleichtert und wann erschwert ein Parteibuch die Rathausarbeit?

Zellner: Ein Parteibuch erleichtert dem Bürgermeister natürlich dann die Rathausarbeit, wenn seine Partei im Gemeinderat die Mehrheit stellt und er praktisch durchregieren kann.

Gibt es den direkten Parteidraht zu den Fördertöpfen in Stuttgart oder Berlin?

Zellner: Sagen wir's mal so: Als Türöffner hilft es wahrscheinlich schon, wenn man das entsprechende Parteibuch hat. Viele Kollegen haben ja jetzt Sorge, dass jetzt diejenigen Bürgermeister Vorteile hätten, die vielleicht eher zu Grünrot neigen. Aber da müssten ja auch die ganzen Programme umgestrickt werden.

Ab 2016 dürfen Rathauschefs und Landräte nicht mehr dem Stuttgarter Landtag angehören. Was halten Sie davon?

Zellner: Absolut gar nichts. Uns wird die Möglichkeit genommen, direkt auf die Willensbildung Einfluss zu nehmen und Informationen auf direktem Weg zu erhalten. Genauso falsch ist, dass man versucht, die Bürgermeister aus den Kreistagen zu verbannen. Es ist ja nicht so, dass bisher die Fraktion der Bürgermeister den Landtag dominiert hat! Da gibt's ja auch andere Berufsstände, die Lehrer zum Beispiel, die zwar kein Mandat auf der politischen Ebene haben, die aber in den Gemeinderäten genauso wie im Landtag vertreten sind. Wenn Sorgen und Nöte die Kommunen plagen, dann konnten Bürgermeister dies bisher direkt im Landesparlament implementieren!

Hans Zellner

Bewähren sich die baden-württembergische Gemeindeordnung und die Süddeutsche Ratsverfassung?

Zellner: Ich muss Ihnen sagen, das ist der Exportschlager Nummer eins gewesen in der Kommunalpolitik. Ich war selbst dabei, als Stellvertreter von Norbert Roth, damals Hechinger Bürgermeister, als wir zunächst in Hessen, dann in Rheinland-Pfalz und zum Schluss auch in Nordrhein-Westfalen für dieses Modell geworben haben. Ich erinnere mich noch sehr gut an eine große Veranstaltung, die wir in Dortmund in der Westfalenhalle gemacht haben, wo die Bürgermeister sehr große Ängste hatten vor der Volkswahl, denn damals war es für die einfach. Sie standen ja auf der Liste ihrer Partei an erster Stelle und wurden automatisch gewählt, wenn ihre Liste über die Ratsmehrheit verfügte. Hat aber dazu geführt, dass sie bei veränderten Mehrheiten auch automatisch abgewählt wurden. Wir haben denen erklärt, und das haben viele Kollegen zwischenzeitlich auch bestätigt, dass es oft viel einfacher ist, in einer Volkswahl zu bestehen als in so einer Parteiwahl. Denn um auf die Parteiliste zu kommen, musste man ja auch der Partei gewisse Zugeständnisse machen, und die hatte man dann während der Legislaturperiode zu erfüllen. Die Volkswahl der Bürgermeister und die Süddeutsche Ratsverfassung, so wie wir sie haben, ist das Beste, was ich an Verfassungen kenne.

Was halten Sie davon, die Landräte direkt vom Volk wählen zu lassen?

Zellner: Ja, gut, wenn der Landrat direkt vom Volk gewählt wird, dann kann man die Bürgermeister in den Kreistagen belassen, weil dann beide volksgewählt sind und es dann da kein Spannungsverhältnis mehr gibt. Ich sehe das in den größeren Landkreisen in Baden-Württemberg als problematisch. Nehmen Sie unseren Rhein-Neckar-Kreis mit 560.000 Einwohnern oder Esslingen mit 530.000 Einwohnern – das gäbe eine Parteiwahl, das sage ich Ihnen jetzt schon. Bisher war es möglich, im Kreistag durch verschiedene Koalitionen den besten Bewerber zu wählen, weil ja jeder Kreisrat nur eine Stimme hatte.

Wobei es auch da oft zu Parteiengeschacher kommt und nicht immer zur besten Lösung.

Zellner: Ja. Aber jetzt stellen Sie sich mal das vor. Wenn im Rhein-Neckar-Kreis der amtierende Landrat Dallinger wieder antritt, muss er in 54 Kommunen mit 480.000 Wahlberechtigten Wahlkampf führen. Als Amtsinhaber hat er dann natürlich einen großen Vorteil. Dennoch braucht er eine Partei dahinter, denn die Plakate müssen ja geklebt werden, die Wahlbroschüren müssen verteilt werden. Und wenn Sie diese Wahl dann nicht an irgendeine andere Wahl anhängen, dann kriegen Sie eine Wahlbeteiligung von vielleicht 25 Prozent! Also, ich weiß nicht, ob dann das politische Amt des Landrats gestärkt würde? Durch eine Volkswahl bei einer derart niedrigen Wahlbeteiligung? Und für einen freien Bewerber, der nicht über das Kapital verfügt, wird so eine Wahl gänzlich unmöglich.

Bürgermeistern Frauen anders als Männer?

Zellner: Ich kenne einige Kolleginnen, die sehr resolut sind. So, wie es Männer gibt, die sehr resolut sind. Es gibt einige Frauen, die mit ihrem weiblichen Charme punkten. Es wäre durchaus berechtigt, dass wir mehr Bürgermeisterinnen bekommen, als wir jetzt haben. Vielleicht ist die Eloquenz, oder sagen wir: die Raffiniertheit, von manchen Frauen in der Vergangenheit unterschätzt worden. Wir haben sehr gute Kolleginnen, die das Amt genauso gut, vielleicht sogar besser ausüben, als das ein Mann tut. Ich denke, eine Frau hat's vielleicht etwas schwerer als ein Mann, denn die Frau muss wahrscheinlich mehr Leistung bringen, um das entsprechende Ansehen zu erringen.

Wenn ein Mann Mist baut, dann hat er halt Mist gebaut.
Wenn eine Frau Mist baut, dann heißt es: typisch Frau!

Zellner: Dann hat es jeder schon immer gewusst. Ja, so sehe ich das auch. Wobei das Gefälle von Großstadt zu Kleinstadt enorm ist. Die meisten Bürgermeisterinnen arbeiten ja in Städten, die etwas größer sind. Beate Weber war die Erste. Die wenigsten kommen aus kleineren Gemeinden. Aber das wird sich ändern. Schon allein, weil mehr Frauen als Männer den Verwaltungsberuf erlernen. Die Abgänger-Quote in Kehl und Ludwigsburg liegt bei 65 bis 70 Prozent.

Aber warum haben wir bisher einen so geringen Anteil weiblicher Bewerber und auch so einen geringen Anteil weiblicher Bürgermeister im Land?

Zellner: Zum einen ist es halt Fakt, dass Männer keine Kinder kriegen können. Und viele Frauen entscheiden sich ganz bewusst für Familie und für Kinder. Sie sagen: „Ich möchte meine Kinder nicht vernachlässigen, ich möchte sie auch nicht in die Krippe geben oder ganztags betreut haben, sondern ich will bei meinen Kindern sein."

Hans Zellner

Der Bürgermeisterberuf beansprucht zu sehr, als dass er mit Familie hinreichend zu vereinbaren wäre?

Zellner: Sie können das mit Sicherheit vereinbaren, wenn Sie einen Partner haben, der dann auch sehr viel für die Kindererziehung und Kinderbetreuung tut. Im Gegensatz zu einer ganz normalen Laufbahnbeamtin sind Sie als Bürgermeisterin auch in kleineren Gemeinden vier bis fünf Abende in der Woche außer Haus. Gemeinderatssitzungen, Vereinsbesprechungen, Feuerwehr, Kulturausschuss und andere. Dazu kommen die Veranstaltungen an den Wochenenden, wo es für einen Bürgermeister Pflicht ist, hinzugehen. Wenn Sie kleine Kinder haben, ist das ein Riesenproblem.

Gefällt Ihnen Ihr Beruf?

Zellner: Mir gefällt er sehr. Sonst hätte ich mich nicht nochmal beworben. Trotz der jetzt einbrechenden Finanzmittel kann man als Bürgermeister nach wie vor noch relativ viel gestalten. Man kommt mit Menschen der unterschiedlichsten Couleur zusammen. Man ist Generalist, auch von den Themen her. Man erfährt sehr viel von den Menschen, erfährt was über soziale Probleme, über Gesundheit. Man ist ja nebenbei noch so ein bisschen Pfarrer. Natürlich kann man nicht immer helfen, aber manchmal doch. Man kann eigene Ideen oder Ideen, die an einen herangetragen werden, entwickeln. Man kann in den Vereinen tätig sein, man sieht, wie sich die jungen Menschen entwickeln. Das ist das, was mir persönlich am Beruf des Bürgermeisters Freude macht.

Trotzdem soll es immer schwerer fallen, gute Bewerber zu finden.

Zellner: Das größte Hindernis, Bewerber zu finden, liegt in der zeitlichen Beanspruchung. Sie führen eine Verwaltung *und* Sie repräsentieren! Versuchen Sie mal in einem Dorf wie bei mir mit 3.500 Einwohnern beim 80. Geburtstag von einem Bürger nicht persönlich hinzugehen, sondern den Hauptverwaltungsbeamten zu schicken. Probieren Sie das einmal!

Der kriegt kein Stück Kuchen.

Zellner: Der Jubilar will den Bürgermeister, weil bei seinem Freund war auch der Bürgermeister und beim Bruder auch. Also nicht speziell der Hans Zellner, sondern eben die Autoritätsperson des Bürgermeisters.

Der Herr Bürgermeister.

Zellner: Ja. Und genauso ist es mit Beerdigungen. Dafür werden Sie im Grunde genommen nicht bezahlt. Wir werden auch nicht dafür bezahlt, dass wir bei jedem Vereinsfest am Ehrentisch sitzen, weil das so schön ist, vier Stunden lang die Festreden anzuhören und selber eine zu halten. Aber das gehört einfach dazu. Der Bürgermeister drückt dadurch Wertschätzung aus. Und wenn Sie keine Wertschätzung aufbringen, dann werden die Sie auch nicht mehr wählen.

Und diese zeitliche Beanspruchung wird immer mehr potenziellen Bewerbern zu viel?

Zellner: Die Beanspruchung ist relativ hoch. Und: Sie brauchen einen Partner, der da mitmacht. Es sei denn, Sie leben allein. Aber wenn Sie Familie, wenn Sie Kinder haben – ich weiß das aus eigener Erfahrung –, dann geht das ganz gut, solange die Kinder ganz klein sind. Aber als unsere Kinder dann zwischen acht und 15 waren, wollten die nicht mehr mit auf die ganzen Veranstaltungen. Bei uns geht es Anfang Januar los mit den Winterfeiern. Dann kommt der Karneval. Ab 1. Mai bis Ende September sind jedes Wochenende irgendwo Grillfestle. Ab September beginnen die Tanzveranstaltungen, die Musikveranstaltungen, die Kulturveranstaltungen. Die gehen dann nahtlos über in die Weihnachtsfeiern. Und am 1. Januar geht's wieder von vorne los ...

Und wann sind Sie nirgends, sondern zu Hause?

Zellner: Das ist dann, wenn ein Bürgermeister Urlaub hat. Und den macht er dann konsequent. Dann ist er weg.

Sie sind nun 27 Jahre im Amt. Ist das Bürgermeistern schwieriger geworden mit den Jahren?

Zellner: Ich würde sagen, in den 80er und 90er Jahren war's noch relativ einfach, Maßnahmen im Gemeinderat zu verklickern, zu finanzieren und durchzubringen. In den letzten zehn Jahren ist es zunehmend schwieriger geworden, weil man immer mehr Runde Tische braucht. Ein Kindergartenumbau geht heute nicht mehr, ohne dass man das den Eltern erklärt, dass man da einen Anhörungsabend macht und informiert. Diese große Form der Bürgerbeteiligung, die jetzt bei Stuttgart 21 explodiert ist, die wird immer zeitaufwändiger. Man braucht immer länger, um Projekte durchzubekommen, weil man informieren muss. Man muss übers Amtsblatt informieren, muss die Leute anschreiben, muss die Maßnahmen noch einmal

347

erklären. Dann findet noch einmal ein Pressegespräch statt und dann gibt es einen Bürgerdialog mit den Beteiligten. Früher sind die Dinge schnell und zügig durchgesetzt worden. Heute braucht man für den gleichen Vorgang relativ länger.

Wäre es richtiger, wenn die Bürgerschaft solche Entscheidungen ganz dem Bürgermeister und seinen Gemeinderat überlässt?

Zellner: Es ist ja oft auch so, dass die Gremien bei größeren Maßnahmen selber kalte Füße bekommen. Wenn dann so eine Bürgerinitiative gegen irgendsoeine Maßnahme Stimmung macht – meist sind es ja nur Eigeninteressen, die vorgeschoben werden. Das schönste Beispiel ist die Erschließung von Neubaugebieten. Wenn Sie den dritten Teil eines Bebauungsplanes vollziehen wollen, dann schimpfen die, die zuletzt gebaut haben, weil sie dann die Aussicht verbaut bekommen. Dann werden die Ellbogen ausgefahren, dann wird eine Bürgerinitiative gegründet, dann werden formell irgendwelche umweltschutzrechtlichen Belange oder auch sozialen Probleme vorangestellt. Und dann gibt's im Gemeinderat eine Diskussion, wird nochmal ein Hearing eingeführt und nochmal ein Informationsabend ...

... und dann gibt's schöne Überschriften in der Presse ...

Zellner: ... und dann gibt's schöne Überschriften in der Presse. Und zum Schluss ist man dann wieder am Ausgangspunkt: Man will erweitern, entweder hier oder gar nicht. Ich denke einfach, dass es bei uns sehr viel formaler wurde. Das hängt natürlich auch mit den Gerichten zusammen, denn jeder Rechtsanwalt sucht nach Formalismen – das ist ja das Einfachste, um irgendwas zu kippen. Das hat das Verwalten in den letzten Jahren erheblich erschwert.

Wird sich dieser Trend fortsetzen, oder kehrt da irgendwann dann die Einsicht ein, dass man es nicht übertreiben sollte?

Zellner: Wutbürger, Stuttgart 21, Demokratie im weitesten Sinne – wir sind an diesem Thema jetzt dran. Ich hab auch zu Ministerpräsident Kretschmann gesagt: Egal, wie wir das zukünftige Verfahren händeln und wo Bürgerbeteiligung einsetzt und wo sie endet, es muss in jedem Verfahren einen rechtlich verbrieften Punkt geben, wo man sagt, jetzt ist das zu tolerieren, was Entscheidungsgremien entschieden haben – vorausgesetzt, dass da keine fachlichen Fehler gemacht wurden. In der Schweiz ist es so, dass dort eine Minderheit eine Volksabstimmung auch toleriert. Wenn die mit

47 Prozent verlieren, dann gilt das in der Schweiz als Usus, dass die unterliegende Seite dann sagt: „Okay, das war's, die Mehrheit hat das einfach so gewollt." Bei uns beginnen dann erst die Proteste.

Muss man dann sagen: APO und ausufernde Bürgerbeteiligungen vergraulen Bürgermeister?

Zellner: Ja, das kann man sagen.

Wird das auch noch eine Weile so bleiben oder gar schlimmer werden?

Zellner: Ja. Wenn die Politik nicht klare Verfahrensrichtlinien festlegt.

Was raten Sie Bürgermeistern zum Ausgleich für ihren Beruf?

Zellner: Sport ist da nach wie vor das Beste. Sport, musikalische Betätigung, Lesen – da gibt's die verschiedensten Dinge. Die ersten zehn Jahre habe ich Basketball gespielt und mir stur diesen einen Abend in der Woche freigehalten. Mannschaftssport mit seinen festen Terminen ist in unserem Job unheimlich schwierig. War wirklich nicht ganz einfach, aber der Großteil der Bevölkerung hat es akzeptiert. Leider ist diese Mannschaft dann altersbedingt geplatzt. Danach habe ich versucht, ein bisschen zu joggen und zu laufen. Andere Kollegen können wunderbar mit Musik entspannen oder ein gutes Buch lesen. Oder eben in Urlaub fahren. Das ist dann mein Ausgleich, wenn ich mit meiner Frau versuche, mal 14 Tage am Stück einfach weg zu sein und auszuspannen.

Ganz viele Bürgermeister laufen.

Zellner: Weil man im Prinzip zu jeder Zeit laufen kann. Oder schwimmen. Viele Bürgermeister sind Dauerläufer. Manche sagen ja auch spaßeshalber, sie laufen vor den Problemen davon. Ich kenne viele, die sagen, es macht einfach den Kopf frei.

Wie alkoholgefährdet sind Bürgermeister?

Zellner: Die Verlockungen sind natürlich recht groß. Das fängt ja morgens an, wenn einer im Rathaus Geburtstag hat, wird oft ein Gläschen Sekt oder Sekt-Orange getrunken. Dann kommen zwischen zehn und zwölf Uhr die üblichen Gratulationsrunden – goldene/diamantene Hochzeiten, 80. Geburtstag. Abends, nach Ratssitzungen, ist es guter Usus, dass man gemeinsam was trinken geht. Aber es ist nicht nur der Alkohol. Es gibt ja auch

Tabletten und andere Gifte, die man zu sich nimmt. Vielleicht stehen Bürgermeister da in der gleichen Riege wie Ärzte. Manche versuchen einfach, ihre Sorgen und Nöte, die sie nicht mit jedem teilen können, für eine Weile zu verdecken. Ich weiß, dass es einige Kollegen gibt, die damit Probleme haben, die sich zum Teil auch in Behandlung befinden. Aber das betrifft andere Berufe genauso.

Fredl Fesl hat mal gesungen: „Der das meiste Bier am Ort trinkt, ist der Biergermeister."

Zellner: Ich kenne auch einige Bürgermeister, die gar keinen Alkohol trinken. Hinzu kommt ja, dass man als Bürgermeister permanent mit dem Auto unterwegs ist.

Jetzt verliert ein Bürgermeister die Pappe wegen Alkohol – was macht er dann?

Zellner: Dann ist er erstens der Dumme, weil er ausgelacht wird. Ist doch klar. Ist übrigens schon öfter vorgekommen. Zweitens wird er gezwungen sein, sich entweder einen Rentner oder Studenten als Chauffeur für bestimmte Fahrten zu engagieren. Der in Anführungszeichen durchschnittliche Bürgermeister in Baden-Württemberg lebt ja irgendwo auf dem Land und muss jeden Tag mehrere Kilometer absolvieren.

Was nervt Sie im Amt des Bürgermeisters?

Zellner: Was mich ärgert, ist, dass wir Bürgermeister für viele Dinge verantwortlich gemacht werden, für die wir überhaupt nicht zuständig sind. Oftmals verwechselt man den Bürgermeister schlichtweg mit dem Politiker. Oft wird man von der Bevölkerung auch verantwortlich gemacht für Dinge, die wir absolut nicht zu vertreten haben. Sprich: Die Bundesregierung verspricht Betreuungsplätze, beschließt ein wunderbares Gesetz. Wir sollen das am nächsten Tag umsetzen, ohne Finanzausstattung, ohne die Mittel dafür zu haben. Oder zum Beispiel im Baubereich: Was können wir dazu, dass es gesetzliche Abstandsflächen gibt? Wir müssen jedoch auf die Einhaltung dieser Gesetze achten. Das wird dann gerne dem Bürgermeister persönlich angelastet, obwohl er überhaupt nichts dazu kann. Das ärgert mich manchmal.

Wie ließe sich das Bürgermeisterdasein attraktiver gestalten?

Zellner: Wir wären sehr froh, wenn wir eine verlässliche Gemeindesteuer hätten, die nicht wie die Einkommensteuer und die Gewerbesteuer von konjunkturellen Schwankungen abhängt. Auf dass wir durchgängig planen könnten. Außerdem: weg von diesen ganzen Vorschriften, weg von den Fußfesseln der Bauordnung, weg von den irrsinnigen statistischen Angaben, die wir für irgendwelche Umfragen machen müssen. Wenn wir da mehr Handlungsfreiheit hätten, das würde uns das Leben erheblich erleichtern.

Ich vermisse die Forderung nach mehr Geld für die Bürgermeister. Sind Sie mit Ihrer Entlohnung zufrieden?

Zellner: Wir haben ja bei der Dienstrechtsreform erreicht, dass ein Teil der Kollegen, die 2001 nicht zum Zuge kamen, jetzt befördert wurden.

Bürgermeister in Gemeinden über 5.000 Einwohner verdienen jetzt mehr.

Zellner: Gleichwohl sind ein paar unserer Vorschläge nicht zur Ausführung gekommen. Der Herr Mappus hatte uns versprochen, dass er das in der nächsten Legislaturperiode nachholen will. Uns war es eigentlich wichtig, mit der Leistungskomponente zu agieren. Das heißt, es muss im Laufe der Jahre, wenn ein Bürgermeister erfolgreich wiedergewählt wird, wenn er also Leistung bringt, möglich sein, dass da am Gehalt nochmal was angepasst wird.

Ganz automatisch, oder wer entscheidet dann über die Erhöhung?

Zellner: Wir haben gesagt: Wer zum dritten Mal wiedergewählt wird, der sollte nochmal eine Zulage bekommen. Rein während der Dienstzeit, nicht im Rahmen der Versorgung anrechenbar. Das ist sowieso auch so ein Problem mit der Versorgung. Die Versorgung ist wunderbar. Wer wie viel bekommt, wenn er mal in Pension geht, da wird ja auch ständig dran rumgeschraubt. Wir hätten eigentlich gern gehabt, dass der Bürgermeister von Anfang an etwas mehr bekommen hätte. Nämlich dann, wenn er jung ist, Familie hat. Dann braucht er eigentlich mehr Geld – nicht erst, wenn die Kinder groß sind und er dann sechzig ist.

Die Polizisten und andere öffentlich Beschäftige haben das gleiche Problem.

Zellner: Ja. Da muss man sich wirklich mal Gedanken machen, ob das eigentlich noch in Ordnung ist. Lieber früher ein höheres Gehalt, was man dann mit späteren Lohnsteigerungen verrechnet. Ansonsten: Wenn wir uns vergleichen mit Sparkassendirektoren oder mit Geschäftsführern irgendwelcher privater Gesellschaften, dann, denke ich, hat der Bürgermeister noch einen erheblichen Nachholbedarf in der Bezahlung.

Wenn Sie Ihresgleichen in drei Sätzen beschreiben sollen – wie würden Sie sich charakterisieren? Was macht den baden-württembergischen Bürgermeister aus?

Zellner: Der baden-württembergische Bürgermeister zeichnet sich durch eine gute Ausbildung und einen hohen Sach- und Fachverstand aus.

Meinen Sie die klassische Ausbildung zum gehobenen Verwaltungsdienst?

Zellner: Ja. 85, 90 Prozent von uns haben sie. Wobei ich absolut nichts gegen Seiteneinsteiger habe. Das kann das Ganze nur bereichern. Man muss aber auch sehen, wie viele von den Quereinsteigern in den letzten Jahren ihre Wiederwahl nicht geschafft haben. Natürlich sind auch Bürgermeister mit klassischer Laufbahn gescheitert, die schlichtweg nicht geeignet waren. Aber ich würde sagen: Der hohe Sach- und Fachverstand und die Kompetenz zeichnen unsere Bürgermeister aus. Und dass sie durchaus auch Profil zeigen. Dass sie nicht gleich umfallen, wenn ihnen mal der Wind um die Ohren weht, sondern standhaft bleiben. Und dass ein großer Anteil eben kein Parteibuch hat. Das ist ganz wichtig in den kleineren Gemeinden, dass man Bürgermeister für alle ist.

Wie gewinnt man eine Wahl – wie wird man Bürgermeister?

Zellner: Das Wichtigste ist, dass man sich nicht verbiegt. Dass man nicht zu viel verspricht, was man dann nicht halten kann.

Entlarven die Wähler Mogelpackungen schon vor der Wahl?

Zellner: Ich glaube schon. Man muss sein eigenes Profil so darstellen, wie man wirklich ist. Man kann durchaus gegenüber dem Wähler zugeben, dass man kleine Fehler hat. Dass man nicht der Perfekte ist, sondern ein Mensch. Dass man einfach der ist, der man ist. Und wie man dann auch acht Jahre leben wird. Denn kein Mensch kann sich acht Jahre lang verstellen. Zwar gelingt es so genannten Blendern manchmal, eine Wahl zu gewinnen, aber der Wahlbürger kann danach dann sehr schnell unterscheiden, ob er eine gute Wahl getroffen hat oder auch nicht. Plagiatsvorwürfe gibt's ja auch bei den Wahlprospekten. Es ist wichtig, eigene Ideen zu entwickeln. Sauber zu begründen, warum man in diesem Ort kandidieren will, und auch zu zeigen, dass die Familie dahintersteht. Diese Glaubwürdigkeit nimmt einem der Wähler dann auch ab.

Ändert sich das Wählerverhalten und demzufolge auch das Wesen erfolgreicher Wahlkampagnen?

Zellner: Es genügt heute nicht mehr, einfach irgendeinen Wahlprospekt zu verteilen. Der Prospekt muss sauber aussehen, muss geschliffen sein. Dazu die dauernde Präsenz auf Plakaten. Plakate wirken nachhaltig.

Auch in kleinen Kommunen?

Zellner: Auch in kleinen Kommunen! Ein Kollege in der Nachbargemeinde hat verloren, davon bin ich überzeugt, weil er gesagt hat: „Mich kennt jeder, ich gebe die 2.000 Euro, die mein Konkurrent für Wahlplakate rausgeschmissen hat, lieber dem Kindergarten." Das wurde ihm dann als Hochnäsigkeit ausgelegt.

Internet?

Zeller: Internet – also Homepage – ist mittlerweile ganz wichtig. Auch die Frage, wie schnell man antwortet, wenn man zulässt, dass da Fragen gestellt werden und Kontakte entstehen. Die jungen Leute sind heute Internetgemeinden und wollen, dass der Bürgermeister sich mit diesen neuen Medien auskennt.

Aber Sie wissen, auf welch niedrigem Level sich die Klickraten bewegen?

Zellner: Ich weiß es, ja. Aber es ist trotzdem wichtig. Ich hab bei mir so eine kleine Internetkommune gehabt, die bei der Wiederwahl damals dann veröffentlicht hat, wie lang der eine Bewerber gebraucht hat zu antworten und wie lange der andere und wie viele Tippfehler noch drin waren. Man schaut da heute einfach genauer hin und erwartet mehr.

Was müsste passieren, dass Sie das Bürgermeisteramt aufgeben?

Zellner: Vor meiner letzten Wiederwahl habe ich lange mit mir gekämpft: Bin ich mit dann 56 Jahren zu alt? Kann ich das nach drei Dienstperioden und 24 Amtsjahren der Bevölkerung überhaupt nochmal antun? Ich habe dann aber sehr viel Unterstützung von meinen Gemeinderatsparteien, auch aus der Bevölkerung erfahren. Die haben mich regelrecht ermuntert, nochmal zu kandidieren. Und deswegen würde ich sagen: Das Einzige, was mich dazu bewegen würde, sofort hinzuschmeißen, wären politische Differenzen zwischen der Bevölkerung und dem Gemeinderat und mir. Also ganz konkret: Wenn es bei irgendeinem kommunalen Projekt zu so enormem Widerstand wie bei Stuttgart 21 käme, zu Ausschreitungen.

Wenn ein Projekt den Ort spaltet?

Zellner: Dann würde ich sofort aufhören. Wenn es zu politischen Verwerfungen kommt, würde ich den Platz freimachen, dass das Dorf nicht darunter leidet. Und bei Krankheit oder familiären Problemen. Ich habe gerade eine Lungenoperation hinter mir. Das kam wie ein Blitz aus heiterem Himmel, aber Gott sei Dank war es nicht bösartig.

Bei Pfarrern heißt es ja, sie sollen alle zehn Jahre die Gemeinde wechseln. Finden Sie, dass Bürgermeister irgendwann auch zu lange in einem Ort sind und deshalb wechseln sollten?

Zellner: Als ich 1985 gewählt wurde, hatte ich so ein Puzzle im Kopf, was man in dem Dorf noch machen kann, was man entwickeln kann. Und die Zeiträume sind ja sehr lang, bis man kommunale Maßnahmen umsetzt, bis man Entwicklungen durchbekommt, bis sie finanziert sind, bis sie letztendlich baulich fertiggestellt sind. Deswegen denke ich, dass es beim Pfarrer ein bisschen was anderes ist. Förstern geht's genauso – die müssen auch alle zehn Jahre wechseln. Jetzt können Sie sich vorstellen, mit welcher Freude ein Förster zehn Jahre lang einen Wald hegt und pflegt, nur damit sein Nachfolger dann später die guten Bäume rausholen kann. Also, ich finde derartige Limits sind keine gute Idee.

Gibt es typische Déformations professionelles – berufsbedingte Veränderungen bei Bürgermeistern? Dass einer zu dickhäutig wird, dass einer zu misstrauisch wird ...

Zellner: Dickhäutig glaube ich nicht, ich würde eher das Gegenteil sagen.

Man wird dünnhäutiger?

Zellner: Ja. Je nachdem, wie stark der Bürgermeister im Spannungsfeld steht. Auch je nachdem, wie Bürgerinitiative oder Presse ihn beschießen oder vielleicht auch noch seine Familie ins Visier nehmen.

*Also gibt es viele Bürgermeister mit Verletzungen,
mit Vernarbungen?*

Zellner: Ja!

*Das ist aber nicht gesund auf Dauer. Für ihn nicht und auch
nicht für die Gemeinde.*

Zellner: Auf Dauer ist das nicht gesund, und deswegen sind das ja auch in der Regel dann diejenigen, die nicht mehr zur Wiederwahl antreten.

Was wird im Bürgermeisteramt gerne falsch gemacht?

Zellner: Das ist von Gemeinde zu Gemeinde unterschiedlich. Und es hängt vom Charakter des Bürgermeisters ab. Ein Fehler ist es vielleicht, wenn man darauf vertraut, dass getroffene Absprachen mit Parteien oder mit Gemeinderäten Bestand haben – weil da sehr oft nach Stimmungslage entschieden wird. Mancher Bürgermeister überschätzt sich auch und denkt, er hätte wirklich Freunde, die auch dann zu ihm stehen, wenn der Wind mal woanders herkommt. Man merkt dann sehr schnell, dass das bloß politische Freunde sind und Weggefährten, die sich relativ schnell abwenden. Der Spruch gilt: „Wenn du fünf feste Freunde hast, auf die du dich verlassen kannst, dann bist du ein König. Wenn du zehn hast, bist du ein Kaiser!" Man darf nicht vergessen, dass viele mit dem Bürgermeister nicht ehrlich umgehen. Jeder klopft einem auf die Schulter und sagt: „Das hast du toll gemacht." Aber ob die einen ehrlich darauf hinweisen, wenn sich ein Bürgermeister verrennt? Weshalb gewiss auch Selbstüberschätzung zu den klassischen Bürgermeisterfehlern zählt.

*Jetzt sind Sie 26 Jahre Bürgermeister – käme für Sie auch
irgendeine andere Tätigkeit in Frage?*

Zellner: Die Frage hat sich gestellt, als ich mit 46 in die dritte Wahlperiode gegangen bin. Da gibt's genügend Tätigkeiten im kulturellen, im sportlichen, im karitativen Bereich, wo ein Bürgermeister mit seiner breiten Erfahrung was machen kann, auch noch, wenn er Pensionär ist. Er muss nicht unbedingt Geld verdienen, wenn er eine ausreichende Pension bezieht. Ich würde niemandem die berühmte Klinkenputzerei empfehlen, bei irgendeinem Ingenieurbüro Plaketten abzuholen oder Submissionserkenntnisse zu erfragen oder irgendwelche Werbeartikel verkaufen, was so mancher Exkollege macht. Ich finde das entwürdigend. Und für den Kollegen eine Zumutung, den man dann besucht und der etwas abkaufen soll wegen einer geringen Provision.

Ich erinnere mich an einen Altschultes, der mit 50 aufhörte und sagte: „Ich freue mich jetzt auf meine Modelleisenbahn!"

Zellner: Das ist natürlich eine Frage der persönlichen Lebensplanung. Und jeder Bürgermeister braucht eine Exit-Strategie. Mein Ausstiegsdatum steht fest – das ist der 30. Juni 2017. Da trage ich schon im Vorfeld dafür Sorge, dass ich danach nicht in ein Loch falle.

Dieses Datum kennt man in Wilhelmsfeld?

Zellner: Das kennt man in Wilhelmsfeld, ja. Ich habe gesagt: Ich werde meinen Arbeitsvertrag erfüllen, soweit das die Gesellschaft so will und meine Gesundheit es mir ermöglicht. Da kann sich jeder danach richten, und dann können sie auch in aller Ruhe einen geeigneten Nachfolger suchen.

Der Autor

Seit Mitte der 1990er Jahre ist Klaus Abberger, Jahrgang 1967, im politischen Marketing tätig. Davor arbeitete er als Zeitungsredakteur sowie als freier Journalist für Magazine und Radiosender. Abberger ist Gründer und Inhaber des *WAHLBÜRO 7....* mit Sitz in Rottenburg am Neckar (Landkreis Tübingen), genau in der Mitte von Baden-Württemberg.

Landesweit vermittelte und unterstützte Abberger bereits Bewerberinnen und Bewerber in mehr als 100 Bürgermeister- und Oberbürgermeisterwahlen. Mit großem Erfolg: Seine Siegerquote pendelt um 70 Prozent – zwei von drei Schützlingen gewinnen ihre jeweilige Wahl. Erst vermittelt Abberger Kandidatinnen und Kandidaten an aussichtsreiche Kommunen (oder umgekehrt), um sie dann im eigentlichen Wahlkampf ebenso umfassend wie persönlich und diskret zu coachen. Für seine Kundschaft entwickelt er mehrheitsfähige Strategien, knüpft Kontakte, schreibt Reden, fotografiert, textet und gestaltet Werbemittel.

Selbst parteilos, wird Abberger wahlweise von politisch neutralen Aspiranten, von Parteigängern unterschiedlicher politischer Couleur, vom gesamten freiheitlich-demokratisch gesinnten Parteienspektrum, von Gemeinderatsfraktionen und von spontanen Bürgerinitiativen beauftragt. Angesichts zunehmender Engagements auch in Bayern eröffnete Abberger ein zweites Büro in Argenbühl (Landkreis Ravensburg) im württembergischen Allgäu, direkt an der Landesgrenze zum Freistaat gelegen.

www.wahlbuero7.de

KOMMUNALPOLITIK IM ÜBERBLICK.

Bürgermeister
Führungskraft zwischen Bürgerschaft, Rat und Verwaltung
von Dr. David H. Gehne
2012, 147 Seiten, € 19,80
ISBN 978-3-415-04875-1

Leseprobe unter
www.boorberg.de/alias/669786

Der Band bietet einen umfassenden Überblick über das Berufsbild des Bürgermeisters in Deutschland.

Der Bürgermeister ist nicht nur Führungskraft, sondern auch Mittler, Moderator und Integrationsfigur. Die Herausforderungen sind vielfältig und anspruchsvoll: Der Dialog mit den Bürgern, die konstruktive Zusammenarbeit mit dem Rat und die Förderung der örtlichen Wirtschaft gehören zu dem umfangreichen Aufgabenspektrum des Bürgermeisteramtes.

Der Autor konzentriert sich auf die zentralen Themenbereiche und erläutert die Kompetenzen und Handlungsspielräume im Detail. Zahlreiche konkrete Beispiele aus verschiedenen Regionen in Deutschland verdeutlichen die strukturellen Zusammenhänge und Problemkreise.

⊛|BOORBERG
RICHARD BOORBERG VERLAG   FAX 0711/7385-100 · 089/4361564
TEL 0711/7385-343 · 089/436000-20   BESTELLUNG@BOORBERG.DE

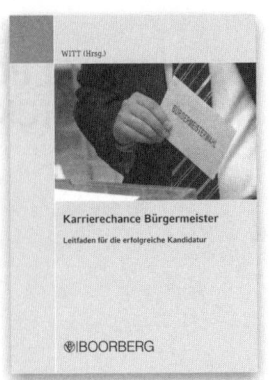

OPTIMALER WAHLKAMPF.

WWW.BOORBERG.DE

Karrierechance Bürgermeister

Leitfaden für die erfolgreiche Kandidatur

hrsg. von Professor Paul Witt, Rektor der Hochschule für öffentliche Verwaltung Kehl

2010, 207 Seiten, € 28,–

ISBN 978-3-415-04561-3

Leseprobe und weitere Informationen zu den Autoren unter www.boorberg.de/alias/144803

Ein erfolgreicher Bürgermeisterwahlkampf setzt eine professionelle Vorbereitung voraus.

Die Beiträge enthalten konkrete Wahlkampftipps und Ratschläge sowie Hinweise auf mögliche Tücken und Fallstricke.

Aus dem Inhalt:
- Bürgermeisterwahlkampf – Strategie und Taktik
- Rechtliche Grundsätze der Bürgermeisterwahlen
- Motivation zur Kandidatur und Umsetzung im Wahlkampf

Die Autoren sind allesamt erfahrene und profilierte Kenner der Bürgermeisterszene. Von besonderem Nutzen sind die Handlungsempfehlungen und Erfahrungsberichte aus eigenen Wahlkämpfen.

BOORBERG

RICHARD BOORBERG VERLAG   FAX 0711/7385-100 · 089/4361564
TEL 0711/7385-343 · 089/436000-20   BESTELLUNG@BOORBERG.DE